中国古文书学研究

第一辑

中国社会科学院古代史研究所古代社会史研究室
隋唐五代十国史研究室◎编
中国社会科学院徽学研究中心、敦煌学研究中心

邱源媛◎主编

广西师范大学出版社
GUANGXI NORMAL UNIVERSITY PRESS
·桂林·

中国古文书学研究（第一辑）
ZHONGGUO GUWENSHUXUE YANJIU DI-YI JI

图书在版编目（CIP）数据

中国古文书学研究. 第一辑 / 邱源媛主编. --桂林 ：
广西师范大学出版社，2023.10
ISBN 978-7-5598-6570-0

Ⅰ. ①中… Ⅱ. ①邱… Ⅲ. ①古书契－中国－文集
Ⅳ. ①K877-53

中国国家版本馆 CIP 数据核字（2023）第 214262 号

广西师范大学出版社出版发行
（广西桂林市五里店路 9 号　邮政编码：541004
网址：http://www.bbtpress.com）
出版人：黄轩庄
全国新华书店经销
三河市三佳印刷装订有限公司印刷
（河北省三河市杨庄镇杨庄村　邮政编码：065200）
开本：787 mm ×1 092 mm　1/16
印张：24　　字数：459 千
2023 年 10 月第 1 版　　2023 年 10 月第 1 次印刷
定价：198.00 元

发刊词

《中国古文书学研究》为中国社会科学院古代史研究所重点资助支持的专业性学术刊物，由中国社会科学院古代史研究所古代社会史研究室和隋唐五代十国史研究室合办，每年一期。本集刊提倡“重视史料，不尚空言”的学风，不论资排辈，无内外之别，刊发文章坚持以学术质量为最重要的评判标准。本集刊以刊登中国古文书学研究的论文与书评为主，内容包括新见古文书的刊布，中国古文书学研究的理论与方法，从古文书学视角出发的以甲骨文、战国秦汉魏晋简牍、敦煌吐鲁番文书、黑水城文书、徽州文书、明清档案、民间文献等各类中国古文书为中心的学术研究、学术评论等。

史料是史学研究开展的基础。古文书学在欧洲、日本等地已是发展成熟的显学，近年来也在中国学界兴起。2012年，中国社会科学院古代史研究所提出并建立了中国古文书学，得到了学术界的普遍赞同和支持，中国古文书学日益成长为学术研究的热点和重点。所谓古文书，与传世典籍有别，意指古人用文字书写的具备一定格式的原始资料，材料则不论甲骨、青铜器、简帛、纸张和砖石。古文书学得以发展的深层基础是中国传统的历史文献学、历史档案学等，目标指向分两个层面：广义层面，是指与古文书相关的所有研究；狭义层面，则是指从文书的格式和语言、行文方向和规律、附属要素（如署名、印章、画押等），乃至文书的物质形态等各方面进行的研究。古文书学研究在利用与解读传统文献之外，还关注文书的生产、流传和存留机制，利用公私文书等一手资料还原文书行政运作、社会运转机制等情况，对历史学扩大史料范围，深化史料性质认识起到了很有利的推动作用，拓展了史学研究内容。

中国社会科学院古代史研究所在创办《中国古文书学研究》刊物方面具备得天独厚的优势：

（一）深厚的学术传统。古代史所的前辈学人在甲骨文、秦汉简牍、敦煌文书、徽州文书、明清档案等历史文献的研究方面做出了巨大贡献，有郭沫若、林甘泉、张弓、王毓铨、周绍泉、郭松义、栾成显、吴丽娱、黄正建等一批学术大家，学术传承至今，是中国古文书学研究发展的基础。2012年，本所提出建立中国古文书学，更是激励了一批中青年学者的关注与投入。此次创办《中国古文书学研究》是所里同仁在前辈学者学术研究基础上的一次创新。

（二）强大的人才队伍和平台支持。中国古文书学是以史料、视角为标准的一门综合性学科，涉及中国古代史的所有时段和研究方向。古代史所有8个断代史研究室、6个专门史研究室、9个研究中心，这在全国高校和科研机构的学科设置和研究力量中都是独一无二的。本所在古文书学的研究中处于领先水平，各个断代均有学人致力其中，目前一批涉及各时代研究的中青年学者成为甲骨文、秦汉简帛、敦煌吐鲁番文书、明清档案与民间文献等领域的中坚力量。

（三）良好的前期准备。中国社会科学院古代史研究所对于中国古文书学的建立发展起着重要的作用，古代史所曾先后召开了8届“中国古文书学学术研讨会”、主办了2次“古文书学研习营”，古代史所同仁等共同编写了《中国古文书读本》，出版了《中国古文书学研究初编》，申请获批国家社会科学基金重大项目“中国古文书学研究”（14ZDB024）并结项，申请获批国家社会科学基金中国历史研究院重大历史问题研究专项2022年度重大招标项目“稀见徽州文书数字化整理与研究”。另外，所里同仁坚持定期举办“中国古文书读书班”，持续10余年，已举办数百次。近年来，在汉文文书研读的基础上，读书班增加了满文、蒙古文等非汉文文献的研读，目前已做了40余期读书活动，研读成果收录在本集刊中。在这些学术交流中，除了古代史所同仁，还有北京大学、清华大学、北京师范大学、复旦大学、中山大学、厦门大学等国内高校和科研机构的学者的参与。古代史所还与日本、韩国等海外古文书学研究学者合作，将中国古文书与其他国家的古文书放至东亚史乃至全球史视域下，拓展古文书学研究的时空范围。

此次出版为《中国古文书学研究》第一辑。我所在2019年曾出版《中国古文书学研究初编》（上海古籍出版社，2019年），当时的出版形式是会议论文集，还未有创办集刊的想法。今年，我所正式创办《中国古文书学研究》学术集刊，并出版了首辑。这是我们对学术传承的尊重，也是对学术发展的创新。

本辑组稿侧重于以下四个方面：

（一）理论探索。自2012年提出建立中国古文书学以来，关于中国古文书学的概念、研究对象、研究范围、研究视角等问题仍存在不同观点，学者们尚有诸多讨论。这些争论并未妨碍古文书学的发展，反而成为促发多层面思考和整体性研究的重要推动力量。古文书学领域良性的长足发展，离不开理论框架的建立，本集刊秉持兼容并蓄原则，鼓励多种学术声音，推动中国古文书学理论建设。本辑将黄正建先生之文放在首位，也强调了本集刊重视理论建设的特点。

（二）文献整理。本辑文章所涉文书档案或为新见，或为未整理，或为少利用，在一定程度上属于新史料。学者们对秦汉简牍、敦煌文书、明清碑刻、契约、科仪书、档案等，涉及汉文、佉卢文、满文、蒙古文等多语种的不同类型文书做了翔实的整理、考辨、分析、讨论。

（三）研究视角。除了重视文书档案内容，文章还多从古文书学视角，关注文书的物质形态、生产流存、书写形式、格式要素等。

（四）文书内容。文章利用公私文书对国家政务运作、民间基层社会运转、社会关系网络等问题进行了更深入的讨论；关注中国自身历史发展脉络之外，还注重利用域外文书、碑刻等资料，从中外交流的视角，丰富了学界对东亚乃至全球历史的认识。

古代社会史研究室、隋唐五代十国史研究室负责此次创刊工作，得到了古代史所领导和全体同仁的支持，秦汉史、魏晋南北朝史、元史、明史、清史、中外交流史、古代文化史研究室以及徽学研究中心、敦煌学研究中心的同仁们都为此次创刊提供了帮助。古代史所着力将《中国古文书学研究》打造成为高水平、国际化的刊发中国古文书学研究成果的专业性刊物，并纳入学术评价体系。

本辑编辑工作主要由邱源媛、刘子凡、赵洋、王正华完成。感谢广西师范大学出版社北京公司对本集刊的大力支持，陈显英、刘艳艳两位编辑付出了辛勤劳动。中国社会科学院大学硕士生孙聪文、梁雪蕭、赖俊杰、唐闻饶等同学参与了文稿编辑。本集刊得以创办并顺利出版，离不开古代史所的领导与全所同仁的支持与帮助。本辑文章撰稿人既有资深学科带头人，又有中青年学术骨干，还有硕博士学生团队，老中青不同年龄段的学者兼备，体现了我所10余年来在古文书领域的耕耘积淀，也蕴含着学术实力与开创潜力。《中国古文书学研究》既有传承，也是拓新，我们希望能够听到各方面的批评与建议，希望本集刊能为“中国古文书学”进一步发展贡献我们的力量。

邱源媛

2023年9月13日

目　录

古文书学与档案学、历史文书学、古文献学异同刍议
——暨中国古文书学建立后近年来学界反响介评

黄正建

摘　要：中国古文书学自2012年正式建立后，得到了学术界的普遍赞同和支持。如何从理论上探讨古文书学的研究对象、范围、视角、方法等也成为古文书学能否持续发展的重要问题。本文从古文书学与相似领域档案学、历史文书学、古文献学的关系入手，探讨各自学科的特点和彼此异同，认为古文书学与档案学、历史文书学虽然在研究对象上有交叉，但在研究范围和研究目的上有很大不同；而古文献学目前还很少将典籍之外的古文书特别是传世文书包括在内。文章还分“采用古文书学的视角和方法进行研究”和“对古文书学进行理论探讨”两部分，介绍并简单评价了中国古文书学建立后近年来学术界出现的积极反响。

关键词：古文书学；档案学；历史文书学；古文献学；学术界反响

一、古文书学与档案学、历史文书学、古文献学的异同

中国社会科学院历史研究所于2012年提出并建立了中国古文书学。[①]中国古文书学建立后，立即引起了学术界一些反响。例如当年就有学者在文章中指出：“2010年6月份以来，中国社科院历史研究所发起成立‘中国古文书研究班’，将汉晋简帛、敦煌吐鲁番文书、黑城文书、徽州文书等中国前近代公私文书作为研究对象，采取读书会、主题报告等多种形式，介绍和研读中国历代的古文书，至今已经举行了若干次。今年6月25日，召开了中国社会科学院历史研究所主办，中国古文书研究班承办的‘中国古文书学’研

① 关于“中国古文书学”创建缘起及定义等，参见黄正建：《“中国古文书学”：超越断代文书研究》，《中国社会科学报》2012年7月25日第A-05版。

讨会，也许是中国古文书学形成的一个契机。”[①]此外还有学者在谈到档案史研究时，指出档案学界对档案史的研究逐渐萎缩，而历史学界则参与进来，在举了若干论文的例子后，说：“尤其是中国社会科学院历史研究所在2010年6月成立‘中国古文书研究班’，截止到2012年10月共举办24次研讨，一直探讨‘中国古文书学’的相关问题，并于今年正式提出创立‘中国古文书学’。”文章在谈到有关甲骨档案、金文档案、石刻档案、简帛文书、敦煌文书、吐鲁番文书、明清档案、民国档案、徽州文书、契约文书等的研究史时，说其意图是“为建立中国古文书学提供参考”。[②]由此可见，以上学者已经认为中国古文书学是一门正在创建的学问或学科了。

与此同时，学术界也开始从中国古文书学的角度或视野来对待研究对象。例如清水江文书是继徽州文书之后，目前所见第二大民间契约文书系统。在讨论这批文书的意义时，学者认为“扎实认真地开展清水江文书的整理研究工作，不仅标志着中国古文书学又有了新的资料与成果的积累，而且象征着创建乡土文献学基础学科已势在必行”[③]。

我们注意到，许多文章的作者都提到了古文书学和档案学以及文献学的关系，特别是档案学界，尤其是研究档案史的学者，他们比研究历史文书的学者更关注古文书学的建立。这也给我们提出了一个问题，即古文书学与档案学的关系如何？推而广之，古文书学与历史文书学，以及与古文献学的关系又当如何呢？

笔者与本所其他学者一起，致力于中国古文书学的建立，但鉴于学疏识浅，无法对以上问题进行深入探讨，只愿抛砖引玉，提出几点粗浅想法，以引起学术界的讨论，并接受学术界的批评指正。

（一）古文书学与档案学的关系

所谓“档案学”，是研究档案的学问。关于“档案”有种种定义，但无论哪种定义，似都应包括以下3个核心要素：一、基本是原始记录；二、有一定价值，以备查阅；三、采用一定方式保存于专门地点。[④]古代档案也应具有以上核心要素。

古文书学是研究古文书的学问，在中国古文书学的范畴内，古文书主要指出土的古文书及宋元以后传世的古文书。这些古文书学中的古文书以写本为主，一般不包括撰

① 贾虎林：《文书档案与中国前近代史研究——兼论建立中国古文书学的重要性》，《齐齐哈尔大学学报（哲学社会科学版）》2012年第4期，第87页。

② 赵彦昌编著：《中国档案史研究史》，上海：上海世界图书出版公司，2012年，前言第2—3页。

③ 张新民、朱荫贵、阿风、冯祖贻：《共同推动古文书学与乡土文献学的发展——清水江文书整理与研究四人谈》，《贵州大学学报（社会科学版）》2012年第3期，第73页。

④ 参见朱玉媛编著：《档案学基础（第二版）》，武汉：武汉大学出版社，2008年，第4页。

写的典籍（以下所谓“古文书”专指此定义的古文书），具有原始性和实用性的特点。原始性比较好理解，即指其为当事人书写，未经后人改动。所谓“实用性”是指其产生于政治、经济、军事、文化、生活等实际事务中，是在实际行为或实际活动中产生的文件。如果将这种古文书与以上档案，特别是古代档案（档案学中如果按时期分类，档案一般分为古代档案、近代档案、现代档案）的定义相比较，它们之间有何异同呢？

第一，古文书与古代档案一样，都是原始记录，但同样是原始记录，古文书中有些是私人文书，如书信、契约、收据等。这些私人文书从古代档案角度看一般并不归入档案。换句话说，古文书的范围要大于古代档案。

第二，由于古文书中许多是出土文书，内容庞杂，零碎分散，或许价值很高，或许没有价值（这是相对的，在一些人看来价值不高，在另一些人看来很有价值），但无论有无价值，都是古文书学研究的对象。这一点与古代档案相当不同。能成为古代档案者，一般都是有一定价值、被当作档案保存起来的文献，基本不包括文书残片。

第三，还是由于古文书多源于地下出土，有些是出自墓葬，有些是出自洞窟，并非如古代档案那样，是经过一定手续、以一定方式保存在专门地点、以备查阅的文献，所以从性质和作用看，古文书都与古代档案有一定区别。

总之，古文书不一定是古代档案，从内容、种类、价值、作用等方面考虑，前者所涉范围都大于后者。[①]这是因为中国古文书学是建立在近几十年对出土文书的整理和研究基础之上的。而出土文书虽也有作为档案保存者，但并非都是档案，特别是唐宋以前的文书，多出自墓葬或洞窟，有些是随葬品，有些是纸张的再利用，总之都不是作为档案而被保存下来的。把古文书视为档案，会扭曲古文书的性质，降低其作用，缩小其范围，不利于古文书学的发展。

那么，明清档案是否属于古文书呢？

所谓“古文书”，其基本要素一是原始手写文献，二是具有非典籍性的实用性。只要符合这两点，无论是否是档案，都应包括在它的范围内。因此，从一般意义上说，明清档案应该算是古文书，应该包括在古文书学的范畴内。不过，明清档案的研究已经是一种专门学问了，其档案的性质比较确定，所以研究对象明确、研究成果众多，笔者以为还是将它归在档案学中的古代档案类比较妥当（当然也可以属于古文书学研究的范围）。

前面说过，中国古文书学建立在出土文书日益增多的基础上。出土文书众多，是

---

① 这是仅就古代档案而言。现代档案不仅包括书信、契约等私人文书，还包括照片、图像、录音等等，又超出了“文书”的范围。

它的重要特点之一，而出土文书中既有档案，也有非档案；既有公文文书，也有私人文书；既有处理事务、来往联系、留为凭证的文书，也会适应实际情况，包含衣物疏之类的稀有文书。凡此种种，都与档案不同。为彰显这一特点，虽然古文书与古代档案在形式和内容上有所交叉，或者说“今天的文书就是明天的档案”“文书整理归档后就是档案”云云，但我们仍然要强调二者的不同，以凸显对古文书特性的重视。

（二）古文书学与历史文书学的关系

历史文书学是文书学的一个分支[①]，而文书学是研究文书和文书工作的学问。按照一般定义，文书学研究的“文书”主要指公文文书，是“用以传达意图、处理问题、反映情况、记录事项的一种书面工具”[②]，其核心是“处理事务”。历史文书学研究的是历史文书，也沿用了这一定义，即历史文书主要指历史上使用的公文文书，以处理事务的各种形式的公文文书为主。

而古文书学中所谓的“古文书”则不同。前面说过，中国古文书学建立在各朝代出土文书日益增多的基础上。古文书学所说的“古文书”，以出土文书（或存于地方的传世文书）为重点，其中既包括处理事务性质的各类公文文书，也包括非处理事务性质的如计帐、契约、衣物疏等文书，还包括私人书信等。这些文书都不在一般文书学研究范围内，也不在隶属于一般文书学的历史文书学研究的范围内。

因此，历史文书有所专指，其范围要小于古文书。同理，历史文书学研究的范围也就小于古文书学研究的范围了。

此外，历史文书学研究的重点在清代文书、民国文书及现当代文书，还包括文书工作。这些也都与古文书学研究的范围、对象有所区别。

（三）古文书学与古文献学的关系

古文献学是文献学的分支（文献大致可分为古代文献、近代文献、现代文献、当代文献）[③]，又称“古典文献学”[④]。古文献学研究的古文献，一般分为传世古文献和出土古文献。[⑤]从这个意义上说，出土古文书属于古文献范畴。现在的学科分类，也把出土文

① 周耀林等：《文书学教程》，武汉：武汉大学出版社，2009年，第62页。
② 周耀林等：《文书学教程》，第10页。
③ 杜泽逊：《文献学概要》，北京：中华书局，2001年，第5页。
④ 例如熊笃等：《中国古典文献学》，重庆：重庆出版社，2000年。
⑤ 孙钦善：《中国古文献学》，北京：北京大学出版社，2006年，第1页。

书归于古文献学科之下。

古文献学是关于古文献阅读、整理、研究和利用的学问，涉及音韵学、训诂学、校勘学、版本学、目录学、辨伪学、辑佚学等，这些学问也可以用于出土文献。但是，因出土文献具有特殊性，一般的古文献学著作并不把出土文献列入研究范围。即使提到出土文献，也或者只说它们的价值是可以提供佚书、提供古本、进一步辨识真伪、更明确古书体制等①，总体上只涉及出土文献中的典籍部分；或者只是进行一般介绍，并没有详细地分类和研究。②

由上可知，古文献学虽把出土文献列入古文献范畴，但看重的是其中的典籍，特别是古书古本，对大量官私文书并不关注，传世文书更不在其关注的范围内（传世文书在一般文献学的著作中，因其既不属于传世文献，也不属于出土文献，故而没有一席之地）。而这些古文书正是古文书学关注和研究的对象。此是古文书学与古文献学的不同之一，即古文书学研究的对象不是典籍，而是出土文书和传世文书。它们虽是广义的古文献，但一般又不在古文献学研究的范围内。

第二点不同是，虽然前述校勘学、版本学、训诂学、辨伪学等，也是研究古文书的重要手段，但古文书作为一类特殊文献，与一般传世文献相比有其特性，比如甲骨、简牍的分组分类，敦煌吐鲁番文书的纸面、纸背等。这些特性是一般古文献学所无法涵盖的。此外，不同时代古文书之间又有其共性，例如出土（或保存）环境的研究、拼接缀合的技术等，这些共性又是一般古文献学只将出土文献做简单分类介绍而无法涵盖的。

因此，古文书学所谓的古文书虽属广义古文献，但有其特殊性。其最根本的特殊性在于它们不是典籍，所以是古文献中特殊的一类。由于这种特殊性，古文书并不被一般古文献学所涉及，因此一定要以专门的古文书学来涵盖它、研究它。这就是古文书学与古文献学的关系所在。

总之，中国古文书学所涉文书具有或出土文书、或传世文书的考古学特性，具有或公文文书、或私人文书的庞杂特性，具有或意外发现、或未经整理的偶然特性，因此古文书学与档案学、历史文书学、古文献学在内容和范围上虽有交叉，却也有重要不同。为体现这种不同，突出古文书在古文献方面的特点，以及在历史研究中的重要作用，建立中国古文书学就是很有必要的了。

---

① 孙钦善：《中国古文献学》，第20—21页。

② 如前引《文献学概要》即如此，只是在“出土文献概述”中进行了一般性的介绍。

二、中国古文书学建立后近年来学术界反响介评

本文第一部分原为笔者提交2013年第二届中国古文书学学术研讨会的会议论文。鉴于学术界至今仍然少有专门文章全面探讨古文书学与档案学、历史文书学、古文献学之间的异同，因此不揣疏漏，将这篇小文公之于众，以期引起学术界的重视和讨论，并得到大家的批评指正。

与此同时，我们也要指出，在10年后的今天，中国古文书学的学术研讨会已经举办了8届（其中3届是国际学术研讨会），内容涉及官文书、经济文书、民间文书等。关于中国古文书学的学科性质、研究对象、研究范围的研究，学术界都有长足进展；采用古文书学的立场、视角、方法研究古文书的论著也多了起来。这些论著体现了学术界对中国古文书学的赞同和支持。为了解学术界对中国古文书学建立和发展的反响，本文此部分将介绍几篇相关文章以呈现这种反响的一般情况。与近年发表的文章中提到“古文书学”者甚多，因此以下介绍基本只涉及题目中含有“古文书学”相关字样的文章，且依然是很不全面的。①以下分两部分做一简单介评。

（一）赞同中国古文书学的建立，采用古文书学的视角和方法进行研究

中国古文书学建立后，在学术界引起了一定反响，《档案学通讯》还因此设置了一个《古文书学》专栏。在有关古文书学的文章中，有不少文章都提到了中国古文书学的建立及其意义，也有一些文章试图采用古文书学的视角和方法研究古文书。这里按时间顺序介绍其中的几篇，并以“按”的方式做些简单评议。

冯金忠在《中国古文书学视阈下黑水城汉文文献整理范式与方法刍论——兼评孙继

① 题目中含有“古文书”或“古文书学”的文章（笔者文章之外），还有刘后滨《古文书学与唐宋政治史研究》（《历史研究》2014年第6期，后收入氏著《唐代中书门下体制研究——公文形态、政务运行与制度变迁（增订版）》，北京：中国人民大学出版社，2022年，第483—490页），孙继民《古文书学视野下太行山文书的定位、特点和价值》（《河北学刊》2014年第6期，第166—173页），冯小红《古文书学视域下的明清民国时期太行山文书整理刍议》（《邯郸学院学报》2016年第3期，第37—42页），苏俊林、陈弘音《在简牍学、古文书学、法制史与秦汉史之间》（《上海文汇报》2017年2月3日第W10版），阿风、船田善之、吴才茂、赵思渊《笔谈：古文书的史料价值与研究路径》（《中国史研究动态》2017年第5期，第33—49页），侯衡《电子时代档案学基础理论发展探究——读〈古文书学：旧学科的新用途〉》（《档案学研究》2018年第3期，第15—20页），王徽笑《古文书学视域下的燕行录研究献议——从奎章阁藏〈启下〉谈起》（《档案学通讯》2022年第4期，第93—101页），等等。

民等著〈中国藏黑水城汉文文献的整理与研究〉》一文中指出：

文书的整理与古籍整理是两个既有联系又有重要区别的概念。古籍整理发展较为成熟，属于中国传统学术范畴，而中国古文书学则是在西方特别是在日本直接影响下产生的，是近年来中国古代史学界新兴的一门学科，是由中国社会科学院历史研究所黄正建先生倡议创建的。

事实上，正如黄正建先生所言，20世纪初，日本学者就已开始使用“中国古文书学”一词，但中国史学界却一直没有受到影响，在出土和传世文书大量涌现的基础上，虽然各断代的文书（广义的文书）研究成果丰硕，形成了诸如简帛学、敦煌吐鲁番学、徽学、黑城学等专门学科，时代上从战国秦汉，直至明清，积累了大量整理研究文书的经验。但与此同时，各断代之间各自为政、缺乏相互交流的弊端也日趋凸显，亟须加以整合。2010年中国社会科学院历史研究所“中国古文书研究班”开班。2012年6月，该所主办了“中国古文书学”研讨会，就是在此次会议上黄正建先生正式提出了“中国古文书学”的概念，反映了打通断代，对各断代文书整理与研究加以会通整合，以促进中国古文书学的系统化与理论化，创建有中国特色的“古文书学”。会后《中国社会科学报》刊发了黄正建《中国古文书学：跨越断代文书研究》一文，《文汇报》2012年10月29日还发表了《“中国古文书学”的创立——中国社会科学院历史所学者笔谈》，分断代介绍了各断代文书的存世和研究状况。黄正建先生指出：“中国古文书学研究的主要是出土或传世的、近代之前的文书资料。其特点是：具有原始性，是当时的遗存物；以手写为主，基本不包括雕版印刷的文献，但若有文书集成或文书档案类刊本，似亦可包括”。按照黄先生的界定，中国古文书与材质基本不相关，无论金石、简牍、纸质文书等均涵盖在内，从时段来看，不局限于某个断代，从先秦直至明清，只要符合定义的文书，均在研究范围内。中国古文书学笼括了简帛、金石、敦煌吐鲁番学、徽学、黑城学等专门之学，打通了彼此畛域分野，使包括黑城学在内的诸专门之学可以在更广阔的视野上，吸收其他专门之学的成功整理研究经验，从而拓宽了各专门之学的研究空间。

孙继民先生的黑水城文献的研究，虽然起步于中国古文书学概念提出之前，以此视阈审视孙先生的整理研究文书的特点，这样或可以更深地认识孙著的价值和意义。①

① 冯金忠：《中国古文书学视阈下黑水城汉文文献整理范式与方法刍论——兼评孙继民等著〈中国藏黑水城汉文文献的整理与研究〉》，《宁夏社会科学》2018年第2期，第224—225页。

按：本文全面阐述了关于中国古文书学的理论和建立这一学科的意义，并试图由此视角对孙继民《中国藏黑水城汉文文献的整理与研究》一书予以评价，评价重点是文书整理的范式和方法。文章强调了古籍整理和文书整理的区别。

杨霞在《当前文书学理论研究的发展路径探析》一文中指出：

> 学科自觉，是指那些具有宏观视野、学科建构意识、顶层设计理念以及强烈的学科建设使命感的研究者，主动自觉地制定研究规划、自主钻研学科理论问题、自愿开展学科建设的行为。理论建构，是指研究者在经验概括的基础上通过思辨、洞察或直觉创造出新的抽象理论，来对某类社会现象做出系统性的解释的工作过程。理论研究者的学科自觉能激发其内在的自觉性和行动力，牵引并驱动其主动开展理论创新与建构行动。如“中国古文书学”就是中国社会科学院的一些具有强烈学科自觉精神的年轻学者2010年倡导建立起来的一门新兴学科。他们将分散在历史学、档案学、文献学、考古学等学科的古文书研究者团结起来，以学术研讨和项目合作等多种方式对“中国古文书学”的研究对象、范围、定义、方法、理论等进行有计划的系统研究与建构，推动了中国古文书学的建立与发展。[①]

按：本文高度评价了中国古文书学的建立，认为这是“具有强烈学科自觉精神的年轻学者”所进行的“理论建构”，强调这一学科可以团结“历史学、档案学、文献学、考古学等学科的古文书研究者”，是一种“有计划的系统研究与建构”。

郭硕楠在《古文书学视域下的古代军事文书研究》一文中指出：

> 随着出土古文书的大量发掘和研究，“中国古文书学”应运而生。古文书研究的本质在于立足古代公文运行的“移动性”，确立发文和收文者的程序互动，在公文拟制和运行中，从文书本体出发研究古文书的历史发展和历史价值。……
>
> 本文在引证大量出土的军事类古文书的基础上，从古文书的形态和运行管理等角度厘清了军事文书的概念、分类、形态、运行程序、研究范畴及拟制等核心问题。其价值在于从古文书学的新视角，一方面对军事文书进行系统研究；另一方面将目前归位不清的古代军事类文本化零为整，以期促进古代军事文书整体性开发研究，拓宽古代军事文书的研究范畴和研究价值，引起更广泛的学术关注。[②]

---

① 杨霞：《当前文书学理论研究的发展路径探析》，《档案学通讯》2018年第3期，第51页。

② 郭硕楠：《古文书学视域下的古代军事文书研究》，《档案》2018年第4期，第15页。

按：本文认同“古文书研究的本质在于立足古代公文运行的‘移动性’”，重视“发文和收文者的程序互动”，从文书本体出发，“在公文拟制和运行中”研究出土的军事类古文书。这是尝试从古文书学的新视角研究古文书的一个实例。

姚昊宇在《古文书学视域下北京契约文书整理方法初探》一文中指出：

> 近年来，“中国古文书学”学科话语的创设与研究理论的提出，为整理工作的进一步展开提供了有益的理论指导。……
>
> 2010年，在中国社会科学院历史研究所（今中国历史研究院古代史研究所）一些青年学者的提议下，设立了古文书研究班。两年后，在该所召开的第一届“中国古文书学研讨会”上，正式提出了创建“中国古文书学”这一目标。中国古文书学从文书史料的特点出发，将历史时期形成的各种诏令、奏疏等公文书与房屋买卖契、土地典当契等私文书从历史文献学、档案学等专门学科的研究中分离出来，建立起跨越时间断代、涵盖公私文书的古文书学研究体系，充分体现文书作为一手史料的重要价值。
>
> 古文书学主要从“内”“外”两方面对契约文书展开研究。“外在”主要研究契约的物质层面，包括纸张质地、尺寸大小、裁剪手段以及花押画法、钤盖何种印章等。“内在”主要研究契约所承载的历史信息，包括书式、用语、内容等。通过这两方面的研究，充分理解不同类型契约文书的主要功能、生成方式及运行模式，从而更加全面地解读其所承载的信息，揭示历史时期区域经济运行与社会生活实态。对整理者来说，该理论的核心要素是充分保护并尽量还原文书在形成、保存和流传的原生环境中所具有的系统性，为后续研究提供完整、准确的历史信息。①

按：本文充分肯定了中国古文书学的建立为文书“整理工作的进一步展开提供了有益的理论指导”，即肯定了中国古文书学的理论意义。文章认为古文书学是一个“从历史文献学、档案学等专门学科的研究中分离出来”，“跨越时间断代、涵盖公私文书”的“研究体系”，指出古文书学“理论的核心要素是充分保护并尽量还原文书在形成、保存和流传的原生环境中所具有的系统性”，并尝试从这一视角探讨北京契约文书的整理方法。

以上几篇文章都从作者自己从事的研究领域出发，阐释古文书学建立的意义和作

---

① 姚昊宇：《古文书学视域下北京契约文书整理方法初探》，《北京档案》2021年第8期，第24—25页。

用，高度评价了古文书学的视角和方法，并尝试将这种视角方法运用到自己的研究中。古文书学是实践性非常强的新兴学科，只有在众多学者的共同研究实践中，才能不断补充、细化它的研究范围、研究方法，深化对它所具有的独特学术价值的挖掘。

（二）对中国古文书学进行理论探讨

以上文章虽然没有详细论述，但也或多或少做出了古文书学与古文献学不同，以及古文书学是从历史文献学和档案学等专门学科中分离出来的研究体系等判断。更详细的论述可以举出以下两篇文章。

王会斌在《中国古文书学研究范畴刍议》中论述道：

> 中国社会科学院历史研究所隋唐辽金元史研究中心[①]主任黄正建先生曾表示："中国古文书学所涉文书具有或出土文书、或传世文书的考古学特性，又具有或公文文书、或私人文书的庞杂特性，还具有或意外发现、或未经整理的偶然性，因此与档案学、文书学在内容上虽有交叉，却也有重点不同。"[②]也就是说，中国古文书学不应是文书学或相关学科，如现代文书学、文件学、秘书学、档案学等学科的一个简单的纵向或横向截面，其在本质上与这些学科的研究方向和侧重点是不同的。从某种程度上讲，未来中国古文书学的开展正是要弥补这些学科研究上的不足，而它们之间存在一定的"互补关系"。

文章在引述了文书学、文件学、秘书学、档案学等学科的研究范畴后说：

> 这些学科的研究主要存在三方面的不足：
>
> 其一，这些学科的核心目的在于应用，因此其研究偏重于技术层面；而且其学科重点多在秦汉以后，尤以现当代时期为主，普遍对先秦时期关注较少。
>
> 其二，从各学科论述的整体结构看，文书学、文件学、秘书学等学科（档案学除外），都是从"动态"的角度分阶段对文书或文件的各方面问题进行研究。但这种"动态"研究显然并不充分，只是各个阶段"静态"分析的缀合。
>
> 其三，文书学、文件学、档案学等学科的研究以"物"（文书或文件）为核

① 此处表述有误，当为"隋唐宋辽金元史研究室"。

② 这一段话即出自笔者在2013年第二届中国古文书学学术研讨会上提交的论文，见本文第一部分结尾，文字稍有不同。

心，虽涉及到部分文书或文件工作人员，但对这些人的关注并不够；而秘书学虽然对“人”的关注较多，但对物的关注又有所失；更重要的是，这些学科普遍缺乏对人与人、人与物之间关系的关注。

文章认为中国古文书学研究范畴应包含的基本要素是：

基于上述文书学、文件学、档案学、秘书学等学科研究范畴上的不足，及中国古文书学与这些学科之间所存在的“互补关系”，可知未来中国古文书学研究的研究范畴应包含如下几个基本要素：一是要重点以明清之前的古文书为研究对象，并对先秦文书给予更多关注；二是研究过程中不应脱离古文书实际运行的具体环节，且应将其纳入到动态的观察视角之下；三是在研究中要对古文书及古文书相关人员作等量观，且要对其两者各自内部及其两者之间所存在的诸如等级对应、种类对应等关系进行充分挖掘。而要实现这一目的，必然要求中国古文书学研究在立足于历史学的基础上，充分吸纳以上诸学科的研究理论与方法。

文章最后的结论是：

概括来说，中国古文书学的研究范畴应以古文书为视角，探讨古文书相关人员之间、古文书相关人员与其他人员之间的信息沟通方式，及古文书自上而下或自近而远的书写与传达过程，并应试图构建古代的信息沟通脉络，借以展现作为人为产物的古文书与整个历史大趋势的对立与统一，既而寻求出人与社会、人与人、人与物、人与自己等之间的相互关系。从方法上看，在研究分析中国古文书时，需要在运用文书学、文件学、档案学等学科的静态文书分析结构、方法等进行研究的同时，结合古文书在不同时期内发展的实际特点，以动态的视角对古文书、古文书相关人员及其之间关系的理论、原则、方法，以及上述三者产生、演变和发展规律等内容进行研究；充分挖掘古文书的历史意义，分析其与当时国家行政、司法、经济、军事等社会不同层面之间的关系，从而帮助我们更加准确地认识古代社会。①

按：这篇文章试图梳理古文书学与文书学、文件学、秘书学、档案学等学科的异同，划定古文书学的研究范畴，强调要重视先秦文书、重视动态研究、重视与古文书相关人员

① 以上引自王会斌：《中国古文书学研究范畴刍议》，《档案》2016年第3期，第8—10页。

的研究。关于最后一点，笔者理解作者要表达的意思是在研究古文书时，应该关注参与古文书制作、传达、反馈、保存等工作中的人的身份、地位、职掌及其发挥的作用，以此将古文书研究与历史研究更紧密地联系起来。文章有意识地探讨古文书学的研究范畴，是不多见的对古文书学学科进行理论探讨的文章。

陈子丹、谯丹、李孟珂在《中国历史文书学的现状与思考》一文中指出：

与“历史文书”容易混淆的概念是“古文书”和“文献”“档案”。“古文书”一词源于日本，日本学者将文书定义为“甲方为了将自己的意图传达给乙方而做成的一种意图表示手段”，或“发件人为向收件人传达自己意志而用文字做成者”。“中国古文书与文献、档案有着密切关系，同时又有自身的独特之处：第一，它主要建立在新出史料研究的基础上，因此其研究范围与对象受现有研究状况的制约；第二，它同时具有古文书学的一般共性，即它是原始文献，具有原始性，或称‘第一手文献’。”一般不包括典籍或宗教经卷；第三，它多以散件、簿册，即零散的状态存在，所以被称为“文书”而非“文献”。“档案”一词来源于满语的“档”（音Dangse，一种记录在木质材料上的档案）和汉语的“案”，档案主要是从有留存价值的文书转化而来，今天的档案就是昨天的文书。我国档案界有“文书是档案的前身，档案是文书的归宿”的说法，“档案与文书之间实际上是一种时间性的继承转化关系，档案并不等同于文书，两者的侧重点不同”。因此，文书与档案虽然有着密切的关系，但从历史研究的角度来看，用“古文书”一词更能反映出这些原始文件的特征。

历史文书也有狭义和广义之分。狭义的历史文书仅指官方文书，即在“处理各种政务活动中直接形成的公务文书，主要包括诏令文书、上奏文书、官署往来文书等行政文书与各类专门文书”。这种文书经拟稿、审核、签发后可能会因处理事务的需要而被缮写成多份，分送多个机关，形成多个副本。广义的历史文书是指多元文本，除官用文书外，也包括民间各类私人文书、少数民族文书以及各种特殊载体材料的文书。

研究历史文书的学科，国外称之为“古文书学”。“古文书学起源于欧洲，是伴随着对国王敕书及各种证明文件的辨伪，从实用走向一门学问的。……受西欧古文书学的影响，日本古文书学也呈现兴盛发达之势。”其代表作有吉村茂树著《古文书学》、佐藤进一《古文书学入门》、日本历史学会《概论古文书学》等。

中国历史文书学是研究我国清代以前文书、清代文书、民国文书和革命历史文书的形式、内容、特点及公文处理的一门文书学分支学科。它以各个历史时期为序，阐述从古至今数千年中国文书、文书工作和文书管理制度的起源、演变过程，探索国家机关、社会组织、民间团体等机构或个人的公私文书及文书处理工作的概况、特点、用途和流程，目的是揭示文书和文书工作的发展规律，更好地管理和利用历史档案，为当今社会服务，为搞好现行文书工作提供历史借鉴。

文章在反思了“历史文书”的缺憾后，在《深化历史文书学研究的思考》一节中说：

近现代以来因甲骨文书、简牍文书、缣帛文书、敦煌文书、吐鲁番文书、黑水城文书、徽州文书、清水江文书、太行山文书的发现，兴起了甲骨学、简帛学、敦煌学、吐鲁番学、黑城学、西夏学、徽学、清水江学、太行山学等新学问，虽然这些学科的研究对象多为古文书，但其学术活动则是伴随着出土或传世文书的不断发现而逐步扩大兴盛，却又各自为界、互不相干的，因此在中国史学界迄今没有形成有自身特色的“古文书学”。

近年来，由于史学界掀起了回归史书编纂之前的原始资料，直接从原始文本进入“史实”的高潮，古文书再次成为史学界关注的热点。中国社科院历史所的部分学者在借鉴西方特别是日本“古文书学”的基础上，提出了创立“中国古文书学”的倡议，并得到了学术界的响应。但“中国古文书学”的研究下限为清末，基本不涉及近代，而对历史文书学而言，民国文书是其重要的研究对象。民国时期对文书学的研究是促成中国近代档案学产生的动力和内因。在这一学术传统下，历史文书的研究是回溯历史，是对历史的恢复和重建，在研究历史文书时既不能抛开古文书的特性，更不能将古文书与文献、档案的概念混为一谈。将历史文书与文献、档案区分开来，建立跨断代、跨领域的中国历史文书学，有助于正确认识历史文书的史料价值，更好地研究新出史料，从而推动中国文书学、档案学的创新和发展。[①]

按：本文几乎全盘接受了我们关于古文书学的看法，以及中国古文书学建立的原因、意义等，表明了作者对中国古文书学这一新学科的认同和支持。文章对古文书学与历史文书学、档案学的异同说得比较模糊，可以明确指出的大概有两点：一是认为古文书学研究的古文书基本以清代文书为界，而历史文书学研究的重点之一是民国文书；二是认为历史文书学研究的“目的是揭示文书和文书工作的发展规律，更好地管理和利用历史档案，为当今社会服务，为搞好现行文书工作提供历史借鉴”。这两点确实是古文书学与

① 陈子丹、谯丹、李孟珂：《中国历史文书学的现状与思考》，《学术探索》2020年第3期，第93—94、97页。

历史文书学的重要不同。

中国古文书学本质上属于历史学范畴，它处理的是历史研究的原始资料，特别是当时实际政务或事务过程中产生的各种文书。研究这些古文书的目的，不是如何管理和利用历史档案，也不是为现行文书工作提供历史借鉴，而是通过研究这些曾经使用过、在历史上发生过实际作用的古文书，来探讨历史制度的运行演变、历史事件的发生发展、历史人物的活动轨迹，从而更深刻地认识历史。

这就是中国古文书学建立的根本意义。正是在这一意义上，古文书学与档案学、历史文书学、古文献学都是有所不同的。

〔作者黄正建，中国社会科学院古代史研究所。北京，100101〕

马王堆汉墓《箭道封域图》与秦汉里的制度性调整

凌文超

摘　要：马王堆汉墓《箭道封域图》标注的“○里并○里”应理解为前里合并后里，是汉初自然聚落改制和里户拆并的具体反映。秦汉律令规定按户数定里、设吏，简帛文献中有诸多例证，体现出秦汉时期里的制度性调整经常进行。里的拆并有助于国家离散、破除自然聚落中的血缘、地缘关系，从而实现皇权对乡里基层社会的改造和控制。

关键词：秦汉；《箭道封域图》；里制；编户

长沙马王堆三号汉墓《箭道封域图》标注的“○里并○里”[①]，学界常理解为前里并入后里，笔者认为应理解为前里合并后里，是汉初自然聚落改制和里户拆并的具体反映。近年来刊布的不少出土文献显示，秦汉律令规定按户数定里、设吏，体现出秦汉时期里的制度性调整经常进行。里的拆并有助于国家离散、破除自然聚落中的血缘、地缘关系，从而实现皇权对乡里基层社会的改造和控制。本文尝试就这些问题提出申论。

一、《箭道封域图》中所见的里户合并

马王堆三号汉墓出土的《箭道封域图》的标注明确显示，箭道西部和西南部区域的里及其编户曾被系统拆并和迁移，相关内容如下：

（一）路里，卌三户，今毋人。

　　胡里，并路里。

① 该地图的定名，参见邢义田：《论马王堆汉墓“驻军图”应正名为“箭道封域图”》，《湖南大学学报（社会科学版）》2007年第5期。后收入氏著《治国安邦：法制、行政与军事》，北京：中华书局，2011年，第341—355页。

（二）乘阳里，十七户，今毋人。

□里，并【乘】阳【里】。

（三）虑里，卅五户，今毋人。

兼里，并虑里。

（四）波里，十七户，今毋人。

弇里，并波里。

垮里，并波里。

（五）石里，到乘五十里，并石，到廷六十里。①

关于“〇里并〇里”，学界普遍理解为，前里并入、并到后里，例（四）即弇、垮二里编户并入波里。②事实上，将“并”理解为“并入”“并到”，有些问题不好解释。例如，合并户数后，后里的户数本应增多，然而，后里如路里、乘阳里、虑里、波里皆标注为“今毋人”。例（五）中的“石里”“石”，两者同名，亦颇为费解。

秦汉史籍中，前者“并入”“并到”后者，多用“并于”表示。例如，《史记·李将军列传》云：“令（李）广并于右将军军。”③《史记·太史公自序》曰：“楚并于秦。”④前者合并后者，则直接用“并”。如《史记·项羽本纪》载：“项梁已并秦嘉军。”“楚兵已破于定陶，怀王恐，从盱台之彭城，并项羽、吕臣军自将之。”⑤“〇里并〇里”与此为同类表达，也应为前里合并后里。⑥

在例（一）至（四）中，路里、乘阳里、虑里、波里编户被迁移、并入他里，故标注为“今毋人”。这些合并的二三里均为相邻之里，看来地理位置临近是这次拆并里的基本原则。其中，波里17户被拆分，一部分并入弇里，另一部分并入垮里。虽然

① 释文及摹图参见裘锡圭主编：《长沙马王堆汉墓简帛集成》第6册，北京：中华书局，2014年，第109—122页。

② 朱桂昌：《关于帛书〈驻军图〉的几个问题》，《考古》1979年第6期，第522页；鲁西奇：《汉宋间长江中游地区的乡村聚落形态及其演变》，载中国地理学会历史地理专业委员会《历史地理》编辑委员会编《历史地理》第23辑，上海：上海人民出版社，2008年，第130—131页。

③《史记》卷一〇九《李将军列传》，北京：中华书局，1959年，第2874页。

④《史记》卷一三〇《太史公自序》，第3309页。

⑤《史记》卷七《项羽本纪》，第299、304页。

⑥ 张继海即持此看法。他认为，并里是政府对越人居住形态实行的人为汉化。越人原来的一个里住户很少，只有十几户到三四十户，非常分散。现在几个里并为一里，形成一个更大的聚落，更便于统治和管理，也符合了中原的传统。参见氏著《汉代城市社会》，北京：社会科学文献出版社，2006年，第82—83页。不过，越人编户里居应当意味着他们业已华夏化。而且“今毋人”之里，有的原户数多达五六十户，甚至八十余户，户数并不少。里的拆并应当只是制度性调整和户数整齐化。

三里地理位置靠近，但是波里与㛷里之间并无虚线（道路）相连，此二里在行政系统上可能并不密切。波里在绘制时间更早、地域更广的《地形图》上也有标示，应是一个长期存在且比较重要的据点。[①]波里被拆分和迁移，可能有离散该里长期以来形成的盘根错节关系的用意。

在例（五）中，与“石里”合并的“石”，以往学界多认为是“石里”之省。两个同名里合并的可能性应当比较小。在《箭道封域图》中，除了“石”，还有“上蛇”未称里。“石”“上蛇”应当并非“石里”“上蛇里”之省，而是未推行里制的自然聚落之名。“上蛇”，可能与《地形图》中的“蛇君”有关。两者地理位置稍有出入，但大方向一致。“蛇君”，与《地形图》中的“不于君”“垒君”“雷（？）君”同类。正如整理者所言：“君应是小君长，作为地名，指土著的少数民族部落酋长之所在。”[②]这类土著部落日益华夏化，后来逐渐被纳入里制，如《地形图》中的“深君里”，应当就是深君聚邑接受编户化而形成的里。

不过，这一过程比较复杂。结合《地形图》与《箭道封域图》来看，“蛇君”聚邑在华夏化过程中，一部分民众编户化而形成“蛇下里”（参见《箭道封域图》），另一部分则维持土著部落的形态，称之为“上蛇”。同理，“石里”与“石”，可能也是从类似于“石君”的聚邑分化而来的。“石里”由华夏化的编户民组成，而“石”仍然是土著的自然聚落。“石里”合并“石”，实质上是聚邑“石”的华夏化、编户化，演进为“石里”。

马王堆汉墓出土的《地形图》《箭道封域图》，标注的基层行政组织及其调整，是汉初自然聚落改制和里户拆并的具体反映。[③]这类里户的拆并并非偶尔为之，而是制度性调整，在秦律和汉代文献都有相应的证据。

---

① 一般认为《地形图》绘制的时间要早于《箭道封域图》。参见邢义田：《从出土资料看秦汉聚落形态和乡里行政》，载氏著《治国安邦：法制、行政与军事》，第264—268页。

② 裘锡圭主编：《长沙马王堆汉墓简帛集成》第6册，第111页。曹学群认为，它应是汉代在少数民族地区设置的带有民族自治性质的相当于里（或乡）级区划的名称。曹学群：《关于马王堆古地图及其相关的几个问题》，《考古》1994年第4期，第355—356页。

③ 这也反映了江南深险之地华夏化的曲折进程。关于这一个过程的概述，请参见罗新：《王化与山险——中古早期南方诸蛮历史命运之概观》，《历史研究》2009年第2期，第4—20页；后收入氏著《王化与山险——中古边裔论集》，北京：北京大学出版社，2019年，第3—28页。

二、秦代按户数定里、设典的确立

岳麓书院藏秦简中所见的秦律有这样的规定：

▌诸故同里里门而别为数里者，皆复同以为一里。一里过百而可隔垣益为门者，分以为二里。[①]

“诸故同里里门而别为数里者”意味着秦曾经将一里拆分为数里，可能是在户数众多且自然聚落色彩仍然浓厚的旧里的基础上编制若干新里。此新律则规定“皆复同以为一里”，即将原来析分的数里重新整合为一里。只是，据“一里过百而可隔垣益为门者，分以为二里”，独立的户数众多（超过100户）的里依然要被拆分，从而将里的户数限制在百户以下。秦在反复拆并里和聚邑的过程中，其基本依据并非地缘关系，而是以户数作为拆分的基准。

秦代里典、老的设置，亦与户数挂钩。秦《尉卒律》规定：

里自卅户以上置典、老各一人。不盈卅户以下，便利，令与其旁里共典、老；其不便者，予之典而勿予老。[②]

典、老并设，以一里30户为基准；30户以下的里常与旁里共典、老，或只设典而不置老。为了保证基层组织的完整性，里的户数时而被调整，以达到并设典、老的户数要求（30户）。里耶秦简中常见30户左右的里应与此相关：

今见一邑二里：大夫七户，大夫寡二户，大夫子三户，不更五户，□□四户，上造十二户，公士二户，从廿六户☑（8−1236+8−1791）[③]

---

① 陈松长主编：《岳麓书院藏秦简（肆）》，上海：上海辞书出版社，2015年，第192页。

② 陈松长主编：《岳麓书院藏秦简（肆）》，第115页。

③ 本文所引里耶秦简，均出自湖南省文物考古研究所编：《里耶秦简（壹）》《里耶秦简（贰）》，北京：文物出版社，2012、2017年；陈伟主编：《里耶秦简牍校释》第1、2卷，武汉：武汉大学出版社，2012、2018年。以下仅标出简号。

"一邑二里"共计61户，平均每里约30户。[1]若是，则每里皆可置典、老。

不足30户则只能设典一人。例如，秦始皇三十二年（前215）启陵乡成里只有27户（8-157），迁陵县丞只许成里设一典：

> 卅二年正月戊寅朔甲午，启陵乡夫敢言之：成里典∠、启陵邮人缺，除士五成里匄∠、成。成为典，匄为邮人，谒令尉以从事。敢言之。（8-157正）
>
> 正月戊寅朔丁酉，迁陵丞昌却之：启陵廿七户已有一典，今有（又）除成为典，何律令瘫（应）？尉已除成∠、匄为启陵邮人，其以律令。/气手。/正月戊戌日中，守府快行。
>
> 正月丁酉旦食时，隶妾冉以来。/欣发。壬手。（8-157背）[2]

该文书令人费解之处是，启陵乡啬夫夫报告称成里典出缺，而迁陵县丞昌却不认同启陵乡啬夫夫的说法，批示"启陵（乡成里）廿七户已有一典"，认为成里已有一典。两者的说法表面上看来是相互矛盾的。如果县丞昌的批示属实，啬夫夫的报告就涉嫌欺谩。然而，文书丝毫不见县丞昌对啬夫夫的斥责或处罚，只是将原拟担任成里典的成改任为启陵乡邮人。或有可能乡啬夫夫的报告也是事实。

据里耶秦简的记录，秦始皇二十六年（前221），启陵乡的属里有过调整：

> 廿六年五月辛巳朔庚子，启陵乡庳敢言之。都乡守嘉言：渚里不☐劾等十七户徙都乡，皆不移年籍└。令曰：移言。·今问之劾等徙☐书，告都乡曰：启陵乡未有某，毋以智（知）劾等初产至今年数，☐皆自占，谒令都乡自问劾等年数，敢言之。☐（16-9正）

启陵乡原来至少设有二里：成里和渚里。渚里在里耶秦简中，迄今凡此一见，渚里应该被裁撤，属户并入他里。[3]为了基层组织的完整性，渚里编户民可能一分为二：其中17户迁移并入都乡，满足充实县城的需要；另一部分则并入成里，凑足30户，满足典、老并

[1] 符奎：《秦简所见里的拆并、吏员设置及相关问题——以〈岳麓书院藏秦简（肆）〉为中心》，《安徽史学》2017年第2期，第33页。

[2] 关于该简的分析，请参见邢义田：《湖南龙山里耶J1（8）157和J1（9）1—12号秦牍的文书构成、笔迹和原档存放形式》，载陈伟主编《简帛》第1辑，上海：上海古籍出版社，2006年，第275—280页。

[3] 晏昌贵、郭涛：《里耶简牍所见秦迁陵县乡里考》，载陈伟主编《简帛》第10辑，上海：上海古籍出版社，2015年，第154页。

设的基本要求。六年后，启陵乡成里典出缺（启陵乡啬夫夫的陈述），但是，此时成里已不足30户，只有27户，达不到并设典、老的律令要求。在这种情况下，成里事务应当由仍然在任的老来承担，老成为事实上的典。这或许就是迁陵县丞昌所谓的“启陵廿七户已有一典”的依据。

秦代根据户数合并或析置里，大抵将里的编户限制在百户以下。里并设典、老，要求其编户数在30户以上。这些都导致里的编户时而被调整。

三、汉代里、户制度性调整的延续

马王堆汉墓《箭道封域图》中所见的里、户合并，应是秦代按户数定里、设典的延续。《箭道封域图》中标注“今毋人”的里，其户数多少不一：溜里13户，波里、乘阳里17户，孑里30户，虑里、沛里35户，沙里、路里43户，纡里53户，智里68户，垣里81户。[①]这些里与那些有着齐整户数编制的理想状态的里大为不同。一种意见认为，当时城邑之里户数整齐规划，而乡野自然村落里聚户数参差不等，两者反映了理论制度与实际分划状况的差异。[②]然而，从秦律规定里吏的设置与户数挂钩且迁陵县启陵乡成里约30户看来，乡野之里应当很早就被纳入户数规划，只是相对城邑之里，执行可能不那么经常，也不那么严格而已。

《箭道封域图》中，有的里未注户数，有的里既注户数，又注“今毋人”，而且户数差异很大。对于这两类不同的里，可以有很多不同的理解。综合上述分析，笔者倾向于认为，标注户数和“今毋人”的里，应当就是在某次按制度整顿和规划里户数编制过程中被调整的里。

事实上，汉代里制在推行过程中，同秦代一样，不仅里的拆并有户数基准，里吏的设置也有户数要求。汉文帝时期募民徙塞下，晁错建议“营邑立城，制里割宅”，具体而言，即“使五家为伍，伍有长；十长一里，里有假士”。[③]新营造的城邑可能按50户的规模编制里和设置吏。[④]东汉则按50户或100户基准设置里魁或里正。[⑤]如《后汉书·百官

① 裘锡圭主编：《长沙马王堆汉墓简帛集成》第6册，第117页。

② 张金光：《秦乡官制度及乡、亭、里关系》，《历史研究》1997年第6期。后收入氏著《秦制研究》，上海：上海古籍出版社，2004年，第597—602页。

③《汉书》卷四九《晁错传》，北京：中华书局，1962年，第2288—2289页。

④ 关于秦汉时期聚落和城邑之里的形态，请参见邢义田：《从出土资料看秦汉聚落形态和乡里行政》，载氏著《治国安邦：法制、行政与军事》，第271—294页。

⑤《晋书·职官志》载：“县率百户置里吏一人，其土广人稀，听随宜置里吏，限不得减五十户。”（北京：中华书局，1974年，第746—747页）当时即使可以因地制宜设置里吏，也有户数的基本要求。这与秦汉时期的律令精神大抵一致。

志》刘昭注引《风俗通》云："里有司，司五十家。"本注的说法不同："里魁掌一里百家。"[①]长沙尚德街东汉简则记录："诏书：百户置一正，贫富不得容奸诈。"[②]东汉一里户数的规定，前后可能存在过调整。

汉代按户数设置里正，在松柏汉简中也有所透露。据整理者介绍，松柏汉简中有江陵西乡的"户口簿"与"正里簿"。[③]西乡"正里簿"的具体内容尚未刊布，不过，结合"西乡户口簿"的记录来看，其内容应当是根据户口的耗息按一定的户数标准对里进行调整，设置相应数量的里正。"二年西乡户口簿"的内容如下：

> ·二年西乡户口簿：户千一百九十六，息户七十，秏户卅五，相除定息卅五户，大男九百九十一人，小男千卌五人，大女千六百九十五人，小女六百卌二人，息口八十六人，秏口卌三人，相除定息口卅三，·凡口四千三百七十三人。（48）[④]

与汉代户口统计簿（如天长汉简"户口簿""乐浪郡初元四年县别户口多少集簿"、尹湾汉简"集簿"）一般用"多前""少前"表示户口增减不同[⑤]，"二年西乡户口簿"不仅具体统计了"息户""息口"，而且统计了"耗户""耗口"，还结计了"相除定息"的户口。这就为"里"的调整和"里正"的设置提供了基本依据。松柏汉简"二年西乡户口簿"和"正里簿"大抵反映了西汉中期里和里正的调整情况。

里的编制情况，在长沙走马楼三国吴简中有更为明确的呈现。一里的户数相当齐整，约为50户。[⑥]这类高度一致的"里"，也应是经常制度性调整的结果，是秦汉里制的延续。

---

①《后汉书》志二八《百官志·亭里》，北京：中华书局，1965年，第3625页。

② 杨小亮：《长沙尚德街084号东汉"诏书"木牍补征》，《文物》2021年第3期，第79页。

③ 荆州博物馆：《湖北荆州纪南松柏汉墓发掘简报》，《文物》2008年第4期，第29页。

④ 朱江松：《罕见的松柏汉代木牍》，载荆州博物馆编著《荆州重要考古发现》，北京：文物出版社，2009年，第209—212页。是文仅公布图版而未作释文，相关释文可参见彭浩：《读松柏出土的四枚西汉木牍》，载陈伟主编《简帛》第4辑，上海：上海古籍出版社，2009年，第333—343页。

⑤ 这3种户口（集）簿的图版和释文，分见天长市文物管理所、天长市博物馆：《安徽天长西汉墓发掘简报》，《文物》2006年第11期，第11页；杨振红、［韩］尹在硕：《韩半岛出土简牍与韩国庆州、扶余木简释文补正》，载卜宪群、杨振红主编《简帛研究·二〇〇七》，桂林：广西师范大学出版社，2010年，第281—288页；郑威：《汉帝国空间边缘的伸缩：以乐浪郡的变迁为例》，《社会科学》2016年第11期，第136—139页；连云港市博物馆等编：《尹湾汉墓简牍》，北京：中华书局，1997年，第75—76页。

⑥ 关于孙吴临湘侯国属里多为50户上下的分析，请参见［日］鹫尾祐子：《长沙走马楼吴简连记式名籍简的探讨——关于家族的记录》，载罗新、宋少华主编《吴简研究》第3辑，北京：中华书局，2011年，第83页；连先用：《吴简所见里的规模与吴初临湘侯国的户籍整顿》，《中国农史》2019年第1期，第43—56、23页。

四、结语

秦汉里制是官方管控编户民和基层社会的重要行政工具，对基层社会有着至关重要的“形塑”作用。[①]乡里制形塑基层社会的手段多种多样，其中最为重要的就是按照户数拆并里以及设置里吏。户口因而成为秦汉里制的组织原则。[②]

按户数定里、设吏，不但可以将户口众多的自然聚落析分为若干里，还可以将户口寡少的自然聚落整合为若干里，从而有助于国家离散、破除自然聚落中的血缘、地缘关系，摧折民间的自治权力，有利于皇权贯彻到县下乡里的基层社会，去有效改造旧秩序，直接控制编户民。[③]

〔作者凌文超，北京师范大学历史学院。北京，100875〕

① 鲁西奇：《中国古代乡里制度研究》，北京：北京大学出版社，2021年，第1—22页。

② 王毓铨：《汉代“亭”与“乡”“里”不同性质不同行政系统说——“十里一亭……十亭一乡”辨正》，《历史研究》1954年第2期，第127—135页。

③ 凌文超：《秦汉王朝对乡里族姓的规划与管理》，《中国人民大学学报》2021年第6期，第41—51页。

胡家草场M12汉律令解题*

汪华龙

摘　要：胡家草场M12汉律令，在出土秦汉律令简牍中最为完备、存简最多，更能呈现汉文帝改革若干细节，意义非凡。依据已公布的律令简，本文初步梳理其形制、编联、容字、用字、笔迹等基本问题。据律篇目、律文内容、墓葬年代，排次几种汉初律的年代序列。围绕文帝刑罚改革，探讨律文所见死刑、除肉刑、新劳役刑序列、毋爵者、赎刑、罚金刑、迁、戍、笞等问题，总结“结构性”的线形刑罚体系的建立与意义。文帝朝“诸律令所更定”，亦涵盖制度、礼乐、官名、祭祀等若干方面，中二千石、“数用五”的变化基本呈现。文帝改革目的，或在“革除秦制，立汉制度”。令目录提示令典或由干支令、壹行令、事项令、律同名令构成，与律典紧密关联。内容修订之外，“结事为章”或也是律令修订的主要办法。

关键词：胡家草场汉律令；刑罚改革；“诸律令所更定”

2018年10月至2019年3月，由荆州博物馆发掘的湖北荆州胡家草场M12西汉墓，是一座长方形土坑竖穴木椁墓，分为头箱、边箱、足箱和棺室。M12出土简牍4642枚，分置于头箱东、西部的两个竹笥内。西部的M12:10竹笥装满简牍，包括岁纪简160余枚、律令简3000余枚、历日简203枚、日书简490余枚、医杂方简牍450余枚、簿籍简牍60余枚；东部的M12:90竹笥装有遣册简120余枚。墓主人下葬年代初步判定为文帝时期，或不早于汉文帝后元元年（前163）；墓主人身份可能与凤凰山M168墓主人相当（五大夫），或以为可能是“史”一类的官吏。3000余枚律令简中，律分3卷，为狱律“凡十四律”、“旁律甲”“凡十八律”及“旁律乙”“凡十三律”；令分2卷，为“令散甲”“凡十一

* 本文为国家社科基金后期资助一般项目“汉晋简牍石刻的古文书学研究”（项目批准号：21FZSB030）阶段性成果。2022年4—12月，中国人民大学“胡家草场汉简读书班”完成《荆州胡家草场西汉简牍选粹》研读并初步形成译注稿。读书班由张忠炜召集，成员有刘自稳、汪蓉蓉、张桑田、牛昱尧、王薇薇、杨霜、朱磊、王忠铂、李岩峰、沈菊、汪华龙。新近转为研读张家山M336汉简，赵晶、支强、刘庆、罗沛滢、胡泰霖、董淑琦加入。拙稿受教于诸位师友良多，并承韩树峰、本集刊编辑惠赐宝贵意见，谨致谢忱！

章”，以及令某“凡廿六章”。目前，胡家草场汉律令简共公布100余枚，内容为律目录3种、令散甲目录1种，律文60余条、令文2条（参见附录）。本文拟分两部分展开论述：第一部分（第一、二节）主要考察律令形制及文本面貌、几种汉初律的先后次序；第二部分（第三、四、五节）从刑罚改革、制度礼乐、律令篇章3个方面，尝试探讨文帝朝“诸律令所更定”的若干问题。

一、形制、编联、容字、用字、笔迹

（一）形制

胡家草场律令简共3000余枚，简长约29.9厘米，合汉制一尺三寸，宽约0.6厘米，3道编绳，简背有刻划线。

目前，秦至西汉所见大宗律令简册形制，大致如表1：

表1　秦至西汉出土大宗律令简册形制表

名称	内容	长（厘米）	编绳（道数）
睡虎地秦简	秦律十八种	27.5	3
	《效律》	27	3
	秦律杂抄	27.5	3
龙岗秦简	禁苑律		3
岳麓秦简	《亡律》（肆·一）[①]		3
	秦律（肆·二）		2
	《内史郡二千石共官令》（肆·三）		2
	秦令（伍·一）		2
	秦令（伍·二）		2
	秦令（伍·三）		2
	《廷戊》《令丁等令》（陆·一）		2
	秦令（陆·二）		2
	秦令（陆·三）		2
	秦令（陆·四）		2
	律令混编（陆·五）		2
	秦令（柒·一）		2
	秦令（柒·二）		2

①“肆·一”指《岳麓书院藏秦简（肆）》第一组，下同。

续表

名称	内容	长（厘米）	编绳（道数）
张家山M247汉简	二年律令		3
张家山M336汉简	汉律十六种		3
	《功令》		3
睡虎地M77汉简	□律十五种		3
	旁律二十四种		3
胡家草场M12汉简	律三卷、令二卷		3
印台西汉墓简牍	不明		

据表1，秦汉大宗律令简长度以一尺二寸（27.5厘米）、一尺三寸（30厘米）为主，亦有长一尺（23厘米）的个例。稍晚文献载有“二尺四寸”或“三尺”律，胡平生推测律令册用简长度与其性质有关，一种由中央政府直接颁布下达，长三尺；“一种是郡国以下各级官府或个人转发或为了使用的方便根据前者抄录的册书，长度与一般文书简册相同”。[①]胡家草场汉律令或亦属后者，即近于“一般文书简册”的律令抄本。又，如近于“一般文书简册”，则编绳多寡应以实用为主，或随抄制、使用者而异。不过，居延新简EPT4:58“▱札长尺二寸当三编▱”，或认为“此简所记为简册制度”。[②]几种汉初律抄本形制相近，尤其张家山M336与胡家草场M12汉律令简长、编绳数相同，或反映一时制度或习惯。

（二）编联

胡家草场律令简在右侧开有3个用作编联的契口，各简契口位置大致平齐，上契口距上端约1.5厘米，中契口约在正中位置，下契口距下端约1.7厘米。令简一般在各条首简天头处书写令编号。

部分律令简契口处尚存编绳印痕，据印痕较完整者，知原用双股编绳，多数印痕如“>”形。

① 胡平生：《〈简牍检署考〉导言》，载王国维著《简牍检署考校注》，胡平生、马月华校注，上海：上海古籍出版社，2004年，第36页。

② 孙占宇：《居延新简集释（一）》，兰州：甘肃文化出版社，2016年，第133、280页。孙占宇将释文调整为“▱札长尺三当三编▱”，今据图版，所释“三”字第三横与上两横相距较远，且右侧有折笔，应为“寸”字横划，“尺三”应释为“尺二寸”。

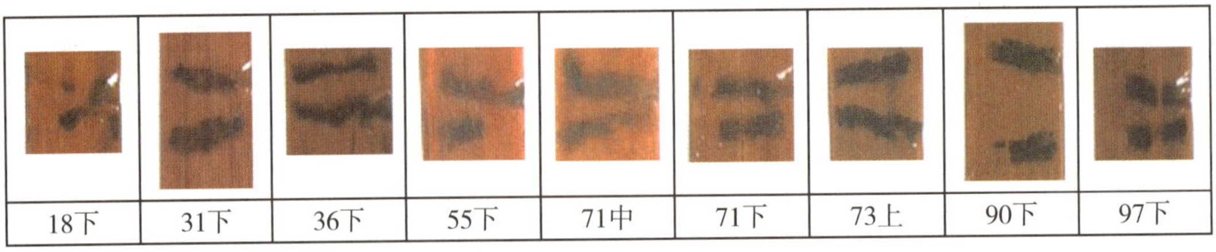

图1　胡家草场律令简编绳痕迹图

其编绳痕迹，与学者复原的北大藏秦简“锁子扣”编联方式（图2）较为相似，二者当使用相似的编联方法。[①]

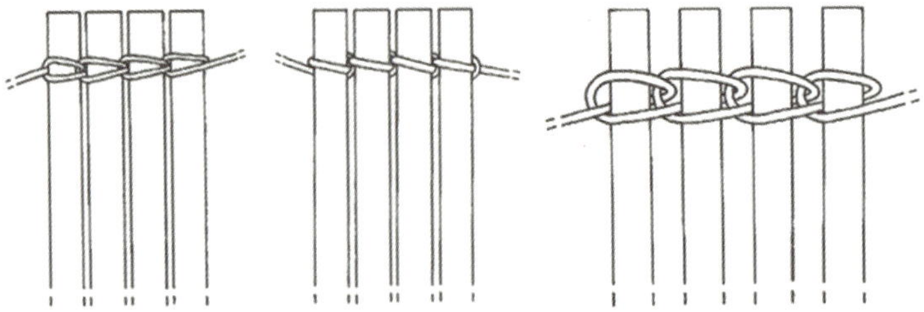

图2　北京大学藏秦简编联方式及编法示意图

以与胡家草场律令简同形制的竹简实验编联，使用图示编法可复原编联形态，但须将待编编绳反复穿过锁子扣，当卷册较大时，既较繁琐，又易导致编绳磨损、纠缠。经实验，编法可优化为“⊂”形绳结的重复：①将编绳作“⊂”形置于首枚简正面，一端用作绳结。②将待编一端取适当长度作“⊂”形，从简背面穿过前“⊂”形成结，收紧编绳。此时简左侧保留一个“⊂”形结。③重复操作，将待编简置于预留的“⊂”形结下，再将待编编绳作“⊂”形从背面穿过前“⊂”形成结。不断重复即可。（图3）采用这种编法，编绳不用反复穿过绳结，减轻了磨损、纠缠，工作效率也较高。

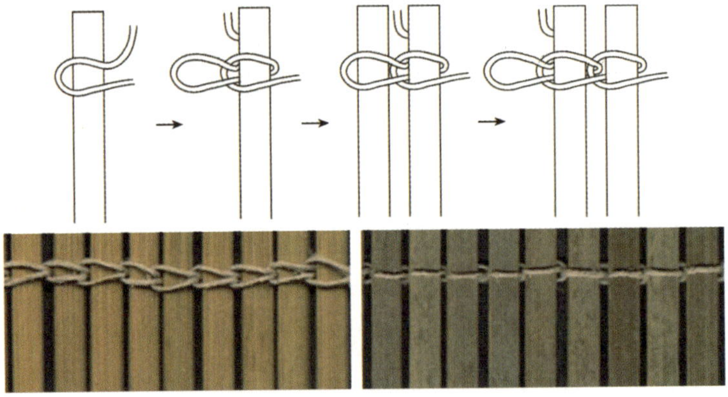

图3　编法示意及实际效果图（左正、右背）

① 北京大学出土文献研究所：《北京大学藏秦简牍室内发掘清理简报》，《文物》2012年第6期，第37、41页。

（三）容字

已公布的胡家草场律令简，文字较清晰，其各简容字有同有异，或有助于讨论篇章结构与编联、抄手等问题，先将相关情况表列如下：

表2　胡家草场律令简容字表

序号	出土号	满简容字	留白简容字	序号	出土号	满简容字	留白简容字	序号	出土号	满简容字	留白简容字
14	1374	33		47	1250	26		79	328	35	
15	1375	35		48	1114		15（=）	80	327		26（=）
16	1387	33		49	1147	26		81	1247	27	
17	1389		31（=）	50	1146	25		82	2992	32	
18	1273	25		51	1198	23		83	3110		32（36）
19	1266	26		52	1199	24		84	322		33（38）
20	1264	28		53	1292	22		85	404		28（36）
21	1023	30		54	1291	25		86	3156		34（35）
22	1121	32		55	1246	26		87	2471	30	
23	1122	31		56	1249	27		88	2470	32	
24	1004		13（=）	57	1171	26		89	2490	32	
25	1260	29		58	1173		17（=）	90	2483	32	
26	1123	33		59	380	31		91	2481		27（=）
27	1128	31		60	397	30		92	2506		15（30）
28	1129	31		61	3057	32		93	2518		24（37）
29	994		15（=）	62	251		25（33）	94	1571	28	
30	1395	35		63	2921	34		95	1564	31	
31	1151	25		64	376		25（35）	96	2803		28（30）
32	1224	31		65	3054	33		97	1272	25	
33	1309	30		66	3068	36		98	1582		31（33）
34	1311		17（=）	67	3069	39		99	2596		25（27）
35	1329	28		68	249		22（31）	100	2597	28	
36	1328	26		69	338	34		101	2601	32	

续表

序号	出土号	满简容字	留白简容字	序号	出土号	满简容字	留白简容字	序号	出土号	满简容字	留白简容字
37	1332	26		70	1161	26		102	2621	34	
38	1259	30		71	1155		25（30）	103	2630		17（=）
39	1104	27		72	3172	38		104	2632		32（37）
40	1105	27		73	3159	38		105	1594		23（26）
41	1091	27		74	406	38		106	1552		33（39）
42	1013		21（38）	75	213	32		110	2177	37	
43	1205	24		76	2916	35		111	2178	32	
44	1212		9（=）	77	2971	32		112	2192	32	
45	1217	28		78	3180	33		113	2249	34	
46	1253		24（27）								

说明：不同律条间隔以单横线，目录简不统计。满写简，统计“满简容字”；留白简，统计“留白简容字”，括注其满简约容字，“=”表示满简容字约同本条。钩识符、重文号、墨点等符号不计，合文计为一字，令简天头编号不计。又，暂从《选粹·释文》中的律篇归属，在各篇间隔以双横线。

据表2，已公布律令简容字上下限分别为39字（简67）、22字（简53），差异较大。其中较特别的，如简43—44各24字、9字，完全可以抄写在一枚简上，容33字，容字量属中等水平。总体来看，各简容字呈现一定规律。

其一，同一律条内，各简容字相近，目前几无例外。即取差异稍大的简65—67、简110—112，各简在容字中位数上下偏差不超过3字。所呈现的视觉效果，即同一律条内各简字径、疏密相较齐整有序，有些甚至能使文字一一对应，如有行格（如简43—44）。利用此点，既可作为同一律条内的编联参照，也可推论未知简面目。《汉书·艺文志》云：“刘向以中古文校欧阳、大小夏侯三家经文，《酒诰》脱简一，《召诰》脱简二。率简二十五字者，脱亦二十五字，简二十二字者，脱亦二十二字。”[①]即利用容字推测脱简脱文。

贼燔寺舍、∠民室屋、∠庐舍积冣（聚），髡为城旦舂。其失火延燔之，罚金四两，责所燔。《选粹》简25

贼燔城、官府及县官积冣（聚），弃市。贼燔寺舍、∠民室屋、庐舍积冣

①《汉书》卷三〇《艺文志》，北京：中华书局，1962年，第1706页。

（聚），黥为城旦舂∠。其失火延燔之，罚金四两，责所燔。乡部、官啬夫、吏主者弗得，罚金各二两。《二年律令》简4—5、M336汉律简46—47[①]

《选粹》简25与《二年律令》、M336汉律同条划线部分相同，后者“贼燔寺舍”前有12字，而简25容29字，可知胡家草场本条律文应与《二年律令》、M336汉律有较大不同，或并入别条后，或“贼燔城”一句有调整，或自“贼燔寺舍”别为一条，尚待观察。

简牍时代的书写姿势，主要有持简而书与伏几而书，持简而书以未编的简牍或已编的短册较易持握，“长册则难于边持边书写”。[②]要实现同一律条内不同简的容字相当，较便利的办法，一是使用已编好的空白简册伏几案抄写，二是持几枚空白简书写或伏几而书。以胡家草场汉律令等长篇简册的抄写而言，前者应是主要方法，后者或是补充。

其二，同一律篇内，有些简容字相近，有些存在较大偏差。这种情形比较复杂，暂取含3个及以上律条的律篇，统计其容字差值。

第一种情况，同一律篇内，各简容字大致相近。如简75—78、简84—86，差值为3；简47—54，差值为4；简21—30、简31—37、简62—67，差值为6；等等。据此，容字相近不仅限于同一律条内，也可推扩至同一律篇中的若干律条。同一律篇中容字相近的不同律条，也较可能是相邻或相近的，或也可作为将来编联的参照。

第二种情况，同一律篇内，部分简容字相近，同时存在偏差较大者。简42—45，整理者将其归于《囚律》，其中简43—45（24～28字）容字相近，简42约容38字，差值约为14。此种情形下，首先应重审律篇归属。《选粹》简45，M336汉律同条简181—182属《囚律》，相合；简42，《二年律令》同条简118属《具律》，M336汉律同条简109亦属《具律》（参见附录），则偏差较大的简42或应改属《具律》。

当然，同一律篇内，容字偏差较大的情况确实存在。《选粹》简46，满简容27字，整理者将其归于《具律》，《二年律令》、M336汉律同条亦属《具律》。对比简42，满简容38字，偏差较大。亦即简42不论属于《囚律》还是《具律》，均与同篇其他简的容字呈现较大差异。限于公布简的数量，目前尚无法妥善解释，但这类现象应引起重视。可以考虑的工作方案是：

先考虑抄手的因素。根据容字并结合用字、笔迹等因素，对同一抄手的抄写起止做出大致判定。同一律篇中的容字偏差，可能与不同抄手的衔接有关。同时，同一容字规律可

① 为简明易晓，称引几种律时主要使用《二年律令》、M366汉律、M77汉律、《选粹》。

② 邢义田：《汉代简牍的体积、重量和使用——以“中研院”史语所藏居延汉简为例》，载氏著《地不爱宝：汉代的简牍》，北京：中华书局，2011年，第30—40页；《伏几案而书——再论中国古代的书写姿势（订补稿）》，载氏著《今尘集——秦汉时代的简牍、画像与文化流播》，上海：中西书局，2019年，第576—629页。

能不限于同一律条、同一律篇内，也可能跨律篇呈现，即由同一抄手连续抄写的内容。

再考虑底本的因素。如果在同一抄手的抄写范围中，存在一些容字偏差较大的简，并且其用字、笔迹可以认定属同一抄手，其容字偏差很可能是受底本的影响。

最后，考虑律令修订的因素。如果在同一抄手的抄写范围中，出现容字偏差较大且用字、笔迹迥异的简，或应考虑律令修订、校雠的因素。即如睡虎地秦律"岁雠辟律于御史"（简199），以及东汉"岁补正"五曹诏书事所反映的，"收入条文的时代多重性"或许也会以容字、用字、笔迹等现象呈现。一则，"条文的时代多重性"可能以不同的容字、用字规律体现在底本中并对抄手产生影响。[①]二则，按M336汉律删去"收"及"收孥相坐"的方式，使用书刀刮削是"雠"较常用的办法。对于胡家草场汉律令至少数百枚简的大型简册而言，因律令修订而增减竹简（新编入或抽出），容易导致编联简册的紊乱甚至解体。采取刮削重写的方式或以新简替换旧简的方式，对简册编联结构影响最小，这也意味着在用简数不变而简文大幅增减时，其容字自然与邻近简大不相同。[②]

稍作总结，胡家草场汉律令简的容字呈现一定规律。同一律条内，容字相近，可视为强作用律，或裨于审视编联、推测脱简。同一律篇内或跨律篇时，容字相近者，或是同一抄手连续抄写的结果；容字偏差较大者，或受抄手、底本等因素影响，同时，也可能是律令修订、校雠的结果，后者或尤值关注。

（四）用字

《选粹》公布律令简104枚，总字数2800余字，单字约540字。汉初至武帝以前的简牍帛书已有不少发现。结合时代、地域与整理情况，近年出版的《马王堆汉墓简帛文字全编》，很便于认识胡家草场律令简的字形问题。[③]

裘锡圭将秦和西汉的隶书合称为"早期隶书"，将西汉武帝时代"看作隶书由不成熟发展到成熟的时期"。早期隶书"明显地接近篆文的字形仍然很多"，在武帝晚期以后的汉简隶书中，"这种字形就大大减少了"。[④]裘先生所举证的"自""它""大"等字形，在胡家草场律令简中都同于早期隶书字形，几乎无一例

---

① 参见［日］宫宅洁：《中国古代刑制史研究》，杨振红等译，桂林：广西师范大学出版社，2016年，第14—21页。

② 据M336汉律令，有时或造成前简留白而径接下一简，或觅空以墨点补录简文。

③ 刘钊主编，郑健飞、李霜洁、程少轩协编：《马王堆汉墓简帛文字全编》，北京：中华书局，2020年。胡家草场M12的下葬年代不早于汉文帝后元元年（前163）；马王堆汉墓简帛主要出土于M1、M3，其下葬年代约各在前163年、前168年。

④ 裘锡圭：《文字学概要》，北京：商务印书馆，1988年，第70、77—78页。

外，其他的早期隶书字形亦较多见。

裘锡圭将“解散篆体、改曲为直”作为“隶书改造篆文的最重要的方法”。[①]赵平安指出，隶变对于汉字体态的影响，体现在曲笔拉直以及基本笔画的形成，使“字的四角多呈方形，整个字的形态也呈方形”。[②]这些特征，在胡家草场律令简中也有明显体现，尤其是一些笔画较少的字，如“人”“大”“牛”“之”等，也有明显的方块化的情形，呈现出书写的匀称。

胡家草场律令简中也存在不同时期字体、字形混用的现象。试举几例：

春	 14	 25
吏	 27  112	 30  112
决	 56	 89

图4　胡家草场律令简字体、字形混用示例图

其中，“春”的字头“𡗗”，偏晚字形有较大简化。“吏”“决”并见篆、隶字形，已公布胡家草场律令简中，“吏”凡30例，9例为篆书字形，仍占相当比例，或较能反映此期字形混用的情况。又，简112“吏尉＝史士吏”，同一枚简相近的两处“吏”分别用隶、篆字形，凸显字形混用现象的普遍。《马王堆汉墓简帛文字全编》在编排时，“大致按照篆隶、古隶、汉隶等字体的时代先后顺序依次排列”[③]，很便于梳理定位胡家草场汉律令简的用字。

胡家草场律令简的字形，也有不见于马王堆的。如“磔”，简46为常见字形，而简17字形较特殊，在岳麓秦简中可以找到参照，大致是左右交换并拆分组合构件而成。与之相类似的，秦系文字中常见的“殹”“者”等字形，仍见于胡家草场律令简，反映秦系文字的部分字形仍在产生影响。

磔	 46	 17	 岳叁魏	 岳叁同

图5　“磔”字形对比图

① 裘锡圭：《文字学概要》，第82页。

② 赵平安：《隶变研究（修订本）》，上海：上海古籍出版社，2020年，第78—79页。

③ 刘钊主编，郑健飞、李霜洁、程少轩协编：《马王堆汉墓简帛文字全编》，第11页。

另如简79“息”，简96、102“葬”，与此期从“自”、从“廾”或“土”的常见字形不同，丰富了对隶变阶段字形的认识。

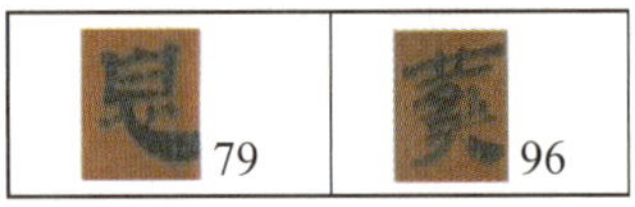

图6　“息”“葬”字形

胡家草场律令简中，有不少通假字的情形。如简21“功（攻）盗”、简24“编（遍）捕”、简33“拾（给）逋事”、简40“详（佯）勿见”、简43—44“谅（掠）”、简59“壁（璧）”、简90“挢（桥）”、简110“大三韦（围）”等。赵平安指出，在隶变阶段，汉字偏旁部件的大量混同、字形字义的脱节、形声字增多等因素，使得“通假字急剧增多”，“大量形近字混同”。[①]胡家草场律令简中的通假字符合隶变阶段的特征，一些案例也见于同时期其他简帛资料。

一些通假字的括注或应慎重。如简18—20“诸有叚于县道官”条，简文区别使用“叚”“假”，与《二年律令》对应律条用字皆同。学者指出，秦统一后，“叚”指“借予”，“假”指“求借”，分别使用。[②]《选粹》将“叚”都括注为“假”，似有失察。

（五）笔迹

胡家草场汉律令的笔迹，同样值得注意。胡家草场汉律令，首先可以看作一种连篇成帙的特殊“书籍”。以此而言，可以借鉴通过同一笔迹来区分书籍简的篇次、复原文书简册的方法，并结合编绳痕迹、容字、用字等因素，尝试归纳同一笔迹的抄写起止，或可作为厘清律令篇章次序的佐证之一。

同时，由于律令在施行过程中会不断校雠、增损[③]，胡家草场汉律令为一次抄就或经历反复修订，目前仍是尚待回答的问题。因此，通过不同笔迹区分文书简牍的书写层次、书写先后的方法，或也值得借鉴。譬如，相比其他几种汉初律令，在同一律篇或相邻的简中，在内容上基本未发生变化的简，与可能经过修订的简，其笔迹是否一致？又是否可以呈现出一些结构性的特征？

作为一种律令抄本，胡家草场汉律令简的笔迹，主要受底本、抄手影响。某种意义

① 赵平安：《隶变研究（修订本）》，第70—84页。
② 陈侃理：《里耶秦方与“书同文字”》，《文物》2014年第9期，第77—80页；石洋：《里耶秦方“叚如故更假人”新解》，载中国文化遗产研究院编《出土文献研究》第18辑，上海：中西书局，2019年，第114—128页。
③ 参见［日］宫宅洁：《中国古代刑制史研究》，第14—17页。

上，底本的影响有时甚或大于书手。①因此，在对笔迹进行初步区分时，我们并不优先考虑字形新旧，而是以布局、结构、倾斜、运笔等为出发点。

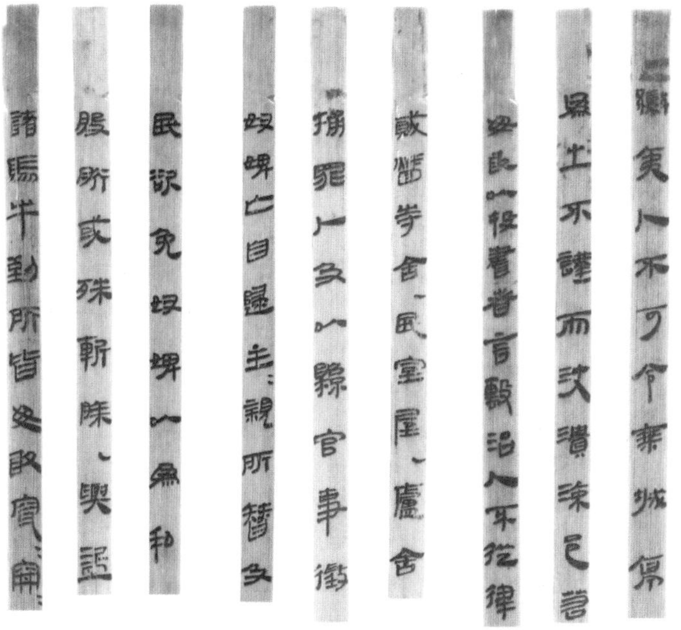

61/3057 40/1105 31/1151 32/1224 55/1246 25/1260 42/1013 89/2490 99/2586

图7 胡家草场律令简笔迹对比图

图7左侧3枚简，文字书写无明显倾斜，均较方正。其中又有所区别，简61多用直笔，最为方正；简40次之，部分笔画用曲笔；简31单字虽呈方形，但笔画多用曲笔。中间3枚简，文字均向右上倾斜，结体仍多呈方形，又出土号相近，可能属同一笔迹。最右侧3枚简，简42字间距不如其他简有序，简89、99的书风也远不如前两组谨饬。可知在汉律简中，目前已呈现多种不同笔迹，即便存在同一抄手掌握不同笔迹的情况，它们仍似由多位抄手共同完成。笔迹、抄手的差异，是否可以呈现篇章或校雠的痕迹，则仍待观察。

二、几种汉初律的先后与汉律体系、律篇目的变化

继张家山M247《二年律令》公布以来，兔子山遗址J7律名木牍、张家山M336汉律、睡虎地M77汉律、胡家草场M12汉律等几种汉初律篇目情况陆续公布，兹先说明几种律所

① 参见李松儒：《战国简帛字迹研究——以上博简为中心》，博士学位论文，吉林大学，2012年，第67页；李均明等：《当代中国简帛学研究（1949—2019）》，北京：中国社会科学出版社，2019年，第79页。

属年代的先后次序，并略述此期汉律体系（及狱律、旁律）[①]、律篇目的变化。主要的关注点在于：

其一，律篇目。尤以《收律》《朝律》等篇目的变化为关键。须留意的是，张家山M336、睡虎地M77汉律不见律目录，目前公布的律篇名主要依据律名简及律文内容归纳，尚待观察。[②]胡家草场M12的《旁律甲》目录，小计“凡十八律”，而律名实际仅17种。[③]

其二，律文内容。主要依据律文自身所呈现，以及几种律文间的对读。前后变化，以除收孥连坐、除盗铸钱、除肉刑等最为清晰。

其三，墓葬年代。依据墓葬出土纪年资料（如质日、文书等）推定下葬年代，并作为律所属时代的下限。有时亦有悬隔，如睡虎地M77汉律。

为便于讨论，按兔子山遗址J7木牍的律名次序，将5种出土汉律律名情况表列如下：

表3　5种出土汉律律名对比表

兔子山J7 律名木牍	张家山M247 《二年律令》	张家山M336 汉律	睡虎地M77 汉律	胡家草场M12 汉律
告律	告律	告律	告律	告律
盗律	盗律	盗律	盗律	盗律
贼律	贼律	贼律	贼律	贼律
囚律	囚律	囚律	囚律	囚律
亡律	亡律	亡律	亡律	亡律
捕律	捕律	捕律	捕律	捕律
杂律	杂律	杂律	杂律	杂律
具律	具律	具律	具律	具律
收律	收律	×	×	×
兴律	兴律	兴律	兴律	兴律
效律	效律	效律	效律	效律
关市律	□市律	关市律	关市	关市律
厩律	×	厩律	厩律	厩律
复律	复律	复律	复律	复律
钱律	钱律	钱律	钱律	钱律
迁律	×	迁律	迁律	×
朝律	×	朝律	×	朝律

① 参见张忠炜：《汉律体系新论》，载氏著《秦汉律令法系研究续编》，上海：中西书局，2021年，第77—112页；陈伟：《秦汉简牍所见的律典体系》，《中国社会科学》2021年第1期，第104—121、206页。

② 如睡虎地M77汉律V组（[狱]律），《湖北云梦睡虎地M77发掘简报》称有16种律文（《江汉考古》2008年第4期，第35页），《湖北云梦睡虎地77号西汉墓出土简牍概述》则罗列15种律文（《文物》2018年第3期，第47页）。

③ 张忠炜认为当遗漏“史律”或“贵律”，见《汉律体系新论》表2。

续表

兔子山J7 律名木牍	张家山M247 《二年律令》	张家山M336 汉律	睡虎地M77 汉律	胡家草场M12 汉律
田律	田律		田律	田律
户律	户律		户律	户律
仓律	×		仓律	仓律
市贩	×		市贩	市贩
金布	金布律		金布律	金布律
司空	×		司空	司空律
傜律	傜律		傜律	傜律
史律	史律		史律	×
腊律	×		腊律	腊律
祠律	×		祠律	祠律
治水	×		治水律	治水律
均输	均输律		均输律	均输律
传食	传食律		传食	传食律
工作课	×		工作课	工作课律
赍律	×		赍律	×
外乐	×		×	外乐律
秩律	秩律		×	秩律
置吏	置吏律		置吏	置吏
置后	置后律		置后	置后
爵律	爵律		爵律	爵律
诸侯秩律	×		×	×
傅律	傅律		傅律	傅律
尉卒律	×		尉卒	尉卒
奔命律	×		奔命律	奔命律
行书律	行书律		行书	行书
葬律	×		葬律	葬律
赐律	赐律		赐律	赐律
	津关令			蛮夷复除律
				蛮夷士律
				蛮夷律
				蛮夷杂律
				上郡蛮夷间律

说明：本表基于张忠炜《汉律体系新论》表2续补而成。无对应律名者标“×”。兔子山律名木牍、张家山M336汉律、睡虎地M77汉律、胡家草场M12汉律，狱律律名与旁律律名间隔以双横线。张家山M247《二年律令》不做狱律、旁律区分。

目前来看，这5种律（律目）按最后修订时代的先后，可分为3组：第一组为兔子山律名木牍与《二年律令》，约当惠吕时期；第二组为张家山M336、睡虎地M77汉律，约当文帝前期（十三年以前）；第三组为胡家草场M12汉律，约当文帝后期（十三年以后）。

《二年律令》一般认为是吕后二年（前186）所修订。兔子山遗址J7被认为按年代有序堆积，律名木牍出土于第7层，同出纪年简均为惠帝纪年。[①]《收律》见于第一组，不见于第二、三组，论者多已指出这是文帝初"除收帑诸相坐律令""尽除收律、相坐法"所致。[②]以均见《收律》而言，兔子山律名木牍与《二年律令》相近，年代属惠吕时期。兔子山律名木牍的绝对年代尚乏明确证据，或稍早于《二年律令》，尚难断言。

张家山M336、睡虎地M77汉律，相比第一组则《收律》已除，相比第三组则肉刑未除，两种汉律所属年代约在文帝初年至十三年。具体来说，M336汉律显著特征是"律条皆删去'收'和'收孥相坐'的刑罚"，整理者认为上限在文帝即位初，下限据同出《七年质日》判定当在"汉文帝七年或稍前"。[③]按：史载文帝五年（前175）四月"除盗铸钱令"[④]，而M336《钱律》《捕律》见有对盗铸钱的惩罚或捕告奖励，显示其下限或在文帝五年四月前。又，《迁律》简318—319列举赵、齐、燕、楚、吴、淮南、长沙共七王国，其中齐、楚、吴、淮南、长沙为高祖以来封国，文帝元年十月庚戌复以刘泽为燕王、刘遂为赵王，由此形成七王国局面，延续至文帝二年二月乙卯分封六王为止。据此，M336汉律所属年代，约在文帝初年至二年二月之间。M336《功令》，极可能是按各令颁下年代编次，据所见最晚纪年"（文帝）二年十一月戊子"，以及称"代郡"而非"代国"（即文帝二年二月分封六王前），其最后颁下时间应在文帝二年十一月至二月。[⑤]

睡虎地M77同出文帝十年至后元七年（前170—前157）《质日》及后元六年文书，整理者推测墓主"越人"在文帝十年至后元七年左右，任安陆县官佐及该县阳武乡乡佐。[⑥]陈伟已指出，睡虎地M77汉律"以城邑亭障反降诸侯"条相比《二年律令》条删去夷三族

① 张忠炜：《汉律体系新论》，第88—89页。

②《史记》卷一〇《孝文本纪》记在文帝元年十二月（北京：中华书局，1982年，第419页），《汉书》卷四《文帝纪》（北京：中华书局，1962年，第110页）同，而《汉书·刑法志》记在文帝二年（同上，第1105页）。

③ 荆州博物馆编、彭浩主编：《张家山汉墓竹简〔三三六号墓〕》，北京：文物出版社，2022年，第161页。按：未公布前，或说"若已废弃而显得不合时宜之法律，若'肉刑''刖刑'已废，则校勘者括去'肉''刖'字"，或说"竹简上已剜去了部分肉刑"，目前来看，均为误传。

④《汉书》卷四《文帝纪》，第121页。《史记》卷二二《汉兴以来将相名臣年表》载"（五年）除钱律，民得铸钱"（第1126页）。

⑤ 详参拙稿《张家山M336汉律令年代问题初探》，《中国人民大学学报》2024年第1期。

⑥ 熊北生、陈伟、蔡丹：《湖北云梦睡虎地77号西汉墓出土简牍概述》，《文物》2018年第3期，第43—53页。

的内容；“鞫狱故纵不直”条见有“斩左止为城旦”“赎斩、宫，赎劓（劓）、黥”等肉刑内容，其修订年代“在文帝元年至十三年之间”。[①]如此，睡虎地M77汉律修订年代与墓主人任职下限悬隔较大，且未及时反映文帝十三年（前167）“除肉刑”等变化，可见依据墓葬其他纪年资料推断随葬律令所属年代，在方法上不无风险。目前来看，这两条律文与M336汉律律文（简1—2、93—99）几乎完全相同，显示睡虎地M77汉律与M336汉律二者所属年代或相近，也使关于二者先后次序的判断陷入僵局。

作为补充证据的是《朝律》的变化。《朝律》在兔子山J7律名木牍、张家山M336汉律中属狱律，至胡家草场M12汉律改属旁律，睡虎地M77汉律则未见。以此而言，张家山M336汉律较睡虎地M77汉律更接近早期面貌，或暂将张家山M336汉律排在睡虎地M77汉律之前。但反过来想，《朝律》在由狱律改属旁律的过渡阶段，被剔出律篇目，恐怕很难令人信服，并且睡虎地M77汉律也未见理应存在的《秩律》，恐怕《朝律》也可能与《秩律》一样，是因某种未知原因消失不见（如墓主生前已抽出等）。亦即睡虎地M77汉律中本有属于狱律或旁律的《朝律》，这一可能性尚无法排除。关于其所属年代的推断，或尚待更多资料公布。

胡家草场汉律的修订年代相对明确。据同出《岁纪》《历》《日至》等，整理者认为下葬年代不早于文帝后元元年（前163）。陈伟已指出，综合律文所见黥刑的废止、夷三族刑的恢复、上帝祠的出现、讳“恒”等现象，胡家草场汉律的修订年代大致确定在文帝后元元年。[②]

总之，目前几种汉初律的先后次序，或暂排列如下：兔子山J7律名木牍/《二年律令》→张家山M336汉律/睡虎地M77汉律→胡家草场M12汉律（“/”表示存疑）。对比几种汉律体系及律篇目，整体呈现出相当的稳定性，其差异、变化值得留意。

其一，《二年律令》律篇缺失尤多，律篇中又混入《津关令》[③]，明显有别于其他几种汉律。冨谷至曾指出，《二年律令》“是权宜性地汇集和收录了吕后二年时期的法规，它不能被视为编纂而成的法典”[④]，值得重视。

其二，《朝律》。张忠炜指出，汉律体系内部存在狱律、旁律两分结构，“以是

① 陈伟：《胡家草场汉简律典与汉文帝刑制改革》，《武汉大学学报（哲学社会科学版）》2022年第2期，第79—80、86页。

② 陈伟：《胡家草场汉简律典与汉文帝刑制改革》，第86页。

③ 此种律令混编形式，亦见于《岳麓书院藏秦简（陆）》第五组。

④ ［日］冨谷至：《通往晋泰始律令之路（Ⅰ）：秦汉的律与令》，朱腾译、徐世虹校译，载中国政法大学法律史学研究院编：《日本学者中国法论著选译》，北京：中国政法大学出版社，2012年，第131页。又，陈伟重新调整《二年律令》律篇结构，以为亦存在狱律、旁律两分结构，参见《秦汉简牍所见的律典体系》，第109—112页；张忠炜于此有驳论，参见《汉律体系新论》，第99页。

否具备刑罚性”为标准，“具备刑罚性的被视为狱律，不具备或基本不具备的被视为旁律——实际上涵盖行政、制度性及礼制的律篇”。[①]至晚在胡家草场汉律的时代，《朝律》由狱律改属旁律，显示主持修订律令者有意识地对此两分结构加以权衡、完善。作为“律令法系”的首倡者，中田熏曾言及“律自身的分化过程，在汉代并未看到这种发展”，而“汉律本身蕴藏着在以后发展为非刑罚法——令的诸多种子”。[②]《朝律》的改属，揭示汉律在“狱律”“旁律”两分结构中，整篇律篇的分化改属；其分化的实质，又与刑罚法、非刑罚法的分化合辙。这无疑为汉律体系的演变赋予了新的内涵，也是汉律“通往晋泰始律令”的“种子”。

其三，几种律的个别性消失，较难理解。

①《迁律》。兔子山律名木牍与睡虎地M77汉律、张家山M336汉律皆属狱律，而不见于胡家草场汉律。胡家草场汉律的时代尚存《迁律》，因故未抄录的可能性似较大；同时，《迁律》因废除而不见的可能性尚不能完全排除，尚待观察。（详后）

②兔子山律名木牍、胡家草场汉律皆有《外乐》《秩律》，睡虎地 M77 汉律则无；兔子山律名木牍、睡虎地 M77 汉律皆有《史律》《赍律》，胡家草场汉律则无。以其适用性而言，《秩律》的消失最难理解，《史律》《赍律》《外乐》次之，目前尚无法妥善解释。

③《诸侯秩律》。目前仅见于兔子山律名木牍。文帝朝是否尚存此律或并入秩律，尚待观察。

其四，胡家草场蛮夷诸律，目前为首见。张家山汉简《奏谳书》“律：变（蛮）夷男子岁出賨钱，以当繇（徭）赋”，整理小组以为即“蛮夷律”。[③]如若认可胡家草场汉律时代以前存在蛮夷诸律，则它们不见于此前几种汉律的原因或仍待考察。

三、刑罚改革：文帝朝“诸律令所更定”（上）

汉文帝刑罚改革是秦汉法制史研究的重要问题。部分公布的胡家草场汉律揭示出文帝改革的若干细节，意义空前。

---

① 张忠炜：《汉律体系新论》，第97页。

②［日］中田薰：《汉律令》，蔡玫译，载中国政法大学法律古籍整理研究所编《中国古代法律文献研究》第3辑，北京：中国政法大学出版社，2007年，第103、105页。

③ 张家山二四七号汉墓竹简整理小组编著：《张家山汉墓竹简〔二四七号墓〕（释文修订本）》，北京：文物出版社，2006年，第91页。

（一）死刑

秦汉魏晋法定死刑发生过几次变化，总体趋于宽简。石冈浩据《二年律令》将汉初死刑按其附加的缘坐由重到轻排列为腰斩（对父母妻子同产处死刑）、磔（对妻子处城旦舂刑）、枭首（对妻子处收刑）、弃市（不附加缘坐），并提示随“收”的废止，文帝十三年（前167）或重新规制了死刑轻重顺序。[①]陈侃理从适用犯罪类型的角度对死刑进行区分，并新揭弃市的行刑方式为“割颈”，概括汉晋死刑的变迁为“弃市改绞、斩首入律、腰斩出刑”，由此形成晋泰始律死刑分为枭首、斩、弃市三等的局面。[②]

目前公布的胡家草场汉律，见有磔、弃市、腰斩（简16—17、46、87—88等），多数内容与《二年律令》、M336汉律相同（参附录一）。值得注意的是，景帝中元二年（前148）“改磔曰弃市，勿复磔”[③]，石冈浩认为这实际是“废止磔所附带的缘坐”，是文帝废止收律的延长线上的措施[④]。无论如何，文帝刑罚改革是否已蕴含“磔”废止的因由，仍待持续观察。

> 知人略卖人而与贾，与同罪。不当卖而和为人卖，卖者皆黥为城旦舂。买者知其情，与同罪。《二年律令》简67、M336汉律简66—67
>
> （前略）知人略卖人而与贾，与同罪。不当卖而和[⑤]为人卖，卖者及知其情而买者，皆弃市。《选粹》简16—17[⑥]

对“不当卖而和为人卖”及“知其情而买”者，《二年律令》处以“黥为城旦舂”，胡家草场汉律并未将“除肉刑”置换为“髡为城旦舂”，而是处以“弃市”。文帝刑罚改革后，汉

---

① ［日］石冈浩：《张家山汉简〈二年律令〉之〈盗律〉所见磔刑的作用》，李力译，载中国政法大学法律史学研究院编《日本学者中国法论著选译》，第69—101页。

② 陈侃理：《弃市新探——兼谈汉晋间死刑的变迁》，《文史》2022年第1辑，北京：中华书局，2022年，第5—18页。他按犯罪类型区分，“（腰斩、磔、枭首各自对应特定类型的极重罪，）腰斩主要适用于谋反大逆和军法，磔主要用于以钱财为目标（区别于叛乱）的集团性强盗、劫持行为，也针对从诸侯国到汉地为间谍和诱拐人口的行为，枭首用于违背人伦的恶行。（弃市则适用于极重罪的从犯或犯罪情节较轻而入于死罪者。）磔与枭首之间的轻重关系还有待研究”。

③《汉书》卷五《景帝纪》，第145页。

④ ［日］石冈浩：《张家山汉简〈二年律令〉之〈盗律〉所见磔刑的作用》，第75页。

⑤ “和”字图版作“[illegible]”，“口”形右上折笔有涂抹为斜笔的痕迹，抄手似在“和”“私”间有所犹疑，参照《二年律令》和M336汉律，暂仍释作“和”。

⑥ 陈伟采陈书豪说，将两处律文新读为“不当卖而和为人卖、卖者，及……”，以为“所指包括被卖者及卖者”，今未从。参见陈伟：《胡家草场汉简律典与汉文帝刑制改革》，第76—77页。

代减死一等，多为髡钳城旦舂，[①]这似是通过加重刑罚以严厉惩戒人口买卖。

> 诸当戍，已受令而逋不行盈五日，若盗去署及亡过一日到五日，罚金十二两；过五日，耐为隶臣；过三月，完为城旦。其闻有急而亡，若盗去署及为诈伪以避事，皆腰斩。（下略）《选粹》简49—51

本条亦见《二年律令》简398、M336汉律简288—289，均无划线一句。划线一句不见于二者其他条文，似较可能为胡家草场汉律所新增。[②]它规定对原处以罚金及劳役刑不等的亡、盗去署、为诈伪以避事3种行为[③]，在“其闻有急而亡”的情况下，均无差别地处以“腰斩”。亦即，论处“腰斩”是由“其闻有急而亡”所限定的。进一步追问的话，这是有意选择死刑中的最高一等，以重刑予以惩戒，还是因为腰斩适用于军法的缘故呢?

总之，胡家草场汉律时代法定死刑的轻重结构、适用场合，以及在“收”有所反复的文帝十三年（前167）前后死刑如何“重新规制”（参见上文石冈浩推论），或仍有待观察。目前而言，胡家草场汉律时代的死刑，或暂以“腰斩→磔/枭首→弃市”的序列留待检验。

（二）“除肉刑，有以易之”

废除肉刑是文帝十三年（前167）刑罚改革中最显著的变化。在讨论胡家草场汉律相关条文前，先引述《汉书·刑法志》的记载：

> 制诏御史：……今法有肉刑三，而奸不止……夫刑至断支体，刻肌肤，终身不息……其除肉刑，有以易之……具为令。
>
> 丞相张苍、御史大夫冯敬奏言：……臣谨议，请定律曰：诸当完者，完为城旦舂。当黥者，髡钳为城旦舂。当劓者，笞三百。当斩左止者，笞五百。当斩右止，及杀人先自告，及吏坐受赇枉法，守县官财物而即盗之，已论命复有笞罪者，皆弃市……臣昧死请。
>
> 制曰：可。[④]

---

① ［日］冨谷至：《秦汉刑罚制度研究》，柴生芳、朱恒晔译，北京：商务印书馆，2021年，第103页。

② 《选粹》整理者将此条归于《兴律》，《二年律令》与M336《兴律》皆无相关内容。

③ 据《二年律令》简25、M336汉律简19“贼伤人及自贼伤以避事者，皆黥为城旦舂”“为诈伪以避事”或亦处“黥为城旦舂”，胡家草场汉律因在“除肉刑”后，或应处“髡为城旦舂”。

④ 《汉书》卷二三《刑法志》，第1098—1099页。《史记·孝文本纪》则仅保留文帝所下制诏的主体内容（第427—428页）。

大庭脩将上述记载作为汉代制诏第三种形式的典型事例，并强调汉代公文在覆奏诏书时，原则上“采用（诏书）全文”。[①]这也意味着这类制诏与对策相似，常是有问有答、问与答一一对应。制诏关键处有二：其一，“有以易之”一句，《史记·孝文本纪》删落。对照张苍等奏请内容，可知文帝制诏“除肉刑，有以易之”是密切相关的两点，即通过置换刑的方式全面废除肉刑。[②]其二，“今法有肉刑三”，严格来讲，指黥、劓、斩左右趾三刑。[③]宫刑虽不归入肉刑，但在文帝十五年（前165）晁错对策前亦废除，其置换刑或为“髡城旦刑”，[④]尚待观察。

已公布的胡家草场汉律，反映出基于文帝制诏对涉及“肉刑”律文的全面更定，具体有两种情况。其一，严格按文帝制诏“有以易之”之法置换。简例见“盗臧直”条（简14—15）、“贼燔寺舍”条（简25），《二年律令》、M336汉律相应律条原作“黥为城旦舂”，均改作“髡为城旦舂”。这与文帝制诏“当黥者，髡钳为城旦舂”相符，是此时“易”黥刑的基本原则。[⑤]

再看以下简例：

> 女子当磔若腰斩者，弃市；当斩为城旦者，黥为舂；当赎斩者，赎黥；当耐者，赎耐。《二年律令》简88—89、M336汉律简128—129
>
> 女子当磔若腰斩者，弃市；当为司寇者，作县官及它皆如司寇。《选粹》简46[⑥]

---

① ［日］大庭脩：《汉代制诏的形态》，载氏著《秦汉法制史研究》，徐世虹等译，上海：中西书局，2017年，第146—156页。

② 对于置换刑方案的解读，参见［日］冨谷至：《秦汉刑罚制度研究》，第101—105页。

③ 孟康注：“黥劓二，左右趾合一，凡三也。”又，清人俞正燮举景帝元年（前156）十月诏书“去肉刑”“除宫刑”，文帝十五年（前165）晁错对策“肉刑不用”“除去阴刑”，确考“除宫刑在肉刑之外”。〔清〕俞正燮：《癸巳存稿》卷七《汉文帝除宫刑证》，光绪十年（1884）李宗焻刊本影印本，载徐德明、吴平主编《清代学术笔记丛刊》第40册，北京：学苑出版社，2016年，第112页。

④ ［日］宫宅洁：《中国古代刑制史研究》，第38页。又，吕思勉曾据《三国志·魏书·钟繇传》“其黥、劓、左趾、宫刑者，自如孝文，易以髡、笞”，推测“孝文亦以髡、笞易宫刑”（吕思勉：《吕思勉读史札记》“汉文帝除宫刑”条，上海：上海古籍出版社，2005年，第648页）。

⑤ 陈伟指出，“髡钳”，胡家草场汉律单用“髡”。简牍所见“髡钳”二字，最早出现在走马楼西汉简0341“宫司空髡钳城旦徒”，在武帝元狩三年（前120）。近来被确认为文帝霸陵的江村大墓外藏坑出土刑徒俑，已见髡钳合用的实例。参见陈伟：《胡家草场汉简律典与汉文帝刑制改革》，第78页。

⑥ 胡家草场此条律文，整理者读作“当为司寇者作县官及它，皆如司寇”。对照前句及《二年律令》句式，格式为“当A刑者（改为）B刑”，当于“者”字后断句；“皆如司寇”亦难以作为置换后的罚则理解。重新调整后，即女子当处以司寇刑者，改为“作县官及它皆如司寇”，这很可能就是女性司寇刑“作如司寇”的全称。沅陵虎溪山汉墓《计簿》年代约在文帝后元二年（前162）前不久，简96有“作如司寇三人”，正是这一改动的实时反映。参见湖南省文物考古研究所编著：《沅陵虎溪山一号汉墓》，北京：文物出版社，2020年，第120页。

或认为“先前执行的‘黥为舂’‘赎黥’‘赎耐’，一并被改为‘皆如司寇’”，[①]我们看法不同。胡家草场此条看似在死刑下只有“司寇”，是因为省略了中间层级，如做补足，即：

女子当磔若腰斩者，弃市；［当弃市者，弃市；当为城旦（舂）者，为（城旦）舂；当为鬼薪（白粲）者，为（鬼薪）白粲；当为隶臣（妾）者，为隶（臣）妾；］当为司寇者，作县官及它皆如司寇。

弃市、城旦舂、鬼薪白粲、隶臣妾原本即可施用于女性，故按本刑处置即可，无须特别说明。至于其他几处变化，不是针对“黥为舂”“赎黥”等置换刑改变，而是女性所论本刑此时已发生明显变化。

其一，“当斩为城旦者，黥为舂”，在胡家草场汉律时代，其本刑“斩为城旦”已先置换为弃市（斩右趾）或笞五百、髡为城旦（斩左趾），[②]女性如犯法，亦处以弃市或笞五百、髡为舂，而非并入司寇。其二，“当赎斩者，赎黥”，若“赎斩”是独立刑，则先置换为“罚金一斤四两”，女性亦按此判罚；若“赎斩”是代替刑，则先置换为“斩为城旦”，再“各以其赎论”为赎死、赎髡为（城旦）舂，也非并入司寇。其三，《二年律令》、M336汉律“当耐者，赎耐”，指“女性（按：似指庶人以上）有耐罪时，除‘有名之耐’的耐隶妾之外，皆替换为赎耐”。[③]已公布的胡家草场汉律，《二年律令》、M336汉律“耐之”均改为“耐为司寇”。故此条“当为司寇者”，即对应前“当耐者”。那么，由“赎耐”改为“作县官及它皆如司寇”，即不再减罪为财产刑，而是科以与男性司寇相当的劳役刑。也就是说，这三条均非“并入司寇”，而是按“有以易之”的方案做相应调整，因此也无须再特别说明。

“当为司寇者，作县官及它皆如司寇”，实际是补充完善女性为司寇的情况，并赋予新的刑名、身份名，《二年律令》、M336汉律针对女性“当耐”的特别减刑意味，在胡家草场汉律中看似消失。同时，“斩为城旦”“赎斩”条文的消失，显示胡家草场汉律时代针对女性的特别减刑似乎仅限于磔、腰斩的情况。不过，这并不意味着文帝

① 陈伟：《胡家草场汉简律典与汉文帝刑制改革》，第78页。

② 或质疑女子可否论“斩为城旦”，张传玺解释道，女性如以共犯形式参与男性犯罪，按“与同罪”原则，其共犯之刑本是“斩为城旦”，此时则按简88—89替换为“黥为舂”。参见张传玺：《睡虎地秦简〈法律答问〉‘狱未断’诸条再释——兼论秦及汉初刑罚体系构造》，载中国政法大学法律古籍整理研究所编《中国古代法律文献研究》第12辑，北京：社会科学文献出版社，2018年，第166页。

③ 张传玺：《睡虎地秦简〈法律答问〉‘狱未断’诸条再释——兼论秦及汉初刑罚体系构造》，第166页。

取消了对女性的特别优待或加重女性刑罚。[①]《二年律令》、M336汉律所反映的女性减刑，是在女性判罚后针对部分刑罚（相比于男性）予以减刑；文帝刑罚改革，通过废除肉刑、设定刑期等，使此前刑罚体系得到整体减轻，故此不再特别施以减刑。某种意义上，即以往针对女性的特别减刑，淹没在刑罚体系的整体“减刑”中。进一步来说，法律的调整，一种是在原有体系中不断增加补充条款，以时时予以校正；一种则是通过法律体系的整体迭代，将或旧或新的调整融入其中，至少在新法律颁布之初，会大幅减少以往繁复的补充条款。胡家草场汉律所反映的情形，较接近于后者。

再者，黥刑加重为死刑，或并入调整后的刑罚体系，此时实际造成黥刑加重为死刑。例如前揭《选粹》简16—17对“和卖买人”双方加重惩罚，由黥刑加重为死刑。又如：

> 匿罪人，死罪，黥为城旦舂，它各与同罪。《二年律令》简167、M336汉律简244
>
> 匿罪人，各与同罪。（下略）《选粹》简35—37

或认为上述变化“是由于当时‘黥为城旦舂’的惩罚已被废止”。[②]按：《二年律令》对“匿死罪”者，处以“黥为城旦舂”，胡家草场汉律未置换为“髡为城旦舂”，而是合并入“各与同罪”，仍按相应死罪判处。其实际后果，造成对“匿死罪”者加重惩处，由黥刑加重为死刑，与前例相同。

此外，还有另一种解读的方向。胡家草场汉律此条后文：“舍若取亡罪人为庸，不知其亡，盈五日，罪司寇以上，各以其赎论之。”《二年律令》简170—171、M336汉律简245—246作“诸舍亡人及罪人亡者，不知其亡，盈五日以上，所舍罪当黥为城旦舂以上，主舍者赎耐；完城旦舂罪以下到耐罪，及亡收（按：M336删“收”）、隶臣妾、奴婢及亡盈十二月以上，罚金四两”。[③]如此，《二年律令》分为赎耐、罚金两等罚则，也被整合为“各以其赎论之”。这一变化，与前“匿死罪”变化的逻辑相合。我们尝试提出这样一种推测，随着文帝刑罚改革对刑罚体系的系统性调整，“那些分别具有各自历史和特点的多元存在的单个刑罚”逐渐被整合为“统一的线形刑罚体系”（借宫宅洁语）[④]，由此，

① 关于女性减刑的背景与现实意义，学者多有论说，参见［韩］林炳德：《秦汉律的女性》，载黎明钊编《汉帝国的制度与社会秩序》，香港：牛津大学出版社，2012年，第342—349页。

② 陈伟：《胡家草场汉简律典与汉文帝刑制改革》，第78页。

③《二年律令》简170后原接续简171“赎耐”，已有学者质疑、拟补。参见纪婷婷：《岳麓书院藏秦简〈亡律〉集释及文本研究》，硕士学位论文，武汉大学，2017年，第43页；刘自稳：《岳麓秦简〈亡律〉所见舍匿诸条律文解析》，载邹芙都、赵国壮主编《西部史学》第8辑，重庆：西南大学出版社，2022年，第39页。张家山M336汉律公布后，可以定论。参见荆州博物馆编、彭浩主编：《张家山汉墓竹简〔三三六号墓〕》，第197页。

④［日］宫宅洁：《中国古代刑制史研究·序言》，第3页。

“各与同罪”“各以其赎论之”得以更好地兼容、涵盖各种不同情形，而不必再加以繁复说明。这同时意味着，新的线形刑罚体系作为文帝刑罚改革的总原则之一，当其与“除肉刑，有以易之”产生矛盾时，后者须让步于这一总原则。

总之，“除肉刑，有以易之”，从目前公布的胡家草场汉律来看，得到了全面贯彻（依附于肉刑的旧赎刑序列，也发生了全面变化，详后）。原本的肉刑，多数以“有以易之”的原则进行了置换，少数或随宜调整轻重。兹按冨谷至表[①]并补充胡家草场汉律所见：

表4　肉刑及其废止后置换刑的关系表

改革前	完	黥	劓	斩左趾	斩右趾	腐
改革后	完为城旦舂	髡为城旦舂 （死刑）[②]	笞三百 髡为城旦舂	笞五百 髡为城旦舂	弃市	髡为城旦舂 （？）

（三）新劳役刑序列的建立

韩树峰曾概括道“肉刑不去，有期难成”[③]，文帝制诏的第二层内容，即对新的劳役刑刑等、刑期的规定：

> 制诏御史：……及令罪人各以轻重，不亡逃，有年而免。具为令。
>
> 丞相张苍、御史大夫冯敬奏言：……罪人狱已决，完为城旦舂满三岁，为鬼薪白粲。鬼薪白粲一岁，为隶臣妾。隶臣妾一岁，免为庶人。［鬼薪白粲满三岁，为隶臣。隶臣一岁，免为庶人。］隶臣妾满二岁，为司寇。司寇一岁，及作如司寇二岁，皆免为庶人。其亡逃及有罪耐以上，不用此令。前令之刑城旦舂岁而非禁锢者，如完为城旦舂岁数以免。臣昧死请。
>
> 制曰：可。《汉书·刑法志》[④]

与之相关的，是《汉旧仪》的记载：

---

① ［日］冨谷至：《秦汉刑罚制度研究》，第104页。

② 目前来看，黥刑加重为死刑，似仅适用于某些特定情形，主要体现为随宜调整轻重。其适用范围如何，以及是否在某种程度上可以作为一般法则，尚待观察。

③ 韩树峰：《汉魏法律与社会——以简牍、文书为中心的考察》第3章《秦汉徒刑结构》，北京：社会科学文献出版社，2011年，第75页。

④ 这段文本争议较大，此从张建国说，方括号内文字由本文误入师古注。参见张建国：《中国法系的形成与发达》附录《西汉刑制改革新探》，北京：北京大学出版社，1997年，第238页。该问题的争议与评说，参见［日］籾山明：《秦汉刑罚史的研究现状——以刑期的争论为中心》，载氏著《中国古代诉讼制度研究》，李力译，上海：上海古籍出版社，2009年，第201—238页。

凡有罪，男髡钳为城旦，城旦者，治城也；女为舂，舂者，治米也，皆作五岁。完四岁，鬼薪三岁。鬼薪者，男当为祠祀鬼神，伐山之薪蒸也；女为白粲者，以为祠祀择米也，皆作三岁。罪为司寇，司寇男备守，女为作如司寇，皆作二岁。男为戍、罚作，女为复作，皆一岁到三月。[1]

关于这两段文本，学者认识尚有分歧。其一，“罪人狱已决”，冨谷至认为“仅限于根据旧法所判处的已决犯的过渡性的临时措施”，栗劲、滋贺秀三认为“包括‘今后凡被判决者’及‘凡已决犯自被判决之时起计算’的双重意义”。其二，冨谷至、籾山明均质疑《汉书·刑法志》何以采用“经由过渡刑这一‘复杂’的方法”。其三，两段文本对刑期的记载有差异。[2]

胡家草场汉律相关律文，新近由李天虹公布：

罪人狱已决，髡城旦舂以上盈四岁，为鬼薪白粲；为鬼薪白粲一岁，为隶臣妾；为隶臣妾一岁，免为庶1606人。完城旦舂，及四月丁巳以前之刑城旦舂盈三岁，为鬼薪白粲；为鬼薪白粲一岁，为隶臣妾；为隶臣妾一1554岁，免为庶人。鬼薪白粲盈三岁，为隶臣妾；为隶臣妾一岁，免为庶人。隶臣妾盈二岁，为司寇；为司寇1553一岁，及司寇二岁，皆免为庶人。其日未备亡，及诸有罪命鬼薪白粲以上，不自出1557[3]

据此可证实《汉书·刑法志》的“复杂”方法，确是如实征引汉律而来。

此外，悬泉汉简中宣帝时期的一组简牍亦有助参证：

神爵二年某月某日朔某日，某官佐甲敢言之：爰书，髡钳城旦大男王乙自言，故某县某里，坐云云。某年某月某Ⅰ91DXT0309③:231日论，某县署作某官。尽神爵二年某月某日，积满若干岁。论以来，未尝有它告劾若系，当以律减罪Ⅰ91DXT0309③:56为某罪，它如爰书，敢言之。Ⅰ91DXT0309③:57

神爵四年十一月辛酉朔甲戌，县泉置啬夫弘敢言之：爰书，髡钳釱左止徒大男□□□□□广川郡广川县□□□□□□□坐以县官事击伤北阑亭长段阁。神爵二

① ［清］孙星衍等辑：《汉官六种》，周天游点校，北京：中华书局，1990年，第85页。

② 以上具参见［日］籾山明：《秦汉刑罚史的研究现状——以刑期的争论为中心》，第221—222页。恕不一一注明。

③ 李天虹：《汉文帝刑期改革——〈汉书·刑法志〉所载规定刑期文本与胡家草场汉律对读》，《江汉考古》2023年第2期，第62—69页。

> 年九月庚午论，广川郡广川县徒，敦煌郡效谷县署作县泉置。尽神爵四年十一月甲戌，积满二岁六十七日。论以来，未尝有它告劾若系，以律令减罪为三岁完城旦，它如爰书。敢言之。Ⅰ91DXT0309③:276[①]

这两组简存在对应关系，后者为减罪爰书，前者为其文书式。其最关键处，即“髡钳钛左止徒”作满二岁，其间无“它告劾若系”“以律令减罪为三岁完城旦”。这明白显示，宣帝神爵二年（前60），髡钳钛左止徒的减免方式，正是与《汉书・刑法志》相符合的所谓“复杂”方法。所减为“三岁完城旦”，也与《汉书・刑法志》“完为城旦舂满三岁”相合，亦即完城旦的服刑方式，很可能也与《汉书・刑法志》记载相符。换言之，《汉书・刑法志》的“复杂”方法，可能正是文帝至宣帝时刑徒服刑的实际样态，它既用于“已决犯”，也用于“未决犯”。东汉初卫宏《汉旧仪》的记载，没有准确反映文帝制度。

《汉书・刑法志》关于刑等的调整已由出土汉律证实：

> 盗臧直过六百六十钱，黥为城旦舂。六百六十到二百廿钱，完为城旦舂。不盈二百廿到百一十钱，耐为隶臣妾。不盈百一十到廿二钱，罚金四两。不盈廿二钱到一钱，罚金一两。《二年律令》简55—56、M336汉律简68—69
>
> 盗臧直六百钱以上，髡为城旦舂。不盈到五百，完为城旦舂。不盈到四百，耐为鬼薪白粲。不盈到三百，耐为隶臣妾。不盈到二百，耐为司寇。不盈到百，罚金八两。不盈到一钱。罚金。《选粹》简14—15

胡家草场汉律此条所见序列化刑等，与文帝制诏相合，较《二年律令》、M336汉律改易较大。除改黥为髡，鬼薪白粲刑也发生较大变化。韩树峰较早指出，城旦舂与鬼薪白粲在秦汉徒刑结构中属于同一个等级。[②]宫宅洁进而提出，《二年律令》时代，鬼薪白粲刑依存于城旦舂刑，适用于“应叛城旦舂刑的特权阶层（上造以上有爵者、葆子、皇族）”。[③]至此，鬼薪白粲正式成为劳役刑序列中的独立一等。

① 甘肃简牍博物馆等编：《悬泉汉简（贰）》，上海：中西书局，2020年，第393、359、360、402页。出土于同探方同层位的简128记载：“神爵二年某月某日朔某日，某官佐甲将徒作某事，敢言之：某县髡钳城旦大男王乙自言作满若干岁，谨移爰书，谒令狱案。乙初论年月日，当减罪，为减，报，如律令。敢言之。”简9记载：“神爵四年十一月辛酉朔甲戌，县泉置啬夫弘将徒缮置，敢言之：廷髡钳钛左止徒大男郭展奴自言作满二岁□月七日，谨移爰书，以令狱案展奴初论年└月└日，当减罪，为减，唯廷报，如律令。敢言之。”以上也是一组相关的文书式与文书。张俊民最初公布这组简，并提示其编联及对应关系。

② 韩树峰：《汉魏法律与社会——以简牍、文书为中心的考察》第3章《秦汉徒形结构》，第73页。

③［日］宫宅洁：《中国古代刑制史研究》，第82—88页。

同时，胡家草场汉律在隶臣妾下新增“司寇”一等。孙闻博指出，秦及汉初司寇“籍附县乡，为编户民，可单独立户”，与“不入户籍、不居民里、簿籍另立”的徒隶多有不同。[①]据文帝制诏与此条，司寇至此或已完全沦为徒隶。[②]此外，孙闻博亦强调徒隶身份“同中有异”，如隶臣妾“在服役方式、廪食管理、辖配官府、军事参与及婚配等方面均有不同”。[③]其在文帝刑罚改革以后发生何种变化，值得留意。

由于劳役刑刑等的调整，原判完为城旦舂的赃值220～660钱，析分为4等，以百钱为一级。此期货币的实际价值，似未发生显著变化，以百钱为级而增加一年刑期，不免有不合理处。[④]新赃等的设计，应是为适配新劳役刑序列。《二年律令》与M336汉律中，这条律文是基础性的法条，《盗律》及其他律篇多见“与盗同法”，均指向此条。一条律文既能容纳完整的劳役刑序列，又具有较强的适用性，在已知的秦汉律文中似未有超过此条的。这大概就是本条律文呈现如此面目的原因。

胡家草场汉律简26—29中，《二年律令》、M336汉律对应条文的“耐之”，改作“耐为司寇”；胡家草场汉律简33—34中，《二年律令》、M336汉律对应条文的“耐”“耐之”，亦改作“耐为司寇”；胡家草场汉律简14—15、52—54新增内容，亦作“耐为司寇”。可知此前的“耐之”，此时全面代之以“耐为司寇”。含混的“耐之”易令人联想到“法不名耐”：

> 有罪当耐，其法不名耐者，庶人以上耐为司寇，司寇耐为隶臣妾。隶臣妾及收人（M336删“及收人”）有耐罪，系城旦舂六岁。系日未备而复有耐罪，完为城旦舂。城旦舂有罪耐以上，黥之。（下略）《二年律令》简90—92、M336汉律简130—133

“有罪当耐，其法不名耐”指代规定此罪当耐而与之相伴的主刑名不明确的情况。[⑤]“耐之”改为“耐为司寇”，应是为明晰所指，与同作调整的耐为隶臣妾、耐为鬼薪白粲作明确区分。其意涵，可能仍指“庶人以上耐为司寇”。至于刑徒再犯耐罪如何惩处，是沿用《二年律令》、M336汉律加罪的方式，还是在服刑结束后再“耐为司寇”，又或是其他方式，尚待观察。无论如何，张苍等奏请“其亡逃及有罪耐以上，不用此令”

---

① 孙闻博：《秦及汉初的司寇与徒隶》，《中国史研究》2015年第3期，第73页。

② 陈伟：《胡家草场汉简律典与汉文帝刑制改革》，第83页。

③ 孙闻博：《秦及汉初的司寇与徒隶》，第89页。

④ 不晚于武帝太初四年（前93），百钱以上的赃等改以250、500等为计，或即对此的调整，详参译注稿。另参见马增荣：《秦汉的盗赃等级及其对应刑罚》，载周东平、朱腾编《法律史译评》第10卷，上海：中西书局，2023年，第18—33页。

⑤［日］冨谷至编：《江陵張家山二四七號墓出土漢律令の研究·譯注篇》，京都：朋友书店，2006年，第63页。

（《汉书·刑法志》），似指向对已决犯“有（又）罪耐以上”的惩处。“不用此令”明确所指，亦有望定谳。

（四）毋爵者

“毋爵者”，指身份介于有爵者与刑徒之间的人群。据M336《功令》，至少到文帝前期，毋爵者仍被明令不得补吏（简96）。文帝改革后的毋爵者，向上衔接爵制末端的公士，与秦至汉初同。如胡家草场汉律“蛮夷一岁繇员……公士卅二，毋爵者卌八日”①，又简77-2986-78“死事者，令子男袭其爵。毋爵者，其后为公士”。毋爵者身份的下限，《二年律令·赐律》简291—293按“上造、公士”“毋爵者”“司寇、徒隶”排列，应不包括司寇在内。胡家草场汉律时代，司寇可能完全徒隶化，似亦不属于毋爵者。一般认为，文帝刑罚改革以前，毋爵者主要指“公卒、士伍、庶人”，或称为“‘士下’准爵层”。②毋爵者所指代的具体身份及相关问题尚存争议，同时，不晚于文帝刑罚改革，这些人群及其身份内涵也发生了较大变化。

毋爵者指代的具体身份，与以下汉律简相关：

表5　《二年律令》与胡家草场汉律“毋爵者”条文对比表

事项	《二年律令》	胡家草场《选粹》
A授田宅	（前略）公卒、士伍、庶人各一顷，司寇、隐官各五十亩。简310—313	
	（前略）公卒、士伍、庶人一宅，司寇、隐官半宅。简314—316	（前略）士伍……简65—67
B老	（前略）公卒、士伍六十二，皆为睆老。简357	
	（前略）公卒以下六十六，皆为免老。简356	（前略）士伍六十六，隐官六十七，皆为免老。简86
	（前略）公卒、士伍七十五，皆受仗（杖）。简355	（前略）士伍七十五，皆受仗（杖）。简85
	（前略）公卒、士伍九十五以上者，禀鬻米月一石。简354	（前略）士伍九十五以上者，禀鬻米月一石。简84

① 李志芳：《湖北荆州胡家草场西汉墓地发现大量秦汉简牍》，“蛮夷律、外乐律”图版左2，“文博中国”微信公众号（https://mp.weixin.qq.com/s?__biz=MjM5ODI3NzkzOQ==&mid=2651566942&idx=3&sn=3157f98d2428350ba9405d732d90aee4&chksm=bd3235028a45bc1421fb450668d78100bc5a48943b7b8cb28836cc77603023d4e6d4c7bab99b&scene=27），2020年1月13日。

② 贾丽英：《秦及汉初二十等爵与“士下”准爵层的剖分》，《中国史研究》2018年第4期，第23—40页。亦有学者使用“贱民”一词，但所指内涵差异较大，孙闻博认为“秦汉‘贱民’除部分罪徒外，主要包括身份自由但社会、经济地位较低的无爵、低爵者”（孙闻博：《秦及汉初的司寇与徒隶》，第93页）。“贱民”似更近于社会一般概念，而非指代清晰的法律术语。

其中所列举的身份都排在公士爵后，应与“毋爵者”概念有所重合。由于目前尚乏明确证据，兹将相关问题列述存疑：

其一，如陈伟所指出，胡家草场汉律时代，“公卒”全部消失。他并引曹骥说，认为公卒“显然被整合到士伍之中”[①]，是否如此，或待观察。

其二，《二年律令》B组条文，即与“老”相关，按身份、年龄享受睆老、免老、受杖、廪鬻米待遇者，多为“公卒、士伍”，而简356“公卒以下”所指不乏争议。任仲爀明确提出“公卒以下”包括“无爵者（公卒、士伍、庶人）以及其他隶属身份阶层（隶臣妾等）”，孙闻博并进一步论说；陈伟认为包括“（公卒、）士伍、庶人、司寇、隐官”。[②]贾丽英则认为“不包括庶人”，仅指“公卒、士伍”。[③]

按：任、孙两位所引隶臣妾可以免老的证据，即睡虎地秦简《秦律十八种·仓律》简59“免隶臣妾”，简61“（隶臣）其老当免老、小高五尺以下及隶妾欲以丁粼者一人赎，许之”。[④]何为“免隶臣妾”，尚有争议。[⑤]简61“老当免老、小高五尺以下”是限定“老、小”中的适用范围，《仓律》另规定隶臣妾、城旦舂小者“高五尺二寸，皆作之”[⑥]，则“小高五尺以下”应尚未承担劳作，“老当免老”应与之分属年龄序列的两极。问题在于，“（隶臣）老当免老”是否可以等同于“隶臣免老”，即隶臣本就可以免老？我们理解，这里的“老当免老”，可能只是借用成为免老的（最低一等身份）年龄标准，比如《二年律令》的“公卒以下六十六”。它要强调的，不是对“隶臣免老”的优待，而是达到（最长）免老年龄的隶臣，其劳动能力一般远逊青壮年隶臣，因此赎免标准可以降为“丁粼者一人”。秦至汉初史料中，尚未见到刑徒可以免老的明确证据，我们倾向认为“免老”仅适用于有爵者及部分毋爵者，刑徒在某些情形下可以参照比附（老当免老），但本身并不可以免老。

胡家草场汉律中，隐官可以免老，却不在受杖、廪鬻米之列，显示B组条文限定的身份不尽相同。胡家草场汉律简356“公卒以下”似应包括“公卒、士伍”外的其他身份。不过，首先或应考虑“隐官”。胡家草场汉律简86“隐官六十七”，或许原本就囊

① 陈伟：《胡家草场汉简律典与汉文帝刑制改革》，第80—81页。

② ［韩］任仲爀：《秦汉律中的庶人》，载卜宪群、杨振红主编《简帛研究·二〇〇九》，桂林：广西师范大学出版社，2011年，第302页；孙闻博：《秦及汉初的司寇与徒隶》，第78页；陈伟：《胡家草场汉简律典与汉文帝刑制改革》，第81页。

③ 贾丽英：《秦及汉初二十等爵与“士下”准爵层的剖分》，第39页。

④ 武汉大学简帛研究中心、湖北省博物馆、湖北省文物考古研究所编，陈伟主编：《秦简牍合集（壹）》，武汉：武汉大学出版社，2014年，第87—89页。

⑤ 参见陈伟主编：《秦简牍合集（壹）》，第87—88页注释［1］。

⑥ 陈伟主编：《秦简牍合集（壹）》，第77页。

括在《二年律令》“公卒以下六十六”中，只是后来独立出来并增加一年年限。若如此，“公卒以下”似应首先考虑“公卒、士伍、隐官”的可能，是否也包括“司寇、庶人”则尚乏明确证据。

其三，陈伟提出，胡家草场汉律“有可能把庶人也融入士伍”。[①]由于简65—67“士伍”后接简内容不明，是否包含“庶人”尚无定论。若如前论，“公卒以下”指公卒、士伍、隐官，则庶人并不在免老之列，无所谓“融入”（另详后）。同时，如《汉书·刑法志》所载文帝制诏基本如实，则其中明白有“免为庶人”的记载，不容忽视。“庶人融入士伍”说目前恐欠缺证据。

最后，由于“毋爵者”涵盖的具体身份，目前尚未见到明确规定，若认可其身份介于有爵者与刑徒之间，那么，孙闻博所提示的另一类人群，即“秦汉‘適戍’‘七科谪’等所谓‘贱民’”，以及“隶属私人的奴婢及私属、隶等群体”，[②]他们是否属于“毋爵者”，或仍待探讨。

这部分人群中，有关免除奴婢的一组律文值得注意：

> 奴婢为善而主欲免者，许之，奴命曰私属，婢为庶人，皆复使及算事之如奴婢。《二年律令》简162—163、M336汉律简234—236
>
> 民欲免奴婢以为私属者，许。其有罪及算事之，皆如奴婢。《选粹》简31

其前后变化有三：其一，胡家草场汉律省去“奴婢为善”的条件，或显示对免除奴婢的进一步放宽与鼓励。其二，婢不再免为庶人，而与奴同免为私属，这也是陈伟“庶人融入士伍”说的证据之一。不过，或也存在另一种可能，即庶人并未消失，此律条只是为了抹去了奴、婢免除后的身份差异，一如“司寇”与“作如司寇”的变化。若如此，文帝刑罚改革，或愈发强调同一身份等级中两性的均等。在刑罚身份中，城旦舂、鬼薪白粲、隶臣妾、司寇/作如司寇、奴婢/私属均各涵盖两性身份；在爵制身份中，“女子比其夫爵”（《二年律令》简372）。这既进一步完善了“爵—刑罚”体系中的两性结构，或也与礼俗观念中的两性、夫妻关系有所互动。其三，“复使”“算事之”的准确所指，以及胡家草场删去“复使”的缘故，目前尚难妥善解释。

---

① 陈伟：《胡家草场汉简律典与汉文帝刑制改革》，第81页。

② 孙闻博：《秦及汉初的司寇与徒隶》，第91页。

（五）赎刑与罚金刑

陈伟以胡家草场汉律佐证水间大辅曾提出的“文帝刑制改革时赎刑吸收到罚金刑”一说，提出此期“赎刑合并于罚（金）刑”，概括道：“在胡家草场汉律中合并于罚金刑中的赎刑，是张氏（张建国）所谓‘单独的一个刑罚级别’（独立刑）；而继续留存的，则是‘作为实刑的换刑’（代替刑）。”[①]这基本揭示胡家草场汉律所反映的主要变化。仍须强调的是，合并于罚金刑的是旧赎刑，继续留存的则是新赎刑。

1. 旧赎刑置换为罚金刑：配合本刑的改革

《二年律令》简119罗列了赎刑的各等金额（M336汉律简147同）：

> 赎死，金二斤八两。赎城旦舂、鬼薪白粲，金一斤八两。赎斩、府（腐），金一斤四两。赎劓、黥，金一斤。赎耐，金十二两。赎罨（迁），金八两。（下略）

需要强调的是，这里并没有将“赎”等同于“罚金”。不过，赎刑各等金额的设置，已蕴含了置换为罚金刑的可能。

《二年律令》所见罚金刑，有罚金一两、二两、四两，以及“罚金一斤以上罪”“（罚金）不盈一斤以下罪”，如：

> （前略）其非故也而失不审，各以其赎论之。爵戍四岁及系城旦舂六岁以上罪，罚金四两。赎死，赎城旦舂鬼薪白粲，赎斩、宫，赎劓、黥，戍不盈四岁，系不盈六岁，及罚金一斤以上罪，罚金二两。系不盈三岁，赎耐、赎迁，及不盈一斤以下罪，购、没入、负偿、偿日作县官罪，罚金一两。《二年律令》简93—98、M336汉律简93—99、M77汉律简12—17[②]

引文是对误致出入人罪的惩罚。“各以其赎论之”，应即援引前条“赎死”等律文。值得注意的是，其后是罚金四两、二两、一两的情况，正与“赎迁，金八两”相接续。换言之，赎刑、罚金刑在此按金额多少前后衔接。某种意义上，这里的罚金一两至四两，也可看作是特别之“赎”（严格来说并非“赎”的正式序列，但可视为按相同逻辑的延展），与“各以其赎论之”构成完整序列：

---

① 陈伟：《胡家草场汉简律典与汉文帝刑制改革》，第84页。

② 熊北生、陈伟、蔡丹：《湖北云梦睡虎地77号西汉墓出土简牍概述》，第47—49页。

表6　罚金刑、赎刑及对应金额关系表

金额	对应罚金刑	对应赎刑	
二斤八两	?	赎死	赎刑序列
二斤	√		
一斤八两	?	赎城旦舂、鬼薪白粲	
一斤四两	?	赎斩、腐	
一斤	√	赎劓、黥	
十二两	?	赎耐	
八两	?	赎迁	
四两	√	赎爵戍四岁及系城旦舂六岁以上罪	拟赎刑序列
二两	√	赎死、赎城旦舂鬼薪白粲、赎斩宫、赎劓黥、戍不盈四岁、系不盈六岁，及罚金一斤以上罪	
一两	√	赎系不盈三岁、赎耐、赎迁，及不盈一斤以下罪，购、没入、负偿、偿日作县官罪	

说明：“√”表示该赎刑金额，目前已见到作为罚金刑刑等的实例；“？”表示该赎刑金额，尚未见到对应的罚金刑实例。

已公布的胡家草场汉律中，对应《二年律令》、M336汉律“赎某刑”处，均按表6置换为“罚金若干”，如赎黥→罚金一斤，赎耐→罚金十二两，赎迁→罚金八两（《选粹》简26—29、49—51、56）。亦即，原本的“赎刑”改为“罚金”，金额设置则大多沿袭旧制。

这一变化，应和废除肉刑有关。由于旧赎刑序列中的部分内容（赎斩、劓、黥等）依附于肉刑而存在，废除肉刑后，旧赎刑序列不得不发生改变。胡家草场汉律中仍存在“各以其赎论之”（简35—37），可知刑罚改革后存在新赎刑序列，它应是新劳役刑序列的代替刑序列。以《选粹》简56为例，《二年律令》、M336汉律“赎黥”被置换为“罚金一斤”，而非“赎髡”，意味着胡家草场汉律对“赎肉刑”（指肉刑的赎刑）的置换，并未套用“除肉刑，有以易之”，即根据肉刑的置换刑制定赎刑的方案，而是按原本赎金额处以罚金刑。换言之，“赎肉刑”的置换方式，并不与肉刑的置换方式对应。究其原因，仍可借“肉刑不去，有期难成”加以理解，肉刑及其赎刑丧失作为刑罚主体的地位，而由新有期劳役刑及其赎刑取代，但后者并不与前者兼容，也不作为其置换方案。此种情形下，“赎肉刑”既脱离原所依附的肉刑，又无法融入基于有期劳役刑的新赎刑，只得另寻出路，按原本赎金额置换为罚金刑。①

① 旧赎刑置换为罚金刑，可能也与秦至汉初罚金刑的扩张有关。张建国指出，论处赎刑时，其“含有的财产数额会凸显出来”，犯罪人“头脑中首先浮现的，不是赎后面所附的实刑，而是一定数量的财产”（《论西汉初期的赎》，《政法论坛（中国政法大学学报）》2002年第5期，第42页）。换言之，肉刑的废除，迫使旧赎刑发生变化，罚金刑的扩张则是变化的出路。

接下来要考虑的是，旧赎刑序列中的哪些内容，被置换为罚金刑。先看“赎死”，武帝治淮南王狱，群臣议“其非吏，他赎死金二斤八两”[①]，长沙五一广场东汉简牍有论罪为“赎死金各二斤八两”（2010CWJ1③：264—138），[②]这两例与刑罚改革前“赎死，金二斤八两”相同，显示“赎死”一等在两汉长期保持稳定。这或意味着，新、旧赎刑序列中的赎死一等可以兼容，则刑罚改革后，先前律文中的“赎死”很可能并不改作“罚金二斤八两”，而仍写作“赎死”。也就是说，旧赎刑并不是全部改写为罚金若干，可以为新序列兼容的旧赎刑，可能仍然保留。

再行推论，胡家草场汉律既然见到“赎耐→罚金十二两”“赎迁→罚金八两”的例子，也就意味着旧赎刑中的“赎耐”“赎迁”并不能与新赎刑兼容，二者很可能发生了某种变化。亦即，可能除了“赎死”，旧赎刑大多被改写为罚金刑。这一调整，很可能是全面而彻底的。

回顾前引《二年律令》简119、简93—98等律条，在文帝十三年刑罚改革、更定律令的过程中，曾作为更定旧赎刑的标准，发挥积极作用。不过，随着旧赎刑更定完毕，这两条律文也随之失去意义，从而退出历史舞台。胡家草场汉律中，很可能还存在与这两条对应的律文，但其中的赎刑已不再是旧赎刑，而是基于新劳役刑的新赎刑。

2. 文帝刑罚改革后的新赎刑序列

胡家草场汉律“各以其赎论之”，见简35—37：

> 匿罪人，各与同罪。舍若取亡罪人为庸，不知其亡，盈五日，罪司寇以上，各以其赎论之。（下略）

这里的“赎”确如陈伟所说，是“作为实刑的换刑”。其实刑，主要应是刑罚改革后的新劳役刑序列。由于新赎刑序列的细节尚未公布，在此只能稍作揣测。文帝刑罚改革后，亡罪人“罪司寇以上”，应包括死罪、髡为城旦舂、完为城旦舂、耐为鬼薪白粲、耐为隶臣妾、耐为司寇六等。“各以其赎论之”，可得到六等新赎刑，旧赎刑序列恰好也是六等，又知道“赎死”一等不变，我们尝试提出一种可能性：

---

① 《史记》卷一一八《淮南衡山列传》，第3094页。此句疑应读为“其非吏、他……”，“他”指“非吏”以外者，而非苏林注“非吏，故曰他”。此外，也不能排除另一种可能，即原文为“其非吏、他赎死”，“金二斤八两”为窜入正文的注。

② 长沙市文物考古研究所等编：《长沙五一广场东汉简牍（叁）》，上海：中西书局，2019年，第104页。

表7　新赎刑序列推拟表

旧赎刑六等	新赎刑六等
赎死（金二斤八两）	赎死（金二斤八两）
赎城旦舂、鬼薪白粲（金一斤八两）	赎髡为城旦舂
赎斩、腐（金一斤四两）	赎完为城旦舂
赎劓、黥（金一斤）	赎鬼薪白粲
赎耐（金十二两）	赎隶臣妾
赎迁（金八两）	赎司寇

有几点需要说明。其一，旧赎刑序列中，赎城旦舂为一等，所拟新序列则将赎髡、完城旦舂拟为两等。这一方面基于新劳役刑序列中二者的差等，其赎不应混为一等；同时，西汉中期“赎罪”史料中，髡钳城旦舂与完城旦舂也被分为两等（详后）。

其二，“赎迁”的消失。前已述及，胡家草场汉律“赎迁→罚金八两”，显示“赎迁”可能不与新赎刑兼容。反过来说，假如新赎刑序列中仍然存在“赎迁”，在目前所拟序列中大概只能位于最末一等，即较可能保持原貌，但它并未如“赎死”那样保留旧名，而是改作“罚金八两”，提示“赎迁”很可能消失不见。

其三，“赎耐”与“赎司寇”。胡家草场汉律将“耐之”改为“耐为司寇”，似乎“赎耐”可等同于“赎司寇”；而在新拟序列中，新“赎司寇”实际低于旧“赎耐”一等，似乎有所矛盾。不过，旧赎刑的置换改从罚金，新赎刑的建立基于新劳役刑，二者变迁的轨迹不同，后者或许会参照前者加以权衡，但未必相同。

胡家草场汉律简82“有罚、赎、责（债）当入金”，这里的“赎”至少应包括作为代替刑的新赎刑，至于新赎刑是否也可以作为独立刑，目前未见例证，但这种可能性尚不能排除。

新赎刑及罚金刑序列，西汉又有发展。景帝元年诏有“无爵，罚金二斤”；①悬泉汉简有“·囚律：劾人不审为失，以其赎半论之”（Ⅰ90DXT0112①:1）；②居延新简有对行书“不中程”的惩罚，“百里罚金半两，过百里至二百里一两，过二百里二两”（EPS4T2:8B）。③它们出现的时间与原因，以及不同时期罚金刑与赎刑的关系，尚待观察。

①《汉书》卷五《景帝纪》，第140页。

② 甘肃简牍博物馆等编：《悬泉汉简（壹）》，上海：中西书局，2019年，第416页。

③ 张德芳：《居延新简集释（七）》，兰州：甘肃文化出版社，2016年，第680—681页。

3.“赎罪”：另一种“赎”

武帝时又多见另一种“赎”，它既不是实刑的换刑，也不是独立刑，而是“本该受处正刑但可以通过金钱等物进行免除或减轻”[①]。元帝初年，贡禹上言称文帝时“亡赎罪之法，故令行禁止”，[②]指的就是这一种“赎”，冨谷至称为“赎罪”[③]。

武帝“赎罪之法”，文献见有两种。一是“入赎钱五十万减死一等”，见天汉四年（前79）、太始二年（前95）诏书。此种情形下，一般赎减死一等为完城旦，如元封四年（前107）杨仆“入竹二万个赎，完为城旦”，元封六年（前105）韩延年“入谷赎，完为城旦”，太始三年（前94）赵弟“入钱百万赎死，而完为城旦”，除了入钱，也可以谷、实物等充抵入赎。[④]二是“赎为庶人”，《史记·卫将军骠骑列传》见10例，均由死罪赎为庶人。赎减死一等已至50万，是否可以直接赎为庶人，令人疑惑。按：景帝初，晁错“使吏案袁盎受吴王财物，抵罪，诏赦以为庶人”[⑤]，我们怀疑，由死罪赎为庶人，可能是在赎减死一等的基础上再赦为庶人。亦即“赎为庶人”，可能仍限于死刑，赎的意义也是入钱赎死一等，其实是前者的另一种形式。宣帝神爵元年（前61），因西羌战事，张敞上书“愿令诸有罪，非盗受财杀人及犯法不得赦者，皆得以差入谷此八郡赎罪”，萧望之与议，援引武帝赎罪事，“以为此使死罪赎之败也”。[⑥]也佐证武帝“赎罪”实际是“以死罪赎之”，即入钱赎减死一等。此外，武帝时，丞相石庆“尝欲请治上近臣所忠、九卿咸宣罪，不能服，反受其过，赎罪”[⑦]，赎罪后石庆仍居相位，应当也是武帝加赦的缘故。

居延新简见有约宣帝五凤元年（前57）以后由大司农延奏行的《罪人得入钱赎品》：

大司农臣延奏罪人得入钱赎品　EPT56：35
赎完城旦舂六百石　直钱四万　EPT56：36
髡钳城旦舂九百石　直钱六万　EPT56：37[⑧]

---

①［日］冨谷至：《秦汉刑罚制度研究》，第134—143页。他并指出，惠帝元年（前194）“民有罪，得买爵三十级以免死罪”（《汉书》卷二《惠帝纪》，第88页），按应劭注，也是入钱赎死刑。

②《汉书》卷七二《贡禹传》，第3077页。

③［日］冨谷至：《秦汉刑罚制度研究》，第136页。

④《汉书》卷一七《景武昭宣元成功臣表》，第655、653、661页。又，杨仆事，原标点为“入竹二万个，赎完为城旦”，“赎”字当改为上属。类似的，《汉书》卷一六《高惠高后文功臣表》，征和二年（前91）曹宗“入财赎完为城旦”，亦在“赎”字后断开为宜（第532页）。

⑤《史记》卷一〇一《袁盎晁错列传》，第2742页。

⑥《汉书》卷七八《萧望之传》，第3275—3278页。

⑦《史记》卷一〇三《万石张叔列传》，第2767页。

⑧ 马智全：《居延新简集释（四）》，兰州：甘肃文化出版社，2016年，第384—385页。

冨谷至据以指出，由武帝赎刑诏及《赎品》所颁行的“赎”，“不是成文法的规定，而是由皇帝临时下诏执行的具有时限性的措施”。[①]至东汉时，仍不断颁行赎罪诏书，屡见于文献，长沙五一广场东汉简牍亦见“丙戌赎罪诏书”“庚戌赎罪诏书”等[②]，似成为常制。

值得注意的是，《赎品》中“赎完城旦舂”的“赎”字应是总领后文，即不晚于此时，“赎罪”在“赎死”之外又增加“赎完城旦舂”“赎髡钳城旦舂”两等。[③]从“赎”的金额来看，可能不是减等，而是“赎为庶人”。

律所规定的“赎刑”，与诏书所规定的“赎罪”，是同时并存还是替代关系？冨谷至曾提出，文帝刑罚改革后，“赎罪”替代了“赎刑”，“成了皇帝专管下的类似赦令的一种东西”。[④]我们认为，因“赎死金二斤八两”的长期存续，二者更可能是共存的关系，只是文献中多记载“赎罪”而阙载“赎刑”。

若如此，《赎品》或许意味着，原本盘踞在“赎刑—罚金刑”之上的劳役刑、死刑，至此也可以金钱衡量。如按一金万钱折算，“赎罪”髡钳城旦舂比金六斤，完城旦舂比金四斤，与“赎刑”最高等“赎死金二斤八两”似乎存在接续关系。也就是说，刑罚体系几乎都可以呈现为“一定数量的财产”，这或可看作“罚金刑扩张”的最终结果。同时，对于死刑、劳役刑的估值，也意味着在发生结构性变化的新刑罚体系内部，蕴含着可以衡量不同刑罚轻重的参考线。

（六）迁、戍、笞等

1. 迁刑的变化

关于秦汉迁徙刑的演变，限于史料，尚有不少疑问。先需澄清的是，虽然一般笼统称为“迁徙刑”，但至少在秦至汉初，“迁刑”是作为正刑的法律概念，既见于睡虎地秦简、岳麓秦简的法律条文，《迁律》律篇亦见于兔子山律名木牍、睡虎地M77汉律、张家山M336汉律；与之相比，“徙”更近于临时性的举措，[⑤]尚不能视为正刑。亦即，

---

① ［日］冨谷至：《秦汉刑罚制度研究》，第138页。

② 丙戌诏书，2010CWJ1③:219、2010CWJ1③:261-1，长沙市文物考古研究所等编：《长沙五一广场东汉简牍（贰）》，上海：中西书局，2018年，第103、118页；庚戌诏书，2010CWJ1③:265-99，长沙市文物考古研究所等编：《长沙五一广场东汉简牍（肆）》，上海：中西书局，2019年，第102页。

③ 此外，居延新简EPT56:280—281亦见品书：“甘露三年三月甲申朔癸巳，甲渠鄣候汉强敢言之，府下诏书曰：徒髡钳（钛）左右止城旦舂以下及复作品书，到言所☐。”这里的“品书”如果也指《罪人得入钱赎品》，则意味着它几乎涵盖全部劳役刑。

④ ［日］冨谷至：《秦汉刑罚制度研究》，第141页。

⑤ 相关文献史料，参〔清〕沈家本：《历代刑法考：附寄簃文存》之《刑法分考九》，邓经元、骈宇骞点校，北京：中华书局，1985年，第247—259页。

“迁”与“徙”的内涵有所交织，但在律令法内部，仍应有所区分。

首先，基于目前所见，我们尝试提出一种假说，秦至汉初的“迁刑”可能逐渐式微，至文帝刑罚改革后甚至可能删去其主体内容，仅作部分保留。提出此说，一是因《迁律》消失于胡家草场汉律篇目中。这似乎提示《迁律》有可能在这一时期被删削省并。当然，即使将胡家草场汉律看作当时施行汉律的完整抄本，律篇目缺失《史律》《赍律》（或其中之一），尚无法解释。二是因前述胡家草场汉律将“赎迁”改为“罚金八两”，迁刑并不属于要废除的肉刑，如果迁刑仍然存续，其代替刑“赎迁”也应和“赎死”一样得到保留。当然，这两点毋宁说只是提示一种可能性。

迁刑至文帝时代或发生较大变化，邢义田通过迁刑在刑罚体系中的轻重变化，以及迁刑的现实基础加以权衡，并指出“‘迁’在睡虎地秦律的刑罚中次于黥为城旦、黥劓为城旦和斩趾”，尤值得重视。[①]其所据即《法律答问》简1—2：

> （前略）何谓“加罪”？五人盗，赃一钱以上，斩左止，又黥以为城旦；不盈五人，盗过六百六十钱，黥劓以为城旦；不盈六百六十到二百廿钱，黥为城旦；不盈二百廿以下到一钱，迁之。求盗比此。[②]

在岳麓秦简中，迁刑亦常次于黥为城旦及与其并列的鬼薪白粲。[③]作为赎刑的代替刑，“赎迁”在《二年律令》中位于“赎耐”下，与“迁刑”的位置相似。胡家草场汉律中，劳役刑序列及相应的赎刑序列都有较大调整。按前引盗臧条所见劳役刑刑等，自赃值百钱以上，以百钱一级均匀分布5等劳役刑，其中无法插入“迁刑”。同时，由于新的劳役刑“有年而免”，未附加刑期的迁刑“在轻重的等级上就相对地提高了”[④]。换言之，迁刑无法与新的劳役刑序列适配，在其中找到相应的位置。因此，虽然尚未见到胡家草场汉律关于盗赃加罪的律条，不过，它很可能仍是在盗臧条“劳役刑—罚金刑”序列中加罪一等，而不再引入迁刑。

---

① 邢义田：《从安土重迁论秦汉时代的徙民与迁徙刑》，载氏著《治国安邦：法制、行政与军事》，北京：中华书局，2011年，第78页。

② 陈伟主编：《秦简牍合集（壹）》，第193页。

③《岳麓书院藏秦简（伍）》简25—26：“捕若诇告从人、从人属、舍人及挟舍匿者，死辠一人若城旦舂、鬼薪白粲辠二人，购钱五千 ∟。捕城旦舂、[鬼薪白粲辠一人若䙴（迁）耐辠二人]，购钱二千五百 ∟。捕䙴（迁）耐辠一人，购钱千二百。（下略）”《岳麓书院藏秦简（伍）》简333：“捕犯令者黥城旦舂辠一人，购金四两，䙴（迁）辠一人，购金二两。（下略）”《岳麓书院藏秦简（陆）》简3：“智（知）[弗]告，城旦辠，赀戍四岁；䙴（迁）辠，赀戍三岁。（下略）”

④ 邢义田：《从安土重迁论秦汉时代的徙民与迁徙刑》，第78页。

其次，迁刑作为正刑与代替刑。秦律及《二年律令》中，迁刑明确可以作为正刑判罚。[①]而在已公布的胡家草场汉律以及此后文献、简牍中，尚不能找到一条作为正刑的迁刑。文献所见汉代的迁刑，主要体现为“减死一等者徙边”。对此，沈家本、邢义田都曾梳理，最早见汉初梁王彭越谋反，高祖赦为庶人，“传处蜀青衣”（《史记·彭越列传》）。此后，两汉诸侯王因死罪减等而废徙者不少，多称为“迁”或“废迁”。记载较详的，如文帝六年（前174）淮南王刘长案，有司议“长当弃市”，文帝制“其赦长死罪，废勿王”，有司再请“长有大死罪，陛下不忍致法，幸赦，废勿王。臣请处蜀郡严道邛邮”。[②]细绎其事，有司议弃市，很可能是按律令判罚；文帝赦其死罪、废其王位，则并非依据律令，而是由皇帝下诏的临时性举措；在此基础上，有司方请迁蜀。至哀帝时东平王刘云案，“有司请诛王，有诏废徙房陵”[③]，仍是以诏书而非律令形式。换言之，两汉存续的这种迁刑，是减死的一种代替刑，它出于皇帝诏书而非律令，并不能纳入汉律系统中权衡轻重。

其三，徙与罪人徙边。大庭脩梳理文献记载的罪人徙边及南方远郡事，推测“汉代的迁徙刑设于元帝至成帝河平年间减少死刑之时”。[④]据新出律令，可知汉初至文帝刑罚改革前，迁刑、《迁律》一直存在。他所梳理的这类案例，文献多称为“徙”，虽然笼统称为“迁徙刑”，但“徙”是否由“迁”改易而来，又是否属律令规定，尚存疑惑。按：前引悬泉汉简神爵四年（前58）减罪爰书（ⅠT0309③:276），宣帝神爵二年（前60），某人“以县官事击伤北阑亭长”，所论为“髡钳钛左止徒”并“徙”，似应是死罪减刑所致。“广川郡广川县徙”，不见于前文书式，如果其中的“徙”也是规范的法律、文书用语，则不晚于神爵二年，具有普适性的减死罪一等的“徙”或已成立。至于它是出自律令或诏书的规定，尚属未知。

试概括以上所论，秦至汉初的迁刑，至文帝改革后渐趋式微；作为减死一等的代替刑，迁徙刑以诏书而非律令的形式持续存在；不晚于宣帝神爵二年，较普遍适用的减死一等徙边已经出现，其正式用语为“徙”而非“迁”。

最后，我们尝试探讨迁徙刑的现实背景。大庭脩将迁徙刑的出现与元成刑罚宽缓的

---

① 睡虎地秦简《秦律杂抄》简7：“故大夫斩首者，䙴（迁）。”简10—11：“吏自佐、史以上负从马、守书私卒，令市取钱焉，皆䙴（迁）。”《岳麓秦简（肆）》简280：“田律曰：黔首居田舍者毋敢醘〈盬（酤）〉酒，有不从令者䙴（迁）之。”等等。《二年律令》简261—262：“诸诈绐人以有取，及有贩卖贸买而诈绐人，皆坐臧（赃）与盗同法，罪耐以下有（又）䙴（迁）之。”

②《史记》卷一一八《淮南衡山列传》，第3078—3079页。

③《汉书》卷八〇《宣元六王传》，第3325页。

④［日］大庭脩：《汉代的迁徙刑》，载氏著《秦汉法制史研究》，第128页。

风气相联系①，邢义田提出秦迁徙刑的轻重随版图愈大而实质愈重②。我们认为，迁徙刑的消长，应与开拓新地关系最大。秦律中大量出现的迁刑，因应于秦统一进程中的开疆拓土与对新地的经营。汉初，随着统一战争的结束以及“与民休息”的政治方针，迁刑减趋式微。尤其在汉初郡国并行的局面下，“民能齐言者皆属齐”，③是与迁徙以实新地背道而驰的政策。至文帝刑罚改革，又鉴于迁刑不能很好适配于新的劳役刑序列，故对迁刑大加删削，甚或剔除《迁律》。至武帝时代，对外扩张与列置新地的局面再度出现，因此，对西北或南边的人口迁徙，再度凸显其现实意义。正是在这样的背景下，与此前迁刑近乎异名同实的“徙”集中出现。至宣帝时，虽放缓拓张，但因西北对羌战事，罪人减死一等徙边，仍不失其现实意义。适用于一般编户齐民的迁徙刑，随秦汉国家的扩张态势而消长。

2. 戍、戍边

《汉旧仪》将“男为戍、罚作，女为复作，皆一岁到三月”，即一年以下的戍、罚作，可看作劳役刑序列的末端。胡家草场汉律，见有“戍”（简43—44、49—51、99及令简113）、“戍边”（简38—41、99），期限有一岁、二岁。先看一组律文：

> （前略）盗贼以短兵杀伤其将及伍人，而弗能捕得，皆戍边二岁……与盗贼遇而去北……毋爵者，戍边二岁，而罚其所将吏徒以卒戍边各一岁。（下略）《二年律令》简140—143，M336汉律简191—194、196—197
>
> （前略）盗贼以短兵杀伤其将及伍人，而弗能捕得，皆戍边一岁……与盗贼遇而去北……毋爵者，戍边一岁，而罚其所。《选粹》简38—41

胡家草场汉律时代，戍边仍作为一种独立的科罚使用。但是，《二年律令》、M336汉律两处“戍边二岁”，胡家草场汉律均改为“戍边一岁”，是个别调整还是基于某一共性原则（如刑等的适配等）做出的调整，尚不明朗。由于胡家草场此条接续简未公布，这一调整所造成的连锁反应，即原本次于“戍边二岁”的“罚其所将吏徒以卒戍边各一岁”，是被删去或减轻，尚属未知。

其次，虽然一般将“戍”等同于“戍边”，不过，“戍”“戍边”仍然同时出现在胡家草场汉律中，我们怀疑二者的内涵或有所差异，即“戍”的内涵或大于“戍边”，亦即存在不必赴边的“戍”。《选粹》简99：“蛮夷人不可令乘城亭鄣者，勿令戍边；

① [日] 大庭脩：《汉代的迁徙刑》，第128页。
② 邢义田：《从安土重迁论秦汉时代的徙民与迁徙刑》，第78页注释62。
③《史记》卷八《高祖本纪》，第384页。

其有罪当戍边，令居居县道。”明确规定部分蛮夷人以“居居县道”的方式替代戍边，显示“戍”本有特例。若如此，《二年律令》简411—415有如下内容：

（前略）县弩春秋射各旬五日，以当繇（徭）∠。戍有余及少者，隤后年。

以往将分隔符“∠”理解为断句，故做此读。但此条前文并未见“戍”，我们考虑，或将“∠”理解为“徭戍”间的点断，读为：

（前略）县弩春秋射各旬五日，以当繇（徭）∠、戍，有余及少者，隤后年。

亦即县一年春秋射合计30日，并各按其射绩赐劳、夺劳，[①]这30日及所赐、夺劳日，均可用于充抵徭、戍时间，因此造成的徭、戍有余及不足，均移入后年。若如此，县自然应包括内县、边县，即有戍非戍边的情形。

最后，《史记》载文帝十三年（前167）“除肉刑及田租税律、戍卒令”[②]，沈家本以戍卒令为“高后五年，令戍卒岁更”，“而文帝除《戍卒令》，不知所除者何项也。”[③]按：文帝十五年（前165），晁错对策有“今陛下……明诏军师，爱士大夫”[④]；宣帝时，魏相上书：“孝文皇帝时，以二月施恩惠于天下，赐孝弟力田及罢军卒，祠死事者，颇非时节。御史大夫晁错时为太子家令，奏言其状”[⑤]。如前引年、月准确，“除戍卒令”或在文帝十三年二月，内容或与“罢军卒”有关，旨在“爱士大夫”。相关情况，或有望在胡家草场汉令中看到。

稍附赘及的是，《汉旧仪》“女为复作”为误说，学者多有辩驳。张建国概括道，“复作”指罪徒蒙赦后免去刑徒身份，以劳作的形式服完原刑期的剩余时间。[⑥]邬文玲据走马楼西汉简所见赦令，亦证其说。[⑦]在前引免除奴婢的律条中，《二年律令》作“皆复使及算事之如奴婢”，胡家草场汉律作“其有罪及算事之皆如奴婢”。前者的“复使”，我们怀疑是与“复作”相似的内涵，即免除奴婢身份后所服的“使”，“使”的内涵仍与奴婢相同。胡家草场汉律不见“复使”，或许意味着对奴婢免除后的工作内容不再加以限定。

---

① 参黄怡君：《汉代功次升迁制度考》，《“中央研究院”历史语言研究所集刊》第93本第2分，2022年，第350页。

②《史记》卷二二《汉兴以来将相名臣年表》，第1127页。

③〔清〕沈家本：《历代刑法考：附寄簃文存》之《汉律摭遗卷十九》，第1733页。

④《汉书》卷四九《晁错传》，第2296—2297页。

⑤《汉书》卷七四《魏相传》，第3140页。

⑥ 张建国：《汉代的罚作、复作与弛刑》，《中外法学》2006年第5期，第599—600页。

⑦ 邬文玲：《走马楼西汉简所见赦令初探》，《社会科学战线》2022年第4期，第119—121页。

3. 罚作、系城旦舂、笞

下列一组律条，显示出文帝刑罚改革后罚作、系城旦舂、笞的变化：

> 吏民亡，盈卒岁，耐。不盈卒岁，系城旦舂，公士、公士妻以上，作官府，皆偿亡日。其自出殴，笞五十。（下略）《二年律令》简157、M336汉律简237—239
>
> 吏民亡，盈卒岁，耐为司寇。不盈卒岁，作官府，偿亡日。其自出也，罚金一两。（下略）《选粹》简33—34

《二年律令》、M336汉律中，系城旦舂、罚作多见并列的情形，显示其性质相近。秦至汉初的系城旦舂，从徐世虹说，“系”是“拘系”之义，并不是附加刑，与“刑”“完”不同。它适用于以劳役抵偿罚金、赎刑、债务和逃亡天数，也可用作隶臣妾、收人的加刑。系城旦舂在囚服刑具的穿戴等方面较城旦舂为轻。[①]汉代的罚作，从张建国说，是一种普通的罚役，不属于刑的范畴。被罚者身份仍为民，而不属于刑徒，适用于轻罪、过错或轻罚的场合，服役期大概在一年到数月。[②]

胡家草场汉律中，以“公士、公士妻”为界的身份区分消失，其以下身份原论以“系城旦舂”，至此则并入“作官府，偿亡日”。文帝时代以后的汉代简牍中，迄今见到一例“系城旦舂”。我们倾向于认为，文帝刑罚改革后，可能取消了“系城旦舂”的刑罚，作为劳役抵偿，它并入罚作（“作官府”）；作为加刑的部分，随着新劳役刑序列的建立，也不再使用“系城旦舂”的方式。

《二年律令》、M336汉律中，笞刑尚见作为独立刑的情形，上引“其自出殴，笞五十”即其例。胡家草场汉律中，此例“笞五十”改为“罚金一两”。按：此前汉律已规定：

> 吏、民有罪当笞，谒罚金一两以当笞者，许之。（下略）《二年律令》简86、M336汉律简105

这很可能是改笞为罚金的制度渊源。文帝刑罚改革，原斩左趾、劓城旦舂改为髡城旦舂加笞五百、三百，笞刑用作附加刑。文帝时代以后，简牍中尚见“命髡钳笞二百”（居延新简EPT51:470），“加笞八百要斩”“命笞二百弃市”（肩水金关汉简

---

① 徐世虹：《“三环之”“刑复城旦舂”“系城旦舂某岁”解——读〈二年律令〉札记》，载中国文物研究所编《出土文献研究》第6辑，上海：上海古籍出版社，2004年，第83—87页。

② 张建国：《汉代的罚作、复作与弛刑》，第599页。

73EJT1:93），而未见作为独立刑科罚者。我们推测，文帝刑罚改革后，笞刑可能不再作为独立刑科罚，而仅作为附加刑使用。若如此，尚可举出一证：

> 邮人行书，一日一夜行二百里。行不中程半日，笞五十；过半日至盈一日，笞百；过一日，罚金二两。（下略）《二年律令》简273—275
>
> 不中程百里，罚金半两。过百里至二百里，一两。过二百里，二两。（下略）居延新简EPS4T2:8B

后者据其A面内容，应当也是对行书之程的规定。二者的计程方式虽有别，但以《二年律令》一日二百里计，所设三等的实际所指是相同的，即“过二百里”等于“过一日”。据此，先前的“笞五十”改为“罚金半两”，“笞百”改为“罚金一两”。这或亦证明，文帝刑罚改革后作为独立刑的“笞”全面改为罚金刑。同时，“笞五十”由胡家草场汉律时代的“罚金一两”减半为“罚金半两”，或亦提示先前的“罚金一两以当笞”后来又有分化。

（七）“结构性”的线形刑罚体系

相比秦至汉初的刑罚体系，文帝刑罚改革无疑带来了“结构性”的变化。冨谷至言：

> 文帝刑法改革的目的是为了脱离秦制。具体说，就是统合秦以来的各种刑罚，从而形成一个以劳役刑为中轴的纵向刑法体系。①

宫宅洁亦论及：

> 刑罚制度体系化的构建，是一个将那些分别具有各自历史和特点的多元存在的单个刑罚（虽然还含有若干矛盾的情况）统一为线形刑罚体系的过程。在秦至西汉初期，这种混乱的状况还未得到解决，它作为制度变迁的痕迹隐藏在刑罚体系之中。②

“结构性”的线形刑罚体系，或是把握文帝刑罚改革的钥匙。

文帝改革基本塑造了以“死刑、劳役刑、赎刑-罚金刑”为主要序列的线形刑罚体系。东汉和帝时，陈宠概括当时律令面貌，称“今律令死刑六百一十，耐罪

---

①［日］冨谷至：《秦汉刑罚制度研究》，第114页。

②［日］宫宅洁：《中国古代刑制史研究·序言》，第3页。

千六百九十八，赎罪以下二千六百八十一”[①]，基本沿袭了文帝以来制度。这一刑罚序列又与爵制序列联通，从而实现对国家全部人口的约束。

基于新劳役刑序列，重新调整女性刑罚，并赋予女性司寇“作如司寇”的新身份以代替“赎耐”，使得劳役刑身份中，各等均分别就两性科罚，不再出现例外。劳役刑、刑徒身份由此成为一种具有排他性的结构性存在。

同样以两性区分，按旧制奴婢分别免为私属、庶人，此后均免为私属，这一变化大概也可以理解为，使得免除奴婢均属同一身份，而与庶人泾渭分明，也是一种结构性变化。

“死刑、劳役刑、赎刑-罚金刑”的序列，占据了独立刑的主流。此前来源不一、轻重不清的种种独立刑，如迁刑、系城旦舂、笞刑等，至此都不再作为独立刑，或消失不见，或仅作为附加刑使用。也就是说，旧制度中对线形刑罚体系的最大挑战被大幅剔除。由此，不断附加的诸多补充说明也得以剔除，既是净化，也是简化。

随着罚金刑的扩张，以及此后新“赎罪”的出现，死刑、劳役刑也可以以金额加以衡量。它既是“结构性”的线形刑罚体系的结果，也以金额为尺度，强化了这一“结构性”的线形刑罚体系。

随着“结构性”的线形刑罚体系的成立，胡家草场汉律中的“与盗同法”“各以其赎论之”等序列性的比照得以更加清晰无碍，亦无须附加诸多说明及补充条款。这大概正得益于这一“结构性”变化。

总体来看，“脱离秦制”或称“革除秦制，立汉制度”，无疑是文帝刑罚改革的关键目的，也反映在此期制度礼乐的诸多变革上。最后，试按我们的理解，将新体系表列如下：

表8 文帝改革后的新刑罚体系表

死刑				劳役刑						赎刑-罚金刑								
腰斩	*磔	*枭首	弃市	髡为城旦舂	完为城旦舂	耐为鬼薪白粲	耐为隶臣妾	耐为司寇	（戍、罚作）	赎死	赎髡城旦舂	赎完城旦舂	赎鬼薪白粲	赎隶臣妾	赎司寇	罚金四两	罚金二两	罚金一两
										罚金二斤八两	罚金一斤八两	罚金一斤四两	罚金一斤	罚金十二两	罚金八两			

说明：“*”“（ ）”表示尚存疑。赎刑与罚金刑序列，“赎死”一等明确对应，其余是一一对应或各有参差，尚待观察。

①《后汉书》卷四六《陈宠传》，第1554页。

四、制度礼乐，悉更秦法：文帝朝“诸律令所更定”（中）

《史记·屈原贾生列传》载：

> 贾生以为汉兴至孝文二十余年，天下和洽，而固当改正朔，易服色，法制度，定官名，兴礼乐，乃悉草具其事仪法，色尚黄，数用五，为官名，悉更秦之法。孝文帝初即位，谦让未遑也。诸律令所更定，及列侯悉就国，其说皆自贾生发之。[①]

据此，由贾谊首倡的文帝朝“诸律令所更定”，在刑罚改革外，也涉及其他诸多内容。已公布的胡家草场汉律令，已显现其中若干方面，以下择要简述。

（一）官制

“自贾生发之”的“定官名”“为官名”，显示文帝朝对职官制度当有较大改易。其制度细节，在已公布的胡家草场汉律令简中，主要体现在《朝律》[②]，特别是和M336《朝律》的对比上。

1. 罢太尉官

史载文帝三年十二月“罢太尉官，属丞相”[③]，至景帝三年复置。张家山M336《朝律》见有“太尉”，整理者据此指出《朝律》颁行下限“不迟于文帝三年”。[④]熊佳晖新公布胡家草场《朝律》亦见“太尉”，并提出见有“太尉”不能作为断代依据，是正确的。进一步来讲，现实中的职官调整，哪些可以反映于律令及其修订，其原则或规律如何，仍是留待讨论的问题。例如，汉初曾改丞相为相国，后复旧，而《二年律令·津关令》与M336《功令》仍保留“相国”，并不改作“丞相”。

“罢太尉官”如何落实，尚有待考察。具体来说，涉及3个层次：一是职位是否裁撤，二是人员是否任命，三是属官如何安置。《史记·汉兴以来将相名臣年表》在文

---

①《史记》卷八四《屈原贾生列传》，第2492页。

②《选粹》公布2枚简，熊佳晖新公布关于朝位的10枚简，参见熊佳晖：《胡家草场汉简〈朝律〉所见文帝时期的朝仪与职官》，《江汉考古》2023年第2期，第70—78页。以下引述熊佳晖意见，均指此文，不另出注。

③《史记》卷一〇《孝文本纪》系于文帝三年十一月后，第424页；《史记》卷二二《汉兴以来将相名臣年表》系于三年十二月，第1126页；《汉书》卷四《文帝纪》系于文帝三年十二月，第119页。

④ 荆州博物馆编、彭浩主编：《张家山汉墓竹简〔三三六号墓〕》，北京：文物出版社，2022年，第211页。

帝三年、景帝前元三年（前154）下分别倒书“罢太尉官”“置太尉官”，似乎更近于“罢”“置”其职。[①]景帝中元三年（前147）“罢诸侯御史中丞”[②]，所指应是裁撤其职，可以作为参照。熊佳晖认为“罢太尉官”未必裁撤职位，可能仅空悬不任命。从文献记载看，“罢太尉官”期间，似无在职的太尉，可支持“不任命”说，但其职一时裁撤的可能似仍存在。宣帝时，丞相黄霸荐外属史高“可太尉”，虽被宣帝责以“太尉官罢久矣，丞相兼之，所以偃武兴文也。……君何越职而举之”，[③]也反映时人观念中太尉官并非彻底罢废。属官如何安置，牵涉较大。其一，张家山M336《功令》载有官吏升迁的一般规定，涉及卒史补丞相、太尉史，丞相、太尉史符合一定要求者可补御史（简17、18），“罢太尉官”或引起“太尉史”的升迁路径一时中断。胡家草场《功令》对应处是否改动，或待公布后留意。其二，文帝三年，绛侯周勃免丞相就国，以太尉灌婴为丞相，“罢太尉官，属丞相”，此时二府属官、职事究竟如何变动，尚不明晰。此外，胡家草场《朝律》规定殿下文、武分列，分别以丞相、太尉为东方文官、西方武官之首，与M336《朝律》相同。“罢太尉官”期间，武官首位是作空缺还是有其他补充办法，亦有待观察。

关于“罢太尉官”的缘由与意义，祝总斌指出，成帝改制前，三公并无鼎足而三、相互配合的意思，故太尉常常不设，权由丞相兼掌。[④]宋人叶梦得认为文帝元年以薄昭为车骑将军、宋昌为卫将军，“盖自代来，未敢以兵权委汉廷旧臣，故以其腹心分领之”。[⑤]孙闻博亦指出，由时置时罢的太尉，到武帝以后设置常态化的大司马大将军等中朝诸将军，“一定意义上凸显皇权的扩张”。[⑥]另据前引宣帝语，文帝罢太尉官，或有偃武兴文、强化皇权的意味。

2.《朝律》与中二千石、王国官制

对比M336与胡家草场《朝律》，殿下西方朝位依次为太尉、将军、军吏二千石、故军吏二千石，殿门外西方依次为诸侯王、彻侯、诸侯王使者、彻侯使者，基本相同。而殿下东方文官体系，变动较大：

---

①《史记》卷二二《汉兴以来将相名臣年表》，第1126、1131页。

②《史记》卷一一《孝景本纪》，第445页。

③《汉书》卷八九《循吏·黄霸传》，第3634页。

④ 祝总斌：《两汉魏晋南北朝宰相制度研究》，北京：北京大学出版社，2017年，第19页。

⑤〔元〕马端临：《文献通考》卷四八《职官二》，北京：中华书局，1986年，第446页。

⑥ 孙闻博：《秦汉军制演变史稿》，北京：中国社会科学出版社，2016年，第63—64页。

表9 M336《朝律》与胡家草场《朝律》东方朝位对比表

	M336《朝律》	胡家草场《朝律》
东方	丞相	丞相
	吏二千石	彻侯为中二千石者
	太中大夫	中二千石
	诸侯丞相	诸侯丞相
	诸侯吏二千石	吏二千石
	故二千石	诸侯太傅
		中郎将、太中大夫
		故吏二千石
	千石、中大夫至六百石、御史、博士、奉常	千石至六百石、博士
	都官长丞五百石至三百石、丞相史、太尉史、廷史、卒史	都官吏五百石至三百石

其所涉及的关键问题有二。一是“中二千石”，一是王国官制。对此，学者已有讨论。自阎步克据《二年律令》揭橥二千石官秩级分化问题以来，对于中、比秩级的分化时间，学者聚讼未已。胡家草场汉律所见“中二千石”，周波强调其所指为“京师二千石官”，而非分化后的“中二千石”秩级，其地位自然较地方二千石官尊崇。[①]熊佳晖以《朝律》“中二千石”位在丞相之后、郡国官之前，认为其“已然在身份标识上附加了特定的地位”；“诸侯国官仅剩由中央选派的诸侯丞相与太傅，其排位也次于同级甚至低级的中央官，显露出文帝抑制王国的倾向”。

这里稍陈述不同看法。表9中变化最大的，是丞相之下至故吏二千石的部分，即广义的二千石官群体。以“故吏二千石”居末，两者相同。其变化的关键，可以“吏二千石”的位次为参照点。M336《朝律》中，“吏二千石”位在诸二千石官之首，次为太中大夫（宦皇帝者），次为诸侯丞相、诸侯吏二千石（王国官）。至胡家草场《朝律》，中二千石（包括“彻侯为中二千石者”）、诸侯丞相则位在吏二千石之上。这里包括两个变化，一是“中二千石”，一是“诸侯丞相”。M336《朝律》以朝贺用贽分为三等：

> 诸侯王、丞相、大尉、彻侯、将军用璧，吏二千石、太中大夫、诸侯丞相、故吏二千石用羔，吏千石至六百石、中大夫、御史、博士、奉常用雁。（下略）简344—345

① 周波：《从胡家草场汉律看“中二千石”的涵义并论其演化为秩级的时代》，载复旦大学出土文献与古文字研究中心编《出土文献与古文字研究》第10辑，上海：上海古籍出版社，2022年。

对照其后离位进贺的次序（简347—364），与上述排序基本相同，唯增加了诸侯王使者，位在彻侯、将军间。

据此，再看胡家草场《朝律》已公布的简59—60（圈码为笔者所加，表示分层）：

①再拜，反立，郎中举璧。②典客胪传："中二千石进。"大行拜如将军。③典客胪传曰："诸侯王使者进。"至末宾。末宾出，引使者，使者趋，随入，并跪末宾左。典客复胪传如初。大行左出，使

其第②层属"中二千石"，第③层属"诸侯王使者"。第①层虽阙前文，但据第②层"大行拜如将军"，并参照M336《朝律》简363—364格式，"拜如"的对象为排在前一位者，可知第①层应属将军。第①层将军用璧，第③层诸侯王使者亦当代表诸侯王用璧，可知第②层的"中二千石"也应用璧。参照M336《朝律》贺贽三等，我们将胡家草场《朝律》贽等及进贺次序推拟如下：

表10　胡家草场《朝律》贺贽与进贺次序推拟表

	M336《朝律》	胡家草场《朝律》推拟
用璧	诸侯王、丞相、太尉、彻侯、诸侯王使者、将军	诸侯王、丞相、太尉、彻侯、将军、中二千石、诸侯王使者
~		诸侯丞相
用羔	吏二千石、太中大夫、诸侯丞相、（诸侯吏二千石）、故吏二千石	吏二千石、诸侯太傅、中郎将、太中大夫、故吏二千石
用雁	吏千石至六百石、中大夫、御史、博士、奉常	吏千石至六百石、博士

说明：加"～～～"者，"太中大夫"见用羔（简344），不见于进贺序列；"诸侯吏二千石"（简338）见位次序列，不见于用贽及进贺序列。胡家草场《朝律》诸侯丞相贺贽尚未公布，应用璧或用羔，故以"~"标示。

"中二千石"贺贽由羔升璧，其进贺次序也脱离原本所属的二千石官群体，而升为与诸侯王、丞相、彻侯等杂列，显示此时"中二千石"已从二千石官群体中独立出来。景帝元年（前156）十月制诏载"其与丞相、列侯、中二千石、礼官具为礼仪奏"①，"中二千石"与丞相、列侯并列，也与所推拟用璧一级相合。也就是说，约文帝后元元年（前163）时，"中二千石"很可能成为独立秩级。退一步说，即使它尚未完全独立，大概也相

①《史记》卷一〇《孝文本纪》，第436页。

去不远。“中二千石”地位的提升，应是为了尊崇中央、京师原二千石官，从而尊显汉廷权威。

诸侯丞相用璧或用羔，目前尚难确定。[①]无论如何，其由吏二千石之后，升至吏二千石之前，显示此时诸侯丞相至少位在汉郡二千石官前。换言之，虽然当朝的“诸侯吏二千石”缩减至“诸侯太傅”，但胡家草场《朝律》是否可以反映“文帝抑制王国的倾向”，尚待观察。

有待睡虎地M77与胡家草场汉律令的全面公布后，文帝朝官制改革的若干细节必将有更多呈现。无论如何，中二千石此时已趋向甚或分化为独立秩级，应是文帝官制改革的浓重一笔。

（二）数用五与正朔、祭祀

《选粹》简87—88将“宗庙、上帝祠”并举，陈伟指出睡虎地汉简相应律条“只说宗庙而未及上帝”，新增“上帝祠”应与文帝十三年以后上帝祠的升温有关。[②]田天指出，自文帝十三年起的数年内，是文帝祭祀改革的高潮，涉及“改革祭祀、亲祭五帝、两立五帝坛庙、议巡狩封禅、改元、求周鼎”等诸多内涵，五帝祭祀“是为改正朔、易服色作准备”，其真正目的“是摆脱秦人旧制，全面建立汉家制度”。[③]与之相关的，前引贾谊所倡“数用五”，在已公布的胡家草场汉律中至少有两点体现，一为钱数，一为日数。

1. 钱数：“十一”与“百”

《二年律令·盗律》“盗臧（赃）直”条（简55—56），以22、110、220、660钱分别设置赃等。整理者指出：“秦至汉初律文钱数常采用十一的倍数，系因‘钱十一当一布’，见《睡虎地秦墓竹简·秦律十八种》的《金布律》。”[④]张家山M336汉律相应律条（简68—69）内容与《二年律令》全同，可知至文帝二年（前178），汉律钱数仍沿袭秦制。

胡家草场汉律相应律条（简14—15），赃值设等都改用百钱的倍数，是显著的变

① 支持用羔的解释：其一，用璧一等中，诸侯王使者由位在将军前，改为位在中二千石、将军后，如将诸侯王使者看作用璧一等的附庸，即应在最后一位；其二，用璧一等中，丞相位在中二千石前，与之相应，用羔一等中，诸侯丞相位在吏二千石前。支持用璧的解释：其一，诸侯王使者虽位次调后，但仍作为诸侯王的代表，排在同列的诸侯丞相前；其二，景帝后元元年（前143），赐“中二千石、诸侯相爵右庶长”，其事虽在景帝中元五年（前145）“更命诸侯丞相曰相”之后，但仅将“中二千石、诸侯相”并列，不见郡二千石，不排除诸侯相地位至此仍高于二千石，而与中二千石相近。

② 陈伟：《胡家草场汉简律典与汉文帝刑制改革》，第84—85页。

③ 田天：《秦汉国家祭祀史稿》，北京：生活·读书·新知·三联书店，2015年，第115—117页。

④ 张家山二四七号汉墓竹简整理小组编：《张家山汉墓竹简〔二四七号墓〕》，北京：文物出版社，2001年，第141—142页。

化。由于涉及钱数的律条较多，新的赃值设等很可能代表一种系统性的调整。胡家草场汉律见存《金布律》，参照睡虎地《金布律》简67，其中或有“钱十一当一布”或类似的基础规定，尚待观察。

由“十一”而“百”，这一系统性调整大致发生在文帝二年至后元元年（前178—前162）。秦律中，钱数采用十一的倍数，最大值为2200钱，见睡虎地秦简单篇《效律》。在规定赐棺椁钱时，张家山M336汉律（简289）与胡家草场汉律《赐律》（简72—74），都采用“级钱千”或“六百”“三百”的提法，前者已不使用十一的倍数，值得注意。可能因用在自上而下的“赐”的场合，故另采用百钱为倍数的形式。不过，以百钱整数为级，在计算上终究比十一的倍数便利，因此基于个别调整的累积而出现系统性调整是有可能的。

2. 日数：“七日”与“五日”

涉及数的变化，还有如下一组律文：

> 当戍，已受令而逋不行盈七日，若戍盗去署及亡过一日到七日，赎耐。过七日，耐为隶臣。（下略）《二年律令》简398、M336汉律简288—289
>
> 诸当戍，已受令而逋不行盈五日，若盗去署及亡过一日到五日，罚金十二两。过五日，耐为隶臣。（下略）《选粹》简49—51

本组律文，《二年律令》、M336汉律3处“七日”，胡家草场汉律均更为“五日”。秦律令所见日数期限，兼存“五日”“七日”两种形式。[①]《二年律令》、张家山M336汉律除上引律文作“七日”外，其他多作“五日”。亦即，秦至汉初律令中，都存在五日、七日两种日数期限。从实用性角度讲，五日更易与“旬”“月”等形成整齐的日数序列。张忠炜并指出，秦汉功劳制的“岁、月、日”，以及文帝刑罚改革作为刑期的“岁”，均以三十日为一月，三百六十日为一岁计。[②]这种计日法，可能也是胡家草场汉律改用“五日”的现实背景。

---

① “五日”，见睡虎地秦简《繇（徭）律》：“御中发征（中略）失期三日到五日，谇；六日到旬，赀一盾；过旬，赀一甲。”（简115）“七日”，见岳麓秦令：“郡守及县官各以其事难易、道里远近，善为期。有失期及窃去其事者，自一日以到七日，赀二甲；过七日赎耐；过三月耐为隶臣。（下略）”（《岳麓书院藏秦简（伍）》简1182、1177+C10-3-10，上海：上海辞书出版社，第1页）

② 张忠炜：《里耶秦简10—15补论——兼论睡虎地77号汉墓功次文书》，载中国政法大学法律古籍整理研究所编《中国古代法律文献研究》第15辑，上海：中西书局，2021年，第106—116页。从赦令及相关文书看，岁、月、日的计算似乎同样如此，参见邬文玲：《走马楼西汉简所见赦令初探》，《社会科学战线》2022年第4期，第114—124页。

晚于文帝时代的汉代简牍，似未见到以“七日”为限科罚的，唐律似也不以“七日”科罚。虽是默证，但文帝改革很可能将原本作为日数期限的“七日”普遍改为“五日”，并为后世所继承。

将上述两种变化对照来看，律文钱数由“十一”而“百”，日数由“七日”而“五日”，都符合前引贾谊所“草具”的“数用五”说。根据《史记·封禅书》的记载，一般认为汉“数以五为纪”最终确立于武帝太初元年（前104）。①田天指出，文帝十三年至十五年（前167—前165），五帝祭祀成为“国家祭祀中的焦点问题”，②文帝并用新垣平说立渭阳五庙，亦显示其时“数用五”的风潮。胡家草场汉律所见钱数、日数的变化，佐证了《史记》关于贾谊倡议“数用五”“悉更秦之法”的记载，亦提示文帝朝有以“汉数”更“秦数”的制度自觉，这或是武帝太初改制的先声。

（三）文献所见文帝改革

文献尚记载了文帝时期发生的一些重要变化：

表11　文献所见文帝朝诸种改革统计表

汉文帝在位年份	月份	相关记载
元年	十二月	除收帑诸相坐律令。（一说文帝二年）
	三月	议振贷百姓。赐年八十以上物及廪鬻米。
二年	十月	令列侯之国。
	十一月	其罢卫将军军。太仆见马遗财足，余皆以给传置。
	正月	开籍田。
	五月	除诽谤訞言之罪。
	九月	初与郡守为铜虎符、竹使符。
三年	十二月	罢太尉官，属丞相。
四年	五月	复诸刘有属籍，家无所与。
五年	四月	除盗铸钱令，更造四铢钱。
七年	十月	令列侯太夫人、夫人、诸侯王子及吏二千石无得擅征捕。
	？	大臣有罪，皆自杀，不受刑。
十一年	？	募民徙塞下。

① 以王国维“秦六汉五”说影响较大，“据《史记·封禅书》，武帝太初元年，始更印章以五字，数以五为纪”。参见王国维：《简牍检署考校注》，第61页。

② 田天：《秦汉国家祭祀史稿》，第107页。

续表

汉文帝在位年份	月份	相关记载
十二年	正月	赐诸侯王女邑各二千户。
	二月	出孝惠皇帝后宫美人，令得嫁。
	三月	除关无用传。
	?	令民入粟边拜爵。
	?	赐农民今年租税之半。
	?	以户口率置三老孝悌力田常员。
十三年	夏	除秘祝之官。
	五月	除肉刑。
	六月	除田之租税/田租税律。
	?	（除？）戍卒令。
十四年	春	广增诸祀墠场珪币。 令祠官致敬毋有所祈（归福朕躬）。
后元元年	?	议民从事于末、为酒醪靡谷及六畜之食。
后元四年	五月	免官奴婢为庶人。
后元六年	?	令诸侯毋入贡，弛山泽。减诸服御狗马，损郎吏员，发仓庾以振贫民，民得卖爵。

资料来源：《史记》《汉书》纪、传、表、书/志。

说明：其中“？”表示月份不明。

表11中所列，可能多以“诸律令所更定”的形式呈现，未来随着几种文帝时期律令的全面刊布，无疑将大幅推动对于相关问题的认识。同时，就律令的编纂而言，这些调整纳入律令系统的过程，诸如时间、形式、编次等，或亦值得关注。

表11中的一些内容，尚不无疑义。如《史记》载文帝十三年“除肉刑及田租税律、戍卒令”[①]，似应读为“除戍卒令”，其内容为何，历来无法确解。文帝十五年晁错对策“明诏军师，爱士大夫”[②]，宣帝时魏相奏言“孝文皇帝时，以二月施恩惠于天下，赐孝弟力田及罢军卒，祠死事者，颇非时节”[③]，推测其内容或与“罢军卒”“爱士大夫”有关。

其二，文帝十二年（前168）三月“除关无用传”，一般认为即汉人盛称的“开通关梁”，至景帝四年（前153）“复置诸关用传出入”[④]。不过，晁错对策云“通关去塞，

①《史记》卷二二《汉兴以来将相名臣年表》，第1127页。

②《汉书》卷一九《晁错传》，第2297页。

③《汉书》卷七四《魏相传》，第3140页。

④《汉书》卷四《文帝纪》，第123页；《汉书》卷五《景帝纪》，第143页。

不孽诸侯”[①]，景帝元年（前156）制诏云“通关梁，不异远方”[②]，“除关无用传”是限于与关东诸侯所界之关，如《二年律令·津关令》所见，还是作为举国通制，尚不无疑问。

此外，文献并见有文帝时所变更的其他内容：

> 孝文皇帝时，贵廉洁，贱贪污，贾人、赘婿及吏坐赃者皆禁锢不得为吏。[③]
>
> 至孝文皇帝……民赋四十，丁男三年而一事。[④]

这两条分别见于元帝时贡禹、贾捐之奏对。是否见于胡家草场汉律，尚待观察。

胡家草场汉律简21—24较《二年律令》及张家山M336、睡虎地M77汉律多出以下内容：

> 谋反者狱具，二千石官案掾移廷，廷以闻，有报，乃以从事。

或是文帝十三年或稍晚所新增。陈伟指出，此系“增加了对于谋反者的认定程序”，“显示出对于谋反及其连坐者处理的审慎”。[⑤]

武帝时，淮南王刘安谋反，伍被先诣吏自告，“告与淮南王谋反，反踪迹具如此”，随后“（吏）尽求捕王所与谋反宾客在国中者，索得反具以闻”，似即履行“狱具”“以闻”的程序。武帝下公卿会治，赵王彭祖等议“淮南王安甚大逆无道，谋反明白，当伏诛”；胶西王端议“谋反形已定”，又“臣端所见其书节印图及他逆无道事验明白，甚大逆无道，当伏其法”。[⑥]这两处议均由三部分构成，即以“谋反明白”“谋反形已定”“事验明白”，论罪“大逆无道”，判处“当伏诛/法”。如将此案的法律程序看作前揭律文的现实运行，则由汉廷确认是否“谋反明白”，或即“以闻”“有报”之间的关键环节。

至西汉中后期，昭帝初立，燕王刘旦“谋为叛逆”，“事发觉”，汉廷“抑案不扬”，遣侍御史责以“王欲发兵，罪名明白，当坐之”。[⑦]哀帝初，傅太后诬冯太后祝诅，司隶校尉孙宝“奏请覆治”，傅太后责以“冯氏反事明白”。[⑧]据此两例，谋反须

---

①《汉书》卷四九《晁错传》，第2297页。

②《史记》卷一〇《孝文本纪》，第436页。

③《汉书》卷七二《贡禹传》，第3077页。

④《汉书》卷六四《贾捐之传》，第2832页。

⑤ 陈伟：《胡家草场汉简律典与汉文帝刑制改革》，第80页。

⑥《史记》卷一一八《淮南衡山列传》，第3093—3094页。

⑦《史记》卷六〇《三王世家》，第2118页。

⑧《汉书》卷七七《孙宝传》，第3261页。

报，或一直行用至西汉末。

值得注意的是，文献或载文帝时“罪疑者予民”：

孝文皇帝时……罪白者伏其诛，疑者以与民。《汉书·贡禹传》

选张释之为廷尉，罪疑者予民。是以刑罚大省，至于断狱四百，有刑错之风。《汉书·刑法志》

类似提法又见贾谊《新书》，作“疑罪从去”：

狱疑则从去，赏疑则从予。《新书·连语》

疑罪从去，仁也；疑功从予，信也。《新书·大政》[①]

如文献不诬，文帝时确有关于“疑罪从去”的某种制度规定，其是否见载于律令，何谓“疑罪”，如何“从去”，均属未知。如将判断是否“谋反明白”，看作谋反须报的关键一环，或许意味着谋反疑狱有“从去”的可能。

胡家草场汉简暂题《岁纪》简册，已公布两枚文帝纪年简图版：

五年，十月己巳，民得卖买爵至不更。十月辛未，夜人定月蚀。二月甲申，地偅。后九月己卯，钱四朱。

十四年，十一月，赋算粟刍稿令。十二月，匈奴入萧关，发车骑材官卒屯上林。正月，四将军出塞至河。四月，虏□边。六月，屯罢。[②]

与前引文献所见相关者有三。其一，文帝十二年（前168）令民入粟边，得拜爵；又后元六年（前158），民得卖爵。据此，文帝五年十月，已诏令“民得卖买爵至不更”，可补史阙。其二，《汉书》将“除盗铸钱令，更造四铢钱”系于文帝五年四月[③]，据此，

①〔汉〕贾谊：《新书校注》，阎振益、钟夏校注，北京：中华书局，2000年，第198、339页。

② 图版参见《荆州新出楚汉简牍被公布为“考古中国”重大项目》，“荆州发布”微信公众号（https://mp.weixin.qq.com/s/NNJQrkBo1Jtmvu6t5l7bUA），2019年5月7日；释文主要参考邬勖：《胡家草场M12汉简〈编年记〉文帝十四年简二题》，“法律古籍所”微信公众号（https://mp.weixin.qq.com/s/Mp6tQ4—S72Y0osJysTViwQ），2021年8月16日。文帝五年简“十月辛未”至“钱四朱”为本文新释。据朱桂昌《颛顼日历表》，文帝五年十月辛未为十五日，与月蚀一般发生时间相合（北京：中华书局，2012年，第385页）。“二月甲申，地偅”，即《汉书》卷四《文帝纪》载“五年春二月，地震”，第121页。“卒屯”，邬勖释“屯□”。

③《汉书》卷四《文帝纪》，第121页。

行四铢钱是其后九月事，《汉书》或是将行四铢钱事系于“夏四月，除盗铸钱令”后。其三，文帝十四年“赋算粟刍稿令”所指不明，邬勖认为与文帝十三年六月“除田之租税”有关，文帝十三年所除为当年田租税（算、粟、刍稿）。不过，前引《史记·汉兴以来将相名臣年表》作“除田租税律”，邬说是否成立，或仍待观察。

最后，《史记》《汉书》不乏汉人对文帝时期诸多改革的评述：

［1］贾生以为汉兴至孝文二十余年，天下和洽，而固当改正朔，易服色，法制度，定官名，兴礼乐，乃悉草具其事仪法，色尚黄，数用五，为官名，悉更秦之法。孝文帝初即位，谦让未遑也。诸律令所更定，及列侯悉就国，其说皆自贾生发之。《史记·屈原贾生列传》

［2］今陛下配天象地，覆露万民，绝秦之迹，除其乱法。躬亲本事，废去淫末。除苛解娆，宽大爱人。肉刑不用，罪人亡帑。非谤不治，铸钱者除。通关去塞，不孽诸侯。宾礼长老，爱恤少孤。罪人有期，后宫出嫁。尊赐孝悌，农民不租。明诏军师，爱士大夫。求进方正，废退奸邪。除去阴刑，害民者诛。忧劳百姓，列侯就都。亲耕节用，视民不奢。所为天下兴利除害，变法易故，以安海内者，大功数十，皆上世之所难及，陛下行之，道纯德厚，元元之民幸矣。《汉书·晁错传》文帝十五年晁错对策

［3］孝文皇帝临天下，通关梁，不异远方。除诽谤，去肉刑，赏赐长老，收恤孤独，以育群生。减嗜欲，不受献，不私其利也。罪人不帑，不诛无罪。除宫刑，出美人，重绝人之世……此皆上古之所不及，而孝文皇帝亲行之。《史记·孝文本纪》景帝元年十月制诏

［4］汉兴，至孝文四十有余载，德至盛也。廪廪乡改正服封禅矣，谦让未成于今。《史记·孝文本纪》“太史公曰”

［5］蠲除肉刑，开通关梁，广恩博施，厥称太宗。《史记·太史公自序》

［6］孝文皇帝时，以二月施恩惠于天下，赐孝弟力田及罢军卒，祠死事者，颇非时节。《汉书·魏相传》

［7］孝文皇帝时，贵廉洁，贱贪污，贾人、赘婿及吏坐赃者皆禁锢不得为吏，赏善罚恶，不阿亲戚，罪白者伏其诛，疑者以与民，亡赎罪之法，故令行禁止，海内大化，天下断狱四百，与刑错亡异。《汉书·贡禹传》

［8］至孝文皇帝，闵中国未安，偃武行文，则断狱数百，民赋四十，丁男三年而一事……而下诏曰：“朕不受献也，其令四方毋求来献。”当此之时，逸游之乐绝，奇丽之赂塞，郑卫之倡微矣。《汉书·贾捐之传》

［9］大司马车骑将军许嘉等二十九人以为孝文皇帝除诽谤，去肉刑，躬节俭，不受献，罪人不帑，不私其利，出美人，重绝人类，宾赐长老，收恤孤独，德厚侔天地，利泽施四海，宜为帝者太宗之庙。《汉书·韦玄成传》

［10］汉章九法，太宗改作，轻重之差，世有定籍。《汉书·叙传》

以上所涉及的一些内容，在已公布的胡家草场汉律中已有所呈现。相信几种文帝朝律令全面公布后，其制度内涵与意义当可清晰呈现。总括前论，文帝朝所发生的诸多变革，不仅包括刑罚改革，更涵盖正朔、服色、制度、官名、礼乐等诸多方面，其旨趣可归纳为“悉更秦法、立汉制度”。

五、律令篇章：文帝朝“诸律令所更定”（下）

胡家草场汉律律篇情况，目前主要依据律目录简。它与此前几种律目录的差异，有些可以反映文帝十三年或稍晚对律篇目的调整，有些则尚待观察，前文已有所讨论。概言之，《收律》一如睡虎地M77、张家山M336汉律，剔除不见；《朝律》由狱律转入旁律，很可能是此时的新调整。随着新材料的不断公布，汉初狱律、旁律两分格局下，其“辩章旧典，删革刑书”的若干细节，无疑将日渐呈现。①

（一）律篇：蛮夷诸律

胡家草场新见的蛮夷律令，包括“旁律乙”中的5种，即蛮夷复除律、蛮夷士律、蛮夷律、蛮夷杂律、上郡蛮夷间律，以及令中的蛮夷卒令。在汉律体系中，由相关联的5种律篇组成的蛮夷诸律，相较其他律篇是一种特别的存在。并且，它们集中出现在“旁律乙”末尾，同时也是胡家草场汉律的最末处，引人注目。

秦至汉初的蛮夷律，曾见于张家山汉简《奏谳书》高祖十一年（前196）夷道男子毋忧案，其中提到“变（蛮）夷大男子岁出五十六钱，以当繇（徭）赋”，“南郡尉发屯有令，变（蛮）夷律不曰毋令为屯，即遣之”，“律：变（蛮）夷男子岁出賨钱，以当繇（徭）赋”，“毋忧曰：有君长，岁出賨钱，以当繇（徭）赋，即复也”，整理小组认为其中所引律文即属“蛮夷律”。②胡家草场汉律关于蛮夷賨钱、繇

①《晋书》卷四〇《贾充传》，北京：中华书局，1974年，第1167页。韩树峰：《汉晋法律的清约化之路》，《“中央研究院”历史语言研究所集刊》第86本第2分，2015年；收入氏著《尺籍短书：秦汉魏晋史论集》，上海：上海古籍出版社，2022年，第226—269页。

② 张家山二四七号汉墓竹简整理小组编著：《张家山汉墓竹简〔二四七号墓〕（释文修订本）》，第91页。

的规定已经公布：

> 蛮夷长以上，其户不賨；其邑人及戎、翟邑，岁出賨，户百一十二钱；欲出金八朱者，许。《选粹》简98
>
> 蛮夷一岁繇（徭）员，不更八日，簪褭十六，上造廿四，公士卅二，毋爵者卌八日。“文博中国”[①]图版左2

与《奏谳书》对比，有一些明显的变化。蛮夷岁出賨钱的金额，前为56钱，后为112钱，恰为两倍，应存在因袭关系。其变化，可能和賨钱的征收形式有关。前者按丁征收，蛮夷大男子一岁出56钱；后者按户征收，蛮夷户一岁出112钱，一户大致拟设为含蛮夷大男子二人。在征收户賨的时代，即使一户恰好有蛮夷大男子二人，其賨钱仍应以户为单位，按112钱缴纳，而不应像毋忧案中由个人分摊缴纳56钱。由此可以确认，针对蛮夷征收的賨钱，在高祖十一年（前196）时，尚按丁征收；而不晚于文帝后元元年（前163），已改为按户征收。

賨钱转为按户定额征收，似乎蛮夷户家庭规模越大，一户中大男子越多，所分摊缴纳的賨钱越少，家庭利益越大。事实并非如此。胡家草场蛮夷诸律规定：

> 蛮夷邑人各以户数受田，平田户一顷半，山田户二顷半，阪险不可豤者勿以为数。《选粹》简104

针对蛮夷户的授田，也是以户为单位，定额授予。这意味着蛮夷户中成年男子越多，人均垦田数越少，家庭利益越小。由此，再结合賨钱由按丁岁征56钱向按户岁征112钱的变化，其中很可能蕴含这样一种制度调整理念：如户内丁口超过两人，则要承受授田的损失；如户内丁口不足两人，则要承受賨钱的损失。也就是说，汉廷通过对蛮夷的编户，以及推行以户为单位的田、赋制度，使蛮夷群体也如汉人一样，形成一户两丁，即大约五口之家的小家庭组织形态。这无疑是解散蛮夷群体旧有社会结构，推动其华夏化进程的重要一环。

由此，再看胡家草场汉律另一枚简：

---

① 李志芳：《湖北荆州胡家草场西汉墓地发现大量秦汉简牍》，“蛮夷律、外乐律”图版左2，“文博中国”微信公众号（https://mp.weixin.qq.com/s?__biz=MjM5ODI3NzkzOQ==&mid=2651566942&idx=3&sn=3157f98d2428350ba9405d732d90aee4&chksm=bd3235028a45bc1421fb450668d78100bc5a48943b7b8cb28836cc77603023d4e6d4c7bab99b&scene=27），2020年1月13日。

道常以七月数蛮夷户，以其故籍阅雠之，有物故者定其籍，异子异食者别以为户。“文博中国”右2

“数蛮夷户”，可能自秦设道管理少数民族时即已开始，但随着汉廷对蛮夷编户形态的调整，其制度内涵应当也有所变化。从高祖十一年按丁岁征賨钱来看，此时的蛮夷编户，可能仍保留其自然家庭形态，家内成年男子较多，故计丁征賨。至推广一户两丁的新蛮夷编户政策后，由“道”“数蛮夷户”可知，该政策可能已与汉县的户口统计相差无几，才可能出现“异子异食者别以为户”的局面。

此外，《奏谳书》毋忧案反复提到“岁出賨钱，以当繇（徭）赋”，而在胡家草场汉律中，賨钱与徭似乎分别课征，不能以賨钱抵当。①似亦显示蛮夷人口的独立性较此前降低。

结合前述几点来看，至晚在汉高祖十一年，《蛮夷律》可能已经出现。胡家草场汉律中的蛮夷诸律，其部分律条承自汉初，应无疑问。但从前后差异来看，胡家草场蛮夷诸律较高祖时期《蛮夷律》可能经过大幅修订。虽然其修订时间不明朗，但从文帝朝“诸律令所更定”的涵盖范围与程度而言，很可能也是文帝更定律令的结果。另外，《上郡蛮夷间律》似仅适用于上郡，在已知汉律名中似仅此一例，尤显特别，不排除为一时新制。若如此，由5种律组成、居诸律末尾的胡家草场蛮夷诸律，究竟是沿袭汉初以来的旧貌，还是文帝更定律令以后的新面貌，或有待观察。

（二）令篇：令典结构与律令体系

胡家草场令典2卷，第1卷“令散甲”“凡十一章”，第2卷“凡廿六章”，共计令37篇，目前已公布令名20种，次序呈现一定规律，试加以分组：

表12　胡家草场令篇排布表

目次	分组	令名	备注
第1卷 11/11	干支令	令甲、令乙、令丙、令丁、令戊	原次序
	壹行令	壹行令	
	事项令	少府令、功令、卫官令、市事令、禁苑令	
第2卷 9/26	律同名令	户令甲、户令丙、厩令甲、金布令甲、金布令乙、诸侯共令、仓令甲、尉令乙、蛮夷卒令	原次序及所缺不明

① 当然，据毋忧案“岁出賨钱，以当繇（徭）赋，即复也”，也不排除在胡家草场《蛮夷复除律》中会有相关规定。

其中，干支令、事项令沿用学界一般称呼，“律同名令”指同名律令中的令。严格来讲，律同名令似亦属事项令，但从令篇目及其次序来看，似仍按令名（事项）是否同于律名分为两组。如整理者所言，这些令多属首次发现，已提示一些新问题或新认识。

1. 干支令与壹行令

第1卷“令散甲”见有令甲、令乙、令丙、令丁、令戊5种干支令，或即文帝后元元年前后干支令的全貌。干支令的来源，是将不断发布的汉令按顺序收录，加上编号，并以某种原则分为若干篇，基本成为学界主流意见。不过，文帝时代干支令已不止甲、乙、丙3篇，这是前所未知的。

关于干支令各篇的编次原则，徐世虹曾指出，“根据文帝、景帝不同时期的诏令交叉出现于甲、乙、丙三令之中，可知甲乙丙除表明篇次外，还反映了整理者对诏令非单纯年代划分，而取其重要程度的选择结果。”①文帝时代干支令既已编至令戊，如果以后仍然顺次增加令己等篇，“取其重要程度的选择结果”一说恐怕不无疑问。既有干支令篇内当然可以按年代增加“后主”之令，但如“后主”新设干支令篇，此时“前主”之令既已编次完毕，也就无从“择取”。目前来看，干支令各篇的编次原则究竟如何，或有待胡家草场汉令公布后重新检讨。其关键问题在于，除按年代划分原则外，还附加有其他何种原则，又如何依据这些原则编纂干支令。

干支令收录范围如何，是令的全集还是子集，与事项令、挈令等关系如何，是相关联的问题，也可再行审视。令因其颁下日期而普遍具备干支标识，因此，将干支令看作令典中的主体内容、上位概念甚至全部，是一种颇具影响力的意见。②根据胡家草场汉令的卷、篇情况，干支令占全部令篇数的5/37，占“令散甲”篇数的5/11，推测篇幅或在半卷左右。如果干支令收录高祖以来全部令文，也就意味着其后的32篇令的全部内容都应同时收录在干支令中，这无疑使简牍时代的令典篇幅成倍增加，并且是几乎无效的重复甚至多次收录。因此，我们认为干支令应当不是对汉令的全部收录，并且可能也不是广泛性收录，而是基于某种原则的有限收录。干支令和事项令、律同名令可能主要是并列关系。收录于干支令的令，可以被事项令等其他令篇再次收录，但这种重复可能只是在一定限度内，而不是普遍性地重复收录。

“令散甲”5种干支令之后为“壹行令”，次为几种事项令。“壹行令”为首见，意义不明。邬文玲将额济纳汉简始建国二年（10）诏书册“壹功”改释为“壹切”，认

---

① 徐世虹：《汉令甲、令乙、令丙辨正》，载李学勤、谢桂华主编《简帛研究》第3辑，南宁：广西教育出版社，1998年，第432—433页。

② 徐世虹：《百年回顾：出土法律文献与秦汉令研究》，《上海师范大学学报（哲学社会科学版）》2011年第5期，第69—79页。

为即“暂且、权时之意”，词义可参王莽诏令“今复壹切行此令，尽二年止之，以全元元，救愚奸”。[①]文献不乏载有“壹切”“一切”的诏令，故推测“壹行”或与“壹切”相类似，“壹行令”即权时施行的诏令。若如此，“壹行令”接续在5种干支令之后，又有别于其后的事项令，或有特别的含义，亦即干支令和“壹行令”可能具有互补的意味。前者为经过选择后的重要诏令，有常用之令的意味，后者则为权时之令。干支令与“壹行令”，可能作为胡家草场令典的第一部分。

2. 事项令与律同名令：兼说律令体系

“令散甲”后5种令，依次为少府令、功令、卫官令、市事令、禁苑令，基本可以看作事项令。第2卷26种令篇目已公布9种，为户令甲、户令丙、厩令甲、金布令甲、金布令乙、诸侯共令、仓令甲、尉令乙、蛮夷卒令。

第2卷公布的9种，多数有对应的同名律存在，如户令—户律、厩令—厩律、金布律—金布令、仓律—仓令。其他几种，尉令对应尉卒律，文献或作“尉律”；蛮夷卒令对应蛮夷诸律；唯诸侯共令对应本律不明，不排除原本对应诸侯秩律等律。关于同名律令的问题，以往已有发现，学者有不同解读，目前来看，以徐世虹说较允当：

> 从令的基本功能视之，补充或修正律是其最明显的属性。目前已知的《金布律》—金布令甲、《田律》—田令、《户律》—户令、《秩律》—秩禄令、《祠律》—祠令、《尉律》—尉令等用语，使其形态渐趋凸显。即当需要追加补充令时，便以令实现修律目的，其条文也按“集类成篇”的方式被编入相应的令篇之中，并按先后顺序在该令前缀以编号。[②]

所谓“以令实现修律目的”，可看作以不断增损令文的形式，对其同名之律，即某一类事制进行补充。从已公布的张家山M336《功令》来看，《功令》的积累增繁，很大程度上可增补作为一般规定的现实政务文书，又以“请”“比”为最主要形式。成帝河平中下诏约省律令，在谈到“律令烦多”时，亦强调“奇请它比，日以益滋”[③]，这很可能是与律同名之令的主要积累途径。

由此，再看胡家草场令篇目的编次，事项令很可能集中排列在律同名令之前。试稍推

① 邬文玲：《额简始建国二年诏书册“壹功”试解》，载孙家洲主编《额济纳汉简释文校本》，北京：文物出版社，2007年，第137—139页。

② 徐世虹：《汉代社会中的非刑法法律机制》，载柳立言主编《传统中国法律的理念与实践》，台北：“中研院”历史语言研究所，2008年，第321—322页。

③《汉书》卷二三《刑法志》，第1103页。

测其所蕴含的编次逻辑。事项令是补律篇之所不备，专就某一类事制从立法的角度来说，它与律篇几无分别。律与令，除去各自偏向刑罚、事制而产生的律令分途，其各自编纂形式的差异或更加显著。不断积累已公布的诏令，是令所独有而律所不备的。相比于成文律，令在某种意义上更加具有开放性，也更易于进行实时的、频繁的调整。部分令篇（如《功令》）最初选择以令篇而非律篇的形式立法，或许也蕴含这一考虑。相比之下，律同名令则是对已有律篇的补充，就设篇所针对的事项而言，律同名令并不具备事项令的独立性，而是作为其同名律的依附、附庸存在。因此，形成事项令、律同名令并列先后的次序。

再返观干支令、壹行令，很可能和事项令、律同名令也是并列先后的关系。它们所收录的令文，或是超出单一事项意义，或是无法归入律、令事制之篇的令文，并且在重要程度上很可能带有某种优先级的意味。

胡家草场令典集中出现的律同名令，与其同名律应有紧密的联系。在修订律令时，同名律的修订势必引起同名令的连锁反应。那么，胡家草场律、令同出的情况可能不是偶然，而是本身即作为同一整体，其层次关系或可概括如图8：

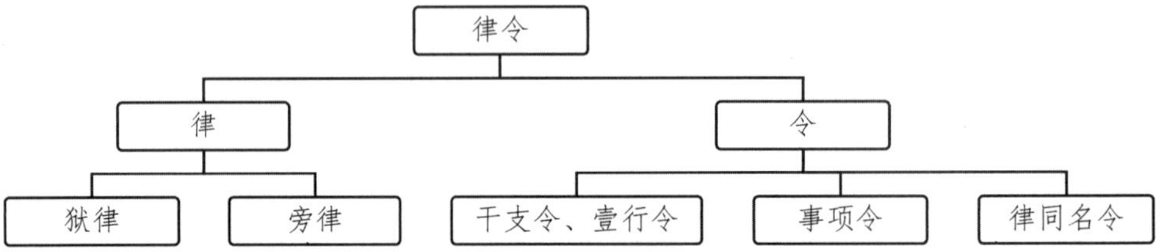

图8　汉律令体系结构推拟图

胡家草场汉令中是否存在挈令，尚不得而知。不过，李均明所举冠以机构或地域名称的挈令为数不少，以胡家草场汉令第2卷剩余令篇数目，再去除未公布的事项令及律同名令，未必能够容纳。前述对于令典结构的推拟，也较完足。所以，推测胡家草场汉令，或者说由汉廷颁下的令典中，可能并不包含挈令。挈令或如李均明所指出的那样，是由机构或地域“根据需要从国家法令中提起与自己有关的部分”，“仅是编录而已”。①

（三）章：律条整合与“结事为章”

本节主要依据《二年律令》、M336汉律与胡家草场汉律的对比，审视律条的分合变化。先对律条的区分标准稍作说明。学者指出，学界区分标准主要是“前简尚未足行而

① 李均明、刘军：《武威旱滩坡出土汉简考述——兼论“挈令”》，《文物》1993年第10期，第38—39页。

另起一简书写，基本上可确定为一条新的律文”，“从现在所见律令简来看，这一判定似乎未必尽然”。[1]目前来看，“前简未足行而另起一简书写”仍是区分律条的最基本原则，尚难提出替代性方案。作为补充，律令简的各种“异写”现象应当引起重视，目前而言至少包括：①同一条内使用墨点“·”进行区隔；②字径、布局、笔迹发生明显变化；③前简未足行而内容与另简相接；等等。

先看第一组简例：

表13　M336汉律、胡家草场汉律“舍匿罪人”条对照表

<table>
<tr><th colspan="2">胡家草场《选粹》</th><th colspan="2">M336汉律</th></tr>
<tr><td rowspan="7">简35—37</td><td>①匿罪人，各与同罪。</td><td>简244①</td><td>匿罪人，死罪黥为城旦舂，它各与同罪。</td></tr>
<tr><td rowspan="2">②舍若取亡罪人为庸，不知其亡，盈五日，罪司寇以上，各以其赎论之。</td><td>简245—246</td><td>诸舍亡人及罪人亡者，不知其亡，盈五日以上，所舍罪当黥为城旦舂以上，主舍者赎耐。完城旦舂罪以下到耐罪，及亡收隶臣妾、奴婢及亡盈十二月以上者，罚金四两。</td></tr>
<tr><td>简249—250①</td><td>取亡罪人为庸，不知其亡，以舍亡人律论之。</td></tr>
<tr><td rowspan="3">③所匿、舍、取未去，若已去后，知其情而捕，若诇告吏吏捕得之，及所匿、舍、取者自出，若先自告，皆除匿、舍、取者罪，勿购赏。</td><td>简244②</td><td>其所匿未去而告之，除。</td></tr>
<tr><td>简243</td><td>诸舍匿罪人，罪人自出，若先自告，罪减，亦减舍匿者罪。所舍旮罪也，毋论舍者。</td></tr>
<tr><td>简249—250②</td><td>所舍取未去，若已去后，知其情而捕告，及诇告吏，吏捕得之，皆除其罪，勿购赏。</td></tr>
<tr><td>④亡入匈（接续简不明）</td><td colspan="2">（未见）</td></tr>
</table>

注：①②等为笔者所加分层号，释文从宽。

《二年律令》对应律文分作3组，分见简167、170、172，并有缺简及残断。其分条情况与M336汉律大致相近，唯简167将M336汉律简244、243的内容连续书写，又未削“收”字。总体来看，两者可看作同一形式，即约自吕后二年至文帝二年（前186—前178），该组律文面貌大致稳定。

胡家草场汉律简35—37连续书写，应是作为一则律条，其内容显然是对《二年律令》、M336汉律相应内容的整合重组，其末尾又增加了“亡入匈”（接续他简）的额外内容。

《二年律令》、M336汉律分作3组和4组简，是因为它们分别规范针对亡罪人的匿、舍、取庸3种行为。M336汉律将《二年律令》简167再析分为二，或在于前半仅规定

① 张忠炜：《秦汉律令法系研究初编》，第120—123页。

“匿”，后半则规定了舍、匿两种行为。因事不同而分别设条，是“分”的逻辑。

胡家草场汉律“合”的逻辑，首先在于匿、舍、取庸的内在关联。[①]在此前“分”的情形下，舍、匿罪人而“罪人自出，若先自告”，本属一条；“取亡罪人为庸”，又“以舍亡人律论之”，舍与匿、取庸与舍的相互关联，已蕴含了“合”的契机。其次，胡家草场“合”为一条之后，在诸多细则上，诸如针对的情境、相应的罚则等等，实际多与此前有所差别，很难一一合理解释其变化的原因。不过，跳出情境、罚则的对比，“合”以后的条文无疑大为便省，可概括为：匿罪人，各与同罪；舍、取庸，各以其赎论之；捕、告若自出、自告，除罪，勿购赏。

也就是说，这组律文由《二年律令》、M336汉律向胡家草场汉律的演变，并不是对拟设罪行及罚则进行细节上的调整，而是按罪之轻重分为匿与舍、取庸，又分别以“各与同罪”“各以其赎论之”科罚。这一演变，将原本散碎的若干律文整合为一条，使律条数及字数都有简省。更重要的是，这一变化或呈现“结事为章”的细节。

《晋书·刑法志》在概括战国秦汉律令法变迁时指出：

> 世有增损，率皆集类为篇，结事为章。一章之中或事过数十，事类虽同，轻重乖异。而通条连句，上下相蒙，虽大体异篇，实相采入。[②]

在“世有增损”的前提语境下，“集类为篇，结事为章”可能不单是对律篇章形态的静态概括，“集”“结”或也指向“世有增损”的动态变化规律。“结事为章”所呈现的“章”的变化，或可理解为：因应于现实中的新情况，不断以追加法或补充说明等形式充实既定之律，由此造成律章（条）的不断增繁。当追加法积累到一定程度或对律令进行修订时，则将这些追加法与原有律条进行整合，使律章（条）数、字数得以简省。同时，律条整合，不仅仅是简单合并，有时也意味着系统性、结构性的加强。

再看第二种情况。判断律令简牍的分章，带有不确定性。抄写不是复印，抄写者在多大程度上忠实于汉廷颁下的律令文本？是否会按个人理解或因一时疏失调整分章？换言之，我们所见的分章情况，能否如实反映律令修订的结果，还是掺杂有个人因素，尚不可知。对比稍早的《二年律令》、M336《汉律》，已公布的胡家草场汉律

① 宫宅洁基于岳麓书院简《亡律》简54—59，认为“匿”与“舍”不存在“知情←→不知情”的二律背反关系。参见［日］宫宅洁著：《岳麓书院所藏〈亡律〉解题》，朱鸣译，载中国政法大学法律古籍整理研究所编《中国古代法律文献研究》第13辑，北京：中国政法大学出版社，2019年，第92页。

②《晋书》卷三〇《刑法志》，第923页。诸家解读，参见周东平主编：《〈晋书·刑法志〉译注》，北京：人民出版社，2017年，第139—140页。

见有几例将原本分简书写的律条合并连缀的情形（文繁不引，参附录）：

表14　胡家草场汉律所见律条合并表

<table>
<tr><th>内容</th><th>《选粹》</th><th>《二年律令》</th><th>M336《汉律》</th></tr>
<tr><td rowspan="2">群盗至略卖人</td><td rowspan="2">简16—17</td><td>简65—66</td><td>简60—62</td></tr>
<tr><td>简67</td><td>简67</td></tr>
<tr><td rowspan="4">赐吏死官者钱物</td><td rowspan="4">简72—74
揭取登记号329</td><td>简284</td><td rowspan="4"></td></tr>
<tr><td>简285</td></tr>
<tr><td>简289</td></tr>
<tr><td>简288</td></tr>
<tr><td rowspan="2">诸当赐</td><td rowspan="2">揭取登记号324</td><td>简290</td><td rowspan="2"></td></tr>
<tr><td>（未见）</td></tr>
</table>

其中第一组“群盗至略卖人”条，《二年律令》、M336汉律“知人略卖人而与贾”以下都别为一条，胡家草场汉律则将之接续在“群盗与亡从群盗”条后。其原因，很可能是“群盗”以下所罗列的罪行中，包含“略卖人若已略未卖”的内容。据此，虽不无抄手个人因素的影响，但将它看作律令修订时“结事为章”的结果，可能性也许更大一些。在胡家草场汉律中，类似现象并非孤例，因律令修订而“结事为章”的可能性，或应引起重视。

除整合数条为一条，也可能存在反向的律条析分：

表15　胡家草场汉律所见律条析分表

<table>
<tr><th colspan="2">《二年律令》</th><th>M336汉律</th><th>《选粹》</th></tr>
<tr><td rowspan="2">简347—348</td><td>县道官令长及官毋长而有丞者，［即］免、徙，二千石官遣都吏效代者。虽不免、徙，居官盈三岁，亦辄遣都吏案效之。</td><td>简274—275</td><td>简57—58</td></tr>
<tr><td>效案官而不备，其故吏不效新吏，新吏居之不盈岁，新吏弗坐。</td><td>简276</td><td>（未公布）</td></tr>
</table>

本组简，《二年律令》接续为一条，M336汉律分为两条，《选粹》简57—58末尾未足行书写，内容与M336汉律析分后的简274—275全同。如果《二年律令》的接续抄写不是抄手的个人行为，也就意味着律令修订中会出现将律文析分的情况。

稍作总结，“章”（条）与“事”作为律令结构中的下级单位，如何准确区分“章”，仍存在较大的不确定性。律令修订和抄手因素这两种可能，均不能忽视。总体来看，律令修订过程中可能存在对“章”“事”的主动调整，并将“结事为章”作为调整的主流办法，这也与两汉不断约省律令的努力合辙。

六、小结

出土秦汉律令简牍中，胡家草场汉律令简存律令80余篇，存简3000余枚，为历次出土律令简牍之冠，既有望呈现当时律令文献的全貌，又充分揭示文帝刑罚改革等诸多变革的细节，意义空前。目前公布数量有限，本文所提出的一些看法，毋宁说只是暂时的假说。谨稍总结如下：

第一，胡家草场汉律令简与墓葬出土秦汉律令简的形制相近，与张家山M336汉律令简最为接近，或是近于“一般文书简册”的律令抄本。据编绳痕迹及前人成果，可以复原其编联方法。其容字规律与差异现象，既有裨于整理、编联，又可推究不同抄手以及修订、校雠情形。其用字符合早期隶书的若干特点，马王堆汉墓简帛用字可作为重要参照。其笔迹差异较大，或是由若干书手共同完成抄写。

第二，结合律篇目、律文内容与墓葬年代等，几种汉初律的先后次序大致可排列为：兔子山J7律名木牍（约惠吕时期）/《二年律令》（约吕后二年）→张家山M336汉律（约文帝二年）/睡虎地M77汉律（约文帝元年至十三年）→胡家草场M12汉律（约文帝后元元年）。汉律在狱律、旁律二分格局下的律篇调整，以及个别律篇的见与不见，应予留意。

第三，文帝朝“诸律令所更定”，以刑罚改革为最显著方面：

①死刑似仍采取“腰斩→磔/枭首→弃市”的轻重序列，或因“收”的废止而有所调整。

②因文帝“除肉刑，有以易之”，胡家草场汉律所涉及肉刑条文呈现全面的置换、修订。基于新的线形刑罚体系，“各与同罪”“各以其赎论之”得以更好地兼容、涵盖各种不同情形。

③“髡城旦舂—完城旦舂—鬼薪白粲—隶臣妾—司寇”的新劳役刑序列建立。刑徒减免采用过渡刑的“复杂”方式。司寇至此或完全沦为徒隶。女性司寇改称“作县官及它皆如司寇”，简称“作如司寇”。汉律“耐之”悉改为“耐为司寇”，刑徒再犯耐罪的加刑方式尚待观察。

④毋爵者身份有所调整。“公卒”全部消失，是否整合入“士伍”，尚待观察。《二年律令》“公卒以下”可为免老，或指公卒、士伍、隐官，应不包含隶臣妾，或也

不包括司寇、庶人。文帝改革后，庶人似仍存在，“庶人融入士伍”说尚待观察。

⑤“旧赎刑”除保留“赎死”一等外，其他或全按旧制（《二年律令》简119）改为罚金若干。胡家草场汉律所见的“赎”，指依据新劳役刑序列建立的“新赎刑”序列，推测“赎死”“赎髡为城旦舂”至“赎司寇”6等，原本最末一等“赎迁”可能消失。“新赎刑”或仍可作为独立刑使用。武帝时新出现的“赎罪”之法，最初或限于赎减死一等为城旦舂，不晚于宣帝《赎品》改为“赎为庶人”。“赎罪”之法与“新赎刑”序列，究竟是替代还是共存关系，尚待观察。

⑥秦至汉初的迁刑，至文帝改革后渐趋式微，或不再作为独立刑使用。戍边仍作为独立科罚使用，律文“戍”“戍边”的异同尚待观察。系城旦舂可能消失。笞刑或主要作为附加刑使用。

⑦建立“结构性”的线形刑罚体系，贯穿于文帝刑罚改革的各个方面，或以“脱离秦制”为主要目的。

第四，文帝改革，尚涉及正朔、服色、制度、官名、礼乐等诸多方面。目前所见，中二千石此时几乎分化为独立秩级；律文钱数由十一的倍数改为百的倍数，日数由七日改为五日，与“数用五”及改正朔、祭祀有关。一系列制度改革的目的，或在“革除秦制，立汉制度”。

第五，蛮夷诸律在高帝（或下延至吕后）至文帝间或经大幅调整，賨钱由按丁征收改为按户征收，旨在推行小家庭形式的编户制度。律典末尾的五篇蛮夷诸律，是汉初以来还是文帝新调整后的面目，尚待观察。胡家草场令典或按干支令·壹行令、事项令、律同名令编次，挈令或属编录，不在其列。集中出现的同名律令，显示律典、令典关联紧密，同出墓葬中可能并非偶然。律令简牍的分章尚有不确定性，胡家草场汉律显示的“结事为章”或是汉律动态修订的一种主流办法。

〔作者汪华龙，扬州大学社会发展学院、“古文字与中华文明传承发展工程”协同攻关创新平台。扬州，225009〕

附录

已公布胡家草场汉律与《二年律令》、M336汉律、睡虎地M77汉律对照表①

	胡家草场汉律			《二年律令》			M336汉律		
编号	律条	行为	罚则	律条	行为	罚则	律条	行为	罚则
1	简14—15	盗臧直六百钱以上	髡为城旦舂	简55—56	盗臧直过六百六十钱	黥为城旦舂	简68—69	同《二年律令》。	
		不盈到五百	完为城旦舂		六百六十到二百廿钱	完为城旦舂			
		不盈到四百	耐为鬼薪白粲						
		不盈到三百	耐为隶臣妾						
		不盈到二百	耐为司寇		不盈二百廿到百一十钱	耐为隶臣妾			
		不盈到百	罚金八两		不盈百一十到廿二钱	罚金四两			
		不盈到一钱	罚金（……）		不盈廿二钱到一钱	罚金一两			
2	简16—17	（……）猲人以求钱财，盗杀伤人，盗发冢，略卖人若已略未卖，挢相以为吏，自以为吏以盗	皆磔	简65—66	群盗及亡从群盗，殴折人肢，胅体，及令跛蹇，若缚守、将人而强盗之，及投书、悬人书，恐猲人以求钱财，盗杀伤人，盗发冢，略卖人若已略未卖，矫相以为吏，自以为吏以盗	皆磔	简60—62	同《二年律令》。	
		知人略卖人而与贾	与同罪	简67	知人略卖人而与贾	与同罪	简66—67	同《二年律令》。	
		不当卖而和为人卖，卖者及知其情而买者	皆弃市		不当卖而和为人卖	卖者皆黥为城旦舂			
					买者知其情	与同罪			
3	简18—20	诸有叚于县道官，事已，叚当归。		简78—79	诸有叚于县道官，事已，叚当归。			诸有假于县道官，事已，假当归。	
		弗归，盈廿日	以私自假律论		弗归，盈廿日	以私自假律论	简75—77	同《二年律令》。	
		其叚别在它所，有物故毋道归叚者，自言在所县道官，县道官以书告叚在所县道官收之。			其叚别在它所，有物故毋道归叚者，自言在所县道官，县道官以书告叚在所县道官收之。				
		其不自言，盈廿日	以私自假律论		其不自言，盈廿日	以私自假律论			
		其叚已前入它官，及在县（后阙）			其叚已前入它官，及在县道官非（后阙）			其叚已前入它官，及在县道官非私挟之也，叚券虽未除，不用此律。	

① 说明：睡虎地M77汉律因公布有限，就便附在表内。本表为求简明、准确，又因标注通假字或存争议（如“叚－假”各有所指，或是否通假、通假何字有所争议等），故主要照录简文原文，不赘注通假字。少数情况下，为免歧义或理解不畅，径改为正字。又随M336汉律的完全公布，《二年律令》部分编联、释读、拟补应重新考虑，本表尽量据作调整。唯疏误不免，尚祈赐正。

续表

	胡家草场汉律			《二年律令》			M336汉律		
编号	律条	行为	罚则	律条	行为	罚则	律条	行为	罚则
4	简21—24	以城、邑、亭、鄣反，降诸侯，及守乘城、亭、鄣，诸侯人来攻盗，不坚守而弃去之，若降之，及谋反者	皆腰斩	简1—2	以城、邑、亭、鄣反，降诸侯，及守乘城、亭、鄣，诸侯人来攻盗，不坚守而弃去之，若降之，及谋反者	皆腰斩	简1—2 睡虎地M77汉律同	以城、邑、亭、鄣反，降诸侯，及守乘城、亭、鄣，诸侯人来攻盗，不坚守而弃去之，若降之，及谋反者	皆腰斩
		其城邑反、降，及守乘城弃去，若降之，及谋反者	父母、妻子、同产无少长，皆弃市			其父母、妻子、同产无少长，皆弃市			
		谋反者狱具，二千石官案掾移廷，廷以闻，有报，乃以从事。							
		其坐谋反者，能遍捕，若先告吏	皆除坐者罪		其坐谋反者，能遍捕，若先告吏	皆除坐者罪			
5	简25	……（?）	……（?）	简4—5	贼燔城、官府及县官积聚	弃市	简46—47	同《二年律令》。	
		贼燔寺舍、民室屋、庐舍、积聚	髡为城旦舂		贼燔寺舍、民室屋、庐舍、积聚	黥为城旦舂			
		其失火延燔之	罚金四两，责所燔		其失火延燔之	罚金四两，责所燔			
		……（?）	……（?）		乡部、官啬夫、吏主者弗得	罚金各二两			
6	简26—29	船人渡人而流杀人	耐为司寇	简6—8	船人渡人而流杀人	耐之	简53—56	同《二年律令》。	
			船啬夫、吏主者罚金十二两			船啬夫、吏主者赎耐			
		其杀马牛及伤人	船人罚金十二两		其杀马牛及伤人	船人赎耐			
			船啬夫、吏罚金八两			船啬夫、吏赎迁			
		其败亡粟米它物	出其半，以半负船人，舳舻负二，徒负一		其败亡粟米它物	出其半，以半负船人，舳舻负二，徒负一			
		其可纽系而亡之	尽负之，舳舻亦负二，徒负一		其可纽系而亡之	尽负之，舳舻亦负二，徒负一			
			罚船啬夫、吏金各四两			罚船啬夫、吏金各四两			
		流杀伤人，杀马牛，有亡米粟它物者	不负		流杀伤人，杀马牛，有亡粟米它物者	不负			

续表

	胡家草场汉律			《二年律令》			M336汉律		
编号	律条	行为	罚则	律条	行为	罚则	律条	行为	罚则
7	简30	相与谋劫人、劫人，而能颇捕其与，若告吏，吏捕颇得之	除告者罪，又购钱人五万	简71—73	相与谋劫人、劫人，而能颇捕其与，若告吏，吏捕颇得之	除告者罪，又购钱人五万	简223—226	同《二年律令》。	
		所捕告得者多	以……		所捕告得者多	以人数购之，而勿责其劫人所得臧			
		……（?）			所告毋得者，若不尽告其与	皆不得除罪			
					诸予劫人者钱财，及为人劫者，同居知弗告吏	皆与劫人者同罪			
					劫人者去，未盈一日，能自颇捕，若偏告吏	皆除			
8	简31	民欲免奴婢以为私属者，许。		简162—163	奴婢为善而主欲免者，许之，奴命曰私属，婢为庶人，皆复使及算事之如奴婢。		简234—236	同《二年律令》。	
		其有罪及算事之	皆如奴婢						
		主死若……	……（?）		主死若有罪	以私属为庶人，刑者以为隐官			
		……（?）			所免不善	身免者得复入奴婢之			
					其亡，有它罪	以奴婢律论之			
9	简32	奴婢亡，自归主、主亲所知，及主父母、子若同居求自得之，其当论畀主，而欲勿诣吏……		简160	奴婢亡，自归主、主亲所知，及主、主父母、子若同居求自得之，其当论畀主，而欲勿诣吏论者，皆许之。		简233	同《二年律令》。	
10	简33—34	吏民亡，盈卒岁	耐为司寇		吏民亡，盈卒岁	耐	简237—239	同《二年律令》。按：“亦耐之”下又有“女子已坐亡赎耐，后复亡当赎耐者，耐以为隶妾。”又简240：“司寇、隐官坐亡罪隶臣以上，输作所官。”《二年律令》简158合此两句。	
		不盈卒岁	作官府，偿亡日		不盈卒岁	系城旦舂			
					公士、公士妻以上	作官府，皆偿亡日			
		其自出殴也	罚金一两		其自出殴也	笞五十			
		给逋事，皆籍亡日，軵数盈卒岁而得	亦耐为司寇		给逋事，皆籍亡日，軵数盈卒岁而得	亦耐之			

续表

<table>
<tr><th></th><th colspan="3">胡家草场汉律</th><th colspan="3">《二年律令》</th><th colspan="3">M336汉律</th></tr>
<tr><th>编号</th><th>律条</th><th>行为</th><th>罚则</th><th>律条</th><th>行为</th><th>罚则</th><th>律条</th><th>行为</th><th>罚则</th></tr>
<tr><td rowspan="10">11</td><td rowspan="10">简35—37</td><td rowspan="2">匿罪人</td><td rowspan="2">各与同罪</td><td rowspan="2">简167①</td><td>匿罪人，死罪</td><td>黥为城旦舂</td><td rowspan="2">简244①</td><td rowspan="2" colspan="2">同《二年律令》。</td></tr>
<tr><td>它</td><td>各与同罪</td></tr>
<tr><td rowspan="3">舍若取亡罪人为庸，不知其亡，盈五日，罪司寇以上</td><td rowspan="3">各以其赎论之</td><td rowspan="2">简170</td><td>诸舍亡人及罪人亡者，不智（知）其亡，盈五日以上，所舍罪当黥</td><td>赎耐</td><td rowspan="2">简245—246</td><td colspan="2">同《二年律令》。所阙句为“所舍罪当黥为城旦舂以上，主舍者赎耐”。</td></tr>
<tr><td>完城旦舂罪以下到耐罪，及亡收、隶臣妾、奴婢及亡盈十二月以上</td><td>赎耐</td><td colspan="2">同《二年律令》。删“收”。所阙罚则为“罚金四两”。</td></tr>
<tr><td>简172①</td><td>取亡罪人为庸，不知其亡</td><td>以舍亡人律论之</td><td>简249—250①</td><td colspan="2">同《二年律令》。</td></tr>
<tr><td rowspan="4">所匿、舍、取未去，若已去后知其情，而捕若诇告吏，吏捕得之，及所匿、舍、取者自出，若先自告</td><td rowspan="4">皆除匿、舍、取者罪，勿购赏</td><td rowspan="3">简167②</td><td>其所匿未去而告之</td><td>除</td><td>简244②</td><td colspan="2">同《二年律令》。</td></tr>
<tr><td>诸舍匿罪人，罪人自出，若先自告</td><td>罪减，亦减舍匿者罪</td><td rowspan="2">简243</td><td colspan="2">同《二年律令》。</td></tr>
<tr><td>所舍……</td><td></td><td colspan="2">所舍咎罪也，毋论舍者。</td></tr>
<tr><td>简172②</td><td>所舍取未去，若已去后，知其情而捕告，及诇告吏捕得之</td><td>皆除其罪，毋购赏</td><td>简249—250②</td><td colspan="2">同《二年律令》。按：整理者复编联简251—252，并以为“系汉文帝时增加”，按其文意不连贯，当别是一条。</td></tr>
<tr><td>亡入匈……</td><td></td><td></td><td colspan="2"></td><td colspan="3"></td></tr>
</table>

续表

	胡家草场汉律			《二年律令》			M336汉律		
编号	律条	行为	罚则	律条	行为	罚则	律条	行为	罚则
12	简38—41	（前或脱两简）必伍之。ㄴ			群盗杀伤人、贼杀伤人、强盗，即发县道，县道亟为发吏徒足以追捕之，尉分将，令兼将，亟诣盗贼发及之所，以穷追捕之，毋敢□界而环。		简191—194	同《二年律令》。唯“群盗杀伤人”→“群盗盗杀伤人”，“□”→“到”。	
					吏将徒追求盗贼，必伍之。				
		盗贼以短兵杀伤其将及伍人，而弗能捕得	皆戍边一岁	简140—143	盗贼以短兵杀伤其将及伍人，而弗能捕得	皆戍边二岁			
		卅日中能得其半以上	尽除其罪		卅日中能得其半以上	尽除其罪			
		得不能半	得者独除		得不能半	得者独除			
		死事者	置后如律		死事者	置后如律	简195	同《二年律令》。	
		大痍臂臑股胻，或殊斩	除		大痍臂臑股胻，或诛斩	除			
		与盗贼遇而去北，及力足以追逮捕之而回避、佯勿见，及逗留畏耎弗敢就	夺其将爵一级，免之		与盗贼遇而去北，及力足以追逮捕之而回随、佯勿见，及逗留畏耎弗敢就	夺其将爵一级，免之	简196—197	同《二年律令》。	
		毋爵者	戍边一岁		毋爵者	戍边二岁			
		而罚其所……	……（？）		而罚其所将吏徒	以卒戍边各一岁			
		……（？）			兴吏徒追盗贼，已受令而逋	以畏耎论之	简198	同《二年律令》。	
13	简42	毋敢以投书者言系治人。		简118	毋敢以投书者言系治人		简109	同《二年律令》。	
		不从律者	以鞫狱故不直论		不从律者	以鞫狱故不直论			
14	简43—44	囚死、病及当掠者，必与令、长、丞视事者杂诊，书之。					未见。		
		故避弗诊、书，若毋书而掠	皆戍二岁						
15	简45	常以月晦报囚于市ㄴ春戌夏丑秋辰冬未及壬乙戊辰戊戌戊午ㄴ月省及……					简181—182	常以月晦报囚于市ㄴ春戌夏丑秋辰冬未及壬乙戊辰戊戌戊午ㄴ月省及宿直心、虚、张，皆勿以报囚。朔日、望、入朔八日、二旬三日勿以治狱、报囚。晦日不可以报囚，以望后利日。	

续表

	胡家草场汉律			《二年律令》			M336汉律		
编号	律条	行为	罚则	律条	行为	罚则	律条	行为	罚则
16	简46			简88—89	有罪当黥，故黥者劓之，故劓者斩左止，斩左止者斩右止，斩右止者府之。		简128—129	同《二年律令》。	
		女子当磔若腰斩者	弃市		女子当磔若腰斩者	弃市			
		当为司寇者作县官及它	皆如司寇		当斩为城旦者	黥为舂			
					当赎斩者	赎黥			
					当耐者	赎耐			
17	简47—48	发征及有传送，若诸有期会而失期，乏事	罚金二两	简269—270、336	发征及有传送，若诸有期会而失期，乏事	罚金二两	简291—292	同《二年律令》。又，简292下小字内容，以“·”起始，疑未必同条。参胡家草场简81条。	
		非乏事殴，及书已具，留弗行，行书而留过旬	皆罚金一两		非乏事也，及书已具，留弗行，行书而留过旬	皆罚金一两			
18	简49—51	诸当戍，已受令而逋不行盈五日，若盗去署及亡过一日到五日	罚金十二两	简398	当戍，已受令而逋不行盈七日，若戍盗去署及亡过一日到七日	赎耐	简288—289	同《二年律令》。	
		过五日	耐为隶臣		过七日	耐为隶臣			
		过三月	完为城旦		过三月	完为城旦			
		其闻有急而亡若盗去署，及为诈伪以避事	皆腰斩						
		有罪司寇复诣署，免，乃罢	赎……						
19	简52—54	郡、内史有烽燧者，令人守，守乏、私自作	罚金四两	简405	守燧乏之	皆罚金四两	简290	同《二年律令》。	
		官啬夫、吏弗得	罚金各二两						
		寇至，卒失不举烽熢燧，举烽熢燧次弗和，若吏使守烽燧卒作为它事，以故乏、失	皆耐为司寇		及见寇失不熢燧，熢燧而次燧弗和				
		啬夫、吏主者	罚金十二两						
20	简55	捕罪人及以县官事征召人，所征召、捕越城、邑、里、官、市院垣，追捕、征……		简183	捕罪人及以县官事征召人，所征召、捕越邑、里、官、市院垣，追捕、征者得随迹出入。		未见。		

续表

<table>
<tr><th></th><th colspan="3">胡家草场汉律</th><th colspan="3">《二年律令》</th><th colspan="3">M336汉律</th></tr>
<tr><th>编号</th><th>律条</th><th>行为</th><th>罚则</th><th>律条</th><th>行为</th><th>罚则</th><th>律条</th><th>行为</th><th>罚则</th></tr>
<tr><td rowspan="3">21</td><td rowspan="3">简56</td><td colspan="2"></td><td>简400</td><td colspan="2">越城，斩左止为城旦。</td><td rowspan="3">简295—296</td><td colspan="2">越城，斩左止为城旦。</td></tr>
<tr><td>越邑、里、官、市院垣，若故坏决道出入，及盗启门户</td><td>皆罚金一斤</td><td rowspan="2">简182</td><td>越邑、里、官、市院垣，若故坏决道出入，及盗启门户</td><td>皆赎黥</td><td colspan="2" rowspan="2">同《二年律令》。</td></tr>
<tr><td>其垣坏……</td><td>……</td><td>其垣坏高不盈五尺者</td><td>除</td></tr>
<tr><td rowspan="3">22</td><td rowspan="3">简57—58</td><td colspan="2">县道官令长及官毋长而有丞者，即免、徙，二千石官遣都吏效代者。</td><td rowspan="3">简347—348</td><td colspan="2">县道官令长及官毋长而有丞者，即免、徙，二千石官遣都吏效代者。</td><td rowspan="2">简274—275</td><td colspan="2" rowspan="2">同《二年律令》。</td></tr>
<tr><td colspan="2">虽不免、徙，居官盈三岁，亦辄遣都吏案效之。</td><td colspan="2">虽不免、徙，居官盈三岁，亦辄遣都吏案效之。</td></tr>
<tr><td colspan="2"></td><td colspan="2">效案官而不备，其故吏不效新吏，新吏居之不盈岁，新吏弗坐。</td><td>简276</td><td colspan="2">同《二年律令》。</td></tr>
<tr><td>23</td><td>简59—60</td><td colspan="2">再拜，反立。郎中举璧。典客胪传：“中二千石进。”大行拜如将军。典客胪传曰：“诸侯王使者进。”至末宾。末宾出，引使者，使者趋，随入，并跪末宾左。典客复胪传如初。大行左出，使</td><td></td><td colspan="2"></td><td>简357—363</td><td colspan="2">典客胪传曰：“诸侯王使者进。”至末宾。末宾出，引使者，使者趋，随入，并跪末宾左。典客复胪传如初。大行左出，使（中略）反立。郎中举璧。典客胪传曰：“将军进。”大行左出（中略）大行曰：“将军臣某等敬拜，臣某等敬再拜。”反立。典客胪传吏二千石、诸侯丞相进，大行拜如将军。典客胪传故吏二千石进，大行拜如二千石。典客胪传吏千石至奉常进，大行拜如故二千石。</td></tr>
<tr><td rowspan="5">24</td><td rowspan="5">简61</td><td colspan="2">诸马牛到所，皆毋敢穿穽及置它机</td><td rowspan="5">简251—252</td><td colspan="2">诸马牛到所，皆毋敢穿穽及〈置它机〉</td><td></td><td colspan="2"></td></tr>
<tr><td>穿穽及置它机能害人、马牛者，虽未有杀伤也</td><td>罚金十二两</td><td>穿穽及置它机能害人、马牛者，虽未有杀伤也</td><td>耐为隶臣妾</td><td></td><td colspan="2"></td></tr>
<tr><td>杀……</td><td>……（？）</td><td>杀伤马牛</td><td>与盗同法</td><td></td><td colspan="2"></td></tr>
<tr><td colspan="2" rowspan="2">……</td><td>杀人</td><td>弃市</td><td></td><td colspan="2"></td></tr>
<tr><td>伤人</td><td>完为城旦舂</td><td></td><td colspan="2"></td></tr>
</table>

续表

	胡家草场汉律			《二年律令》			M336汉律		
编号	律条	行为	罚则	律条	行为	罚则	律条	行为	罚则
25	简62	代户贸卖田宅，乡部、田啬夫、吏留弗为定籍，盈一日	罚金各二两	简322	代户贸卖田宅，乡部、田啬夫、吏留弗为定籍，盈一日	罚金各二两			
26	简63	未受田宅者，乡部以其为户先后次次编之，久为右。久等，以爵先后。有籍县官田宅，上其廷……		简318	未受田宅者，乡部以其为户先后次次编之，久为右。久等，以爵先后。有籍县官田宅，上其廷，令辄以次行之。				
27	简64	行田宅不以次	罚金各四两	简271	行田宅不以次	罚金各四两			
		故不以次，为不平端，皆更以次行之。			更以次行之				
28	简65—67	一宅之方卌步。·彻侯受百五宅∠，关内侯九十五宅∠，大庶长九十宅，驷车庶长八十八宅∠，大上造八十六宅∠，少上造八十四宅∠，右更八十二宅∠，中更八十宅，左更七十八宅∠，右庶长七十六宅∠，左庶长七十四宅∠，五大夫廿五宅∠，公乘廿宅∠，公大夫九宅∠，官大夫七宅∠，大夫五宅，不更四宅，簪褭三宅∠，上造二宅，公士一宅半宅∠，士五（伍）……		简314—316	宅之大方卅步。彻侯受百五宅，关内侯九十五宅，大庶长九十宅，驷车庶长八十八宅，大上造八十六宅，少上造八十四宅，右更八十二宅，中更八十宅，左更七十八宅，右庶长七十六宅，左庶长七十四宅，五大夫廿五宅，公乘廿宅，公大夫九宅，官大夫七宅，大夫五宅，不更四宅，簪褭三宅，上造二宅，公士一宅半宅，公卒、士五（伍）、庶人一宅，司寇、隐官半宅。欲为户者，许之。				
29	简68	父母、妻不幸死，予宁卅日。子、同产、大父母、父母之同产十五日。		简377	父母及妻不幸死者，已葬卅日，子、同产、大父母、父母之同产十五日之官。				
30	简69	县道官有请而当为律令者，各请属所二千石官，二千石官上相国、御史，相国、御史案致，当请，〈请〉之，毋得径请。		简219—220	县道官有请而当为律令者，各请属所二千石官，二千石官上相国、御史，相国、御史案致，当请，请之，毋得径请者。				
		径请者	……		径请者	罚金四两			
31	简70—71	诸除有为，若有事县道官而免斥，事已，属所吏辄致事之。		简212	诸除有为］若有事县道官而免斥，事已，属所吏辄致事之。		简254—255	同《二年律令》。	
		其弗致事，及其人留不自致事，盈廿日	吏罚金二两		其弗致事，及其人留不自致事，盈廿日	罚金各二两			
			以亡律论不自致事者			以亡律驾论不自致事者			

续表

编号	胡家草场汉律			《二年律令》			M336汉律		
	律条	行为	罚则	律条	行为	罚则	律条	行为	罚则
32	简72—74 出土号329	吏二千石以上不起病者	赐衣襦、棺及官衣裳	简284	二千石吏不起病者	赐衣襦、棺及官衣裳			
					郡尉	赐衣、棺及官裳			
		千石至六百石吏死官者	居县赐棺及官衣		千石至六百石吏死官者	居县赐棺及官衣			
		五百石以下至丞、尉死官者	居县赐棺		五百石以下至丞、尉死官者	居县赐棺			
		官衣一，用缦六丈四尺，帛里，毋絮。裳一，用缦二丈。		简285	官衣一，用缦六丈四尺，帛里，毋絮。裳一，用缦二丈。				
		赐棺椁而欲受赍者，卿以上	予棺钱级千，椁级六百	简289	赐棺椁而欲受赍者，卿以上	予棺钱级千，椁级六百			
		五大夫以下	棺钱级六百，椁级三百		五大夫以下	棺钱级六百，椁级三百			
		毋爵者	棺钱三百		毋爵者	棺钱三百			
		一室二肂……	……	简288	一室二肂在堂	县官给一棺			
		……（？）			三肂在堂	给二棺			
33	简75	同产相为后，先以同居，毋同居乃以不同居，皆先以长者。或异母，虽长，先以同母者。		简378	同产相为后，先以同居，毋同居乃以不同居，皆先以长者。其或异母，虽长，先以同母者。				
34	简76	（按：因接续简未公布，暂或有两种读法） 死代户次：子男、父母、寡、女、孙、耳孙、大父母、同产子、同产子父母、父母同产子、同产子同居者。毋此次而相与同居…… 死代户次：子男、父母、寡、女、孙、耳孙、大父母、同产子、同产子父母、父母同产子。同产子同居者毋此次，而相与同居……		简379—380	死毋子男代户，令父若母，毋父母令寡，毋寡令女，毋女令孙，毋孙令耳孙，毋耳孙令大父母，毋大父母令同产子代户。同产子代户，必同居数。弃妻子不得与后妻子争后。				

续表

	胡家草场汉律			《二年律令》			M336汉律		
编号	律条	行为	罚则	律条	行为	罚则	律条	行为	罚则
35	简77—78	吏民战，若为县官有为也，以故死，若伤二旬中死，皆为死事。		简369—371	［吏民战若］为县官有为也，以其故死，若伤二旬中死，皆为死事者，令子男袭其爵。毋爵者，其后为公士。毋子男以女，毋女以父，毋父以母，毋母以男同产，毋男同产以女同产，毋女同产以妻。				
		死事者，令子男袭其爵。毋爵者，其后为公士。毋子男以女，毋女以父，毋父以母，毋母以男同产，毋男同产以女同产，毋女同产以妻。							
		诸死事当置后，毋父母、妻子、同产者，以大父；毋大父，以大母与同居数者。			诸死事当置后，毋父母、妻子、同产者，以大父；毋大父，以大母与同居数者。				
36	简79—80	县道各造畜马、牛、羊以给用，属所二千石官谨为员。有不备及用者，辄以子息若买备之。视荐水便利者以为苑，三岁更之。县官马、牛疾死，诊，入之，收其革、角、筋。							
37	简81	制书有期会而失期、若当下留弗下、下而留不行、行留，盈一日	皆罚金四两				简291—292②	制书当下而弗下、〈下〉而留不行盈一日，及行制书而留之盈一日	皆罚金四两
38	简82	有罚、赎、责当入金，欲以平贾入钱，若当出金、钱县官而欲以自除者，许之。		简427—428	有罚、赎、责当入金，欲以平贾入钱，及当受购责而毋金，及当出金、钱县官而欲以除其罚、赎、责，及为人除者，皆许之。				
		各以其属……			各以其二千石官治所县十月金平贾予钱，为除。				
39	简83	亡、毁、伤县官器、财物	令以平贾偿	简434	亡、毁、伤县官器、财物	令以平贾偿			
		入毁、伤县官	贾以减偿		入毁、伤县官	贾以减偿			
		其乘舆器也	有罚金二两						
40	简84	大夫以上年九十，不更九十一，簪褭九十二，上造九十三，公士九十四，士伍九十五以上者，禀鬻米一石。		简354	大夫以上九十，不更九十一，簪褭九十二，上造九十三，公士九十四，公卒、士伍九十五以上者，禀鬻米月一石。				

续表

	胡家草场汉律			《二年律令》			M336汉律		
编号	律条	行为	罚则	律条	行为	罚则	律条	行为	罚则
41	简85	大夫以上年七十，不更七十一，簪褭七十二，上造七十三，公士七十四，士伍七十五，皆受仗。		简355	大夫以上年七十，不更七十一，簪褭七十二，上造七十三，公士七十四，公卒、士伍七十五，皆受仗。				
42	简86	大夫以上年五十八，不更六十二，簪褭六十三，上造六十四，公士六十五，士伍六十六，隐官六十七，皆为免老。		简356	大夫以上年五十八，不更六十二，簪褭六十三，上造六十四，公士六十五，公卒以下六十六，皆为免老。				
43	简87—88	若斋而与妻婢姘及奸	皆弃市						
		当给祠具而乏之，及鬼神置不具进，若当斋给祠而诈避者，其宗庙、上帝祠也	耐为隶臣妾						
		它祠	罚金十二两						
		它不如令者	皆罚金……						
44	简89—91	为之不谨而决溃，流邑若杀人，匠为者及民葆者	罚金各四两						
		啬夫、吏主者	各二两						
		不流邑、不杀人而流稼三顷以上，若坏人田舍，流道、桥、堤、它功	缮治之						
		用积徒五十人以上，匠、民葆者	罚金各二两						
		啬夫、吏主者	各一两						
		都水吏、匠不坐蠡渠。							
45	简92—93	武德舞用卌八人，其廿四人卒。 ·文始舞用六十四人，其卅二人卒。 五行舞用八十人，其卌人卒。 ·教舞员十人。							

续表

<table>
<tr><th></th><th colspan="3">胡家草场汉律</th><th colspan="3">《二年律令》</th><th colspan="3">M336汉律</th></tr>
<tr><th>编号</th><th>律条</th><th>行为</th><th>罚则</th><th>律条</th><th>行为</th><th>罚则</th><th>律条</th><th>行为</th><th>罚则</th></tr>
<tr><td rowspan="4">46</td><td rowspan="4">简94—95</td><td colspan="2">彻侯衣衾毋过盈棺，衣衾、敛束、㡃，所用次也。</td><td rowspan="4">睡虎地M77《葬律》</td><td colspan="2">彻侯衣衾毋过盈棺，衣衾、敛束、㡃，所用次也。</td><td colspan="3"></td></tr>
<tr><td colspan="2">其杀，小敛用一特牛。·棺、开各一大牢，祖一特牛，遣一大牢。</td><td colspan="2">其杀，敛用一特牛，棺、开各一大牢，祖一特牛，遣一大牢。</td><td colspan="3"></td></tr>
<tr><td colspan="2">棺中之广毋过三尺二寸，深三尺一寸，袤丈一尺，厚……</td><td colspan="2">棺中之广毋过三尺二寸，深三尺一寸，袤丈一尺，厚七寸。椁二，其一厚尺，一八寸；臧椁一，厚五寸，得用炭。</td><td colspan="3"></td></tr>
<tr><td colspan="2">……（？）</td><td colspan="2">叡（壑）、斗、羡深渊上六丈，坟大方十三丈，高三丈。荣（茔）东西四十五丈，北南四十二丈，重园（？）垣之，高丈。祠（？）舍盖，盖地方六丈。中垣为门，外为阙，垣四陬为不（罘）思（罳）。</td><td colspan="3"></td></tr>
<tr><td>47</td><td>简96</td><td colspan="2">诸幸得葬高园、孝惠园者，皆令得与妻会葬，县毋为其妻穿。葬鲁元园，比。</td><td></td><td></td><td></td><td colspan="3"></td></tr>
<tr><td>48</td><td>简97</td><td colspan="2">亡道外蛮夷及略来归、自出，外蛮夷人归义者，皆得越边塞徼入。</td><td></td><td></td><td></td><td colspan="3"></td></tr>
<tr><td>49</td><td>简98</td><td colspan="2">蛮夷长以上，其户不賨；其邑人及戎、翟邑，岁出賨，户百一十二钱；欲出金八朱者，许。</td><td></td><td></td><td></td><td colspan="3"></td></tr>
<tr><td>50</td><td>简99</td><td colspan="2">蛮夷人不可令乘城亭鄣者，勿令戍边；其有罪当戍边，令居居县道。</td><td></td><td></td><td></td><td colspan="3"></td></tr>
<tr><td>51</td><td>简100</td><td colspan="2">蛮夷君当官大夫，公、诸侯当大夫、右大夫、左大夫，竭、彻公子当不更，籍……</td><td></td><td></td><td></td><td colspan="3"></td></tr>
<tr><td>52</td><td>简101</td><td colspan="2">蛮夷百户以上为大邑，不盈百户为中邑，卌户以下为小邑。令其长有车马者，闲岁……</td><td></td><td></td><td></td><td colspan="3"></td></tr>
<tr><td>53</td><td>简102—103</td><td colspan="2">蛮夷长死，欲入禾粟戎葬者，许之。邑千户以上，入四千石；不盈千户，入二千石；不盈百户，入千五百石；不盈五十户及毋邑人者，入千石。</td><td></td><td></td><td></td><td colspan="3"></td></tr>
</table>

续表

	胡家草场汉律			《二年律令》			M336汉律		
编号	律条	行为	罚则	律条	行为	罚则	律条	行为	罚则
54	简104	蛮夷邑人各以户数受田，平田户一顷半，山田户二顷半，阪险不可貇者勿以为数。							
55	简105	……以上，令赎。为汉以来来入者为真。子产汉而为后者，不用此律。							
56	简106	二千石吏不起病者，祠以特牛，家在长安中者，谒者致祠。千石到六百石吏，祠以少牢。							
57	“文博中国”右2	道常以七月数蛮夷户，以其故籍阅雠之，有物故者定其籍，异子异食者别以为户。							
58	“文博中国”左2	蛮夷一岁繇员，不更八日，簪褭十六，上造廿四，公士卅二，毋爵者卌八日。							
59	“文博中国”左1	蛮夷长除舍人，君、公、诸侯二人， 靖以下一人。邑千户以上，家吏四人；不盈千户至五百户							
60	出土号324	诸当赐，官毋其物者，以平贾予钱。		简290	诸当赐，官毋其物者，以平贾予钱。				
		诸冗作县官、官奴婢、徒隶，冬稟布袍、襦、绔各一，夏稟禪。官为裁衣。程……							
61	新公布律简	罪人狱已决，髡城旦舂以上盈四岁，为鬼薪白粲；为鬼薪白粲一岁，为隶臣妾；为隶臣妾一岁，免为庶1606人。完城旦舂，及四月丁巳以前之刑城旦舂盈三岁，为鬼薪白粲；为鬼薪白粲一岁，为隶臣妾；为隶臣妾一1554岁，免为庶人。鬼薪白粲盈三岁，为隶臣妾；为隶臣妾一岁，免为庶人。隶臣妾盈二岁，为司寇；为司寇1553一岁，及司寇二岁，皆免为庶人。其日未备亡，及诸有罪命鬼薪白粲以上，不自出1557							

续表

<table>
<tr><td></td><td colspan="3">胡家草场汉律</td><td colspan="3">《二年律令》</td><td colspan="3">M336汉律</td></tr>
<tr><td>编号</td><td>律条</td><td>行为</td><td>罚则</td><td>律条</td><td>行为</td><td>罚则</td><td>律条</td><td>行为</td><td>罚则</td></tr>
<tr><td>62</td><td>新公布《朝律》简</td><td colspan="8">朝者皆袗〈袀〉玄，先平明入，定立（位）；后平明，门者勿入。中郎无剑、操戟，财（裁）立殿上，负西序、东3081序、北辟（壁）。中郎九人执盾、五人操戟，武士九人操虎戟，陛西陛，立陛西，东面；陛东陛者，立2924陛东，西面，它如西陛。中郎立陛者后，郎中陪立中郎后，皆北〖上〗。少卒操虎戟立殿2902门内，门东、门西各十人。匹<正>立殿门东，监立殿门西，皆北面。典客设九宾，随立殿下2918+2446下，北面。丞相立东方，西面。彻侯为中二千石者以位次次，中二千石次，诸侯丞相次，吏二2903千石次，诸侯太傅次，中郎将、太中大夫次，故吏二千石次，千石至六百石、博士次，皆2905北上。都官吏五百石至三百石陪立千石以下后，北上。太尉立西方，东面。将军次，北2908上。军吏二千石次，故军吏二千石次。诸侯王立殿门外西方，东面，北上。彻侯次，诸侯2913王使者立其南后五步，彻侯使者次后二步，皆北上。谒者一人立东陛陛者南，西面。立（位）2980【定】，典客言具，谒者以闻。皇帝出房，奉常宾，九宾及朝者皆反走，跪，印手。立东方者2981（M336《朝律》对应内容从略）</td></tr>
<tr><td colspan="10">胡家草场汉令</td></tr>
<tr><td>1</td><td>简110—112</td><td colspan="8">廿七伐取材木山林，大三韦以上，十税一；不盈十，直贾十钱，税一钱。匿不自占，戍二岁，没入所取。乡部、田啬夫、士吏、吏部主弗得，罚金各二两，令、丞、史各一两。擅禁山林、公草田，若和租者，家长戍二岁，没入所租。乡部、田啬夫、吏、尉、尉史、士吏部主弗得，夺劳各一岁，令、丞、史各六月。</td></tr>
<tr><td>2</td><td>简113</td><td colspan="8">二　出入殿门、司马门、卫门，毋得白冠、素履、竹簪、不绔。入殿门，门者止。犯令及门者弗得，罚金四。</td></tr>
</table>

三国两晋时期的简、纸并用

戴卫红

摘　要：三国两晋时期，纸作为书写载体被大量使用之后，不仅用于书写文学作品、典籍和佛经、书信及绘画，还广泛运用于书写诏书、中央及地方文书。形制上，西晋小纸仿照汉代一尺简而来，而现存《伯远帖》和《平复帖》的纸幅与《文房四谱》征引《晋令》所规定的大纸、小纸"广"的尺寸大略相同，而"长"的尺寸有出入。每张纸的字容量，根据字体和书写方式的不同而不同。虽然社会上用纸已成为习惯，但是从先秦以来形成的"书于竹帛，镂于金石，琢于盘盂，传遗后世子孙者知之"的书写习惯，一直在整个社会上有着深刻的影响。先秦以来，简牍长期用于书写官方的文书、朝廷诏令，直至两晋时迟迟没有退出历史舞台，简牍之诏与纸诏并行存在，分封诸王、更改年号、告庙祝文用竹册篆书，而如四时享祀一类常规祝文用白简隶书。这一时期同一场合下的简、纸并用表现为：封检与纸张配合使用，墓葬中木质的衣物疏牍、名刺和纸并存。直到刘宋时，皇太子监国仪注中记载的令书板文、尚书下令书板文、拜诏（令）书除刺史二千石诫敕文及辞阙板文表明当时仍是纸和板文共存。桓玄在伪楚时期下令"今诸用简者，皆以黄纸代之"，但实际上简牍并没有立即从历史舞台中消失。

关键词：三国；两晋；简、纸并用；简牍；造纸术

范晔在《后汉书》中记载："蔡伦字敬仲，桂阳人也。……自古书契多编以竹简，其用缣帛者谓之为纸。缣贵而简重，并不便于人。伦乃造意，用树肤、麻头及敝布、鱼网以为纸。元兴元年奏上之，帝善其能，自是莫不从用焉，故天下咸称'蔡侯纸'。"① 蔡伦于东汉元兴元年（105）向汉和帝上奏了自己利用树皮、麻头、散布、渔网等原料造纸的工艺，这是历史文献中关于造纸术的最早记载。

自从蔡伦改进了造纸术后，纸张的普及和应用让学问和知识普及到更广泛人群中；

①《后汉书》卷七八《宦者·蔡伦传》，北京：中华书局，1965年，第2513页。

而且纸比简更轻，更容易携带，因此也使得典籍文章被传播到更远的地域。到汉献帝（189—220年在位）时，东莱人左伯又对以往的造纸方法做了改进，进一步提高了纸张质量。他造的纸洁白、细腻、柔软、匀密、色泽光亮，被称为“左伯纸”。在二三世纪时，“左伯纸”与“韦诞墨”“张芝笔”齐名，为当时的人们尤其是书法家们喜用。南齐萧子良（460—494）在《答王僧虔书》中就说：“若子邑之纸，妍妙辉光；仲将之墨，一点如漆；伯英之笔，穷神尽意。”[①]

西晋傅咸描写纸时道，“夫其为物，厥美可珍，廉方有则，体洁性贞。含章蕴藻，实好斯文。取彼之弊，以为此新。揽之则舒，舍之则卷。可屈可伸，能幽能显。若乃六亲乖方，离群索居。鳞鸿附便，援笔飞书。写情于万里，精思于一隅”[②]，着重阐述了纸张质地轻薄柔软、舒卷方便、书写传播便利这些显而易见的优点。

清代学者章学诚敏锐地观察到简、纸更替带来的文风上的变化，指出：简牍时代载体空间狭小和书写不便，写的文章篇幅短小，语言简质；纸本时代文本容量扩大且书写便利舒适，文辞就变得冗长枝蔓。[③]查屏球认为从东汉中后期至三国前期，文学的文本载体处于简、纸并用与转换阶段。纸是一种新兴传播工具，纸本起初只是一种非正式的文本形式，与一些世俗化的娱乐性文本关系更为密切。东汉的崩溃加速了简、纸的转换。纸本广阔的写作空间与低廉的制作成本，改变了简册写作的思维方式，缩短了简册写作的构思过程，扩大了文本的容量，使得抒情达意更为直接与自由。纸写文本正宗地位的确立、文本传播方式的革新，直接展示了文学超越时空的影响力，提升了文学的价值，促进了当时书信体文学的发达，增强了文学的抒情性。文本载体形式的改变引起文体的变化，文体论研究日趋细密，文人知识量的扩大带来用典之风的流行。随着纸本地位的上升，一些娱乐性的世俗文本地位得以提升，而文本形式的转换也导致了传统文本流传的失序。[④]

简、纸的更替不仅带来了文风上的变化，还推动了行政制度的变化。冨谷至提出了“简牍文书行政”的概念，指出“在简牍的基础上展开的汉帝国的行政，与纸张时代的唐代的政治之间，必然是有区别的”。[⑤]张荣强近年来就简、纸演变对中古造籍制度的影响做过专题讨论，进一步考察中国古代由于简、纸替代引发的地方权力运作与行政管理上的变化，认为简、纸更替对中国古代地方的行政管理与权力运作模式产生了重要影响。纸张代

①〔清〕严可均编：《全上古三代秦汉三国六朝文·全齐文卷七·竟陵王子良·答王僧虔书》，北京：中华书局，1958年，第5655页。

②〔晋〕傅咸：《纸赋》，载赵逵夫等主编《历代赋评注（魏晋卷）》，成都：巴蜀书社，2010年，第244页。

③〔清〕章学诚：《乙卯札记》，北京：中华书局，2006年，第194页。

④ 参见查屏球：《纸简替代与汉魏晋初文学新变》，《中国社会科学》2005年第5期。

⑤［日］冨谷至：《木简竹简述说的古代中国：书写材料的文化史》，刘恒武译，北京：人民出版社，2007年，第138页。

替简册后，在帝国革除乡政弊端以及强化中央集权体制的内在驱动下，各种基础账簿上移至县廷制作，基层事务亦随之由县令统揽。虽然简、纸更替为基层统治重心的上移提供了技术条件，但县廷并不具备直接面对分散个体小农的能力，随着唐后期地方社会结构的变化，新兴的士绅阶层逐渐登上乡村政治舞台，从而开启了后世“皇权不下县”的局面。[①]

本文在前贤研究的基础上，对三国两晋时期用纸、用简以及简、纸并用的场合进行探讨，指出简、纸的实际功能以及人们固有的观念意识，导致在纸出现百余年后，简牍才慢慢退出历史舞台。

一、三国两晋时期纸的使用场合

从秦汉以来，在西北、湖北地区不仅留有用绢帛写信的遗存，在汉代悬泉置遗址中，还出土了460片古纸，这些古纸的年代从西汉武帝、昭帝、宣帝、元帝、成帝至东汉初，再到西晋，其中大多数是西汉时期的，有10件写有文字，质量较好。古纸的颜色和质地种类也非常之多，有黑色厚、黑色薄、褐色厚、白色薄、黄色厚等8种。从残留在纸面上的残渣看，这些古纸主要用麻织物和很细的丝织物制作，用于书写信件及包裹物品。

（一）纸运用于文学、书信、艺术、典籍场合

《三国志》裴松之注引胡冲《吴历》曰：“帝以素书所著《典论》及诗赋饷孙权，又以纸写一通与张昭。”[②]在魏吴交好的外交场景中，魏文帝曹丕将自己所撰《典论》及诗赋，以“素”（丝绸的一种）书写的送给孙权，而以“纸”书写的送给孙权的大臣张昭，从这一对比中我们看到纸的贵重性远比不上素帛。

西晋武帝太康（280—290）年间，社会相对稳定，人民生活安稳，文学创作也出现了高潮。当时流传有“三张”（张载、张协、张亢）、“二陆”（陆机、陆云）、“两潘”（潘安、潘尼）、“一左”的说法。其中的左思，经过10年的努力，撰写了关于魏都邺城、蜀都成都、吴都建康的《三都赋》，皇甫谧为这篇赋写了序言，著作郎张载为其中的魏都赋做注，中书郎刘逵为蜀都赋和吴都赋做注，尚书郎卫权为吴都赋做叙及

① 张荣强：《简纸更替与中国古代基层统治重心的上移》，《中国社会科学》2019年第9期；张荣强：《中国古代书写载体与户籍制度的演变》，《武汉大学学报（哲学社会科学版）》2019年第3期；张荣强：《〈前秦建元籍〉与汉唐间籍帐制度的变化》，《历史研究》2009年第3期。

②《三国志》卷二《魏书·文帝纪》，北京：中华书局，1959年，第89页。

注。司空张华读完此赋，感叹道："班张之流也。使读之者尽而有余，久而更新。"[①]《三都赋》从此名声大振，很快风靡京都，懂得文学之人无一不对它称赞不已，陆机看后也为之叹服叫绝。于是富豪之家争相传抄，以至洛阳纸价也昂贵起来。这是三国两晋时期纸用于书写、抄写文学作品的实例。

纸作为书写载体被大量使用之后，一部分用于书信和书画。《后汉书·窦章传》"更相推荐"李贤注引汉马融《与窦伯向书》曰："孟陵奴来，赐书，见手迹，欢喜何量，见于面也。书虽两纸，纸八行，行七字。"[②]从此书的内容可知，每页纸8行，每行7字，容字量为56字。后代信笺多沿用这一规模，为每页纸8行，因而书信也被称为"八行书"。[③]蜀汉吕凯为郡五官掾功曹，"时雍闿等闻先主薨于永安，骄黠滋甚。都护李严与闿书六纸，解喻利害，闿但答一纸曰：'盖闻天无二日，土无二王，今天下鼎立，正朔有三，是以远人惶惑，不知所归也。'"[④]由此可知，雍闿的答书一纸30字，并没有满行满篇书写。

现藏于故宫博物院的西晋陆机（261—303）纸本章草手卷《平复帖》，便是陆机写给一个身体多病、难以痊愈的友人的一封信札，9行，80余字，上书："彦先羸瘵，恐难平复。往属初病，虑不止此，此已为庆。承使□（唯）男，幸为复失前忧耳。□（吴）子杨往初来主，吾不能尽。临西复来，威仪详跱，举动成观，自躯体之美也。思识□量之迈前，执（势）所恒有，宜□称之。夏□（伯）荣寇乱之际，闻问不悉。"[⑤]而东晋名书家的唯一手迹，也是乾隆"三希阁"中唯一的真迹，现藏故宫博物院的王珣（350—401）行书手卷《伯远帖》也是写给亲友伯远的一封书信，上书："珣顿首顿首：伯远胜业情期，群从之宝，自以羸患，志在优游，始获此出，意不克申。分别如昨，永为畴古。远隔岭峤，不相瞻临。"[⑥]

除了用于书信，纸还用于绘画。葛洪《神仙传》云："仙人李意其，蜀人也。传世见之，云是汉文帝时人。先主欲伐吴，遣人迎意其。意其到，先主礼敬之，问以吉凶。意其不答而求纸笔，画作兵马器仗数十纸已，便一一以手裂坏之，又画作一大人，掘地

---

①《晋书》卷九二《文苑·左思传》，北京：中华书局，1974年，第2377页。

②《后汉书》卷二三《窦融传》，北京：中华书局，1965年，第821页。

③《文苑英华》卷二一四引北齐邢邵《齐韦道逊晚春宴》诗："谁能千里外，独寄八行书？"〔唐〕李冶《寄校书七兄》诗："因过大雷岸，莫忘八行书。"

④《三国志》卷四三《蜀书·吕凯传》，第1046—1047页。

⑤ 启功：《〈平复帖〉说并释文》，《书法世界》2004年第2期，第63—64页。之后，朱书全、廖淑雯、袁铭涓、胡寒杨《陆机〈平复帖〉释文新说》（《中国书画》2019年第12期）在此基础上对释文进行了改定和标点："彦先羸瘵，恐难平复。往属初病，虑不止此，此已为庆。承使唯男，幸耶。复失，甚忧耳。犹子杨往，初来，至，吾不能相（见）。临西复来，威仪详跱，举动成观，自躯体之美也。思识（文）墨，足迈叔执，何恒有？宜称之。闵（凶），荣寇乱之际，闻问不悉。"

⑥ 启功：《晋代人书信中的句逗》，载氏著《启功书法论丛》，北京：文物出版社，2003年，第231页。

埋之，便径去。”[①]虽然《神仙传》中记载为仙人神怪，无从找到历史人物对应，但其中以纸笔画画的记载应是当时社会生活的体现。从李意其画作“兵马器仗数十纸”“一一以手裂坏”推测，这数十张纸在作画时并没有粘连起来。

1964年在吐鲁番阿斯塔那13号东晋墓中出土了一幅《墓主人生活图》[②]（图1），整幅图横106.5厘米、纵47厘米，由6块大小相似的纸拼接而成，纸质厚实，呈土黄色，类似桑皮纸，画面横向展开，四周边线用墨彩绘出长方形。画上方从左至右分别绘有3棵树，前两棵树枝干比较清晰，而且叶子十分独特，分别由两组圆形的北斗七星点缀；中间树上落一凤鸟。画面左上角、右上角各有1个圆形图样，左边的圆中画有蟾蜍形象。画下方人物右侧依次绘有曲盖、节、麾、幢。画下方中心位置端坐于榻上之人应为墓主人，手持团扇做乘凉状，神态严肃，体型略显臃肿，头戴黑冠，身穿条纹袍服。男子所穿长衫，宽袖、开襟，是魏晋时期士大夫们的典型服装。墓主人身旁的女子毕恭毕敬地站着，可能是主人的妻子，也可能是侍女。另外，画左下方是1个身着短衫的马夫，还有麦场、庖厨等场景。印度新德里中亚博物馆还收藏了新疆吐鲁番阿斯塔那古墓出土的另一幅东晋时期纸画，斯坦因掠走后将其命名为《死后的飨宴》，但目前并不知道此纸画由几张纸组成。[③]

图1 吐鲁番阿斯塔那13号东晋墓出土的《墓主人生活图》

① 《三国志》卷三二《蜀书·先主传》，第891页。

② 关于本纸画的介绍，详见叶尔米拉：《天上人间——记吐鲁番出土〈墓主人生活图〉》，《文物鉴定与鉴赏》2013年第3期。

③ 叶尔米拉对此幅纸画进行了描述：“右上方坐在坛坐上的人物应为墓主人，前方一名侍仆正为他端送盛满美酒的耳杯。画中左下方由上至下分别绘有一方田园，庄稼茂盛，树上也结满果实；田边绘有一辆牛车，线条逼真栩栩如生；牛车旁摆放着鼎、壶、盆和零星农具。画面右下方舞者舞蹈、乐者们作吹笛打拍状，还有一人似乎正在生火准备美食。”详见叶尔米拉：《从吐鲁番出土的〈墓主人生活图〉遥望天上人间》，新疆维吾尔自治区文化和旅游厅官方公众号“新疆是个好地方”（https://mp.weixin.qq.com/s/Spyz7WltUFUNjXSD4sz5ew），2021年4月4日。

从吐鲁番、敦煌出土的文献来看，三国两晋时期，纸张还被用于抄写儒家典籍、史籍和佛经。从年代上讲，有明确纪年的最早的一份佛经卷子是李盛铎旧藏《佛说五王经》，其卷末题记为："景初二年岁次戊午九月十六日，敦煌太守仓慈为众生供养，薰沐写已。"[①]有确切纪年而又确凿无疑的卷子是敦煌藏经洞出土、现藏于日本书道博物馆的《譬喻经·出地狱品》，其卷末题记为："甘露元年三月十七日于酒泉城内斋丛中写讫。此月上旬汉人及杂类被诛。向二百人愿蒙解脱，生生敬信三宝，无有退转。"中村不折认为这里的"甘露"是曹魏的年号，甘露元年即256年[②]；池田温采用了常盘大定的观点，认为是前秦的年号，甘露元年为359年[③]；罗振玉认为题记中的"甘露"为高昌自建年号[④]。

甘肃省博物馆珍藏的前凉《法句经》写经，编号为甘博001号，凉州姑臧城中官方"经生"所写。白麻纸泛黄，质地精细，纸面光洁，保存良好，横（长）135厘米，纵（高）24.9厘米，使用麻纸3张多，每张长42.2厘米。抄写《道行品法句经》第三十八、《泥洹品法句经》第三十九的内容，存后半部经文67行，每行16～30字不等，经文中有雌黄改字，卷中有水渍。此卷末尾有前凉升平十二年（368）、咸安三年（373）沙弥净明两次诵习题记："升平十二年沙弥净明""咸安三年十月二十日，沙弥净明诵习法句起"。[⑤]

上海博物馆藏《维摩诘经卷上王相高题记》，后凉麟嘉五年（393）六月，纵24.4厘米，横428.5厘米，由11张纸粘贴而成。[⑥]如果11张纸均保存完整，那么每张纸横38.95厘米，纵24.4厘米。安徽省博物馆收藏有北凉神玺三年（399）的《千佛名经卷》（写本）[⑦]，1998年《安徽省志·文物志》对该写本做了详细的著录：

---

① ［日］池田温：《中国古代写本识语集录》，东京：东京大学东洋文化研究所，1990年。不过，不少研究者对这条题记的真实性有所怀疑。

② ［日］中村不折：《禹域出土墨宝书法源流考》，李德范译，北京：中华书局，2003年，第28页。

③ ［日］池田温：《中国古代写本识语集录》，第76页。

④ 罗振玉：《增订高昌曲氏年表》，载氏著《辽居杂著乙编》，辽东印本，1933年。关于此《譬喻经》抄写年代的学术综述，详见萧瑜：《甘露元年〈譬喻经〉写卷中值得注意的语言文字现象》，载叶炜主编《唐研究》第27卷，北京：北京大学出版社，2022年，第113—124页。

⑤ 秦明智：《前凉写本〈法句经〉及其有关问题》，《敦煌学辑刊》1982年第3期，第23—27页。

⑥ 上海古籍出版社、上海博物馆：《上海博物馆藏敦煌吐鲁番文献①》，上海：上海古籍出版社，1993年；孙致文：《上海博物馆藏支谦译〈佛说维摩诘经·卷上〉写本残卷的研究意义》，《正观杂志》第47期，2008年12月25日。

⑦ 石谷风：《谈宋代以前的造纸术》，《文物》1959年第1期，第33页；［日］池田温：《中国古代写本识语集录》，第78页，题名为《贤劫千佛品经第十道人宝贤题记》；王素：《吐鲁番出土高昌文献编年》，台北：新文丰出版公司，1997年，第75页。

北凉《贤劫千佛品》残卷，麻、树皮混合纤维纸，经裁割不全。此段再截为二，前截两幅粘接，长54.2厘米；后截四幅粘接，长121.9厘米，宽24.3厘米。

此卷两面书写，正面题为“贤劫千佛品第九、第十”，末署“神玺三年太岁在亥正月廿日道人宝贤于高昌写此千名佛愿使众生礼敬奉侍所生之处历奉千佛”。隶书而兼具楷意，有多处涂盖雌黄。纸背为僧养写经，字迹潦草，有“一校”、“二校竟”字样，当是利用旧经纸背抄写的校经草稿。

此件虽属残件，然为北凉神玺三年，也即天玺元年（399）、东晋隆安三年（399）遗物，出自敦煌，为传世写经署年较早者，世所稀有。北凉是与东晋同时并存的北方十六国少数民族政权之一。

原残件经兄弟分割，析而为二。安徽省博物馆于1958年、1960年先后在合肥收购。①

王丁考证补全了题记的文字：“神玺三年太岁在亥正月廿日，道人宝贤于高昌写此千佛名。愿使众生礼敬奉侍，所生之处，历奉千佛。”②

英藏S.797《十诵比丘戒本》西凉建初元年（405）比丘德祐于敦煌城南抄写题记，为佛经写本，楷书，全长7米，纸质硬，面光滑，呈黄色。由于书写者为一僧人而非专业的写经手，此间更多地表现出来的是一种拙朴和生涩。③另外，在阿斯塔那13号墓中还出土了十六国时期的古写本《佛说七女经》残纸2枚。④但从目前的信息看，我们并不知道这两种写本文献用纸多少张。而日本书道博物馆保存的己丑岁（449）抄写的《持世第一》（图2）记录了抄写经书时的用纸情况：

持世第一
岁在己丑凉王大且渠安周所供养经
吴客丹扬郡张烋祖写
用帋（纸）廿六枚

① 安徽省地方志编纂委员会编：《安徽省志·文物志》，北京：方志出版社，1998年，第571页。

② 王丁：《佛教东传早期的佛名经——〈北凉神玺三年宝贤写千佛名号〉与汉译〈贤劫经〉》，《敦煌学辑刊》2015年第4期；林世田、刘波：《国家珍贵古籍特展：跨越千年的对话》，《中华读书报》2009年6月24日，录文为：“神玺三年太岁在卯，正月廿日，道人宝贤于高昌写此千佛名，愿使众生礼敬奉侍，所生之处，历奉千佛。”

③ 敦煌研究院编：《敦煌遗书总目索引新编》，北京：中华书局，2000年，第27页。伊藤伸在他的著述中描绘道：“及至看到了原件，我非常吃惊的是它笔法是那么粗糙。”参见［日］伊藤伸：《从中国书法史看敦煌汉文文书（一）》，赵声良译，《敦煌研究》1995年第3期，第178页。

④ 唐长孺主编：《吐鲁番出土文书》第1册，北京：文物出版社，1992年，第113—114页。

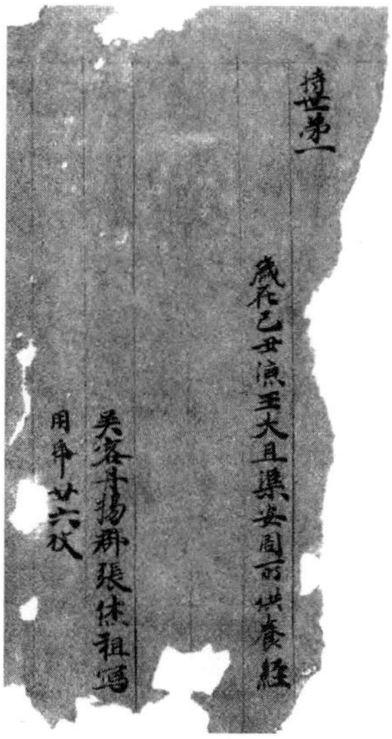

图2　日本书道博物馆保存的己丑岁（449）《持世第一》

“且（沮）渠安周”为高昌北凉末代国君。“岁在己丑”，即北凉承平七年，南朝刘宋元嘉二十六年（449）。这部经是由江南丹阳郡张烋祖在遥远的高昌北凉，作为“吴客”侨居时抄写的北凉王沮渠安周发愿的佛经。

考古发现纸张不仅用来抄写佛经，还用于书写法律典籍。2002年6月，在玉门花海毕家滩土圹墓M24中出土了有文字的棺板。这些文字为写经体、墨书、楷字、竖排，正文大写，下有双排小注，先成书，后裱糊于棺盖之上。抄写的内容有“诸侯律注第廿”，还有“捕亡律”“系讯律”等法律条文正文及注，张俊民、曹旅宁先生判断抄写的内容为《晋律注》。[①]

在吐鲁番的英沙古城南佛塔遗址和其他地方出土了《三国志·吴书》晋写本部分卷的残本。在阿斯塔那59号墓中还出土了纸质古写本《毛诗关雎序》66TAM59：4/1（a），虽然没有具体纪年，但这个墓出土纪年文书甚多，起于北凉神玺三年（399），止于玄始十二年（423），这一写本年代最晚也在423年之前。

（二）纸运用于诏书、行政文书等场合

在三国两晋、十六国时期，纸不仅用于抄写文学作品、典籍和佛经，以及用于书信、绘画场合，还广泛运用于行政层面。如吴末帝孙皓大起宫室，陆凯上表切谏。陆凯接读诏书以后，再次上表说：“臣拜纸诏，伏读一周，不觉气结于胸，而涕泣雨集

① 参见张俊民、曹旅宁：《毕家滩〈晋律注〉相关问题研究》，《考古与文物》2010年第6期；曹旅宁、张俊民：《玉门花海所出〈晋律注〉初步研究》，《法学研究》2010年第4期。

也。”[①]《晋书》卷六二《刘琨传》记载刘琨给晋愍帝上疏云：“又谒者史兰、殿中中郎王春等继至。奉诏，臣俯寻圣旨，伏纸饮泪。”[②]此事发生在建兴元年（313），“伏纸饮泪”说明诏书已经是纸诏。

诏书用纸颜色一般有黄色、青色。《三国志》卷一四《魏书·刘放传》载：“帝纳其言，即以黄纸授放作诏。”[③]晋元康元年（291）“八王之乱”中，楚王“玮临死，出其怀中青纸诏，流涕以示监刑尚书刘颂曰：‘受诏而行，谓为社稷，今更为罪。托体先帝，受枉如此，幸见申列。’”[④]楚王玮怀中的“青纸诏”是同年六月晋惠帝所赐手诏。元康九年（299）十二月，晋惠帝以“青纸诏”赐太子遹死：“帝幸式乾殿，召公卿入，使黄门令董猛以太子书及青纸诏曰：‘遹书如此，今赐死。’”[⑤]同样在“八王之乱”中，赵王“伦之诏令，秀辄改革，有所与夺，自书青纸为诏，或朝行夕改者数四，百官转易如流矣。”[⑥]诏书还有用赤色纸书写的。《晋书》卷一〇《恭帝纪》载：“（元熙）二年夏六月壬戌，刘裕至于京师。傅亮承裕密旨，讽帝禅位，草诏，请帝书之。帝欣然谓左右曰：‘晋氏久已失之，今复何恨。’乃书赤纸为诏。”[⑦]这一时期，诏书用纸颜色并没有固定化。

大抵是受西晋诏书已经用纸的影响，晋室南渡以后北方建立的少数民族政权，其诏书也沿袭用纸。后赵石季龙用五色纸写诏书。《晋书》卷一〇六《石季龙载记上》载石季龙常“游于戏马观。观上安诏书五色纸，在木凤之口，鹿卢回转，状若飞翔焉”[⑧]。从以上史料可以看出，直到东晋末年，并没有严格规定诏书使用某种特定颜色的纸张，而且在特定场合下，诏书的用纸颜色可能还与皇帝个人意志相关。

除了诏书，在实际的文书行政中，到东晋时期户籍的用纸也有区分，以“黄籍”和“白籍”来标示土著与侨州郡县的迁徙民的户籍。另外，尚书功曹用来迁除的文书特定用黄色。《晋书》卷三六《刘卞传》载：

> 刘卞字叔龙，东平须昌人也。本兵家子，质直少言。少为县小吏，功曹夜醉如厕，使卞执烛，不从，功曹衔之，以他事补亭子。有祖秀才者，于亭中与刺史笺，

①《三国志》卷六一《吴书·陆凯传》注引《江表传》，第1408页。
②《晋书》卷六二《刘琨传》，第1682页。
③《三国志》卷一四《魏书·刘放传》，第459页。
④《晋书》卷五九《楚王玮传》，第1597页。
⑤《晋书》卷五三《愍怀太子传》，第1459—1460页。
⑥《晋书》卷五九《赵王伦传》，第1602页。
⑦《晋书》卷一〇《恭帝纪》，第269页。
⑧《晋书》卷一〇六《石季龙载记上》，第2778页。

久不成，卞教之数言，卓荦有大致。秀才谓县令曰："卞，公府掾之精者，卿云何以为亭子？"令即召为门下史，百事疏简，不能周密。令问卞："能学不？"答曰："愿之。"即使就学。无几，卞兄为太子长兵，既死，兵例须代，功曹请以卞代兄役。令曰："祖秀才有言。"遂不听。卞后从令至洛，得入太学，试经为台四品吏。访问令写黄纸一鹿车，卞曰："刘卞非为人写黄纸者也。"访问知怒，言于中正，退为尚书令史。或谓卞曰："君才简略，堪大不堪小，不如作守舍人。"卞从其言。[①]

尚书台省四品吏主要负责台省的文书工作，其行政文书、迁除文书可能都用黄纸。这一习惯也被十六国的统治者所继承。《晋书》载石季龙下诏书曰："魏始建九品之制，三年一清定之。虽未尽弘美，亦缙绅之清律，人伦之明镜。从尔以来，遵用无改。先帝创临天下，黄纸再定。"[②]这里的"黄纸"便是指九品之制的选人、迁除的文书。

直到刘宋时期，所谓"黄纸"仍保留此意。《宋书》卷五七《蔡廓传》载：

（蔡廓）迁司徒左长史，出为豫章太守，征为吏部尚书。廓因北地傅隆问亮："选事若悉以见付，不论；不然，不能拜也。"亮以语录尚书徐羡之，羡之曰："黄门郎以下，悉以委蔡，吾徒不复厝怀；自此以上，故宜共参同异。"廓曰："我不能为徐干木署纸尾也。"遂不拜。[③]

"干木"，徐羡之小字也。选案黄纸，录尚书与吏部尚书连名，故蔡廓云"署纸尾"也。

除了尚书台省的行政文书，在吐鲁番出土的纸文书中，还有前凉（318—376）、西凉（400—421）、北凉（397—439）时期的契约文书、衣物疏、仓曹贷粮文书、责陪文书、名籍、兵曹牒、出麦账、高昌郡功曹文书、中部督邮文书、都乡啬夫被符征发役作文书，西凉建初四年（408）秀才对策文，下二部督邮、县主者符，奴婢月廪麦账，西凉建初二年（406）功曹书佐左谦奏为以散翟定□补西部平水事，横截县被符责取鹿角文书，等等。吐鲁番文书多为残卷，因此我们还不能确定原始纸文书的大小尺寸。

①《晋书》卷三六《刘卞传》，第1077—1078页。

②《晋书》卷一〇六《石季龙载记上》，第2764页。

③《宋书》卷五七《蔡廓传》，北京：中华书局，1974年，第1572页。

（三）晋代纸张尺幅大小及容字量

以上我们分析了三国两晋时期纸张作为书写载体，用于文学作品、典籍和佛经抄写、书信、绘画以及诏书、户籍、行政文书等场合。那么，晋代纸张的尺幅有多大呢？宋人作《文房四谱》征引的《晋令》中明确规定了当时纸张的尺寸：

> 诸作纸：大纸一尺三分，长一尺八分，听参作广一尺四寸。小纸广九寸五分，长一尺四寸。[1]

西晋一尺为24.2厘米，较秦汉一尺23.1厘米略长。西晋常用的大纸纵一尺三分，合今24.9厘米；横一尺八分，合26.1厘米；所谓“听参作广一尺四寸”，即纵可达33.88厘米。小纸广九寸五分、长一尺四寸，合今纵22.99厘米、横33.88厘米。秦汉时期简牍形制多样，其中最常见的是一尺简，为示尊贵，皇帝诏书即用一尺简。从形制上看，西晋小纸仿照汉代一尺简而来。

以上所列举的保存下来的三国两晋时期的用纸实物中，现藏于故宫博物院的陆机（261—303）纸本章草手卷《平复帖》，纵23.8厘米，横20.6厘米，9行，80余字；现藏故宫博物院的王珣行书手卷《伯远帖》，纵25.1厘米，横17.2厘米，5行，47字。若《文房四谱》征引的《晋令》无误，现存《伯远帖》和《平复帖》的纸幅与《晋令》所规定的大纸、小纸“广”的尺寸大略相同，而“长”的尺寸有出入。

保留下来的唐摹本真迹中，纸张的尺寸也不相同。东晋王羲之《快雪时晴帖》唐摹本，现藏于台北故宫博物院，纵23.6厘米，横16.4厘米，4行，28字；东晋王羲之行楷《姨母帖》唐摹本（原集于《万岁通天帖》），现藏辽宁省博物馆，硬黄纸本，纵26.3厘米，横53.8厘米，6行，42字；现藏于日本皇宫的王羲之行草《丧乱帖》唐摹本，白麻纸，纵28.7厘米，8行，62字。

上文所涉及的新疆出土《三国志》晋写本残卷，除卷五七《吴书·虞翻陆绩张温传》残卷尺寸不明，其余5份残卷尺寸都较为明晰：第1、5份纵24.5厘米，与第3份的纵24.3厘米相差0.2厘米；第4份纵23厘米，明显小于第1、3、5份。

---

①〔宋〕苏易简：《文房四谱》卷三《纸谱·叙事》，朱学博整理校点，上海：上海书店出版社，2015年，第55页。

表1 新疆出土《三国志》晋写本残卷一览表

所在卷及卷名	出土时间	地点	质地	纵×横（厘米）	行数	字数	藏地	书体
卷五七《吴书·虞翻传》	1924年（1914—1915年？）	吐鲁番	白麻纸，乌丝栏	24.5×19.09	10行	107字	日本书道博物馆	隶书
卷五七《吴书·虞翻陆绩张温传》	1924年（1914—1915年？）	吐鲁番	铅画界栏		80行	1072字	日本上野纯一氏藏	隶书
卷五二《吴书·步骘传》	1931年	敦煌某寺	硬纸，铅画界栏	24.3×42	25行	437字	敦煌研究院	隶楷
卷四七《吴书·吴主传》	1965年1月10日	吐鲁番英沙古城南佛塔遗址	纸本，乌丝栏	23×72.6	40行	墨书562字	新疆维吾尔自治区博物馆	
卷七《魏书·臧洪传》	1965年1月10日	吐鲁番英沙古城南佛塔遗址	纸本，乌丝栏	24.5×34	20行	375字	新疆维吾尔自治区博物馆	

一张纸上的字容量也会根据字体不同和书写人书写方式不同而不同，前引《后汉书》李贤注引汉马融《与窦伯向书》云“纸八行，行七字”，即一张纸8行，每行7字，一张纸共容纳56字；蜀汉雍闿的答书一纸30字；《平复帖》草隶书9行，共80余字；《伯远帖》行书5行，共47字。

现藏于日本书道博物馆的《譬喻经·出地狱品》，总长166厘米，由7张小纸粘连，每纸纵30.3厘米、横23.6厘米。上引1964年在吐鲁番阿斯塔那13号东晋墓中出土的《墓主人生活图》，由6张画纸拼接而成。关于这幅画的尺寸信息，目前见两个数据，一说纵46.2厘米，横105厘米①；一说宽47厘米，长106.5厘米②。如果后文介绍无误，按照作者叶尔米拉提供的数据，我们可以估算出每张纸横35.5厘米、纵23.5厘米。现藏于北京故宫博物院的唐代画家韩滉绘《五牛图》，纵20.8厘米，横139.8厘米，由6张纸粘连而成，颜色浅黄，纸表面有光泽，经化验得知所用的原料是桑皮。若这6张纸大小差不多的话，每张纸纵20.8厘米、横23.3厘米。这个纸幅明显小于《墓主人生活图》的纸幅。

二、三国两晋时期简牍使用的场合

三国两晋时期，虽然社会上用纸已成为习惯，但是从先秦以来形成的书写习惯一直

① 新疆维吾尔自治区文物局编著：《带你走进博物馆——新疆维吾尔自治区博物馆》，北京：文物出版社，2011年，第46—47页。

② 叶尔米拉：《天上人间——记吐鲁番出土〈墓主人生活图〉》，《文物鉴定与鉴赏》2013年第3期。

在整个社会上有着深刻的影响。《墨子》有“书于竹帛，镂于金石，琢于盘盂，传遗后世子孙者知之”[①]的记载，三国时期人们仍然认为最重要的档案应该铸成钟鼎，其次则书于竹帛，才能长期保存为据。如《三国志》卷一九《魏书·陈思王植传》便称：“功铭著于鼎钟，名称垂于竹帛。”[②]先秦以来，简牍长期用于书写政府官方的文书、朝廷诏令，迟迟没有退出历史舞台。

2003年11月至2004年2月，在蔡伦的故乡桂阳郡（治所在今湖南省郴州市苏仙桥遗址附近），考古工作者抢救性发掘了东汉至宋元时期古井11座，其中编号为J10的古井出土了近千枚西晋简牍。简文中有明确的纪年，如元康（291—299）、永康（300—301）、太安（302—303）等年号，均属于晋惠帝司马衷时期。距离晋武帝平吴、桂阳郡纳入西晋国家控制范围之内不超过23年。《晋书·地理志下》载，桂阳郡辖郴、耒阳、便、临武、晋宁、南平六县。其中两枚木简记录如下：

1-1　　　治便城周匝一里十五步高一丈五尺在郡北去郡
便令谈隆　一百廿里北去江州一千四百八十里去京城三千五百一十里
　　　　　领员吏一百六十一人卒十三人
1-2　　　治晋宁城周匝一里二百卌步高一丈五尺在郡东去
晋宁令周　系郡一百卅里去江州一千七百卅里去京城三千七百里
　　　　　领员吏一百廿五人卒十二人[③]

“令”就是县令，“谈隆”“周系”分别是便县和晋宁县的县令。简上详细记载了他们各自管理的便县和晋宁县县城的规模，与郡治、州治、京城的距离和吏员、卒的设置。木简中有关于田租、户调绵绢贾布等赋税，田地、户口、邮驿等的记载，如：

2-387　今年应田租者八百四顷五十六亩六十步定入租谷三万二
1-53　县领水田八百一十八顷一亩六十步
1-21　凡丁男二千六百七
1-26　都邮南到谷驿廿五里吏黄明士三人主

有关于当地山川溪流的记载，如：

① 吴毓江：《墨子校注》卷之四《兼爱下》，孙启治点校，北京：中华书局，2006年，第178页。
②《三国志》卷一九《魏书·陈思王植传》，第567页。
③ 本文所引用的苏仙桥晋简，均转引自湖南省文物考古研究所、郴州市文物处：《湖南郴州苏仙桥遗址发掘简报》，载湖南省文物考古研究所编《湖南考古辑刊》第8集，长沙：岳麓书社，2009年，第98—101页。下文不再一一出注。

2-198 和溪原出县和山

有关于当地历史遗迹的记载，如：

2-228 汉故长沙大守胡滕墓石虎石柱石碑

还有关于当地矿产资源，蔬菜、树木、中草药，飞禽和水陆生动物等的记载。如：

2-234 进山未㸑银坊罡一所土中有沙石烧铸为银

2-159 土地生草木中药者穹穷乌头术虎杖莉蕒

2-180 土地生熊虎豹蛇（虵）蜈蚣蝰（蠭）毒害人陆生之属

总体来看，现在公布的部分简文内容，涉及江州桂阳郡辖下各县的概况、县城规模和吏员设置、地理、道路邮驿、政府建筑物登记、人口、土地、物产、赋税、矿产资源、人文掌故、祭祀社稷之神和先农、改火记录、诏书政令等项。若将它与1995年在江苏连云港尹湾出土的汉代“集簿”相对照，便可以看出苏仙桥遗址出土晋简的部分内容与汉代地方政府每年年终向中央呈送的考核上计文书“集簿”内容有很大的重合。笔者在之前的文章中，曾探讨了这些简中部分内容为桂阳郡所上“计阶上书”，内容包括城邑、户口、田租、绵绢、贾布等，这从简1-68“桂阳郡上城邑户口田租绵绢贾布计阶上书”可以清晰地看出。[①]北魏时期阚骃所著的《十三州志·土地志》记载：“计阶次第岁入贡于天子，郡国丰瑞，山川草木，万物有无，不得隐饰。”[②]这说明魏晋南北朝时期计阶文书中也有地理、物产方面的内容，而这批晋简正好包含了这些内容。

在简牍书写年代，简牍的形制与书写文书的内容、重要性关系密切。西晋杜预《春秋左氏传序》就说，“大事书之于策，小事简牍而已”[③]。《后汉书·礼仪志》载大丧时，“都导东园武士奉车入房。司徒、太史令奉谥、哀策”。刘昭注云：“晋时有人嵩高山下得竹简一枚，上有两行科斗书之，台中外传以相示，莫有知者。司空张华以问博

① 戴卫红：《从湖南省郴州苏仙桥遗址J10出土的晋简看西晋上计制度》，载中国社会科学院历史研究所学刊编委会编辑《中国社会科学院历史研究所学刊》第8集，北京：商务印书馆，2013年。

②〔唐〕虞世南编，〔明〕陈禹谟补注：《北堂书钞》卷七九《设官部·上计》，明万历二十八年（1600）刻本，叶6。

③〔清〕严可均辑：《全上古三代秦汉三国六朝文·全晋文》卷四三《杜预·春秋左氏传序》，北京：中华书局，1958年，第1702页上栏。

士束晳。晳曰：‘此明帝显节陵中策也。’检校果然。”[1]两汉时期，皇帝死后哀策用竹简书写。直到东晋初年，在一些重要的仪式上还是用简牍。东晋初年，太常询问分封宗室的告庙祝文用竹册还是白简，书写字体用篆书还是隶书时，博士孙毓回复说：

> 今封建诸王，裂土树藩，为册告庙，篆书竹册，执册以祝，讫，藏于庙。及封王之日，又以册告所封之王。册文不同。前以言告庙祝文，当竹册篆书，以为告庙册，册之文即祝辞也。旧告封王、告改年号，故事，事讫皆当藏于庙，以皆为册书。四时享祀祝文，事讫不藏，故但礼称祝文尺一，白简隶书而已。[2]

分封诸王、更改年号这样的大事，告庙祝文要用竹册篆书；而如四时享祀此类常规祝文，就用白简隶书。之所以有用“竹册”“白简”之别，孙毓解释得很清楚，是因为“事讫皆当藏于庙，以皆为册书”，而“事讫不藏”，“白简隶书而已”。需要长期保存的用“册书”，事毕就扔掉的用“白简”。“白简”具体是指什么呢？孙毓提及封王用册书属于“故事”，据蔡邕《独断》记载，汉代册封诸侯王、三公时所用册书，“其制长二尺，短者半之，其次一长一短；两编下附”；如果罢免三公，“亦赐策，文体如上策而隶书，以一尺木两行”。[3]看来，孙毓所说与竹册相对的“白简”，实际上指的就是单独的木简，或者可以直接谓之“木牍”。[4]

三国时，简牍之诏与纸诏是并行存在的。《三国志》卷九《魏书·诸夏侯曹传》载，嘉平六年（254），“有何人天未明乘马以诏版付允门吏，曰‘有诏’”[5]。这“诏版”是曹魏以牍写诏之证。《三国志》卷六四《吴书·诸葛滕二孙濮阳传》注引《江表传》载，孙吴太平三年（258），“作版诏敕綝所领皆解散”[6]。“版诏”是孙吴以牍作诏之证。“版”与“板”相通，因此，“版诏”也即“板诏”，顾名思义，即用木板书写的诏书。到西晋时，则正式出现“板诏书”一词，最早出现在西晋陆机的《谢平原内

---

①《后汉书》志第六《礼仪下》，北京：中华书局，1965年，第3146页。

②〔唐〕杜佑撰：《通典》卷五五《礼·吉礼》，王文锦、王永兴、刘俊文等点校，北京：中华书局，2016年，第1539—1540页。

③〔东汉〕蔡邕：《独断》卷上，载《影印文渊阁四库全书》第850册，台北：台湾商务印书馆，1986年，第878页。

④ 王国维读为“尺一木”。参见王国维：《简牍检署考》，载谢维扬、房鑫亮主编《王国维全集》第2卷，杭州：浙江教育出版社，第494页。陈梦家指出：“两行乃写诏书的尺一，《独断》所谓‘而隶书以尺一木两行’，以其长度称之为‘尺一’；以其可容两行，称之为‘两行’；以其为两行木牍，称之为‘木两行’，即木牍，而《论衡·效力篇》又有所谓‘五行之牍’，更宽于此。”参见陈梦家：《由实物所见汉代简册制度》，载氏著《汉简缀述》，北京：中华书局，1980年，第298页。

⑤《三国志》卷九《魏书·诸夏侯曹传》，第303页。

⑥《三国志》卷六四《吴书·诸葛滕二孙濮阳传》，第1448页。

史表》中："陪臣陆机言：今月九日，魏郡太守遣兼丞张含赍板诏书、印绶，假臣为平原内史。"[①]西晋惠帝时有童谣云："荆笔杨板行诏书，宫中大马几作驴。"[②]"荆笔杨板"的"荆"指楚王用事，"杨"指杨骏专权。"荆笔杨板行诏书"意为楚王与杨骏专权时，以版诏滥行封拜任免，结果则是"宫中大马几作驴"，贤愚颠倒，君臣礼悖。西晋赵王伦、孙秀专权之时，有"白版之侯"的说法，也是讥讽滥封官吏。

一直到东晋南朝时，仍有以板任命官员的情况。《晋书·虞潭传》载："王敦版潭为湘东太守，复以疾辞。"[③]《宋书·孔季恭传》记载东晋末年刘裕讨伐桓玄之事，"及帝（宋高祖刘裕）定桓玄，以季恭为内史，使赍封板拜授"。《宋书·礼志二》记有授官板文程序如下："令书前某官某甲。令以甲为某官，如故事。年、月、日。侍御史某甲受。右，令书板文准于诏事板文。"《宋书·江智渊传》："竟陵王诞复版为骠骑参军。"《宋书·羊欣传》："即板欣补右将军刘藩司马。"《宋书·刘延孙传》："上使于五城受封版。"《宋书·吴喜传》载宋明帝罪吴喜诏曰："喜自得军号以来，多置吏佐，是人加板，无复限极。"《宋书·谢晦传》："版免晦侍中。"[④]如此等等。《南齐书·曹虎传》："明年（永明二年），江州蛮动，敕虎领兵戍寻阳，板辅国将军，伐蛮军主。"《南齐书·刘休传》："（吴）喜称其（刘休）才，进之明帝，得在左右。板桂阳王征北参军。"[⑤]凡冠以"板"为名称的官员，如板法曹、板行参军、板谘议参军、板司马、板长史等，皆为有职无禄的虚衔。在这一类官职中，以板法曹为例，它与法曹同时存在，法曹是实职，板法曹则是虚职。《隋书》卷二六《百官志》："板者并不言秩"，"板则无秩，其虽除，不领兵。"[⑥]又如《南史·韦叡传》："士大夫年七十以上，多与假板县令。"[⑦]这里的"板县令"也是虚职。板诏书任命的是虚职，这一改变延续至隋唐，其版授对象也逐渐固定于高龄老人，这在隋唐史中经常可以看到。《隋书》载大业七年（611）二月，下诏云："其河北诸郡及山西、山东年九十已上者，版授太守；八十者，授县令。"[⑧]

武威旱滩坡编号为85WHM19：4的墓葬出土了板官木牍：

①〔清〕严可均辑：《全上古三代秦汉三国六朝文·全晋文》卷九七《陆机·谢平原内史表》，第2016页。

②《晋书》卷二八《五行志中》，第844页。

③《晋书》卷七六《虞潭传》，第2013页。

④ 以上分别引自《宋书》卷五四《孔季恭传》，第1531页；志第五《礼志二》，第383页；卷五九《江智渊传》，第1609页；卷六二《羊欣传》，第1662页；卷七八《刘延孙传》，第2020页；第八三《吴喜传》，第2119页；卷四四《谢晦传》，第1348页。

⑤《南齐书》卷三〇《曹虎传》、卷三四《刘休传》，北京：中华书局，2013年，第561、612页。

⑥《隋书》卷二六《百官志上》，北京：中华书局，2011年，第744、747页。

⑦《南史》卷五八《韦叡传》，北京：中华书局，2012年，第1429页。

⑧《隋书》卷三《炀帝纪上》，第76页。

第二块木牍：武威栾瑜今察本清白异行建兴卌三年十二月廿七日起抚军将军西曹

第三块木牍：有令武厉将军督战帅武威姬瑜今拜驸马都尉建兴卌四年九月十五日戊子下起东曹

第四块木牍：有令赉直军议掾武威姬瑜今建义奋节将军长史建兴卌八年四月廿九日辛未下起东曹

根据张俊民先生的研究，这两块“驸马都尉板”和“建义奋节将军长史板”有可能是陪葬用的明器，但是在一定程度上复原了当时板官时所用“板”以及文书格式。①

在上文引述的吐鲁番文书中有不少纸质衣物疏。而在河西地区十六国墓葬中，衣物疏大多仍书写在木简上，如高台骆驼城都遗址中赵双衣物疏、西晋建兴五年（317）赵阿兹衣物疏。上引武威旱滩坡编号为85WHM19：4的墓葬除了3枚板官木牍，还出土了前凉升平十三年（369）姬瑜衣物疏及其妻子衣物疏，前凉周振妻孙阿惠墓墓券1枚（336），骆驼城遗址周围前凉建兴廿四年（336）古墓墓券1枚，魏晋耿少平、孙阿昭合葬墓出土墓券，前凉建兴廿五年（337）祁立智衣物疏，江西南昌东晋永和八年（352）雷陔墓出土衣物疏1枚、名刺2枚，骆驼城遗址古墓高容男、高俟墓券2枚（382），骆驼城遗址升平七年（363）三月某人杂物疏1枚，高台县晋徐小牛等名籍（4世纪中叶），前凉升平六年（362）M5衣物疏1枚、木封检1枚，前凉升平六年（362）M21木牍1枚，前凉升平七年（363）盈思衣物疏，前凉升平十二年（368）杨柏黄石衣物疏2枚，前凉升平十三年（369）乌独浑衣物疏2枚，前凉升平十三年（369）胡运于衣物疏，前凉升平十四年（370）孙狗女衣物疏，前凉咸安五年（375）佚名衣物疏，前凉周女敬衣物疏（376），前凉升平廿二年（378）赵宜衣物疏，前凉升平廿三年（379）佚名衣物疏，前秦建元十六年（380）朱少仲衣物疏，前秦建元二十年（384）十二月棺板题记，后凉麟嘉七年（395）佚名衣物疏，后凉麟嘉十五年（403）黄平衣物疏，西凉庚子四年（403）吕皇女衣物疏，吐鲁番阿斯塔那-哈拉和卓TAM62出土缘禾五年（436）木牍。另外还有纪年不明确但从墓葬出土物推定为十六国时期的衣物疏或其他文书，有吐鲁番阿斯塔那177号北凉墓沮渠封戴追赠令简牍1枚（455）、前凉周南衣物疏（4世纪）、前凉夏侯胜荣衣物疏（4世纪）、五凉某年正月佚名衣物疏（420以前）、毕家滩3号墓五凉佚名衣物疏（4—5世纪）。在吐鲁番阿斯塔那-哈拉和卓TAM90中还出土了高昌延昌八年（568）的墓表木板，这表明直至6世纪后半叶，木简作为书写载体还没有完全退出历史舞台。

① 张俊民：《武威旱滩坡十九号前凉墓出土木牍考》，《考古与文物》2005年第3期。

三、三国两晋时期的简、纸并用

以上从不同时间和空间的维度总结了三国两晋时期纸和简的使用，我们看到这一时期，在同一时空或同一场合下简、纸并用。

敦煌马圈湾汉简974简："正月十六日因檄检下赤䟛与史长仲赍己部掾。"[①]根据胡平生先生透露，1995年5月30日裘锡圭先生在中国社会科学院历史研究所的一次演讲中说，"赤䟛"即文献所载"赫䟛"，就是早期的纸。简文大意是在檄检下放有一片纸，交给吏长仲。"赫䟛"，《汉书·外戚传》："武发箧中有裹药二枚，赫䟛书曰：'告伟能：努力饮此药，不可复入。女自知之！'"颜师古注引孟康曰："䟛，犹地也，染纸素令赤而书之，若今黄纸也。"邓展曰："赫，音兄弟阋墙之阋。"应劭曰："赫䟛，薄小纸也。"晋灼曰："今谓薄小物为阋䟛。邓音、应说是也。"颜师古曰："孟说非也。今书本赫字或作击。"[②]

这种纸、函并用的方式一直存在。曹操在建安十年（205）发布《掾属进得失令》曰："自今诸掾属侍中、别驾，常以月朔各进得失，纸书函封，主者朝常给纸、函各一。"《文选》卷四二吴质《答东阿王书》："质白：信到，奉所惠贶。发函伸纸，是何文采之巨丽，而慰喻之绸缪乎！"

1901年3月8日，瑞典人斯文·赫定在新疆楼兰古城编号为L.A.I组西南的"官署"遗址中发掘了简、纸文书。此后，1906年12月斯坦因再次进行发掘；1980年新疆楼兰考古队在此地进行考察时，均出土了汉文简、纸文书。籾山明先生在《魏晋楼兰简之形态》中认为那是将折叠后的书信放在封检与一枚木板之间夹住，然后捆扎并加上封泥投寄。他还指出，尼雅遗址XV地点出土文物中有将折叠的书信放入小匣，上面再盖上封检的。[③]胡平生支持此说，认为"这种封检与纸张配合使用的情形，过去的研究者不知道，由于裘锡圭先生正确地释读了马圈湾汉简简文，籾山明结合楼兰文书中的简、纸实物资料加以考证，我们终于弄清它们之间的关系，这对于了解简、纸混用时期二者的关系是很有意义的"[④]。笔者同意这种观点。

除了纸、函并用的传世和出土材料，我们还可以看到在三国两晋墓葬中木质的衣物疏

① 张德芳：《敦煌马圈湾汉简集释》，兰州：甘肃文化出版社，2013年，第145页。

②《汉书》卷九七下《外戚传下》，第3991—3992页。

③［日］籾山明：《魏晋楼兰简之形态——以封检为中心》，载［日］冨谷至编《流沙出土之文字资料——以楼兰、尼雅出土文书为中心》，京都：京都大学学术出版会，2001年，第135—160页。

④ 胡平生：《渥洼天马西北来，汉简研究新飞跃——读〈敦煌马圈湾汉简集释〉》，载复旦大学出土文献与古文字研究中心编《出土文献与古文字研究》第6辑，上海：上海古籍出版社，2015年，第467—476页。

牍、名刺及纸并存。1979年6月下旬在高荣墓丙棺中出土木简21件、衣物疏2件（232—238）。这21件木简为名刺简，长方形，形制大小相等，长24.5厘米，宽3.5厘米，厚1厘米。墨写隶书体，每片内容相同，上书“弟子高荣再拜问起居沛国相字万绶”。衣物疏上载：

翕一枚
书刀一枚
研（砚）一枚
笔三枚
书□一枚
□□一枚
象口刷（瓶）一枚
印（？）一枚
口具一枚
官（棺）纸百枚

衣物疏中既有刮削简牍的书刀以及砚、笔等书写工具，又有“官纸百枚”，这也是证明这一时期简、纸并用的绝好材料。

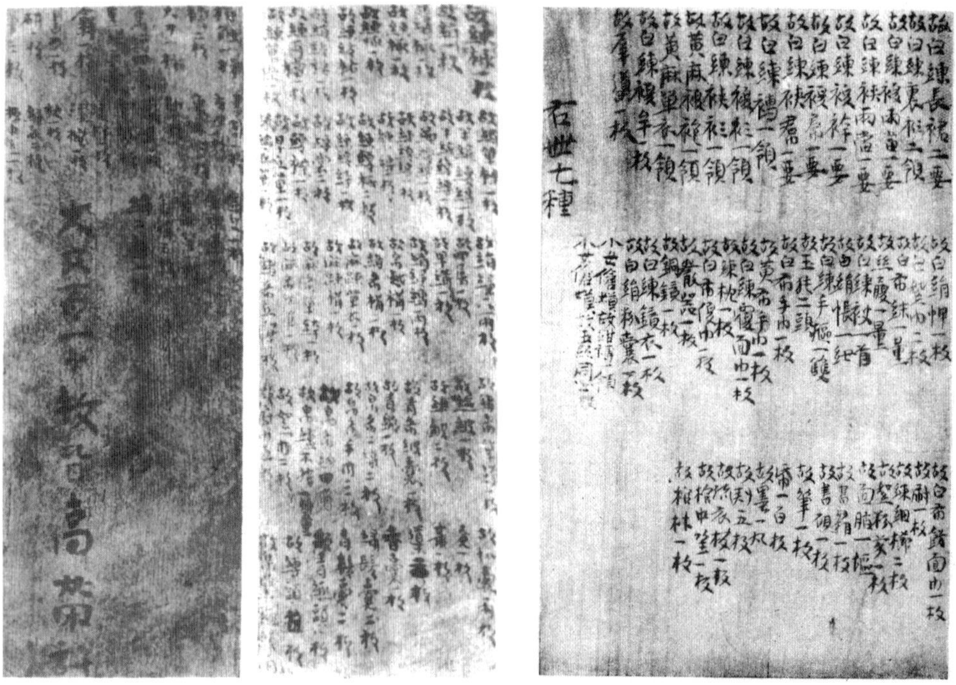

图3　高荣墓丙棺中出土衣物疏牍

在上文提及的《前凉升平十三年（369）姬瑜衣物疏》中记载：

故白练尖一枚，故巾帻一枚，故练面衣一枚，故练褕一枚，故牧绵四斤，故本郡清行板一枚，故练两当一领，故碧襦一领，故白练襦一领，故白练橦裙一立，故练袜一量，故黄柏瓢二枚，故蒲席一领，故白绢恰一枚，故青訾衣一枚，故青颐衣一枚，故练裈一立，故练衫一领，故练袴一立，故青丝屐一量，故垒单衣一领，故白练衾袍一领，故黄绢审遮各一枚，故驸马都尉青银印一纽，故奋节将军长史金印一纽，故黄金百斤，故白银百斤，故笔一枚，故黄白绢三百匹，故缥百匹，故黄柏器一口，故驸马都尉板一枚，故建义奋节将军长史板一枚，故杂黄卷书二卷，故纸三百张。

升平十三年七月十二日，凉故驸马都尉、建义奋节将军长史、武威姬瑜随身物疏令三十五种。①

在这枚衣物疏的记载中有另外3枚板官之板，另外还有“故杂黄卷书二卷，故纸三百张”，这说明纸是当时主要的书写载体。

直到刘宋时，皇太子监国仪注中记载的令书板文、尚书下令书板文、拜诏（令）书除刺史二千石诫敕文及辞关板文，表明当时仍是纸和简牍共存：

令书前某官某甲。令以甲为某官，如故事。

年月日。侍御史某甲受。

右令书板文准于诏事板文。

尚书下云云。奏行如故事。

右以准尚书敕仪。起某曹。

右并白纸书。凡内外应关笺之事，一准此为仪。其经宫臣者，依臣礼。

拜刺史二千石诫敕文曰制诏云云。某动静屡闻。

右若拜诏书除者如旧文。其拜令书除者，“令”代“制诏”，余如常仪。辞关板文云：“某官粪土臣某甲临官。稽首再拜辞。”制曰“右除粪土臣及稽首”云云。

某官某甲再拜辞。以“令曰”代“制曰”。某官宫臣者，称臣。②

① 最早收录于《散见简牍合辑》，《魏晋南北朝敦煌文献编年》亦录有释文；张俊民研究专文《武威旱滩坡十九号前凉墓出土木牍考》（《考古与文物》2005年第3期）做了校录。此处引自后者，标点略有调整。

②《宋书》卷一五《礼志二》，第383页。相关研究参见［日］中村圭爾：《魏晋南北朝における公文書と文書行政の研究（研究成果報告書）》，大阪：共栄印刷所，2001年。

纸张取代简牍后，经常沿用“札”的旧称，如《梁书·庾肩吾传》“纸札无情，任其摇襞”、《南史·张兴世传》“檄板不供，由是有黄纸札”、《南史·江夏王萧锋传》“张家无纸札，乃倚井栏为书”等，《陈书·徐陵传》则径称“黄纸”为“黄札”。①

东晋安帝时，当时的太尉桓玄（369—404）废晋帝而自称为帝，改国号为楚（403年11月至404年5月），随即下令：“古无纸，故用简；非主于敬也。今诸用简者，皆以黄纸代之。”②他还命令制作不同种类的纸，《初学记》卷二十一引应德詹《桓玄伪事》称：“（桓）玄令平准作青、赤、缥、绿、桃花纸，使极精，令速作之。”③至此，中国的士大夫作书和官府的公文基本都改为用纸了。

四、余论

虽然从传世文献看，桓玄在伪楚时期下令“今诸用简者，皆以黄纸代之”，但实际上木简、竹简并没有立即从历史舞台上消失。在位于新疆维吾尔自治区巴音郭楞蒙古自治州尉犁县东南90公里处荒漠无人区的克亚克库都克烽燧遗址中，出土了876件文书，其中有纸文书749件、木简122件、帛书4件、刻辞1件，这不仅是在遗址中出土数量最大的一批唐代文书资料，也是国内第一次发现的唐代汉文木简实物标本。通过实验设备检测分析，研究者发现了诸多肉眼无法辨认的细节，如通过检测发现文书纸张多为麻纸，另有少量皮纸。用扫描电子显微镜及红外光谱分析，推断纸张样品个别添加矿物类的填料或者涂料，表面有施胶的工艺。经热裂解气相色谱质谱仪等检测分析，推测文书用松烟书写。在灰堆中出土的纸文书、木简上带有明确的纪年，已发现有“先天”“开元”“天宝”等年号；同时出土有“开元通宝”“乾元重宝”等钱币标本；烽燧本体、灰堆等遗迹中采集的8件碳14标本，在不同实验室进行了检测分析，测试结果均为700年前后。④因此，在唐前期的克亚克库都克烽燧遗址中纸文书和木简同时存在，这表明直到唐前期，在边塞地区仍然简牍和纸文书并用。

① 《梁书》卷四九《文学上·庾肩吾传》，北京：中华书局，1973年，第691页；《南史》卷二五《张兴世传》，北京：中华书局，1975年，第690页；《南史》卷四三《江夏王萧锋传》，第1088页；《陈书》卷二六《徐陵传》，北京：中华书局，1972年，第333页。傅克辉据此认为用“札”代指纸张，是南朝以后的事。参见傅克辉：《魏晋南北朝籍账研究》，济南：齐鲁书社，2001年，第2页。

② 〔唐〕徐坚：《初学记》卷二一《文部·纸第七》，北京：中华书局，2004年，第517页。

③ 〔唐〕徐坚：《初学记》卷二一《文部·纸第七》，第517页。

④ 胡兴军、蔡浩强等：《新疆尉犁克亚克库都克烽燧遗址》，“文博中国”微信公众号（https://mp.weixin.qq.com/s/wId3iDqFFGzHSNQAqrjG2Q），2022年5月23日。

而与中国毗邻的朝鲜半岛，出土了6—7世纪的百济木简以及7—8世纪的新罗木简。在新罗月城垓子2号四面木觚中记载：

> 第一面：大乌知郎足下再拜白
>
> 第二面：经中入用，思买白不踓纸一，二千
>
> 第三面：牒：垂赐教在之。后，事若，命尽
>
> 第四面：使[illegible][1]

这枚四面木觚中记载了购买白不踓纸一束，价格为“二千”。这也说明，这一时期新罗等东亚国家仍处于简、纸并用的时代。中国简、纸并用的情况对新罗、古代日本简、纸并用的相关问题研究具有借鉴和参考作用。

〔作者戴卫红，中国社会科学院古代史研究所，“古文字与中华文明传承发展工程”协同攻关创新平台。北京，100101〕

① [韩] 金秉骏：《再读新罗月城垓子2号木简——与中国出土古代行政文书的比较研究》，戴卫红译，载《简帛研究·二〇一八（秋冬卷）》，桂林：广西师范大学出版社，2019年。

公元3、4世纪西域绿洲国农作物种植业生产探析
——以佉卢文资料反映的鄯善王国为中心

李艳玲

摘　要：本文主要依据佉卢文资料，考察公元3、4世纪以鄯善王国为代表的西域绿洲国农作物种植业生产情况。指出绿洲国官府积极采取多种措施促进当地种植业生产发展。生产活动中存在雇佣、租佃等经营方式，人身依附性较强。庄园、领地类大土地所有者多设置不同层次的管家分管农业生产。绿洲国拥有较为完备的灌溉系统及相应的管理体系，已使用牛耕技术，但并不普遍，仍以木制工具为主，总体上依然实行粗放经营。

关键词：西域；绿洲国；鄯善；种植业

20世纪初，大量佉卢文书在尼雅、安迪尔、楼兰等遗址出土并被释读，从而在很大程度上弥补了汉文文献记载之不足，为西域历史研究提供了丰富素材。目前，学界推定佉卢文书的年代集中在公元3、4世纪。①这一历史时期，西域呈现鄯善、于阗、疏勒、龟兹、焉耆五大绿洲王国称霸的政治格局。其中鄯善吞并原有的且末、小宛、精绝、戎卢等弱小政权，使之成为鄯善王国的下辖州。佉卢文书集中出土的地区恰是鄯善王国的辖区。有学者利用这些资料对鄯善王国的农业生产进行研究，涉及农作物种类与种植业生产结构等问题。②兹不赘述。在此，本文主要依据佉卢文资料，考察以鄯善王国为代表的西域绿洲国农作物种植业生产情况，围绕种植业的经营、管理及其生产技术展开论述。

---

① 关于佉卢文书年代学的研究状况，参见刘文锁：《沙海古卷释稿》，北京：中华书局，2007年，第12—14页。另外，本文“西域”指狭义的西域，指今玉门关、阳关以西，帕米尔高原以东，天山以南，昆仑山以北地区。

② 王欣：《古代鄯善地区的农业与园艺业》，《中国历史地理论丛》1998年第3期，第77—90页；刘文锁：《沙海古卷释稿》，第92—98页。

一

政府对农作物种植业生产所采取的管理措施，与国内的土地占有形式密切相关。鄯善王国的土地，按占有形式划分，可分为官田和私田两类：官田主要是政府所有的可耕地和无主荒地；私田包括官僚、贵族以及普通平民占有的私有土地。①鄯善王国国内普遍存在私有土地，田主对土地的使用具有完全支配权。这意味着政府无法直接管理私田的生产活动。政府设立的司土一职，主要负责土地管理事务，包括勘定地界、负责有关土地纠纷的起诉、管理或分配土地、担任土地买卖契约仪式或有关土地纠纷的证人等。②政府主要通过政策引导，鼓励、推动国内农作物种植业生产的发展。

传统农业增长的源泉包括土地的扩张和劳动力供给的增加。而鄯善王国有不少待垦荒地，这在第713号文书有所反映：

1 人神爱慕之税监黎贝耶，州长驮吉罗谨祝贵体

2 健康，万寿无疆。兹致函如下：

（中略）

6 余还禀告，在阿迟耶摩县有众多土地。

7 该领地人一再向余报告，司土甘左迦不懂管理，将荒地赠予他人。③

从第6、7行可知，阿迟耶摩县有大量荒地。该县只是鄯善王国精绝州辖下的一个县，由此不难推测王国内的荒地数量相当可观。

大量荒地的存在，一定程度上是当地劳动力不足的体现。为增加本国人口，政府采取积极措施，收容来自各地的难民。见第403号文书：

---

① 钱伯泉：《魏晋时期鄯善国的土地制度和阶级关系》，《中国社会经济史研究》1988年第2期，第92—94页；刘文锁：《沙海古卷释稿》，第169—171页。

② 刘文锁：《沙海古卷释稿》，第172页。

③ 林梅村：《沙海古卷——中国所出佉卢文书（初集）》，北京：文物出版社，1988年，第315—316页。关于佉卢文书中官职及行政区划名称的释译，参见是书第636—640页，以及 T. Burrow, *The Language of the Kharoṣṭhī Documents from Chinese Turkestan,* Cambridge University Press, 1937, pp.71–134。需要注意的是，前者将官职名“cozbo”译作“州长”，学界普遍采纳了这一译名。但段晴先生提出不同观点，认为 cozbo 源自汉地常见官名“主簿”，进而主张鄯善王国没有州的建制。见段晴：《公元三世纪末鄯善王国的职官变革》，载段晴、才洛太著《青海藏医药文化博物馆藏佉卢文尺牍》，上海：中西书局，2016年，第37—52页。鉴于目前国际学界仍有不同意见，本文在此袭用林先生观点。

1 威德宏大的伟大的国王陛下敕谕，致州长克罗那耶和税监黎贝耶谕令如下：今有喜军上奏（残）

2 ……妹妹名支那施耶尼耶。该女子……之女来自于阗。该女子和兄弟沙耆……一起来此地。彼等在此作为难民交给迟耶伽……

3 迟耶伽收容所有的难民。[①]

文中的难民应是来自于阗绿洲国。第3行“迟耶伽收容所有的难民”，反映鄯善王国在地方设有专门收容难民的人员或机构，同时表明当时国内的难民不在少数。至于政府对难民实行的安置保护措施，可通过以下两件文书进行考察。

第471号文书，国王敕谕州长：

1 应即刻亲自详细审理。彼等带回来的这些百姓应安置在汝处甘怙左之庄园里。

2 哨兵从这些难民处拿的东西应归还这些于阗人的私有之物。

3 未经判决而索取难民财物者，殊不合法。哨兵不得拿此财物。[②]

文书中“这些难民”“这些百姓”“这些于阗人”所指应该相同。国王要求将这些于阗难民安置在庄园里，作为庄园内的劳动力。其中不乏含有赏赐给庄园主的意味，这应是政府安置难民的重要方式之一。另外，从第3行可知，鄯善王国针对难民有专门立法，以保护难民私有财物，使难民的权益得到法律保障。

第292号文书国王敕谕州长：

5 （残）务必如同自己人一样照料。汝还报告关于难民之事。必须给那些难民以田地和房舍……

6 （残）……和种子务必发给那些难民，以便彼等能耕种更多更多的土地。[③]

其中“以便彼等能耕种更多更多的土地”一句，再次证明当时劳动力不足是限制鄯善王国农业发展的重要因素。文书中，国王要求地方政府为难民提供田地和房屋、籽种等，从而

① 林梅村：《沙海古卷——中国所出佉卢文书（初集）》，第110—111页。

② 林梅村：《沙海古卷——中国所出佉卢文书（初集）》，第118页。

③ 林梅村：《沙海古卷——中国所出佉卢文书（初集）》，第87页。

使难民拥有基本的生产生活资料。这些措施体现了政府给予难民以经济上的资助。

鄯善国内有专门人员或机构收容难民，立法保护难民的权益以及向难民提供基本生产生活资料等，要点皆是进行利益调节。这无疑对难民有巨大的吸引力，在招徕人口的同时，刺激难民对土地的追求。由此促进本国土地开发，扩大农作物种植业的生产规模。

另外，政府对新立民户承担的赋役标准有特殊规定。见第638号文书：

1　威德宏大、伟大之国王陛下敕谕，致州长克罗那耶和税监黎贝

2　谕令如下：今有苏遮摩上奏，彼从前仅有一头牡羊。现在彼等却向彼要2头牡羊。当汝接到此楔形泥封木牍时，应即刻对此亲自详加审

3　理。彼以前仅有一头牡羊，现彼等只能向彼要一头牡羊。彼系新户主，不得违法承担国家义务。[①]

文中最后一句，表明鄯善王国专门制定有新户主承担赋役的法令，新立民户与旧民户的负担标准或有不同，应该较旧民户为轻。虽然文中提及的只是畜产征收，未提及农作物种植业产品，但文中所谓的法令是对赋役征收的规定，自然也适用于农作物种植业产品类赋税的征收。对新立民户征收较轻的赋役，可以保证其农业生产的顺利进行及国家经济实力的迅速增强，体现出政府为促进本国农业生产发展所作的努力。

政府尽力保护新立民户的权益，如出现违法现象，国王会亲自过问，责令地方长官加以审理判决。推测旧民户同样享有这种待遇。这在一定程度上使本国民众免于苛征暴敛，有利于民众安心生产。

以上论述表明，鄯善王国政府通过利益调节，以及立法保护来刺激、引导并促进本国农作物种植业生产发展。至于政府针对农作物种植业生产实行的其他政策措施，限于资料，无从获得更多信息。

二

鉴于佉卢文书中涉及官田经营管理的内容非常少，以下只探讨鄯善王国私田的经营与管理。

赋役类文书对鄯善王国私田占有情况有所反映。有关征收私人产业税赋的记载中，

---

① 林梅村：《沙海古卷——中国所出佉卢文书（初集）》，第144页。

“庄园”“领地”字样频繁出现，被征收对象是庄园主和领主，一般都具有官吏或“勋爵阶层”背景；政府又以“百户”“十户”“部”为单位，向百姓征税。[①]庄园主和领主无疑拥有较大面积的土地，普通百姓的土地面积相对较小。[②]在此基础上，鄯善王国的农业生产经营单位大体分为家庭与庄园、领地两种，农作物种植业生产的经营与管理方式呈现出多样化的特点。

普通百姓拥有土地较少，应该不乏自行经营、管理，亲自进行生产的家户。此外，佉卢文书反映鄯善王国生产中存在雇佣和租佃两种经营方式。

关于雇佣经营方式，可参见第767号文书：

> 兹于大王、侍中、天子（devaputra）伐色摩那（Vasmana）陛下之第6年8月26日，此时州长柯罗那耶（Kranaya）及税监（sothamgha）黎贝耶（Lýipeya）审理一讼案。贵人（ari）莱钵那（Lýipana）与茨摩耶（Tsimaya）为一头牝牛而起争执。贵人莱钵那之雇农租用一头属于茨摩耶之牝牛。作为该协议之结果，是该牝牛已死亡。当此情况下，该已死之牝牛须由贵人莱钵那取走，并由莱钵那提供一头相似之vito牝牛予茨摩耶。[③]

“莱钵那之雇农”正是农业生产中存在雇佣经营方式的证明。文中的雇主拥有贵人身份，当拥有较多的土地，实行雇佣经营或主要为了解决生产中劳动力不足的问题。但文中没有对雇佣双方的具体关系加以说明。

现利用其他文书考察当时鄯善王国雇佣关系的发展程度。第532号文书：

> 底牍正面
>
> 1　威德宏大、伟大之国王陛下敕谕，致且渠僧兹耶、诸州长左摩和

① 刘文锁：《沙海古卷释稿》，第162页。

② 佉卢文书中有“奴隶”拥有土地并可以对其进行买卖的记载。见R. Ch. Agrawala, “Position of Slaves and Serfs as depicted in the Kharoṣṭhī documents from Chinese Turkestan,” *The Indian historical quarterly*, Vol.29, No.2, 1953, pp.105–106。艾特武德（Ch. Atwood）分析认为，这些拥有土地等财产，又有一定人身自由的奴隶，实际是庄园和领地的依附民，其地位相当于农奴。见Ch. Atwood, “Life in Third-fourth Century Cadh'ota: A Survey of information gathered from the Prakrit documents found north of Minfeng(Niyä),” *Central Asiatic Journal*, Vol.35, No.3–4, 1991, pp.175–185。但第327、547号文书的记载反映，作为庄园或领地的依附民，农奴买卖占有的土地需经主人的证实或同意。因而，依附民拥有的土地，实质仍归庄园主或领主所有。

③ T. Burrow, “Further Kharoṣṭhī Documents from Niya,” *Bulletin of the School of Oriental Studies*, Vol. 9, No. 1, 1937, p.117. 刘文锁将“farm-hands”译为“佃户”（见刘文锁：《沙海古卷释稿》，第379页），笔者认为译作“雇农”更为合理。

2 索达罗谕令如下：今有司土兼判长怖军上奏，叶吠县领地有一人，

3 名伏斯弥伽，靠其母之权利迁居叶吠县。其实，彼系精绝人。

4 彼自精绝逃出，受雇佣于叶吠县。

封牍背面

1 但是，唯有叶吠县人才能受雇佣于叶吠县。彼等却雇佣

2 此人，支付sikh谷物作彼之佣金。当汝接到此楔形泥封木牍时，应即刻详细审理此案，伏斯弥伽其人现

3 受雇于何处，应将彼和工钱及诸沙门一起交左施格耶。[①]

由背面第1行可知，政府针对国内雇佣经营有专门规定，只有本地人才能受雇佣于当地，不得雇佣非本地人，所雇佣人员仅限于本县。文中叶吠县与精绝皆属于精绝州的辖区，禁止精绝人受雇于叶吠县，表明即使同一州内分属不同区县的人员，也不能建立雇佣关系。这体现出当时鄯善王国内的雇佣经营受到诸多限制，劳动力缺乏自由流动性。雇佣关系的确立在一定程度上受到政府严格控制，或与政府控制本地人口的目的密切相关。

第538号文书提到：

2 苏怙陀上奏，彼之母罗牟提耶曾收养一女子罗摩室利。罗摩室利之子女、奴仆和

3 所有靠彼为生之人均被沙尔韦之家人收留并雇佣。[②]

文中雇佣关系的确立与收留相伴而生，被收留的人员当与主人形成依附关系。在这种情况下，雇佣关系双方不会具有相对平等的地位和单纯的契约关系。更何况被收留和雇佣的人员中本身就有奴隶。

上引3件文书，第767号文书雇主的身份是贵人，第532号文书的雇主身份不明，第538号文书的雇主没有官职，应是普通百姓。雇工既有普通百姓，也有奴隶。这反映出当时社会经济中，雇佣经营方式具有一定普遍性。但采用这种经营方式的生产是否面向市场，不得而知，可能仍仅限于自给自足性质的生产。另外，第532号文书背面第2行“支付sikh谷物作彼之佣金”，说明雇工的佣金存在实物支付形式，谷物是支付形式之一。

从政府对雇佣经营的限制、雇佣双方的关系及佣金支付形式看，虽然鄯善王国的经

① 林梅村：《沙海古卷——中国所出佉卢文书（初集）》，第131—132页。

② 林梅村：《沙海古卷——中国所出佉卢文书（初集）》，第132页。

济生产普遍存在雇佣经营方式，但雇佣关系的总体发展水平较低，雇工对雇主有较强的人身依附关系。农作物种植业生产中的雇佣经营也当如此。

至于租佃经营方式，第496、498号两件文书皆有记载。现引第496号文书：

> 兹于伟大国王、上天之子夷都伽·伐色摩那陛下在位之4年12月30日，因莱比耶在凯度多，凯提沙·德毗村已接受（？）能种4米里马籽种并与伐没都村之土地相毗连（anusaṃti）之kurora地，故司土（vasu）及奥古侯（ogu）〔……〕达成一项协议。当莱比耶耕种该地时，应送此酥油2希，作为地租（vaka）。此事，凯度多之司土及税吏（ageta）不得阻止。[①]

按文书内容，田主出租土地给莱比耶（即黎贝耶）耕种，双方构成主佃关系。以酥油作为地租，佃户并不是交纳土地的直接收获物。第498号文书：

> 2　州长克罗那耶和税监黎贝耶足下，力勇再拜稽首，
> 3　谨祝贵体健康，万寿无疆。兹致函如下：
> 4　余在此处之可耕地尚未给任何人耕种。因此，余
> 5　现租给本地之黎贝耶耕种。该可耕地现由黎
> 6　贝耶耕种。该地应由彼耕种。至于其他人，该可耕地……[②]

该文书与上件文书中，租种耕地者同为黎贝耶。但上件文书田主姓名缺失，不知两件文书中的田主是否也相同。

考察上引两件文书，第496号文书具有契据性质，将耕地租佃的时间、耕地面积、具体位置及耕地类型、地租形式及数量一一写明；司土与奥古侯在土地租佃过程中所担任的角色不明，可能是主管这一事件的人，抑或是证人。文中特别提到凯度多的司土和税吏不能阻止该事项，可能是缘于土地租佃本身与土地使用权转移及赋税交纳有关。在此，可推测鄯善王国内租佃土地，主佃双方订立契据应是必行的规定。另外，第498号文书中，田主向耕地所在地的官吏报告土地租佃即土地使用权的变更情况。上引两件文书的佃户同名。因而，两件文书所涉及的很可能是同一件事情，具有先后承接性。

---

① T. Burrow, “A Translation of the Kharoṣṭhī Documents from Chinese Turkestan,” *the Royal Asiatic Society*, 1940, p.97.

② 林梅村：《沙海古卷——中国所出佉卢文书（初集）》，第305页。

再分析第160号文书：

1 人神爱慕、人皆爱见之爱兄、州长黎贝耶和林苏，

2 祭司鸠那罗和苏那伽再拜稽首，谨祝福体健康，万寿无疆，并致函如下：

3 汝派左多那来此办理耕种所需水和种子事宜。余在此

4 已拜读一件楔形泥封木牍。该楔形泥封木牍未提及水和种子之事。据诸长者所云，

5 莎阇地方的一块田已给州长黎贝耶使用，但未提供水和种子。

6 该田地系天子陛下所赐，为汝私人所有。汝处若有关于水和种子之事的任何亲笔信，

7 或有内具详情之谕令书，应找出送来。若无此类文件，

8 汝得先交纳水和种子费用，才可在此耕种。此外，据诸长者

9 所云，当年沙尔比伽左（在）此居住时，由彼提供土地，由莎阇人提供水和种子，

10 合作耕种。汝等可商议依此办理。[①]

按文意，田主黎贝耶经营莎阇的土地，需向当地交纳水和种子的费用；也可以由莎阇人将水和种子作为合作耕种的条件。由此可知，莎阇人不会无偿提供水和种子，要从生产中获得相应的利益。莎阇祭司等人未提及收益分配事项，或与这种耕种方式的利益分配已形成定例有关。祭司向田主提议的合作耕种方式是田主出土地，莎阇人提供水和种子。这种合作耕种形式与南疆曾经广泛存在的一种租佃形式——伙种制相似。根据新中国成立之初的调查，南疆地区农作物种植业生产中，一般由地主出土地与部分生产资料，伙种户出劳动力与部分生产资料；收获物或平分，或者伙种户得其中十分之四与三分之一。[②]推测该文书所反映的经营方式也属于租佃经营。左多那应为田主派至莎阇负责管理耕作的人。

根据上引文书内容可知，国王将土地赐予州长黎贝耶，土地所有权及使用权发生转移，写有相应的谕令书或信件；祭司等人要求田主将其找出，以作为处理水和种子之事的凭证，表明其具有契据的性质。随后，田主派人负责该土地的耕种，又致信耕地所在地的官吏，应是为了说明土地所有权或使用权变更的情况。虽然文中这两个步骤不属于

① 林梅村：《沙海古卷——中国所出佉卢文书（初集）》，第281页。

②《中国少数民族社会历史调查资料丛刊》新疆维吾尔自治区编辑组：《南疆农村社会》，乌鲁木齐：新疆人民出版社，1953年，第145页；中共新疆维吾尔自治区委员会政策研究室等编：《新疆牧区社会》，北京：农村读物出版社，1988年，第401—402、405页。

租佃经营活动的实际组成部分，但大体分别与第496、498号文书相对应，都涉及对土地使用权变更的说明。这样，可推测鄯善王国内租佃土地的流程：首先，田主与佃户之间要写下具有契据性质的文件；其次，田主向耕地所在地的相关官吏报告耕地使用权变更的情况，以方便佃户耕种。需要注意的是，第160号文书中，国王赐予的土地在莎阇，田主在精绝，是不在乡田主。第496、498号文书中的田主是否为不在乡田主，无从得知。因而，目前尚不能确定无论在乡与不在乡，田主出租土地是否都要严格经过上述流程，特别是其中的第二个阶段。租佃土地需订立书面契约，大概因其属于较为重大的交易活动。[①]将租佃情况呈报耕地所在地的官吏，当反映出政府对土地产权控制严格，以及土地租佃经营在一定程度上受到限制。

另外，第160号文书将水资源作为租佃经营的条件之一，表明水资源使用权与土地所有权及使用权相分离；水资源和土地一样，可以单独买卖。这是当地缺乏水资源的表现。鄯善王国水资源的稀缺性，在有关浴佛的第511号佉卢文书中也有所反映：

愿奉献之主帝释天（Indra）增多雨水；愿五谷丰登，王道昌盛。[②]

该祷文或与《佛说温室洗浴众僧经》中的“无量福田，旱涝不伤”相对应。[③]但祷文中只求增多雨水以使五谷丰收，而不提水涝。这种差异恰与西域绿洲干旱少雨的自然环境相一致。夏雷鸣曾分析指出，帝释天即因陀罗，为印度神话中的天神之王，司雷雨；佛教时代，与梵天并称，成为护法主神。文书内容显示该神成为信奉佛教的鄯善王国民众求助的神灵之一，以使五谷丰收。当地人企图通过浴佛法会祈求雷雨之神多降雨水，反映佛教随传入地的实际状况发生了变化。[④]鄯善民众在特定的自然和生产环境下，将佛教与农作物种植业生产密切结合，使佛教内容出现新的变化。

与上引第160号文书的记载相同，新中国成立初期，今库车一些地区水资源与土地的占有相分离，水也被当作伙种条件。一般的伙种条件是田主出土地，佃户出水。但在同时期的南疆其他地区，如阿克苏、疏附、莎车、洛浦、伽师等水资源较为丰富的地区，水量分配是根据耕地面积而定，水资源只能随土地转移，不能单独占有。[⑤]推测公元3、4世纪西域绿洲水资源的分配占有模式，也是因各绿洲水资源的丰欠程度而异，水资源的

① 刘文锁：《沙海古卷释稿》，第171—172页。

② T. Burrow, “A Translation of the Kharoṣṭhī Documents from Chinese Turkestan,”pp.100—101.

③ 刘文锁：《尼雅浴佛会及浴佛斋祷文》，《敦煌研究》2001年第3期，第45页。

④ 夏雷鸣：《从“浴佛”看印度佛教在鄯善国的嬗变》，《西域研究》2000年第2期，第47—48页。

⑤《中国少数民族社会历史调查资料丛刊》新疆维吾尔自治区编辑组：《南疆农村社会》，第59—61、120—122页。

占有形式影响到土地租佃经营的具体特点。

关于鄯善王国内佃户与田主的具体关系，可利用第450号文书稍加分析：

1　黎帕那致函楼耶及陆迦耶，并颂福体万寿

2　无疆。汝务必知悉余之书信所述。春天，

3　汝绝不可借机在此地耕种土地。现系

4　汝停止向余交税之第四年。汝之房屋和土地，

5　余现允许出售。汝及汝之母亲、妻子、儿子和女

6　儿应一起来此。务必来此地耕作。关于余之税务，仅

7　茜草及curama̅必须带来，尚无其他税欠余。[1]

文中的“税”可做“租”解。楼耶等人租种黎帕那的土地，需向黎帕那交纳地租。按文意，田主出租土地的同时，向佃户提供房屋；田主在佃户不知情的情况下，随意将出租的土地和提供的房屋出售。这表明田主可以随时撤佃，佃户没有永佃的自由。田主要求佃户带家人在指定的另一地方进行耕种，明显对佃户具有支配权，主佃关系双方地位不平等。这种租佃关系下，佃户对田主有较强的人身依附性，相当于田主的依附民。艾特武德（Ch. Atwood）曾依据佉卢文书，指出庄园或领地主人利用依附民进行耕作。[2]该文书所反映的主佃关系，可能正是庄园或领地主人与依附民关系的具体体现，即庄园或领地的生产存在人身依附关系较强的租佃经营方式。

但第450号文书中这种依附性较强的租佃关系，在当时鄯善王国的种植业生产中是否具有普遍性，难以定论。或只限于以庄园、领地为经营单位的生产中。普通百姓采取租佃经营方式，主佃双方的关系或相对平等。

关于地租的征收，第450号文书中是以茜草及curama̅作为地租，curama̅具体为何物，不明。当时绿洲国内是否已人工种植茜草？若只是采集得来，那么征收茜草与第496号文书将酥油作为地租的情况相同，即征收的地租与土地实际出产物不完全一致，这可能主要是由田主根据自己的需求决定。也有资料提到将谷物作为土地的租借费用。[3]谷物与酥

① 林梅村：《沙海古卷——中国所出佉卢文书（初集）》，第304页。

② Ch. Atwood, “Life in Third-fourth Century Cadh’ota: A Survey of information gathered from the Prakrit documents found north of Minfeng(Niyä),” p.184。作者还指出文书中没有财产和人身自由的奴隶，主要负责家内生产，仅是构成农业生产劳动力中的一小部分，不占主要地位。

③［日］莲池利隆：《佉卢文木简——尼雅遗址出土的佉卢文资料的研究（2）》，载中日共同尼雅遗迹学术考察队《中日共同尼雅遗跡学術調查報告書》第2卷，东京：中村印刷株式会社，1999年，第140页92MNB3b・92B−12简文。

油、茜草等都属于实物地租。征收实物地租，应是鄯善王国的普遍现象。另外，第450号文书中，田主要求佃户带家人一起到指定的地方进行耕作。由此，不排除当时也存在劳役地租。

前面曾提到第160号文书中的左多那可能是为田主管理生产的人。左多那在一定程度上具有管家的身份，这涉及鄯善王国民众对农作物种植业生产采取的一种管理方式，即设置管家进行管理。以下资料对这种管理方式也有所反映。

第278号文书：

封牍正面

1 诸大人、人皆爱慕、亲爱的……

2 …太侯阿周那……苏……

3 亲（启）

封牍背面

1 余已将耕作之事交鸠罗格耶和周伐罗夷那照料。

2 彼处生产的食物和酒类应交詹阁，

3 并登记造册送来。还有，鸠善陀

4 私人……黎帕那和帕尔伐陀在田里……

5 ……现请汝等予以照料。此地所获谷物应交詹阁。

6 帐目则应给余。倘若摩信那地方诸领地之人

7 不听从彼之命令，汝得当心。①

从封牍背面第6行可推测写信人是领地主人。文中未显示所提到的人员相互之间有血缘关系，这些人员应不是同一家庭成员。既然黎帕那和帕尔伐陀为田间播种者，那么照料耕作事宜的鸠罗格耶和周伐罗夷那，当是在替领主负责管理生产。收获的谷物及相关产品交给詹阁，詹阁或只是专门管理收获物及其他产品，即负责仓储。领主在信中对耕作、收获物移交及相关负责人、造账与账目上交等事务做一一交代，收信人明显充当了领地生产总管家的角色，负责生产的全过程。这表明领地生产中，管家人员的设置具有不同层次性，当与生产规模有关。

另有第83号文书：

① 林梅村：《沙海古卷——中国所出佉卢文书（初集）》，第292—293页。另参见 T. Burrow, "A Translation of the Kharoṣṭhī Documents from Chinese Turkestan,"p.50.

底牍正面

1　鸠波信陀叩拜人皆爱慕、人神崇敬、美名流芳、亲爱之大舅子税监（黎贝耶），

2　谨祝神体健康，万寿无疆，并致函如下……

3　詹贝耶于……汝无论如何不得把欢吉和阿施驮耶留在那里。汝所知一切……

4　谕令。詹贝耶和彼务必和欢吉一同来此。当汝启程前往皇廷时……

5　务必……该日期须告余，务必使余知晓。还有，余等在此皇廷……

封牍背面

1　汝若动身去，请将此事通知余。汝若不去，也须让余知

2　晓。至于汝有关马之命令，詹贝耶随后将马带去。

3　汝已吩咐将其移交此地，万万勿忘办理。橐驼之租金为八掌长之布匹，余已交欢吉

4　送去。该布匹系白色。至于农耕、大麦、小麦和aḍ'imi之事，请汝等精心

5　关照。汝之黎弗罗摩也须精心关照。余等奉上礼品一件。沙毗那之礼品系……

6　羊一头。无论彼等在农耕地播种多少谷物，汝都应该让黎弗罗摩记账。①

文中的“aḍ'imi”意义不明。寄信人鸠波信陀，请收信人黎贝耶照管耕种之事。如果依据该文书尚不能确定黎贝耶为鸠波信陀的管家，或认为黎贝耶只出于亲戚关系，对田主的农业生产加以照料，我们还可以据下面两件文书继续分析。

第140号文书：

底牍正面

1　人神崇敬、人皆爱慕、长命百岁、大人，

2　亲爱的大舅子税监黎贝耶、亲爱的姊妹沙尔比那、苏者陀和林苏足下，鸠波信陀向汝等叩

3　安，谨祝神体健康，万寿无疆。首先，敬悉

4　福体安康，不胜欣慰，托汝洪福，余亦安好，并函告如下：林苏

5　之手中有汝贷放之谷物若干。关于原先一批谷物，余等在此收到vaṣḍhigaiṃ

① 林梅村：《沙海古卷——中国所出佉卢文书（初集）》，第267—268页。

谷物一批。汝知晓其帐目。

6　第二批来自耕地的谷物，汝亦知晓其帐目。这批谷物现在众军之手中。

封牍背面

1　从这批谷物中用去和给予他人之数目现已登记在一块简牍上。其中尚余下谷物五弥里码十硒。这笔

2　谷物和利息应向众军讨还。关于vaṣḍhigaiṃ之谷物和来自耕地之谷物，应分别立帐。

3　panimacana之谷物为十硒。这笔帐目应和利息一起登记。关于以前之谷物，帐目应逐年详细登

4　记。关于去年在詹贝耶手中之谷物，鸠特耶知道从谷场打下了多少。

5　詹贝处的谷物亦应入帐。柯勒耶处之酒，汝知道帐目。

6　从彼处送来之酒，余

7　存放一房舍，并奉上一些礼品致问，给汝leśpa一件、犁每人三件、

8　给沙尔毗那vatu一件。[①]

封牍背面第7行的“犁”，贝罗释译为“sira”，具体意义不明。[②]对此不予以分析。该信件收寄双方与前引第83号文书基本一致，并皆提到詹贝耶。考察该信件的内容，涉及林苏借贷谷物与还贷、众军所借谷物及利息、詹贝耶手中的谷物、柯勒耶处酒的送交与存放等事项。其中一些事情又见于第100号文书：

矩形木牍背面

1　鸠波信陀谨祝人神崇敬、人皆爱慕、亲爱之州长林苏兄

2　身体健康，万寿无疆，并致函如下：汝处

3　有余借贷出的谷物。关于汝，色尼伽和苏耆陀……汝处谷物……

4　余虽如此说，但彼却说，汝处有两笔分期支付之利息，不得再拖延一年。汝处

5　那笔利息系两笔分期支付的利息……和色尼伽之谷物……还有，

6　余现派詹贝耶前去，无论……处之谷物……

矩形木牍正面

1　汝得调查这一切。此外……谷物，现在这笔谷物在众军手中……

① 林梅村：《沙海古卷——中国所出佉卢文书（初集）》，第277—278页。

② T. Burrow, “A Translation of the Kharoṣṭhī Documents from Chinese Turkestan,”p.25.

2 众军声称，这些谷物未和其他谷物一同入帐，务必让众军

3 将这些谷物和其他谷物一同入帐；还须让彼将谷物从司帐昆格耶处领回并作清查。

4 汝应注意，汝手中的谷物和众军手中的谷物。[①]

按文书内容，鸠波信陀曾借贷谷物给州长林苏，现催促林苏偿还谷物的本息，另有一笔谷物在众军手中，令其计入账中。前引第140号文书中，鸠波信陀写信告诉黎贝耶，贷放给林苏的谷物已收回一笔，众军手中的谷物虽已登记在账目上，但仍需向众军讨还谷物及利息。从中可知，这两件文书内容存在先后关系。第100号文书所记内容先于第140号文书，后者是对前者现状的陈述，同时做出一些新的要求。那么，第140号文书底牍正面第5行，贝罗释读为“有余所贷放出之谷物若干”[②]是正确的。

通过上引第100、140号文书不难看出，税监黎贝耶对鸠波信陀的土地生产负有管理责任，担任田主管家的角色，而不是出于亲戚关系上的简单照料。第83号文书中的黎弗罗摩作为黎贝耶的人员，专主谷物播种量的账目。这3件文书皆出现詹贝耶，其职责似乎只是负责储存收获的谷物或亲自收回借贷出去的谷物，并来往于田主与黎贝耶之间，同样应是黎贝耶的下属人员。从而可知，田主鸠波信陀设置的管家与第278号文书情况相同，具有不同层次性。

关于设立管家以管理生产的田主的身份，第278号文书中的田主是领主。从第100、140号文书中管家负责多项事宜看，田主同样拥有大规模的土地，可能是庄园主或领主。或可推测鄯善王国内，对农业生产实行设置管家的管理方式的田主，多是庄园、领地类大土地所有者。需注意的是，第83号文书明确反映田主为不在乡者，第278号文书也透露出这种信息。这种情况下，设置管家管理生产较为合理。拥有大面积土地的在乡田主，是否也实行该管理方式，根据目前的资料尚难以下结论。

由第278号文书背面第2—3行“彼处生产的食物和酒类应交詹阇，并登记造册送来”，以及第5—6行“此地所获谷物应交詹阇。帐目则应给余”，可知领地内专门设有仓库，用来储存领地的收获物。第140号文书背面第4—5行“关于去年在詹贝耶手中之谷物，鸠特耶知道从谷场打下了多少。詹贝处的谷物亦应入帐”，反映出管家所管田地生产的收获物并未全部送交田主，而是有部分被留下。这表明管家所管地域内也设有仓

① 林梅村：《沙海古卷——中国所出佉卢文书（初集）》，第270—271页。贝罗曾指出第100号文书与第140号文书有相同内容，见 T. Burrow, “A Translation of the Kharoṣṭhī Documents from Chinese Turkestan,” p.26 note。

② T. Burrow, “A Translation of the Kharoṣṭhī Documents from Chinese Turkestan,”p.25.

库，仓库内的收获物仍归田主所有。另外，根据第83号文书第6行，田主要求将播种的谷物数量登记造账，不乏有明晰谷物籽种耗费量的意图。如是，间接说明管家负责向播种民支给农作物籽种。籽种当出自管家所管地域中设立的仓库。

根据上面分析可知，田主设置管家管理生产，管家人员的设置具有不同层次性，相应地负责种植业生产全过程的各个环节。管家负责照管土地耕作、籽种支给、农作物的收获与储藏，甚至包括追讨主人借贷出去的农产品及其利息等事务。管家处理这些事务，要向田主报告相关情况，提交相关账目。但管家获取何种报酬，与田主之间具体构成何种关系，目前尚无从考察。

三

关于以鄯善王国为代表的西域绿洲国的农作物种植业生产技术，本文主要从农田的利用管理、生产工具、水利灌溉、农时观念4个方面进行考察。

（一）农田的利用管理

艾特武德根据贝罗的释译，总结佉卢文书中提到的土地类型：一是miṣi，应指耕作地；二是kurora，应是指有隆起田埂的备耕地块；三是akri，指适于耕种而未耕作的土地。[①]山本光朗将akri理解为“休耕地”。[②]这样，耕作地、备耕地、休耕地同时存在，表明当地民众在土地利用上实行休耕制。这应是当时恢复地力的重要方法。

根据考古调查资料，在尼雅遗址M4墓穴中，棺的四周塞满芦苇、糜子草，其中夹杂了少量小麦，“从另一侧面说明了当时‘草比苗多’‘广种多收’的情形”[③]，意味着当时农作物种植业生产中可能没有除草这一项内容。

---

① Ch. Atwood,“Life in Third-fourth Century Cadh’ota: A Survey of information gathered from the Prakrit documents found north of Minfeng(Niyä),”p.168.

② 山本光郎：《カロシュテー文書No.580について》，《北海道教育大学紀要》（第1部A）第48卷第1号，1997年，第104页注10；《カロシュテー文書No.582について》，《北海道教育大学紀要（人文科学・社会科学編）》第50卷第1号，1999年，第34页。托马斯（F. W. Thomas）认为“kuthala”可能指休耕地，见F. W. Thomas, “Some Notes on the Kharoṣṭhī Documents from Chinese Turkestan,” *Acta Orientalia*, Vol.XII, 1934, p.38。贝罗指出“kuthala”应该是一种土地度量单位，见T. Burrow, “A Translation of the Kharoṣṭhī Documents from Chinese Turkestan,” pp.83—84。贝罗的推测更为合理。

③ 王炳华、吕恩国、于志勇等关于“95MN1号墓地的调查”，载中日共同尼雅遗迹学术考察队：《中日共同尼雅遗跡学術調查報告書》第2卷，第110—113页。

鄯善王国采取休耕制，又似乎不对农田实施中耕除草，这体现了农作物种植业生产的粗放经营。

（二）生产工具

第320、740号，以及上引第83号佉卢文书中分别提到“耕地”“耕种”和“农耕”[①]，是鄯善王国已使用犁的证明。拜城县克孜尔千佛洞第175号洞窟开凿时间相当于晋代，其壁画中的耕作图，除了绘有宽刃的镬和锄，还有犁耕的画面。[②]画中的犁耕方法及犁铧形制，与陕北、江苏睢宁、陕西米脂、山西平陆出土的东汉牛耕画像石及东汉墓壁画，以及甘肃酒泉、嘉峪关汉魏壁画墓等所见图像都基本相同。[③]这表明龟兹绿洲国在农作物种植业生产中也已使用铁犁及牛耕技术。

西域绿洲国使用铁犁及牛耕技术，应是受中原政权的影响。楼兰遗址出土的汉文文书有下面一简：

> ▨□因主簿奉谨遣大侯究犁与牛诣营下受试 LA.VI.ii.0153–CH.755（林514）[④]

学界对该简内容理解不一。[⑤]“大侯”这一官职不见于目前所知的西晋西域长史的职官系统[⑥]，但在尼雅遗址出土的一枚木简中出现过：

---

① 林梅村：《沙海古卷——中国所出佉卢文书（初集）》，第296、151、268页；T. Burrow, “A Translation of the Kharoṣṭhī Documents from Chinese Turkestan,” pp.60, 146, 16。

② 阎文儒：《新疆天山以南的石窟》，《文物》1962年第7、8期，第45—46页。

③ 王炳华：《新疆犁耕的起源和发展》，载氏著《西域考古历史论集》，北京：中国人民大学出版社，2008年，第239页。

④ 林梅村：《楼兰尼雅出土文书》，北京：文物出版社，1985年，第72页。

⑤ 钱伯泉认为该简内容是晋朝给名叫“究”的鄯善国王以犁与牛，先在西域长史营试验。见钱伯泉：《魏晋时期鄯善国的土地制度和阶级关系》，《中国社会经济史研究》1988年第2期，第93页注1。王炳华指出“大侯”可能是西域长史府下的属吏，该简即是命令大侯率属下的全部犁、牛到长史营下“受试”。见王炳华：《新疆犁耕的起源和发展》，载氏著《西域考古历史论集》，第238页。胡平生认为该简内容是屯戍兵士携带“犁与牛”到长史营受试，反映了牧养公家马牛有考课制度。见胡平生：《楼兰木简残纸文书杂考》，《新疆社会科学》1990年第3期，第85页。综观之，钱先生的理解在语法上讲不通；胡先生的解释没有结合简中的“犁”，并且楼兰简纸文书中关于牲畜的考课多用“验”字，而非“试”；王先生的理解相对合理，但仍有进一步探讨的空间。

⑥ 孟凡人：《楼兰新史》，北京：光明日报出版社，新西兰：霍兰德出版有限公司，1990年，第120—137页。

晋守侍中大都尉奉晋大侯亲晋鄯善焉耆龟兹疏勒 N.V.N.xv.93a,b（林684）[①]

该简中的"大侯"无疑是指西域绿洲国国王。上简与该简中"大侯"所指可能相同。如是，上引简（林514）反映的内容应是，长史府下令鄯善等绿洲国的国王到长史营接受关于牛耕技术的学习、考核。这说明西域长史府在楼兰屯田区使用牛耕的同时，也向西域绿洲国推广此项先进的农业生产技术。鄯善、龟兹等绿洲国使用铁犁并采用牛耕技术或正是西晋政府推广的结果。

考察犁及牛耕技术的使用情况，前引第83号文书中的田主拥有较多土地，属于大土地所有者；龟兹绿洲国中，开凿克孜尔石窟非一般平民所能负担的。这在一定程度上说明铁犁的使用，可能仍只限于经济实力较强的大土地所有者，牛耕技术在绿洲国内尚未普遍采用。上引楼兰木简让大侯至西域长史营受试，也从侧面反映出当时西域绿洲国土著民尚不熟悉铁犁及牛耕技术的使用。

另外，根据考古发现，尼雅遗址出土的遗物有铁镰，但大部分生产工具是木制的。[②]可知，公元3、4世纪西域绿洲国虽有铁犁、牛耕技术的应用，但生产工具仍以木制为主。

（三）水利灌溉

考古资料对绿洲国内水利设施的修筑有所反映。尼雅遗址区一座果园外有一条古渠道，宽约8英尺，南北向长100码左右，渠道边上有枯死的双排白杨。[③]在遗址区东南，也可见到一条很长的引水渠，位于古桥所在的河道东岸半腰，宽40～50厘米，傍河成南北向铺展，有可能将水引上地势稍高的地段。佛塔西北约300米处，保存有较完好的田畦、水渠痕迹。[④]这表明公元3、4世纪，鄯善王国内的水渠已修到田间地头。绿洲国民众还利用蓄水池，即涝坝储存水资源。尼雅遗址区内大面积的果园和居民住宅之间，分布着一个个蓄水池，渠道纵横，将它们相互连接起来。这种涝坝式的蓄水池在于阗地区也很常见，是绿洲内调节洪水流量，保障灌溉和饮水的重要设施。[⑤]

结合佉卢文资料，可以发现鄯善王国内有较为完善的水利灌溉设施体系与管理体

---

① 林梅村：《楼兰尼雅出土文书》，第86页。

② 新疆维吾尔自治区博物馆考古队：《新疆民丰大沙漠中的古代遗址》，《考古》1961年第3期，第119—122、126页。

③ M. A. Stein, *Ancient Khotan: detailed report of archaeological explorations in Chinese Turkestan*, Vol.1, Clarendon Press,1907, p.380.

④ 王炳华：《尼雅考古百年》，载氏著《西域考古历史论集》，第492页。

⑤ 马国荣：《两汉时期的新疆农业》，《新疆文物》1992年第1期，第67页。

系。现引第604号文书：

兹于伟大国王、上天之子夷都伽·伐色摩那陛下在位之7年6月25日，舍古娑·舍佉打开封口。该封口在凯牟·钵里特（Camu Prete）。水已供给。证人为aṣǵara莱没苏及僧人犀伐犀那。当凯色吉耶将soṃgha（=？）引至罗摩迦（Ramaka）一边去时，税监（ṣoṭhaṃgha）莱比耶打开封口。当时犀伐犀那借用了水。而拔罗犀那却将该水强行截断〔……〕该封口由耽没支瞿打开〔……〕莱没苏系证人。①

文中提到的封口不止一个。封口与渠道相连，起到类似闸口的作用，可以调节用水，应是斗门。封口所在地——凯牟·钵里特在精绝州内的行政等级不明，因而无法确定该文书中与封口相连接的渠系等级。但这些渠系应该是精绝州内的支渠。再分析第368号文书：

1　威德宏大、伟大之国王陛下敕谕（州长索阁伽，汝应悉知朕之谕令，当朕下令）

2　处理国事之时，汝应关心国事，不惜以生命小心戒备。若扜弥和于阗（有什么消息，汝应向朕，伟大的国王陛下禀报，朕便能从中知悉一切。汝曾报告说），

3　……耕地无水，结果无水。现将水引入汝州，不可能…（残）

4　须由彼将人们登记造册，共计百人，务必将彼等和诸aresa一起于7月15日交左摩伽和沙布伽带到莎阇。汝，州长索阇伽（残）

5　若彼等逾期前去而发生在莎阇捣乱破坏之类的事情。朕，伟大的国王将要汝赔偿……（残）②

国王在谕令中提到“现将水引入汝州”，可能正是为了解决“耕地无水”的状况，赋予精绝州使用水资源的权利，以灌溉耕地。精绝州需经国王指示，才将水引入当地，表明该州与他州共用一条水源，共有一条主渠；精绝州用于灌溉的干渠，附属于主渠，并通过斗门类分水设施与其他州调节用水。按：精绝州位于尼雅河流域，与他州共用的水源应是尼雅河。

这样，以精绝州所在的尼雅河流域为例，流域内的灌溉系统分不同层级，主、干、

① T. Burrow, “A Translation of the Kharoṣṭhī Documents from Chinese Turkestan,” p.128.

② 林梅村：《沙海古卷——中国所出佉卢文书（初集）》，第103—104页。

支渠相配套，各层级有斗门调节用水，从而形成灌溉范围广大又较完备的灌溉体系，为绿洲农业生产发展提供了良好的生产条件。

至于水利的管理，上引两件文书没有明确反映，无法确知第604号文书中打开封口的税监莱比耶是否属于水利管理人员。第368号文书只能表明国王通过下达敕谕协调州际间的灌溉用水。这种管理方式是常态，还是只是用以解决州际间用水矛盾的权宜之计？但不论哪种，皆含有鄯善王国对同一水源进行统一调控与管理的意味。按拉普逊（E. J. Rapson）等人的推测，莎阇位于且末与精绝之间的安迪尔[①]，即今安迪尔河流域。那么第368号文书中，国王要求派百人至莎阇，似乎与引水入精绝州无关。但拉普逊等人的推论缺乏坚实证据。在此不排除莎阇实际与精绝州距离较近，存在使用同一水源的可能。若是，国王要求调动的人员应是为了从莎阇改动、保护水源。文中提到“发生在莎阇捣乱破坏之类的事情”，反映水资源利用过程中多有矛盾发生，突显了加强水资源管理的必要性。

从第368号文书国王的敕谕对象可知，作为地方最高长官的州长总管本州水利。现探讨王国地方水利的管理情况。

第157号文书：

底牍正面

1　人皆爱慕、美名流芳之爱兄、州长车摩耶、书吏特迦左和探长苏左摩诸大人，税监黎贝耶再拜稽首，

2　谨祝福体健康，万寿无疆，并致函如下：……余还在此听说，

3　汝等已在该处将水截流，余甚为欣喜。汝来信提及已带数人来此。当这些人到汝处时，要在泉边将祭牛一头奉献给贤善天神。

4　据贵人昆格耶说：“余曾得一梦，梦见天神未接受该泉边之祭牛。”贵人昆格耶还说，在尼壤之乌宾陀之牛栏中有一头两岁之牛。

5　彼要将这头两岁之牛作为奉献贤善天神之祭品。贵人昆格耶还说，该祭祀须在埃卡罗侯牟特格耶之庄园进行。

6　关于这头两岁之牛之事，汝不可玩忽职守，应速派祭司林苏前去。由彼和贵人左摩将牛带来。

7　不得留难。

① E. J. Rapson and P. S. Noble, *Kharoṣṭhī Inscriptions: Discovered by sir Aurel Stein in Chinese Turkestan. part III*, Clarendon Press, 1929, p.325.

底牍背面

1 贵人昆格耶还作过一梦，梦见三位曹长的一只五岁之羊在布尼和累弥那作为祭品。务必从速处理此事，

2 认真办理。①

文中负责截流水源的人即收信人，除了州长，还有书吏、探长等人。至于参与地方水资源管理的其他地方官吏，在第120号文书中有所反映：

3年4月15日，务必第二次去往ṣitǵe potǵe。所有劳工到泉水［……］水体极其浑浊（kha［lu］ṣa）。由于那一过失，出身名门的人们达成协议。余等结束后，从ṣitǵe potǵe返回长官们那里。因皇家事务在那里的出身名门的人有：Namarazma、高级州长、Paṃciṃna、［Naṃ］maśura、Tǵaca、曹长阿波尼耶（Apñiya）、Calmasa和Kaṃciya、贵人Lýipana。②

按文意，因某种过失，水体出现浑浊多泥的现象，对此进行管理的人员为“出身名门的人们”，有州长、曹长、贵人等官员。其中曹长应是负责州内地方用水事宜的重要人员，参见第502号文书：

1 威德宏大、伟大之国王陛下敕谕，致州长克罗那耶和税监黎贝耶谕令

2 如下：今有沙门修爱上奏，曹长阿波尼耶已将水借来。彼将借来之水给了别人。

3 当汝接到此楔形泥封木牍时，应即刻对此详细审理，此水是否为阿波尼耶所借，

4 又是否将此水借人。此外，若排水口未曾准备好，则不

5 能让阿波尼耶赔偿损失。……③

文书中，国王对地方内部的用水情况加以干预，由州长、税监主管解决州内的用水纠

---

① 林梅村：《沙海古卷——中国所出佉卢文书（初集）》，第279—280页。

② T. Burrow, “A Translation of the Kharoṣṭhī Documents from Chinese Turkestan, ”p.21. 贝罗将文中的“泉水”释作“桥”。刘文锁先生指出林梅村先生释译为“泉边”更为准确。见刘文锁：《沙海古卷释稿》，第262—263页。因而，在此将“桥”改译成“泉水”。

③ 林梅村：《沙海古卷——中国所出佉卢文书（初集）》，第125页。

纷。曹长阿波尼耶与上引第120号文书中的曹长阿波尼耶，可能为同一人。从沙门奏劾曹长“将借来之水”转借他人可知，曹长对所借之水无单独处理权，借来的水资源应为州内某一地区民众共有。“借水”实指引水。曹长借水，表明曹长担负州内地方引水的职责。但现有资料无法确证曹长是否为负责州内地方引水的专职人员。另外，对于该文书与上引第604号文书提到的借水，目前难以探其究竟。只知在出水口未准备好的情况下，可以将水资源转借给他人。否则，非因出水口的问题而将水转借出去，所造成的损失由出借人承担。

地方有专门守护水源的人。见第188号文书：

1 彼将……带至泉边。……三岁之橐驼十头……

2 汝一定得办此事。该牲畜务必赠予诸守泉人。①

文中明确提到“守泉人”。赠予守泉人牲畜的意图是什么？是要守泉人祭祀，还是用作他们的报酬？不得而知。推测守泉与保护水资源有关，其相关规定，无从考察。

根据前引第157号文书的文意，截流水源之后，要在泉边进行祭祀，税监主管祭祀，贵人、祭司应是实际的执行者。提供祭品和场地的人员有曹长、埃卡罗侯等官员，也有平民。用作祭品的牛、羊，是由牲畜主人无偿提供，还是政府用资财购买所得？不明。文中另用羊在布尼、累弥那做祭品，说明同一州内不止一地进行祭祀，截流之后的水边祭祀应是州内全民性的活动。在水边祭祀的神为贤善天神，即跋陀罗佛，主管洗浴事。祭祀该神，或为祈求水源充足且无水患，与前文提到的民众求助帝释天有相通之处。

观之，鄯善王国拥有较为完备的灌溉设施体系，并相应地有较为严密的管理体系。国王会亲自调控同一水源州际间的用水，也会通过州长等地方官员干预州内地方用水。在地方上，州长总管一州水利，负责截流、引水入州，解决州内用水纠纷；另有税监、贵人、曹长、探长、书吏等地方官吏参与。曹长或主管州内各地方的引水，地方安排有守泉人。另外，截流水源入州之后，州内各地方在泉边举行祭祀活动，由税监之类的官员负责。

至于灌溉农作物的技术，可利用第72号文书进行分析：

① 林梅村：《沙海古卷——中国所出佉卢文书（初集）》，第286页。

背面

……小麦已灌溉两、三次，登记如下：

（栏三）

2 伏……灌溉两次

3 第二遍楚伽灌溉小麦两次

4 督军阿般那灌溉小麦两次

正面

（栏一）

1 左陀帕伽灌溉两次

3 左腊摩灌溉三次

5 波格那灌溉小麦四次

7 左腊摩灌溉两次

（栏二）

2 州长林苏灌溉三次

3 曹长左尔摩沙灌溉三次

4 探长苏遮摩灌溉两次

7 曹长左尔摩沙灌溉两次[①]

由背面栏三第3行“第二遍”，可知该文书是对小麦多遍灌溉的记载。多遍灌溉的现象，当缘于民众根据小麦生长期实行灌溉。小麦的生长过程主要包括出苗、分蘖、拔节、孕穗、开花灌浆期。其中以分蘖、孕穗和灌浆期最为关键，这三期各浇一次水，是确保小麦收获的基础。文中记载每遍浇多次，应是为保证小麦在当地干旱的自然环境下，在各生长期内得到充足的水分。

文中灌溉以两三次者居多，也有达4次者，出现这种差异的具体原因不明。从灌溉者来看，未显示出官吏与平民之间用水次数存在等级差别。另外，正面同一栏记载有同名同职者，该现象让人费解。

民众已掌握小麦灌水的具体时间，体现了当时鄯善王国灌溉技术的发展水平。

（四）农时观念

鄯善王国民众在种植业生产中是否已有农时观念，没有直接的材料证明。不过，第565号文书中记载“星宿日猪日，宜耕作、播种葡萄园，耕作顺利并能增产”[②]，明确适宜农作物种植业的生产日期，应是人们在生产实践中不断积累经验，将之与星象学方面知识相结合的结果。虽然内容上带有占卜性质，但仍可看作是某种意义上的农时观念。

刘文锁曾分析，第565号文书的内容根据的是秦汉以来中原内地流行的《日书》，以

① 林梅村：《沙海古卷——中国所出佉卢文书（初集）》，第159—161页。

② 林梅村：《犍陀罗语文学与古代中印文化交流》，《中国文化》2001年第17、18期，第232页。

日常生活为主，可以认为是民间流行的占卜形式。其中“耕作、播种葡萄园”的内容，虽不见于《日书》，但《日书》中的《农事篇》《土忌》等涉及农事、稼穑，《日书》中“建除十二日”的“收日”也有可资比较的内容。睡虎地秦简《日书》甲种《秦除篇》：“收日，可以入人民、马牛、禾粟。”[1]所以该条“星宿日猪日”占卜农业生产和收成的理念，应同样源自于《日书》。用葡萄代替“禾粟”，即用西域绿洲有代表性的农作物替代中原农作物，是当地人用本有观念和现实情况对内地传入的《日书》内容的筛选和改造。[2]这可以看作是在文化传播过程中，农业生产影响文化的一个例证。

总结以上论述，公元3、4世纪，劳动力不足限制着鄯善王国农作物种植业的发展，政府采取积极措施，通过利益调节及立法保护招徕人口，刺激、引导并促进生产的发展。王国内私营农作物种植业生产以家庭和庄园、领地为经营单位。生产中存在雇佣、租佃等经营方式，但人身依附性较强。庄园、领地类大土地所有者对种植业生产多实行设置管家的管理方式，管家人员的设置具有不同层次性，相应地分管农业生产全过程的各个环节。在生产技术上，汉地的牛耕技术已传播到西域，绿洲国民众使用铁犁，采用牛耕技术，但并不普遍。绿洲国生产工具仍以木制工具为主。另外，绿洲国内已拥有较为完备的灌溉设施体系及相应的管理体系。但总体上，以鄯善王国为代表的西域绿洲国的农作物种植业生产依然实行粗放经营。

（本文原刊于《欧亚学刊》第10辑，北京：中华书局，2012年，第212—231页。收入本集刊后文字略有修订。）

〔作者李艳玲，中国社会科学院古代史研究所。北京，100101〕

① 刘乐贤：《睡虎地秦简日书研究》，台北：文津出版社，1994年，第33页。

② 刘文锁：《沙海古卷释稿》，第337—359页。

敦煌文书S.6234+P.5007+…+P.2672所存佚名诗抄校理

杨宝玉

摘　要：英藏敦煌文书S.6234与法藏敦煌文书P.5007、P.2672原属一卷，本文主要对该卷抄存的30多首诗进行了校注整理。在前贤所持诸诗作者为凉州都防御判官翁郜、晚唐敦煌著名文士张球两种不同观点之间，本文赞同后者。本文认为，张球所写诸诗的撰作时间跨度大，题材广，或眷恋友情，或倾诉乡思，或吐露消沉情绪，或展示闲情逸致，诗中既有建功异域的豪情壮志，也有对河西西域史事的颂扬记述，蕴含着丰富研究信息，尤其有益于考察唐朝收复各地情形及收复前后各地的历史状况。

关键词：敦煌；佚名诗；张球；S.6234+P.5007+…+P.2672

英藏敦煌文书S.6234与法藏敦煌文书P.5007、P.2672原本属于一卷[①]，其中前两者可直接缀合，但与P.2672之间仍有残失。三号文书的两面均写有大量文字，一面所存主要为3件书状（共4通，其中2通同属一件，系由两纸组成的复书），致书者至少为两人，收书者则为同一人，即书状中所称的“判官”。因用纸需要，该收书判官将各写有一通书状的4张纸粘接在一起，于书状字里行间，尤其是原本空白的纸背抄写自己的诗作，为我们留下了30多首诗。此前笔者已完成了《敦煌文书P.2672V+…+P.5007V+S.6234V所存晚唐书状整理与研究》[②]一文，根据三号写卷残损状况，探讨了其原属长卷的存藏方式、各纸的粘接顺序及书状与诗作的较为妥洽的校录次序等问题，并对3件书状进行了校注与研究。本文拟再就诗作部分进行文献学意义上的整理。不当之处，敬请方家教正。

① 徐俊首先揭示了三号文书之间的拼合关系，并特意说明“斯六二三四与伯五〇〇七缀合，由荣新江先生示知”。见徐俊：《敦煌诗集残卷辑考》，北京，中华书局，2000年，第651页。

② 已交《中国社会科学院古代史研究所学刊》，待刊。

一、写卷叙录与整理状况回顾

需要先行说明的是，今见三号文书汇抄诗作的一面相当整洁，故法国国家图书馆和英国国家图书馆均将该面标定为正面，而将另一面标为背面，如依常理，似乎诗作面写成于先。但实际上，这与卷纸使用情况恰恰相反。只是该标注已约定俗成，为避免混乱，本文仍采用该种已被相关图录和网站固化了的标示方法。以下逐一介绍写卷现状。

S.6234[①]，首尾均残。今标示的正面（实为背面，下同）存文字29行：第1行上下残，仅存“嬖（？）静”2字；第2行现存部分无字，据行款看，该行上、中部原本当抄有诗题；第3行上下残，仅存“傅歌”2字，其上、下各留有上一字、下一字的少量笔画；第4行上残，现存诗句起自“高丽”；第5行上残，现存诗句起自“倾杯”；第6行上残，残字模糊难辨，据行款，当为诗题；第7行上部残，残失约5个字，现存诗句起自“临川”；第8—27行字全；第28行上部残缺的一个半字存于P.5007，据此知两号文书可缀合；第29行下部存有少量笔画，亦可与P.5007缀合。另一面存字约22行，但今见之文书黑白图版不甚清晰，墨色深浅不一，颇难辨认，据尚存文字可知原为书状，后来在状文行间空白处写有诗句等，但极难识读，下文所录仅为其中尚可辨识的部分。

P.5007[②]，首尾均残。今标示的正面存字13行：第1行仅存最上面的一个字及第二个字的部分笔画，但可与S.6234缀合；第2行下部残失约三分之一；第3—10行字全；第11、12行下半部残失；第13行仅存上部5个字。所存内容涉及4首诗，其中第一首之诗题存于S.6234；第四首诗题颇长，以2行字表述，记录了诗作背景，史料价值极高，惜因卷纸残损而未留下全貌，诗句也仅存5个字。另一面存留了书写得非常疏朗的一通书状的5行字，其中第1行下半部残，其他各行字全，第3、4行之间的空白处有后人所写的源自书状用语的杂写“尊体动止万”。该书状字迹工整，行款严谨，第3行下部有致书人以小字书写的自己的名字“镇”。

---

① 文书图版见中国社会科学院历史研究所、中国敦煌吐鲁番学会敦煌古文献编辑委员会、英国国家图书馆、伦敦大学亚非学院编：《英藏敦煌文献（汉文佛经以外部分）》第10卷，成都：四川人民出版社，1994年，第209—210页。

② 文书图版见上海古籍出版社、法国国家图书馆编：《法国国家图书馆藏敦煌西域文献》第34册，上海：上海古籍出版社，2005年，第11页。

P.2672[①]，由2张纸粘接而成。今标示的正面存字41行，涉及13首诗，其中第一首仅存末句，第2—13首均留有诗题，少量字句残损，内中第13首因卷纸残破仅存前两句。另一面的第1张纸残损严重，字迹大多模糊难辨，据尚存文字可判知原为书状，后行间空白处被填写了大量文字，惜已难辨认。第2张纸所书原亦为书状，文字尚称清晰，此状纸后部留白颇多，遂被用于汇抄诗作，现存约为4首，其中两首阙题，最后一首因卷纸残损而不全。

关于这三号文书抄存的诗作，学界曾刊发过一些录文，或仅录一号或两号文书所抄，或尽录三号文书所存。依发表时间先后，相关成果主要有：王重民辑录、刘修业整理《〈补全唐诗〉拾遗》卷三《敦煌人作品》之末校录了P.5007抄存的3首诗[②]，是为该卷较早录文；巴宙《敦煌韵文集》收录了S.6234所存8首诗[③]，拟题为《敦煌杂咏》；陈祚龙《敦煌古钞中世诗歌一续》收录了S.6234所存8首诗[④]，拟题为《杂咏》；郑炳林《敦煌碑铭赞辑释》首次校录了P.2672诗集一面所抄各诗[⑤]；项楚《敦煌诗歌导论》第四章《乡土诗歌》第一节《残诗集两种》校订了陈祚龙所录S.6234所抄8首诗，第四节《敦煌风貌》校录了P.5007抄存的《敦煌》《寿昌》二诗[⑥]；徐俊《敦煌诗集残卷辑考》首次集中校录了三号文书所抄诗作[⑦]；张锡厚《全敦煌诗》卷七六、一一一、九六分别校录了P.2672、S.6234、P.5007所存各诗[⑧]；郑炳林、郑怡楠《敦煌碑铭赞辑释（增订本）》因认为诗集作者为高僧悟真，在《河西都僧统唐悟真邈真赞并序》的第一个长篇注释中校录了各纸诗抄一面所存诸诗，兼及另面所存部分诗稿[⑨]。以上录文多录而未注。于此

① 文书图版见上海古籍出版社、法国国家图书馆编：《法国国家图书馆藏敦煌西域文献》第17册，上海：上海古籍出版社，2001年，第179—181页。

② 王重民辑录，刘修业整理：《〈补全唐诗〉拾遗》，载朱东润、李俊民、罗竹风主编《中华文史论丛》1981年第4辑，上海：上海古籍出版社，1981年，第159—182页；后收入王重民：《敦煌遗书论文集》，北京：中华书局，1984年，第25—54页；又收入陈尚君辑校：《全唐诗补编》上册，北京：中华书局，1992年，第51—88页，P.5007抄存的3首诗的录文，见第84—85页。本文所据为《敦煌遗书论文集》本。

③ 巴宙：《敦煌韵文集》，高雄：高雄佛教文化服务处，1965年，第26—27页。

④ 陈祚龙：《敦煌古钞中世诗歌一续》，载氏著《敦煌学海探珠》上册，台北：台湾商务印书馆，1979年，第173—175页。

⑤ 郑炳林：《敦煌碑铭赞辑释》，兰州：甘肃教育出版社，1992年，第126—127页。

⑥ 项楚：《敦煌诗歌导论》，台北：新文丰出版公司，1993年；成都：巴蜀书社，2001年，第224—227、260—261页；北京：中华书局，2019年，第187—190页。本文所据为中华书局本。

⑦ 徐俊纂辑：《敦煌诗集残卷辑考》，北京：中华书局，2000年。

⑧ 张锡厚：《全敦煌诗》，北京：作家出版社，2006年。P.2672录文载于卷七六，第8册，第3455—3473页。S.6234录文载于卷一一一，第10册，第4459、4460—4468页。P.5007录文分载于卷九六，第9册，第4006页；卷一一一，第10册，第4459、4467、4469—4470页。

⑨ 郑炳林、郑怡楠：《敦煌碑铭赞辑释（增订本）》，上海：上海古籍出版社，2019年，第394—395页。

还需特别说明的是，荣新江先生曾发表《唐人诗集的钞本形态与作者蠡测——敦煌写本S.6234+P.5007、P.2672综考》①，虽未集中校录诸诗，却对部分诗文所涉历史地理问题等进行了精深考证。

由于此三号文书字迹模糊难辨，上述各家录文相左处颇多。今受益于已可看到两号法藏敦煌文书的彩色图版，笔者勉力重新校录，为便于读者比对并形成自己的看法，后文校记中将酌情揭示笔者所录与集中校录三号文书所抄诗作的徐俊《敦煌诗集残卷辑考》、郑炳林等《敦煌碑铭赞辑释（增订本）》之间的主要差异。

二、诸诗校注

前揭拙文《敦煌文书P.2672V+…+P.5007V+S.6234V所存晚唐书状整理与研究》已讨论了现存4纸的粘接顺序，相关论述与下文将校理各诗的抄写顺序密切相关，今不再重复推理过程，仅依拙文结论，即现存诗作的抄写顺序为S.6234+P.5007+…+P.2672、P.2672V+…+P.5007V+S.6234V，逐次校录。②

【阙题】③

▭甓（？）静▭

【阙题】④

▭ 傅⑤歌 ▭

□□□□□□□，□□□□□□□。

高丽曾破收南界，回鹘犹闻在北□。

□□□□□□□，倾杯乐醉舞筵中。

① 荣新江：《唐人诗集的钞本形态与作者蠡测——敦煌写本S.6234+P.5007、P.2672综考》，载四川大学中国俗文化研究所编《项楚先生欣开八秩颂寿文集》，北京：中华书局，2012年，第141—158页。下文引用该文时，一般不再标示副标题。

② 此校录次序与徐俊《敦煌诗集残卷辑考》等不同，徐先生的序次为S.6234、S.6234V、P.5007、P.2672、P.2672V。

③ 此首诗，原卷仅存2字，徐俊《敦煌诗集残卷辑考》、郑炳林等《敦煌碑铭赞辑释（增订本）》均未录。自此始共有9首诗抄于S.6234。

④ S.6234现存卷纸首部仅一小片，为3行诗文的中部，其中第1行仅存上录“甓（？）静”2字，第2行现存部位无文字，参酌全卷书写惯例，该行应为诗题行，而诗题一般写于上半部，今残失。

⑤ “傅”，徐俊《敦煌诗集残卷辑考》、郑炳林等《敦煌碑铭赞辑释（增订本）》录作“传”。

【阙题】[①]

□□□□□，临川钓水（?）沤（?）。
美他宾雁过[②]，怅望杵声[③]秋。
落叶飘寒野，吟风客思愁。
长歌明月夜，谁敢恃知州。

因国十一求干脯

几度韶三月，那闻肉味香。
更堪思曝脯，远示好文章。
胡越[④]才为友，秋田网未张。
为君出游獦[⑤]，舞剑向砂场。

问友人疾

未委[⑥]何时疾，轻微免着床。
大须飡保药，少是饮琼浆。
有阙驰书问，亲临徂[⑦]路长。
塞垣唯委命[⑧]，无处召医王[⑨]。

酒泉太守

将军施豹略[⑩]，仗钺匣龙泉。[⑪]
皃质霜威镜[⑫]，弯弧覆阵船。
平吴愁范蠡，激水笑张骞。
控御西陲静，封侯贺圣年。

---

① 原卷诗题污漫难辨。

② “他”，从项楚《敦煌诗歌导论》，徐俊《敦煌诗集残卷辑考》、郑炳林等《敦煌碑铭赞辑释（增订本）》录作“池”。“宾雁”，即鸿雁。语本《礼记·月令》：“〔季秋之月〕鸿雁来宾。”

③ “杵声”，以杵捣物声，尤指捣衣声。唐孟郊《闻砧》诗：“杵声不为衣，欲令游子归。”

④ “胡越”，此处泛指北方和南方的各民族。

⑤ “獦”，此处同“猎”，项楚《敦煌诗歌导论》即径录作“猎”。

⑥ “委”，知悉。徐俊《敦煌诗集残卷辑考》、郑炳林等《敦煌碑铭赞辑释（增订本）》录作“季”。

⑦ “徂”，往，去。徐俊《敦煌诗集残卷辑考》录作“俎（诅）”，郑炳林等《敦煌碑铭赞辑释（增订本）》录作“诅”。

⑧ “委命”，听任命运支配。

⑨ “王”，郑炳林等《敦煌碑铭赞辑释（增订本）》录作“工”。

⑩ “豹略”，古代兵书《六韬》中有《豹韬》篇，后因以“豹略”指用兵的韬略。

⑪ 原卷以上2句行右有以淡墨添改文字“少俊复英杰，美艺舞”。

⑫ “霜威镜”，原卷如此，项楚《敦煌诗歌导论》录作“威霜镜”。“霜镜”，谓明镜，喻指明察清廉的官吏。

秋日茙葵①

茙葵霜覆逐风斜，落尽红花与白花。
可惜对君无好酒，枉抛颜色弄朝霞。

玩月

玉兔当空云不遮，雪山西面照长沙。
重轮岂是乌孙圣，皎洁分明为汉家。

西州②

交河③虽远地，风俗易（异）④中华。
绿树参云秀，乌桑戴花发⑤。
□□居猃狁，芦酒宴胡笳⑥。
人道⑦归唐国，三年路不县⑧。

酒泉⑨

建康⑩碛外酒泉城，御史新收伫甲兵。
花柳移风含叶□，战孽休擂绝搀抢⑪。

---

① “茙葵”，又名荆葵、蜀葵、芘芣。〔晋〕崔豹《古今注·草木》：“荆葵，一名茙葵，一名芘芣，似木槿而光色夺目，有红有紫有青有白有黄，茎叶不殊，但花色有异耳。一名蜀葵。”〔南朝梁〕任昉《述异记》卷上：“茙葵，本胡中葵，似葵而大者。”

② 原题作“轮台”，后以粗笔在其上复书“西州”2字。

③ “交河”，原写作“轮台”，后以粗笔于其上复书“交河”2字。

④ “易（异）”，郑炳林等《敦煌碑铭赞辑释（增订本）》径录作“异”。

⑤ “发”，原卷“花”下一字写于卷纸最下端，仅残存上部少量笔画，该字右侧添写有一字，今大部分笔画依稀可见，故如是校录。此句后3字，徐俊《敦煌诗集残卷辑考》、项楚《敦煌诗歌导论》、郑炳林等《敦煌碑铭赞辑释（增订本）》录作“戴□花”。

⑥ “芦酒”，指以芦管插酒桶中吸而饮之的饮酒方式。“胡笳”，我国古代北方民族的管乐器，传说由西汉张骞从西域传入，汉魏鼓吹乐中常用之。

⑦ “人道”，意为人们说。徐俊《敦煌诗集残卷辑考》、项楚《敦煌诗歌导论》、郑炳林等《敦煌碑铭赞辑释（增订本）》录作“大道”。

⑧ “县”，远。《汉书·高帝纪下》：“秦，形胜之国也，带河阻山，县隔千里。”徐俊《敦煌诗集残卷辑考》录作“赊”，郑炳林等《敦煌碑铭赞辑释（增订本）》录作“归”。

⑨ 此诗今分见于S.6234与P.5007，卷纸略呈斜向撕裂，故前3句存于S.6234，第4句首字“战”存于P.5007，第2字“孽”见于两卷，后5字及第5、6句存于S.6234，第7、8句则见于P.5007。

⑩ “建康”，荣新江《唐人诗集的钞本形态与作者蠡测》（155页）已指出：“这里的建康是指河西的建康，前凉张骏曾于此设郡，属凉州；唐朝设建康军，隶属河西节度使，位于甘州西二百里处，再往西就是酒泉城了，诗文所述地理位置非常准确。”

⑪ “擂”，同“擂”。“搀抢”，亦作“搀枪”，彗星名，即天搀、天抢。古人以搀抢为妖星，主兵祸，故又可引申指凶渠。

□渠□□金河水[①]，五牸[②]分行玉畔耕。
直为唐朝明主圣，感恩多处贺□□。

敦煌

万顷平田四畔沙，汉朝城垒属蕃家。
歌谣再复归唐国，道舞春风杨柳花。
仕女上（尚）缳（？）[③]天宝髻，水流依旧种桑麻。
雄军往往施鼙鼓，斗将徒劳猃狁夸[④]。

寿[⑤]昌

会稽碛畔亦疆场[⑥]迥，出平田筑寿[⑦]昌。
沙漠雾深鸣（？）□雁[⑧]，草枯犹未及重阳。
狐裘上（尚）[⑨]冷搜红髓，絺葛[⑩]那堪卧□霜。

---

① 此句中笔者未录出的3字，首字徐俊《敦煌诗集残卷辑考》、郑炳林等《敦煌碑铭赞辑释（增订本）》均录作“迁”；后2字，徐俊《敦煌诗集残卷辑考》录作“畂（亩）上”，郑炳林等《敦煌碑铭赞辑释（增订本）》径录作“亩上”。

② “五牸”，指牛、马、猪、羊、驴五种母畜。“牸”，郑炳林等《敦煌碑铭赞辑释（增订本）》录作“特”。

③ “缳（？）”，原卷此字被浓墨涂改，较难辨认，徐俊《敦煌诗集残卷辑考》、郑炳林等《敦煌碑铭赞辑释（增订本）》录作“采”。

④ 项楚《敦煌诗歌导论》（第260页）认为“这句是倒装句法，顺说应是‘猃狁徒劳夸斗将’，表示了对敌人的蔑视态度”，并称“此首作于张义潮起义赶走吐蕃，敦煌重归唐朝版图之后不久。诗中表现出归义军政权初期敦煌的兴旺景象和欢快气氛”。

⑤ “寿”，原卷先书为“受”，其上另有字体略大的“寿”字，当为后来发现“受”字之误而进行的校改。

⑥ 关于此句，荣新江《唐人诗集的钞本形态与作者蠡测》（156页）谓：“实际上，河西之会稽在瓜州常乐郡。《晋书》卷一四《地理志》记，元康五年（295）立会稽县，属晋昌郡。《通典》卷一七四《州郡典》瓜州条：‘苻坚徙江汉之人万余户于敦煌，中州人有田畴不辟者亦徙七千余户。凉武昭王遂以南人置会稽郡，以中州人置广夏郡。’北周时废郡为县，地点在晋昌郡治。后县治迁到玉门废县，即今赤金堡地。很可能作者这里是要写‘晋昌’的，结果误‘晋’为‘受’，再误改作‘寿’；如果不是这样，那就是作者把晋昌故地的会稽误安到寿昌头上了。”

⑦ “寿”，原卷亦先书为“受”，后涂抹并于行右校改为“寿”。

⑧ “沙”字之前原本写有一“花”字，后被涂黑。“漠”，原卷先写作“幕”，后点去该字下部的组成部分“日”，又于字的左侧添加“氵”，故今录作“漠”。王重民《〈补全唐诗〉拾遗》、项楚《敦煌诗歌导论》录作“幕”。“雁”前一字原卷残失下部，徐俊《敦煌诗集残卷辑考》、郑炳林等《敦煌碑铭赞辑释（增订本）》录作“故”。

⑨ “上（尚）”，郑炳林等《敦煌碑铭赞辑释（增订本）》径录作“尚”。

⑩ “絺葛”，葛布。“絺”，细葛布。《尚书·禹贡》：“厥贡盐絺，海物惟错。”孔传：“絺，细葛。”“葛”，草木纤维制成的织物。葛布为气温高时穿用，不能御寒。〔唐〕李绅《闻里谣效古歌》即谓：“冬有褴襦夏有絺，兄锄弟耨妻在机。”

邹曾（鲁）①不行文墨少，移风走投托西王②。

仆固天王乾符三年四月廿四日打破伊州□去（?）▭录打劫酒泉后却叛（?）断恩（?）③▭

为言回鹘倚凶（?）④

【阙题】

回骑此州来。⑤

胡桐树

张骞何处识胡桐⑥，元出姑臧赤岸东。

条异乌桑阴褱褱⑦，枝生杏叶密蒙笼。

徒劳大夏看筇竹⑧，谩⑨向楼兰种一丛。

为恨玉门关〔□〕路⑩，泪痕长滴怨秋风。

焉耆

万里聘焉耆，奔程踏丽龟⑪。

---

① “邹曾（鲁）”，据文意校改，“曾”为“鲁”字形近之讹，郑炳林等《敦煌碑铭赞辑释（增订本）》径录作“鲁”。“邹鲁”，邹国、鲁国的并称，分别为孟子、孔子故乡，后因以“邹鲁”指文化昌盛之地、礼义之邦，也可用来借指孔孟。

② “走”，原本写为“徒”，后将“彳”涂去。“投”，原本写为“突”或“哭”，后于行右另写一字，该处卷纸有残损，现存笔画依稀似“投”。“托”，因卷纸略残而不甚清晰。饶宗颐谓“托西王”“即指拓西大王曹议金”，恐未妥。此句，王重民《〈补全唐诗〉拾遗》、项楚《敦煌诗歌导论》录作“移风徒哭说西王”，徐俊《敦煌诗集残卷辑考》、郑炳林等《敦煌碑铭赞辑释（增订本）》录作“移风徒突托西王”。

③ “叛（?）”，王重民《〈补全唐诗〉拾遗》、徐俊《敦煌诗集残卷辑考》、郑炳林等《敦煌碑铭赞辑释（增订本）》录作“□”。“恩（?）”，徐俊《敦煌诗集残卷辑考》、郑炳林等《敦煌碑铭赞辑释（增订本）》录作“因”。

④ P.5007卷残止于此处。

⑤ P.2672卷始于此句。

⑥ “胡桐”，胡杨的别名。《汉书·西域传上·鄯善国》：“国出玉，多葭苇、柽柳、胡桐、白草。”颜师古注：“胡桐亦似桐，不类桑也。虫食其树而沫出下流者，俗名为胡桐泪，言似眼泪也。可以汗金银也，今工匠皆用之。流俗语讹呼泪为律。”

⑦ “褱褱”，树木繁盛的样子。《玉篇·木部》：“褱，褱褱，木盛貌。”郑炳林等《敦煌碑铭赞辑释（增订本）》录作“攘攘”。

⑧ “筇竹”，竹名，常被用来制作手杖。〔唐〕杜甫《送梓州李使君之任》诗：“老思筇竹杖，冬要锦衾眠。”〔清〕仇兆鳌注：“《蜀都赋》：‘筇杖传节于大夏之邑。’〔东晋〕顾凯之《竹谱》：‘筇竹，高节实中，状若人，剖为杖。出南广邛都县。’《竹记》云：‘邛州多生竹，俗谓之扶老竹。’”

⑨ “谩”，通“漫”。郑炳林等《敦煌碑铭赞辑释（增订本）》径录作“漫”。

⑩ 此句原卷当脱一字。

⑪ “丽龟”，本谓射中禽兽背部隆起的中心处，此处殆指对圆满完成使命的期待。《左传·宣公十二年》：“麇兴于前，射麇丽龟。”杜预注：“丽，着也；龟，背之隆高当心。”杨伯峻注：“古之田猎者，其箭先着背以达于腋为善射。”〔前蜀〕贯休《送黄宾于赴举》诗：“□师无一事，应见丽龟归。”

碛深嗟狐媚①，山远象蛾眉。
水陆分三郡，风流效四夷。
故城依绝域，无日不旋师。

番禾县②

五柳和风多少年，琴堂墳毁旧山川。
城当河口凭石壁③，地接沙场种水田。
经乱不输乡国税，昔时繁盛起狼烟。
夷人相勉耕南亩，愿拜乘凫④贡上天。

金河⑤

县名标振武⑥，波浪出西凉。
直注⑦居延海，分流袭战场。
塞城滋黍稷，地利赖金汤。
道性通川瀞，风涛⑧怨异乡。

---

① 荣新江《唐人诗集的钞本形态与作者蠡测》（157页）谓："作者提到所经过的地方有'狐媚'碛。此名又见于蒙古高原发现的三语合璧《九姓回鹘可汗碑》，……说的是漠北回鹘怀信可汗与吐蕃争夺西域北道之事，其中狐媚碛就在北庭与龟兹之间，大概接近于术的地方，而于术则在焉耆西七十里处，出焉耆五十里先到铁门关，再西行二十里即于术守捉城，可见狐媚碛在焉耆周边。林梅村先生考证碑文中的狐媚碛就是《新唐书·地理志》所记西州、焉耆间的银山碛。……其说不无道理，可知翁郜去焉耆，走的是从西州经银山道往焉耆的道路，这也是最主要的往焉耆的路线。"按：荣先生认为诗作者为翁郜，前引文中"翁郜去焉耆"由此而起。

② "番禾县"，凉州属县，在今甘肃永昌。

③ 原卷此句先写作"城危依硖口当冲要"，后涂去部分文字并于行右添补校改字，此据修改后校录。此句，郑炳林等《敦煌碑铭赞辑释（增订本）》录作"城依峡口当冲要（城危河口凭石壁）"。

④ "乘凫"，文意未明。疑或与"乘轩鹤"典故有关：春秋时只有大夫才能乘轩，但卫懿公好鹤，故鹤亦乘轩。事见《左传·闵公二年》。〔唐〕沈佺期《移禁司刑》诗讽曰："宠迈乘轩鹤，荣过食稻凫。"后人遂以"乘轩鹤"喻指无功受禄的人。

⑤ 原卷题下有墨色浅淡的添注"亦名呼蚕水"，系对诗题的注解。

⑥ 关于此句，荣新江《唐人诗集的钞本形态与作者蠡测》（155—156页）进行了考证，谓："《汉书》卷二八《地理志》酒泉郡禄福县：'呼蚕水出南羌中，东北至会水入羌谷。'即今甘肃省西部陶勒河、北大河。据《元和郡县图志》卷四十，汉之禄福县，即唐之肃州酒泉县，而居延海在甘州东北一百六十里。则此处之金河，当在肃州，为十六国时期西凉旧地。诗之首句称'县名标振武'，按唐金河县天宝四载置，即振武军所在，治所在今内蒙古托克托县，金河即今大黑河。可见，如果是振武之金河，那就不会是'亦名呼蚕水'，也不会流入居延海。根据作者提到的其他地名，这里的金河应当是河西呼蚕水的别名，但作者把它误会成振武军的金河了，故有'县名标振武'的诗句。"

⑦ "直注"，原写作"直入"，后于右侧另写2字，似是对"直入"的校改，但书于行右的第一个字又被完全涂抹。今所录为原写之"直"字和校改的第2个字"注"。徐俊《敦煌诗集残卷辑考》、郑炳林等《敦煌碑铭赞辑释（增订本）》录作"直入"。

⑧ "涛"，原卷此处残，旁注"涛"字，据录。

闲吟[①]

寂寞关山月，萧条胡渭州。
看朝天莫（暮）[②]黫，听取感寒秋。
欲打南蛮子，徒嗟望海愁。
柘（拓?）回征战罢，共唱播皇猷。

平凉堡[③]

魏主曾都击五凉，天然移国道消亡。
残云瓦解西陲阵，偃月戈鋋入帝乡[④]。
旧日柳营[⑤]今作镇，昔时州县废封疆。
山河上（尚）在犹繁盛，莫遣将军更卧墙[⑥]。

嘉麟县

道消堪泣遇嘉麟，县毁西凉后魏臣。
昔日百城曾卧治[⑦]，如今五柳不□春（?）[⑧]。
开元□□□□□[⑨]，谩假橐（橐）驝坍（坼）战轮[⑩]。

---

① 据王昆吾《隋唐五代燕乐杂言歌辞研究》（北京：中华书局，1996年，第60页），此诗为嵌曲名诗，《关山月》《胡渭州》《暮黫》《感寒秋》《南蛮子》《望海愁》《播皇猷》等均为唐曲子名。其说是。

② “莫（暮）”，郑炳林等《敦煌碑铭赞辑释（增订本）》径录作“暮”。

③ 原卷题下有墨色浅淡的添注“太延五年拓拔寿（焘）伐凉”，系指北魏灭建都于武威的北凉一事。荣新江《唐人诗集的钞本形态与作者蠡测》（154页）谓：“唐朝平凉县属关内道原州，在今甘肃平凉县。……这里的平凉堡，亦应在凉州境内，若为原州之平凉，则似乎不在河西都防御使的势力范围。”此处荣先生提到“河西都防御使的势力范围”，亦与其认为诗作者为曾担任河西都防御使的翁郜有关。

④ “偃月”，此处指“偃月营”“偃月阵”，营阵名。《新唐书·突厥传上》：“大将将兵，柄不得专，一曰为偃月，一曰为鱼丽，三军万夫，环旋翔佯，怳骇之间，虏骑乘之。”戈鋋，可泛指兵器。《文选·班固〈东都赋〉》：“元戎竟野，戈鋋彗云。”李善注：“《说文》曰：‘鋋，小矛也。’”

⑤ “柳营”，严整的军营。汉时周亚夫为将军，治军谨严，驻军细柳，号细柳营。

⑥ 疑此句系借用“将军壁死”典故。《史记·秦始皇本纪》记：“（秦王政）八年，王弟长安君成蟜将军击赵，反，死屯留。军吏皆斩死，迁其民于临洮。将军壁死，卒屯留蒲鶮反，戮其尸。河鱼大上，轻车重马东就食。”“将军壁死”，张守节正义谓：“言成蟜自杀壁垒之内。”

⑦ “卧治”，《史记·汲郑列传》记载，西汉时汲黯为东海太守，“多病，卧闺阁内不出。岁余，东海大治”。后召为淮阳太守，不受。武帝曰：“吾徒得君之重，卧而治之。”后人因以“卧治”谓政事清简，无为而治。

⑧ “五柳”，因部分关键文字残失，句意难以确知，参酌上句用汲黯之典，疑此处“五柳”或指晋陶潜的别号五柳先生。陶潜曾作《五柳先生传》以自况，文中云：“宅边有五柳树，因以为号焉。”后人用以泛指志趣高尚的隐士。本句中因卷纸残缺而无法录出的字，徐俊《敦煌诗集残卷辑考》录作“沾”，郑炳林等《敦煌碑铭赞辑释（增订本）》录作“知”，或许两位先生校录时该字尚存。

⑨ 句中后5字因卷纸残缺而无法录出。第3、5字，徐俊《敦煌诗集残卷辑考》分别录作“田”“徒”，或许徐先生校录时2字尚存。

⑩ 此句，郑炳林等《敦煌碑铭赞辑释（增订本）》录作“漫仰橐驼城战轮”。

户口怨随羌虏族[①]，思乡终拟效□□[②]。

铁门关[③]

铁门关外东西道，过尽前朝多少人。
客舍丘墟存旧迹，山川犹自□□鳞[④]。
掊沙偃[⑤]水燃刁斗，黄叶胡桐以代薪。
信□弯[⑥]弧愁虏骑，潜奔不动麝香（？）尘。

自述[⑦]

羝羊何事触西蕃（藩）[⑧]，进退难为出塞垣。
毛短更忧刀机苦，哀鸣伏听主人言。

塞上逢友人[⑨]

相逢悲喜两难任，话旧诗新益寸心[⑩]。
执手更言西域去，塞垣何处会知音。
敦煌上计[⑪]程多少，纳职[⑫]休行更入深。
早晚却回归旧业，莫随蕃丑左衣衿。

① 此句，郑炳林等《敦煌碑铭赞辑释（增订本）》录作“户口残□随羌虏”。

② 此句末2字因卷纸残缺而无法录出，徐俊《敦煌诗集残卷辑考》录作“唐人”，或许徐先生校录时2字尚存。此句，郑炳林等《敦煌碑铭赞辑释（增订本）》录作“狭思乡□终拟效”。

③ 荣新江《唐人诗集的钞本形态与作者蠡测》（157—158页）谓：“关在焉耆西五十里，是西域中道往来的重要关隘。……铁门关才是诗人走的最远的地点。”

④ 此句第5、6字因卷纸残缺而无法录出，徐俊《敦煌诗集残卷辑考》、郑炳林等《敦煌碑铭赞辑释（增订本）》录作“叠鱼”，或许两位先生校录时2字尚存。

⑤ “偃”，“堰”的古字。郑炳林等《敦煌碑铭赞辑释（增订本）》即录作“堰”。

⑥ “弯”，郑炳林等《敦煌碑铭赞辑释（增订本）》录作“弓”。

⑦ 原卷题下有后来添写的六七个字，但漫损严重，无法识读。

⑧ 此句系借用“羝羊触藩”典故。“羝羊”，本谓公羊。《诗·大雅·生民》：“取羝以軷。”毛传：“羝羊，牡羊也。”“羝羊触藩”，亦可省作“羝触藩”，指公羊角钩在篱笆上，用以比喻进退两难。《易·大壮》：“羝羊触藩，不能退，不能遂。”是为“羝羊困”。

⑨ 原卷题下有后来添写的两三个字，但漫损严重，无法辨识。

⑩ “话”，郑炳林等《敦煌碑铭赞辑释（增订本）》录作“语”。“诗新”，徐俊《敦煌诗集残卷辑考》认为2字“行侧有倒乙符号”，遂录作“新诗”。今据文书彩色图版可知，所谓倒乙符号实为卷纸破损处，以往黑白图版无法显示，且“话旧”与“诗新”正相对仗。

⑪ “上计”，古时地方官于年终将境内户口、赋税、盗贼、狱讼等项编造计簿，遣吏逐级上报，奏呈朝廷，借资考绩，谓之“上计”。

⑫ “纳职”，县名，唐贞观四年（630）置，属伊州，治所地在今新疆哈密市西。《元和郡县图志》卷四〇“纳职县”：“其城鄯善人所立，胡谓鄯善为纳职，因名县焉。”开元六年（718）废，十五年（727）复置，后废。

述怀寄友人

弱冠忍[①]离家，婁（屡）曾通消息。

意气感凌云，假官向□掖[②]。

私弟（第）少诗书，公门务差役[③]。

蹇泊（薄？）[④]转他乡，宾鸿[⑤]可请□。

鄙夫映雪山，吾人休割席[⑥]。

岂但要躬耕，高歌为畅适。

佐理竭深诚，封侯慕忠赤。

东柜（拒）剑门关，西陲噭[⑦]肝碛。

天地□清浊[⑧]，乾坤依薄藉[⑨]。

勉力再图之，修文在踧踖[⑩]。

特牛沙

孟津[⑪]河畔路陗峻，特牛沙□起无行[⑫]。

重阳[⑬]

共登南堡宴重阳，夤眼颦媚（眉）望故乡。

---

①“忍”，郑炳林等《敦煌碑铭赞辑释（增订本）》录作“思”。

②“假官”，临时授予官衔。〔宋〕周密《武林旧事·人使到阙》：“四日，赴玉津园燕射，命善射者假官伴之。”句中第4字因卷纸残缺而无法录出，徐俊《敦煌诗集残卷辑考》、郑炳林等《敦煌碑铭赞辑释（增订本）》录作“张”，或许两位先生校录时该字尚存，以意度之，很可能原为“张”。

③“役”，徐俊《敦煌诗集残卷辑考》、郑炳林等《敦煌碑铭赞辑释（增订本）》录作“侈”。

④“蹇泊（薄？）”，徐俊《敦煌诗集残卷辑考》、郑炳林等《敦煌碑铭赞辑释（增订本）》录作“蓬泊”。谛审文书彩色图版，在黑白图片上看似“辶”的部分实为卷纸裂缝，原卷无此偏旁。笔者疑“泊”为“薄”音近之讹，如是，此处当以“蹇薄”之意解，即谓命运不好。

⑤“宾鸿”，即宾雁、鸿雁，喻指信使或羁客。

⑥“割席”，〔南朝宋〕刘义庆《世说新语·德行》：“管宁、华歆……又尝同席读书，有乘轩冕过门者，宁读如故，歆废书出看。宁割席分坐，曰：‘子非吾友也。’”后以“割席”谓朋友绝交。

⑦“噭”，郑炳林等《敦煌碑铭赞辑释（增订本）》录作“潡”，2字通。

⑧ 句中第3字因卷纸残缺而无法录出，徐俊《敦煌诗集残卷辑考》、郑炳林等《敦煌碑铭赞辑释（增订本）》录作“分”，或许两位先生校录时该字尚存。

⑨“薄藉”，郑炳林等《敦煌碑铭赞辑释（增订本）》录作“簿籍”。

⑩“踧踖”，恭敬而不安的样子。

⑪“孟津”，古黄河津渡名，地当今河南省孟津县东北、孟县西南，为历代兵家争战要地。相传周武王在此盟会诸侯并渡河，故一名“盟津”。一说本作“盟津”，后讹作“孟津”。

⑫ 句中第4字因卷纸残缺而无法录出，徐俊《敦煌诗集残卷辑考》、郑炳林等《敦煌碑铭赞辑释（增订本）》录作“风”，或许两位先生校录时该字尚存。此句之后，原卷残失。

⑬ 自此始4首诗书于P.2672V第二纸书状行间空白处，该卷第一纸书状行间亦有诗句，但因卷纸残损、字迹漫漶等原因，无法辨识。郑炳林等《敦煌碑铭赞辑释（增订本）》未录此诗。

桑落[①]酹浓倾一酌，雎鸠[②]歌咏两三行。
飞觞偶聚征西将[③]，捧菊深□御史□。
书了未能凭旅雁，梦亲拈杵[④]响前堂。

自述[⑤]

不衣绨袍以（已）数秋，罗巾帔（?）尽系缠头。
弯弓射虏遁蕃丑[⑥]，□鼓鸣更宿戍楼[⑦]。
一日悔称张掖掾，三年功大（?）[⑧]义阳侯。
辛勤自欲朝明主[⑨]，□策西陲置此州[⑩]。

【阙题】[⑪]

塞草凝霜白露浓，征人防戍卧[⑫]秋风。
寒穹不着西陲阵（?）[⑬]，虏骑难逃怯骏駥。
鬒发也曾冲贼徒（?）[⑭]，抡枪未省已□弓[⑮]。
方将竭力雠[⑯]明主，不惮沙场立勋[⑰]功。

---

① “桑落”，即桑落酒，古代美酒名。〔北魏〕郦道元《水经注·河水四》：“（河东郡）民有姓刘名堕者，宿擅工酿，采挹河流，酿成芳酎，悬食同枯枝之年，排于桑落之辰，故酒得其名矣。”

② “雎鸠”，亦作“鴡鸠”，水鸟名，一名“王鴡”，雕类，常在江渚山边食鱼，其鸣雌雄应和。《诗·周南·关雎》：“关关雎鸠，在河之洲。”朱熹集传：“雎鸠，水鸟，一名王雎，状类凫鹥，今江淮间有之。”《尔雅·释鸟》：“鴡鸠，王鴡。”郭璞注：“雕类，今江东呼之为鹗，好在江渚山边食鱼。”徐俊《敦煌诗集残卷辑考》录作“斑鸠”。

③ 此句原作“飞觞不多逢年少”，后涂去，并将现录诗句添改于行右。“飞觞”，举杯或行觞。《文选·左思〈吴都赋〉》：“里燕巷饮，飞觞举白。”刘良注：“行觞疾如飞也。大白，杯名，有犯令者举而罚之。”

④ 此句前4字，徐俊《敦煌诗集残卷辑考》录作“不问笳杵”。笔者认为原卷先书“不闻”，但行右后来添写的2字是对原字的校改，故今据之校录。至于第3个字，作者已以浓墨涂改，最初为何字很难确认，改后更似“拈”。

⑤ 此诗，郑炳林等《敦煌碑铭赞辑释（增订本）》未录。

⑥ “遁蕃丑”，意为使蕃丑逃遁。徐俊《敦煌诗集残卷辑考》录作“随蕃丑”。

⑦ 本句首字左下部残，徐俊《敦煌诗集残卷辑考》录作“叫”。

⑧ “功大（?）”，费解，暂从徐俊《敦煌诗集残卷辑考》。

⑨ “明主”，原卷于“明”字右上角及右侧以细墨线补画“㇆”，系敦煌文书中的常见符号，表示此字应换行顶格书写或至少上留些许空白以示敬。徐俊《敦煌诗集残卷辑考》将此2字录作“乡道”。

⑩ 此句前2字，徐俊《敦煌诗集残卷辑考》录作“喜筑”。

⑪ 原卷未书诗题，但诗句另起行书写，诗韵及主题亦变。此诗，郑炳林等《敦煌碑铭赞辑释（增订本）》未录。

⑫ “戍卧”，徐俊《敦煌诗集残卷辑考》录作“城即”。

⑬ “寒”，徐俊《敦煌诗集残卷辑考》录作“塞”。“着”，徐俊《敦煌诗集残卷辑考》录作“卷”。

⑭ 本句，徐俊《敦煌诗集残卷辑考》录作“□发已曾闻（贼）号”。“鬒发”，稠美的黑发。《诗·鄘风·君子偕老》：“鬒发如云，不屑髢也。”毛传：“鬒，黑发也。”

⑮ “抡枪”，徐俊《敦煌诗集残卷辑考》录作“□仓”。“已”，徐俊《敦煌诗集残卷辑考》录作“天”。

⑯ “雠”，应答，报答。《诗·大雅·抑》：“无言不雠，无德不报。”朱熹集传：“雠，答也。”徐俊《敦煌诗集残卷辑考》录作“阵（陈）”。

⑰ “勋”，徐俊《敦煌诗集残卷辑考》录作“战”。

【阙题】[①]

河湟新复□凉[②]城，道路通流陇水[③]清。

□净雪花迎瑞夕[④]，重轮云□日徧明[⑤]。

唐（？）□不□今（？）时聚（？）[⑥]，□□归[⑦]。

甘州[⑧]

雪山东面碛西头（？），连接□□苏武□。

暮吟汉月胡儿曲[⑨]，胡□甘州□□□。

愿□铭（？）感化从风[⑩]，□关□□□万顷。

醴泉温（？）水绕城流。[⑪]

【阙题】[⑫]

英灵有异人间事，□日封公五凤[⑬]来。

寄友人[⑭]

---

① 原卷未书诗题，但诗句另起行书写，诗韵及主题亦变。此诗，郑炳林等《敦煌碑铭赞辑释（增订本）》录作“河湟新复□弥城，遂骑通使陇华清。品子莲家衣红瑞，虔轮云□日漏明”。

② “凉”，徐俊《敦煌诗集残卷辑考》录作“□”。

③ “水”，徐俊《敦煌诗集残卷辑考》录作“上”。

④ 本句首字，徐俊《敦煌诗集残卷辑考》录作“坐”。

⑤ “重轮”，本有多意，参酌下句，此处当指日、月周围光线经云层冰晶的折射而形成的光圈。古代以为祥瑞之象。《隋书·音乐志中》：“烟云同五色，日月并重轮。”本句第4字，徐俊《敦煌诗集残卷辑考》录作“齐”。

⑥ 本句第2字，徐俊《敦煌诗集残卷辑考》录作“覆”；第4字，徐俊《敦煌诗集残卷辑考》录作“易”，按：原卷最初所写确似“易”字，只是其右侧又有一字，依该卷书写通例，当系对“易”字的校改，惜今已难辨识。

⑦ P.2672V止于此处。

⑧ 自此始3首诗写于S.6234V所存书状行间。

⑨ 此前2句，徐俊《敦煌诗集残卷辑考》、郑炳林等《敦煌碑铭赞辑释（增订本）》录作“□□苏武北海暮。空吟汉月胡儿曲”。谛审原卷，“空”字当属书状，而非诗作。

⑩ 此句前3字，徐俊《敦煌诗集残卷辑考》、郑炳林等《敦煌碑铭赞辑释（增订本）》录作“悬□□”。此后一句残损漫漶严重，徐俊《敦煌诗集残卷辑考》、郑炳林等《敦煌碑铭赞辑释（增订本）》未录。

⑪ “温（？）”，徐俊《敦煌诗集残卷辑考》、郑炳林等《敦煌碑铭赞辑释（增订本）》录作“□”。另外，原卷此诗前6句均每两句书为一行，但第4行仅写有1句，下半行空白。

⑫ 原卷仅写有2句，之前一行中部似写有诗题，但极其模糊，无法辨识。两句诗后有“退浑王姓达翁”等杂字。

⑬ “五凤”，谓凤凰五至，古人以凤凰至为祥瑞之征。《文选·班固〈两都赋序〉》：“神雀五凤，甘露黄龙之瑞，以为年纪。”李善注引应劭曰：“先者凤凰五至，因以改元。”

⑭ 此3字诗题独占一行，字迹尚称清晰，但后面写于书状尾部空白处的3行诗文的字迹却极其浅淡，漫漶严重，且卷纸上部、后部均已残失，无法识读出完整诗句，仅依稀可见“最恨之”“成调”“三年作□留诸”“甘州”等字。此诗，徐俊《敦煌诗集残卷辑考》、郑炳林等《敦煌碑铭赞辑释（增订本）》未录。

三、余言

以上笔者勉力校录整理了三号写卷抄存的30余首诗。由于诗作数量较多，各诗现存情况又颇为复杂，试归纳列表如下：

<table>
<tr><th>序号</th><th>诗题</th><th>句式句数</th><th>现存状况</th><th>文书编号①</th></tr>
<tr><td>1</td><td>【阙题】</td><td>无法确知</td><td>仅存2字</td><td rowspan="9">S.6234</td></tr>
<tr><td>2</td><td>【阙题】</td><td>七言八句</td><td>尚存3句</td></tr>
<tr><td>3</td><td>【阙题】②</td><td>五言八句</td><td>尚存7句</td></tr>
<tr><td>4</td><td>因国十一求干脯</td><td>五言八句</td><td>全诗存</td></tr>
<tr><td>5</td><td>问友人疾</td><td>五言八句</td><td>全诗存</td></tr>
<tr><td>6</td><td>酒泉太守</td><td>五言八句</td><td>全诗存</td></tr>
<tr><td>7</td><td>秋日茙葵</td><td>七言四句</td><td>全诗存</td></tr>
<tr><td>8</td><td>玩月</td><td>七言四句</td><td>脱一字</td></tr>
<tr><td>9</td><td>西州</td><td>五言八句</td><td>全诗存</td></tr>
<tr><td>10</td><td>酒泉</td><td>七言八句</td><td>数字残失</td><td>S.6234+P.5007</td></tr>
<tr><td>11</td><td>敦煌</td><td>七言八句</td><td>全诗存</td><td rowspan="3">P.5007</td></tr>
<tr><td>12</td><td>寿昌</td><td>七言八句</td><td>个别字残失</td></tr>
<tr><td>13</td><td>仆固天王乾符三年四月廿四日打破伊州□去（？）▭录打劫酒泉后却叛（？）断恩（？）▭</td><td>七言</td><td>仅存6字</td></tr>
<tr><td>14</td><td>【阙题】</td><td>无法确知</td><td>仅存5字</td><td rowspan="13">P.2672</td></tr>
<tr><td>15</td><td>胡桐树</td><td>七言八句</td><td>脱一字</td></tr>
<tr><td>16</td><td>焉耆</td><td>五言八句</td><td>全诗存</td></tr>
<tr><td>17</td><td>番禾县</td><td>七言八句</td><td>全诗存</td></tr>
<tr><td>18</td><td>金河</td><td>五言八句</td><td>全诗存</td></tr>
<tr><td>19</td><td>闲吟</td><td>五言八句</td><td>全诗存</td></tr>
<tr><td>20</td><td>平凉堡</td><td>七言八句</td><td>全诗存</td></tr>
<tr><td>21</td><td>嘉麟县</td><td>七言八句</td><td>数字残失</td></tr>
<tr><td>22</td><td>铁门关</td><td>七言八句</td><td>数字残失</td></tr>
<tr><td>23</td><td>自述</td><td>七言四句</td><td>全诗存</td></tr>
<tr><td>24</td><td>塞上逢友人</td><td>七言八句</td><td>全诗存</td></tr>
<tr><td>25</td><td>述怀寄友人</td><td>五言二十句</td><td>数字残失</td></tr>
<tr><td>26</td><td>特牛沙</td><td>七言</td><td>仅存2句</td></tr>
</table>

① 表中所示皆为《英藏敦煌文献（汉文佛经以外部分）》与《法国国家图书馆藏敦煌西域文献》之卷号标注方式，若按卷纸实际使用情况，卷纸正、背面恰与标注相反。

② 诗题部位污损严重，无法识读。

续表

序号	诗题	句式句数	现存状况	文书编号[①]
27	重阳	七言八句	数字残失	P.2672V
28	自述	七言八句	个别字残失	
29	【阙题】	七言八句	个别字残失	
30	【阙题】	七言六句	数字残失	
31	甘州	七言	仅见7句	S.6234V
32	【阙题】	七言	仅存2句	
33	寄友人	无法确知	仅个别字可识	

关于这些诗的作者，同时也是各书状的手书者，在前揭拙文《敦煌文书P.2672V+…+P.5007V+S.6234V所存晚唐书状整理与研究》中，笔者已表明赞同李军《敦煌本〈唐佚名诗集〉作者再议》[①]所持并非凉州都防御判官翁部，而是晚唐时活跃于敦煌地区的著名文士张球的观点，并据部分诗文内容及笔者有关张球的某些研究结论进行了补充论证，兹不赘述。

张球这些诗的创作时间跨度比较大，题材也非常广泛。或眷恋友情，如《塞上逢友人》《寄友人》等即是，其中《述怀寄友人》中的友人或为其故乡之友，二人都到了西北，友人任职于凉州，而张球自己则去了更偏远的敦煌，对这份特殊的同乡之谊格外珍重。或倾诉游宦者的思乡之情，如《重阳》、P.2672V所抄《自述》皆为其中的代表作，S.6234抄存的第三首阙题诗更是直言“吟风客思愁”。或吐露消沉情绪，如P.2672 所抄《自述》即直白地表述了困居异乡的无奈甚至懊悔，《问友人疾》中“塞垣唯委命，无处召医王”虽是对友人病弱时求医无门现状的同情，又何尝不是同命相连的喟叹。当然也有数篇展示闲情逸致的小诗，如以唐曲子名连缀而成的《闲吟》，咏物的《秋日茙葵》《玩月》《胡桐树》等，或许这些文人雅趣正是作者在从江南到西北的落差岁月中的亮色。尤堪注意的是，诗人每每以河西西域某一地区或古迹为吟咏对象，并常以地名为诗题，如《西州》《酒泉》《敦煌》《寿昌》《焉耆》《番禾县》《金河》《平凉堡》《嘉麟县》《铁门关》《甘州》等，其中既抒发了建功异域的豪情壮志，如P.2672V所抄《自述》即直抒胸臆，同卷留存的第一首阙题诗中的“不惮沙场立勋功”，更是壮怀激烈的呐喊，也有对各地相关史事的颂扬，如《酒泉》《敦煌》即感叹该地回归唐朝后昂扬向上的新气象。这些诗中蕴含着不少重要历史信息，如《酒泉》中的“御史新收伫甲兵”，而《仆固天王乾符三年四月廿四日打破伊州□去（？）☐录打劫酒泉后却叛（？）断恩（？）☐》诗题本身的信息量就非常大，它们对于考察河西各地

① 李军：《敦煌本〈唐佚名诗集〉作者再议》，《敦煌学辑刊》2017年第1期，第101—107页。

的收复及收复前后的历史状况意义重大。

只不过这30余首诗多有涂改痕迹，属于尚未定型的诗稿，又因卷残纸损、字草墨淡等原因，不少字句难以确认，加之现存可资佐证的史料不足及相关历史背景研究不够深透，目前我们对诸诗内容及其史料价值的认知还相当有限。本文仅是文献整理方面的初步尝试，希望能为研究者省却一些琐务与烦扰，至于进一步的深入研究，或可俟诸贤达与来日。

〔作者杨宝玉，中国社会科学院古代史研究所、敦煌学研究中心。北京，100101〕

读《西域出土古文书片》小札*

陈丽萍

摘　要：国内拍卖市场上辗转所见的《西域出土古文书片》为9件敦煌文书残片，是日本书法家中村素堂的旧藏品，此前一直不为人知。这9件文书包括寺名、人名杂写以及点勘、书仪和契约片段，内容较为丰富，但因为缺少其他背景，目前不清楚它们被收藏和流散的过程。而近年来拍卖市场上出现较多的日本散藏敦煌文书，是值得我们关注的流散敦煌文书“回流”现象。

关键词：文书；中村素堂；散藏；敦煌

保利香港拍卖有限公司2014年（10月6日）秋季拍卖会“‘东渡，西来’——禅林名僧墨迹与中、日、韩佛教美术”专场中，有一件编号LOT.2801的拍品，题为《敦煌龙兴寺　西域出土古文书片》。据保利拍品图册，该拍品为册页装，封面以隶书题“西域出土古文书片”，下有“素堂”朱印1枚，另还展示有1方“素堂书笈”朱印图，但未标注具体钤印处。册页内有9件大小不一的残片，因皆托裱于衬纸上，背面信息不详，而所标注尺寸27厘米×23厘米，当是册子的高、宽（图1）。此拍品年代被判定为公元7—8世纪，估价22万—28万港币。

* 本文为中国历史研究院“兰台青年学者计划”项目的阶段性成果。本文写作受到中国政法大学赵晶教授、山东大学武绍卫教授和日本爱知县立大学陈睿垚博士的帮助，特致诚谢。

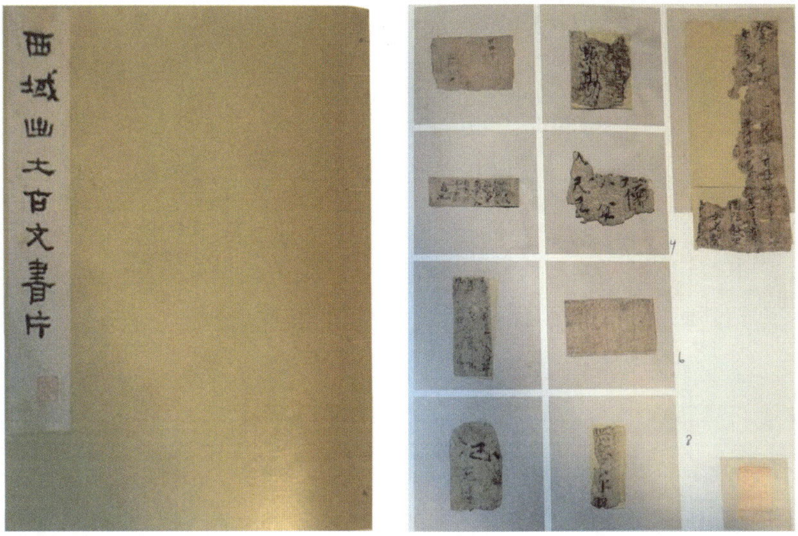

图1　保利拍品图册

又，中国嘉德国际拍卖有限公司2018年（6月20日）春季拍卖会“古籍善本·金石碑帖”专场中，有一件编号LOT.2255的拍品，题为《西域出土古文书片》，估价5万—8万元人民币，已成交。与嘉德拍品图册比对，可知LOT.2255与LOT.2801为同一件，合理的情形是该件拍品在保利流拍4年后又辗转至嘉德拍出，但金额不详。嘉德拍卖公司提供该拍品的信息略多一些，如还有一个配套的木盒子，隶书题签“西域出土古文书片　贞香卢架藏”。拍品尺寸标注为20.7厘米×20厘米，当为托裱文书内衬的长、高（图2）。

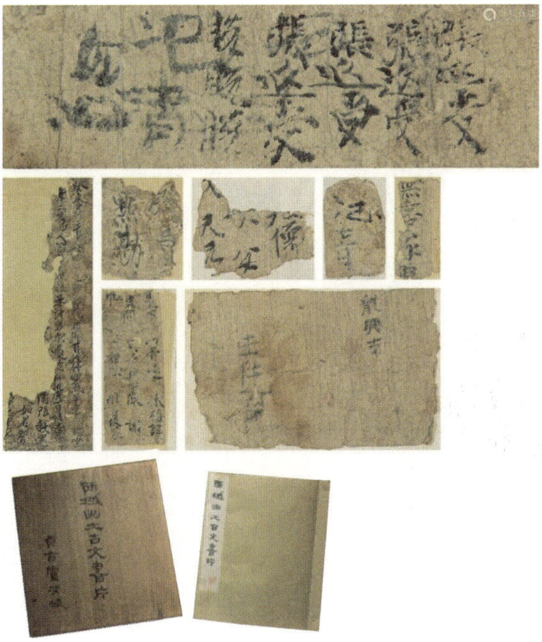

图2　嘉德拍品图册

更为珍贵的是，嘉德图册中还备注了该件为中村树堂藏品，并有藏者的简单介绍：

> 中村树堂（1901—1982），日本著名学者，曾任日本大正大学教授等职，致力于丝绸之路研究，曾经实地走访伊拉克、叙利亚、阿富汗等地。

不过，名为“中村树堂”的日本学者似难查对，而参比拍品上的“素堂”印以及“贞香”题签，可判定收藏者当为中村素堂，嘉德图册上的原藏者名有误。进一步对照中村素堂年谱，可多知其生平的细节：1901年5月2日出生于日本静冈县，本名仪雄，字完白，雅号素堂，别号空外子、鹊巢山民、祭墨洞主人、中尊草堂、陶咏室主人等。齐馆名有空外庵、易安堂、贞香山房、小天台室、不二波可万乃舍等。1923年创立贞香会。1943年曾到中国考察。1950年任职于大正大学。之后还在武藏大学、东海学园女子短期大学等大学任教。1973年成为大正大学名誉教授。1982年7月14日去世。

中村素堂先生是日本知名的书法大家，在其去世后的1984年1月，后人就在银座和光举办了其遗墨展。1995年2月，又在文京区小石川佛通院建立了先生纪念碑，约定以后每年5月2日举行洗碑会。1999年8月，中国书协中央国家机关分会与中国艺术报社在中国美术馆联合举办了“纪念中村素堂诞辰一百周年：贞香会书法展览”（图3）。2001年1月，江户东京博物馆举办了“书家——中村素堂の遗品”展。2005年，中国书法家协会和贞香会在中国美术馆联合主办了“日本贞香会书法展览”。2020年11月，江户东京博物馆举办了“読み、味わう昭和の书”展，也展出了中村素堂所收集的诗笺。中村先生一生书法作品和著述甚多，其中以《中村素堂遗墨集》（1984，图4）与《笔尖杂记：中村素堂随想集》（1988）等最为知名。

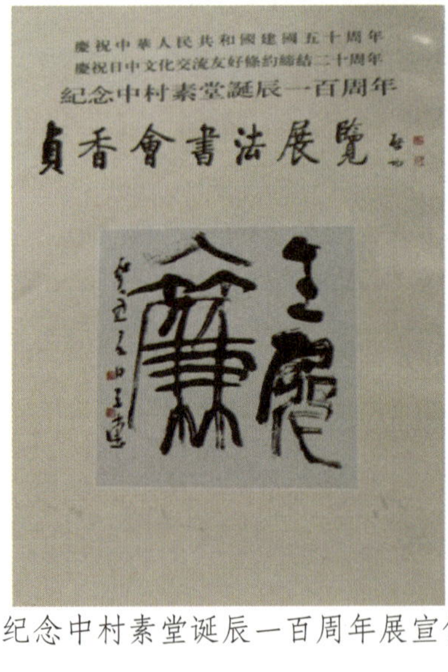

图3　纪念中村素堂诞辰一百周年展宣传册

图4　《中村素堂遗墨集》书影

中村素堂先生收藏敦煌文书之事，以前似未见诸报道，不过作为海外散藏敦煌文书最多的国家，日本收藏机构或个人的信息多较为隐秘，如之前确未公布过信息，也算合情理。但参照同为日本著名书法家的中村不折先生，其所藏敦煌文书多以遴选书法精品为准，[①]中村素堂所藏的这9件文书，无论尺寸、品相和书法等方面都有所欠缺，而且也不知何时、何地、以何种机缘得以收藏，以及它们是否源自一处或同时被收藏。中村素堂先生有专著《贞香庐清赏印谱》（1961），从拍品木盒上的题签“贞香卢架藏”，猜测《西域出土古文书片》所用为先生的另一别号“贞香庐”，所藏9件敦煌文书在其去世后再次流散。至于中村先生是否还有其他敦煌文书收藏，也只能俟来日探寻了。

《西域出土古文书片》中的9块残片具体尺寸不详，但从衬纸长、高仅20厘米左右可推知，每块都较小。按照保利图册中的顺序将它们分别标识为素堂-1至素堂-9，粗略释读如下。

素堂-1。存2行文字，依次为“龙兴寺”“王仁百”。“王仁百”似为人名，“龙兴寺”在敦煌文书中多有出现。据《唐会要》载，长安宁仁坊有贞观七年（633）所立之众香寺，神龙元年（705）二月改名中兴寺，时天下诸州皆有中兴寺观，后因右补阙张景源上疏建议，又皆改名龙兴寺观。[②]沙州的龙兴寺当也改名于唐中宗时，“龙兴寺”名或相关僧事在敦煌文书S.2436、S.2729、S.476、S.2614V、P.2712、P.2250、S.3565、P.3150、S.1946等号中皆有所见，时间从唐宝应二年（763）（S.2436《大乘起信论略述卷上》）一直延续至宋淳化二年（991）（S.1946《韩愿定卖妮子契》），故此处似为杂写的“龙兴寺”3字，无法确定文书的确切年代。

素堂-2。存2行文字，第1行为“□写□”，第2行为“点勘”。抄本时代的校勘工作极为重要，敦煌文献中多见各校勘题记，如S.4153《维摩诘经卷下》题记：“申年四月五日，比丘洪济共福胜，点勘了。”P.2715《孝经》题记：“孝经一卷。丁亥年六月十四日写毕。点勘一无脱错，传之后学，计不疑虑。记也。此是鲁国孔李七探讨之书，不勤□□。”（图5）此外，还有更多写有“勘校”（S.102）、“校勘”（P.2732）、“勘”（S.676）、“勘了”（S.726）、“勘记”（S.1144）、“勘定”（S.6568）等表示经过校勘的文献，有的甚至专用朱笔写“勘校”（P.3342，图6）、“勘定”（BD08679）等字，以示醒目。武绍卫以S.102《梵网经》为例，列举诸种校勘形式，说

① 中村不折藏品主体部分的图版，可参见［日］矶部章编：《台东区立书道博物馆所藏中村不折旧藏禹域墨书集成》，东京：二玄社，2005年。

②〔唐〕李林甫等撰：《唐会要》卷四八《寺》，上海：上海古籍出版社，2006年，第992—993页。

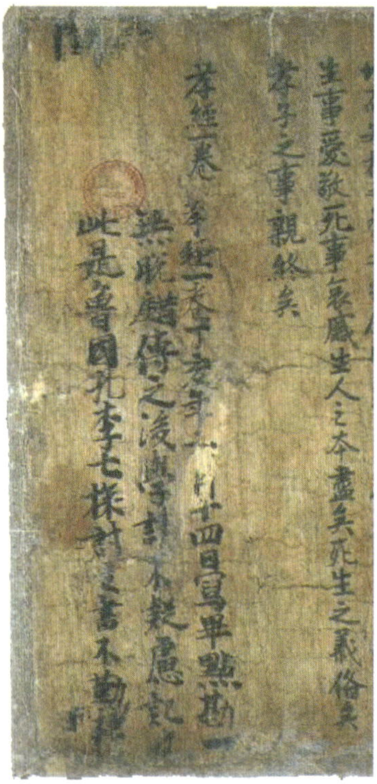

图5　P.2715题记

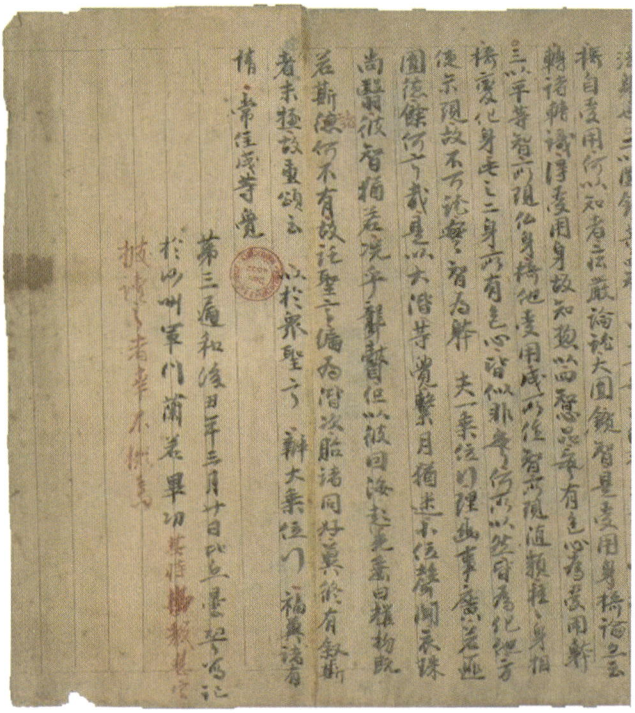

图6　P.3342朱笔校记

明在从抄本到定本过程中多次校勘工作的艰辛。[①]

素堂-3。存7行。第1—4行皆写“张延受”，第6—7行为“氾清忽”，皆为人名；第5行存3字，似皆为“脱”字。“张延受”又见于羽30《王梵志诗一卷》题记：“辛巳年十月六日，金光明寺学郎氾员宗写记之耳。张延受书卷。”[②]（图7）不知是否与素堂-3之“张延受”为同一人。鉴于敦煌文献中的人名多有简字、换偏旁或省略偏旁的现象，写于唐光启三年（887）闰十二月十五日的P.2568《张延绶别传》中记载，有“张延绶，字搢绅”，“河西节度金紫光禄大夫检校尚书左仆射河西万户侯南阳张公（字禄伯）之第三子也”（图8），或可以参考。又，敦煌文献中所见“辛巳年”学郎题记，还有如S.2614《大目乾连冥间救母变文并图一卷》题记“贞明七年（921）辛巳岁四月十六日，净土寺学郎薛安俊写，张保达又书”，也可参考。

① 武绍卫：《无名僧人的名山事业：中古时期僧人的日常抄经与校勘活动》，《中国史研究》2021年第2期，第123—140页。

②［日］公益财团法人武田科学振兴财团、杏雨书屋、吉川忠夫编：《敦煌秘籍影片册》第1册，大阪：杏雨书屋，2009年，第215—218页。

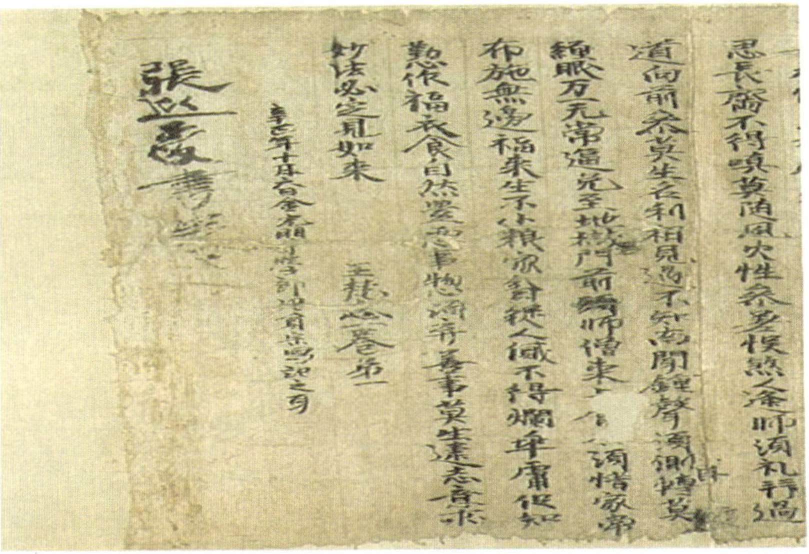

图7　羽30题记

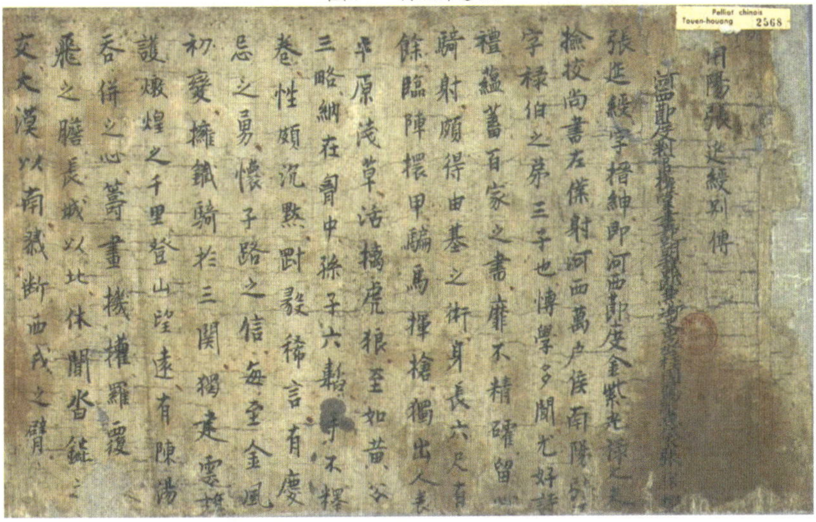

图8　P.2568《张延绶别传》

素堂-4。存3行，依次可识“儒”“尺元”“八丈”，无法衔接通读。

素堂-5。存3行，应为书信或书仪，可识读如下：

（前残）

1　首（?）次（?）下　功（?）贵（?）遂　休祯谨答▭

2　谘问□□尺（?）中陈　谢▭

3　惟　照察谨状昨日伏蒙▭

（后残）

据敦煌本书仪以及现存S.76V5《潘琼上秀才十三兄启》、S.5778《师弟咨师兄》、S.5866《某年十二月廿二日归真咨师兄》、S.10288《沙州报恩寺沙弥咨孔法律》等书信，可推测这应该是一件身份地位差别不大的平辈之间所写书信或书仪。[1]

素堂-6。素纸。

素堂-7。存1行，“氾三日”，当为杂写或人名。

素堂-8。存1行，“无客家□”，难以通读。

素堂-9。存4行，应为契约。过录如下：

1　癸未年三月廿四日立契。龙勒乡百姓竹加盈、平定子、谈㗊▭

2　□章三等四人，□无粮，无计方求，遂于神沙乡百姓安义□▭

3　▭价，限秋还▭

4　▭如若加盈▭

（后残）

素堂-9残损严重，幸赖第1行即有“癸未年三月廿四日立契”语，可确定这是一件契约。该件中出现的人名较难辨识，尤其“竹”姓很少见到，所见有S.1403《某年十二月十六日队头程住儿雇驴契》中的“竹加进”。“章三”，又见于P. 3365《甲戌年五月十日为府主大王小患施经历》、北大D215《廿六日见在僧名》等。[2]

敦煌契约中所见之“癸未年”，有羽27-1《癸未年十一月廿日百姓史喜苏买马契》[3]、P.4803《癸未年正月廿二日张幸德卖褐契》、S.6452V《癸未年正月一日龙勒乡百姓樊再升雇工契稿》、P.45143AV《癸未年二月十九日常住百姓张骨子便麦契》、BD09520V4《癸未年四月十五日平康乡百姓沈延庆贷緤契稿》、BD09520V6《癸未年四月十五日张修造雇驼契稿》等。这些契约中的“癸未年”既可能是公元923年，也可能为公元983年，因此也难以确定素堂-9中“癸未年”的具体时限，但当为10世纪所写无疑。而与“龙勒乡”“神沙乡”有关的契约也不少，如P4093-1《庚寅年四月五日龙勒乡百姓曹元昌贷绢契稿》、P.3277V《乙丑年二月廿四日龙勒乡百姓祝骨子合种地契稿》、P.3443《壬戌年三月三日龙勒乡百姓胡再成养男契》、P.3155V《唐天复四年八月十七日神沙乡百姓僧令狐法性出租地契》等。素堂-9中出现了“无粮”字眼，再结合目前所见

① 王使臻、王使璋、王惠月：《敦煌所出唐宋书牍整理与研究》，成都：西南交通大学出版社，2016年，第37—41、263、282页。

② 北京大学图书馆、上海古籍出版社编：《北京大学藏敦煌文献》，上海：上海古籍出版社，1995年，第240页。

③［日］公益财团法人武田科学振兴财团、杏雨书屋、吉川忠夫编：《敦煌秘籍影片册》第1册，第200—204页。

敦煌契约中的常见用语，粮食借贷契中常有“限至秋八月内填还”之约定，推测素堂–9当为一件粮食借贷契，大致内容是龙勒乡百姓竹加盈等四人向神沙乡百姓安义某借贷粮食若干，约定秋天偿还，但不知其是否为原件或抄本。

总之，中村素堂所藏9件敦煌文献残片的来源不详，主题也并不统一，故无法确定是否出自一处。从笔者粗略的考证判断，这批残片至少应晚于7—8世纪，当是10世纪时期的抄本。

笔者关注中国拍卖市场中所见的敦煌文献（还包括图画，更确切地说当为敦煌藏经洞所出文物）①，发现近年来日本机构或个人藏品有不少“回流”。如保利香港与《西域出土古文书片》同期的拍品LOT.2805《三国书·蜀书·诸葛亮传》，为日本奈良赤井南明堂藏品。②还如鸿信国际拍卖有限公司20周年庆典“般若——传承千年佛教艺术”拍卖会（2017年）中的LOT.0415《佛说天皇梵摩经卷第五》，为日本东京藤井有邻馆藏品，被南京金陵博物馆所购。③近年来最大一次的敦煌文献回流，当属北京伍伦国际拍卖有限公司2016年秋季文物艺术品拍卖会“滨田德海旧藏敦煌遗书”专场中，一次性出售36件滨田德海旧藏敦煌文献，并有《滨田德海搜藏敦煌遗书》图录正式配套出版。④在2017年中秋季文物艺术品“写经·书画·外国手迹”拍卖会中，还有一件LOT.0004《维摩诘所说经卷下》，为滨田德海旧藏品。⑤北京荣宝拍卖有限公司2018年春季“一念莲花开·敦煌写经及佛教艺术”拍卖会中LOT.1251《金刚经》，亦为滨田德海旧藏品。因此，海外尤其日本散藏敦煌文献的“回流”现象，也同样值得我们持续关注。

（本文原刊于《殷都学刊》2023年第3期，第103—106页。收入本集刊后文字略有修订。）

〔作者陈丽萍，中国社会科学院古代史研究所、敦煌学研究中心。北京，100101〕

① 陈丽萍、刘婷：《国内拍卖场所见散藏敦煌文献目录》，载郝春文主编《2022敦煌学国际联络委员会通讯》，上海：上海古籍出版社，2022年，第232—274页。

② 陈国灿：《对赤井南明堂藏二敦煌写卷的鉴定》，《敦煌学辑刊》1994年第2期，第1—4页；后改题名为《两件西晋敦煌写卷疑伪考》，收入氏著《敦煌学史事新证》，兰州：甘肃教育出版社，2002年，第44—55页。

③ 黄征、黄卫：《敦煌唐写本〈佛说天皇梵摩经〉卷第五内容与墨书考证》，《书法研究》2021年第1期，第5—26页。

④ 方广锠编著：《滨田德海搜藏敦煌遗书》，北京：国家图书馆出版社，2016年。

⑤《“重要美术品”认定作品总览》，东京：日外アソシエツ株式会社编集，2016年，第229页。

唐代的军令
——以国图BD9330号文书与国博38号文书为中心

刘子凡

摘　要：中国国家图书馆藏BD9330号文书与中国国家博物馆藏38号文书可以首尾缀合。此前有学者提出BD9330号文书可能是格文，但缀合后的文书显然是一件官文书草稿，其中所载的内容应是开元中期瀚海军使下发的军令。通过与《通典》所载李靖军令、《太白阴经》军令的类比，可以确认文书内容所具有的军令性质。根据日本宁乐美术馆藏蒲昌府文书等出土文献，能够推测唐代的军令可以通过文书的形式层层下达。结合出土文书与传世文献，可以看到唐代军令具有很强的针对性和灵活性，唐代律令对于行军主将施行军令的权力和时效性也都有明确规定。而在唐代军事制度变革之后，军令也愈发具有重要的作用。这也是唐代制度史发展的一个重要侧面。

关键词：出土文书；军令；律令格式；瀚海军

《唐律疏议》载："阃外之事，见可即为。军中号令，理贵机速。"①唐人将此类在军中发布的号令称为"军令"或主帅之"教令"。史书所见唐代军令，除了战役中临时下达的作战指令，还包括军中的行为准则和相应的惩戒措施，实际上形成了律令之外的另一套只适用于军中的法规体系，具有很强的独立性和灵活性。②这种适应临时行军的权宜之策，在军镇化的时代却以军令或军法的形式成为长期施行的规则。③可以说军令是唐代制度史的一个重要侧面，而敦煌吐鲁番文书又为我们提供了重要的实物证据。中国国家图书馆藏BD9330（周字51）号文书因为具有类似法律文书的格式而备受关注。④近

---

① 刘俊文：《唐律疏议笺解》卷一六，北京：中华书局，1996年，第1188页。

② 周健先生即将唐代军事法分为三类：1. 国家综合性法律；2. 皇帝制敕；3. 军队统帅和将领的命令。参见周健：《中国军事法的传统与近代转型》，博士学位论文，中国政法大学，2002年，第94页。

③ 廖祖威：《唐代军法与案例探讨》，硕士学位论文，中正大学，2004年；仝佛光：《唐代军队纪律及其相关问题研究》，硕士学位论文，陕西师范大学，2012年，第22—24页。

④ 刘俊文：《敦煌吐鲁番唐代法制文书考释》，北京：中华书局，1989年，第295—300页；荣新江：《唐写本〈唐礼〉〈唐律〉及其他》，《文献》2009年第4期，第9—10页。

来，荣新江先生在整理《吐鲁番出土文书散录》时，将国图BD9330号文书与中国国家博物馆藏38号文书缀合并进行了整理。从内容上看，缀合后的文书应即与军令相关的官文书文稿。蒙荣新江先生慨允，笔者拟就缀合后的文书进行初步研究，并希望借此考察唐代军令撰拟与下达的实态。

一、国图 BD9330 号文书与国博 38 号文书的缀合与研究

国图BD9330号文书尺寸为27.5厘米×18.5厘米，存8行，末行首缺2字。国博38号文书尺寸为28.3厘米×19.6厘米，存8行，首行仅存开头2字。两件文书纸幅相似，笔迹相同，文意相通，又刚好可以首尾缀合，裂缝处的“捌”“务”“令”等字也都可以完好地拼合（见图1）。按：国家图书馆藏敦煌文书绝大多数都是1910年直接从敦煌调拨的劫余之物，中华人民共和国成立后虽然有少量调拨和零星购入，但大多有详细记录，从编号就可以看出BD9330号文书应当是在清末调拨的那一批里。[1]国博38号文书则见于罗振玉《贞松堂藏西陲秘籍丛残》，可知是罗振玉旧藏。[2]孙继民先生曾指出另一件罗振玉旧藏的国博172号文书与国图BD9337号文书属于同一组文书[3]，由此也可见罗振玉旧藏与国图藏文书之间确实有关联性。本文探讨的国图BD9330号文书与国博38号文书大概也是通过同样的途径分藏于两地，其割裂的时间可能是在清末调拨敦煌遗书时或者更早，但具体情况或已不可考证。

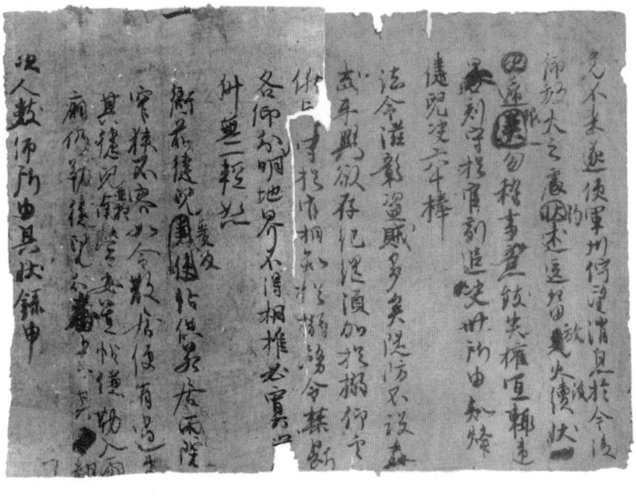

图1　国图BD9330文书（右）与国博38号文书（左）的缀合图

① 参见刘波：《国家图书馆与敦煌学》，北京：国家图书馆出版社，2018年，第11—38页。

② 罗振玉：《罗雪堂先生全集》第3编第9册，台北：文华出版公司，1970年。

③ 孙继民：《唐代瀚海军文书研究》，兰州：甘肃文化出版社，2002年，第52—54页。

这件文书有多处修改、涂抹，末尾处笔法也有些潦草，显然只是一件草稿。缀合后的录文如下：[1]

（前缺）

1　　竟不来，遂使军州伫望消息。于今后

2　　仰放火之处，约述（束）逗留，放火后续状

3　　递报，勿稽事意，致失权宜。辄违

4　　晷刻，守捉官副追决卅；所由知烽

5　　健儿决六十棒。

6 一　法令滋彰，盗贼多矣。隄防不设，奸

7　　忒厥兴。欲存纪纲，须加捉搦。仰虞

8　　候与守捉官相知捉搦，务令禁断。

9　　各仰明分地界，不得相推，必置严

10　　科，无一轻恕。

11一　衙前健儿，爰及帖傔，若居两院，

12　　窄狭不容，如令散居，便有过生。

13　　其健儿并于南营安置，帖傔勒入两

14　　厢，仍勒健儿分番上下，其翻

15　　次、人数，仰所由具状录申。

（后缺）

从内容上看，这件文书罗列了3项事宜：一是因为出现了烽候放火后敌军不来的情况，要求烽人在放火后要逗留观察，继续上报敌情，还规定了处罚措施；二是要求虞候和守捉官明确划分各自负责的地界，捉搦盗贼，不能互相推诿；三是规定衙前健儿和帖傔的居所，将健儿安置在南营，帖傔则居住两厢，同时要求申报健儿值役的番次和人数。值得注意的是，在第3件事宜的开头，也就是文书第11行顶格书写有“一”。而在第二件事宜的开头，也就是第6行应该也有“一”，只是已经残去。这也是唐人罗列事项时的常见格式。关于文书的前半部分，也就是国图BD9330号文书，刘俊文先生在《敦煌吐鲁番唐代

① 这件文书的缀合与录文皆是《吐鲁番出土文书散录》整理组的集体研究成果。本文是在征得该书主编同意的情况下引用该录文。

法制文书考释》中根据文书内容符合“禁违止邪”的特点将其拟定为《职方格》。①程喜霖先生则是将其拟名为《唐惩罚司烽火人烽健儿令》。②此后刘俊文在《唐律疏议笺解》中将其重新认定为“军令之断片”。③荣新江先生则指出从文书涂抹和改正的外观上看，不像是格文，可能是地方官府给所属镇戍守捉烽候下发的牒文。④

国图BD9330号文书与国博38号文书缀合后，就可以很清楚地看到这件文书确实并非格文。孙继民在研究国博38号文书时就指出其为官文书，其中的“衙前”专指节度使衙，而敦煌S.11453和S.11459瀚海军文书中都出现了“衙前”与“南营”，由此可将其推断为北庭瀚海军文书，并拟名为《唐开元中期瀚海军牒为明分地界、于南营安置健儿等事》。⑤考虑到罗振玉旧藏中有国博172号北庭都护府文书以及与北庭相关的长行马文书，本文讨论的缀合文书确实极有可能就是北庭文书。可惜文书中并没有出现明确的时间，仅能通过“衙前健儿”知道是北庭节度使设立以后。目前所见的出自敦煌藏经洞的北庭文书，包括S.11453、S.11459瀚海军文书以及藤井有邻馆收藏的北庭相关文书，都是开元中期的。从这个角度看，这件文书的时代有可能也是开元中期。

可惜由于文书首尾残缺，我们无法确知撰文主体。值得注意的是第三条关于衙前健儿与帖傔的处置。所谓“衙前健儿”，应类似于此后史料中常见的节度使衙军或牙兵，负责节度使衙的宿卫。⑥瀚海军的衙前健儿应当也与军使的宿卫有关。又《唐六典》卷五“兵部郎中员外郎”条载：“凡诸军、镇大使・副使已下皆有傔人、别奏以为之使。”文书所见的帖傔，应当就是此类瀚海军使或副使随从的傔人。至于“帖”，或即军人兼任之意。⑦无论是衙前健儿还是帖傔，都涉及军使的亲从，他们的调动也关涉其安危。从S.11453和S.11459看，瀚海军与衙前、阴副使衙以及和副使衙都有牒状往来，在文书运行上大概还是有所分别，恐怕不是直接以瀚海军的名义来安置衙前健儿。这件文书应当是瀚海军使本人或以军使的名义来草拟的。

关于文书的性质，虽然末行有“仰所由具状录申”等语，但是由于文书后文残缺，此句并非整件文书的结语，似不能据此定性。史睿先生提示，文书第15行之所以顶格书

---

① 刘俊文：《敦煌吐鲁番唐代法制文书考释》，第295—300页。

② 程喜霖：《汉唐烽堠制度研究》，台北：联经出版事业股份有限公司，1991年，第405页。

③ 刘俊文：《唐律疏议笺解》，第686页。

④ 荣新江：《唐写本〈唐礼〉〈唐律〉及其他》，第9—10页。

⑤ 孙继民：《唐代瀚海军文书研究》，第51—57页。

⑥ 张国刚：《略论唐代藩镇军事制度的几个问题》，载段文杰、[日]茂木雅博主编《敦煌学与中国史研究论集——纪念孙修身先生逝世一周年》，兰州：甘肃人民出版社，2001年，第246页。

⑦ 王永兴：《唐天宝敦煌差科簿研究——兼论唐代役制和其他问题》，载北京大学中国中古史研究中心编《敦煌吐鲁番文献研究论集》，北京：中华书局，1982年，第109—110页。

写，也存在一种可能，就是高出的“次”“人”两字是后补的。这件文书的内容也与通常所见的一事一议的牒文不同，文稿中至少罗列3项事宜，需要不同的官员或机构来执行。而且前两件和守捉相关的事宜与最后一件处置衙前健儿完全是两种不同性质的事务。前者涉及外围防务，需要虞候与各个地方的守捉、烽候共同协调完成；而后者则是军队核心位置的部署，涉及衙前与南营、左右厢的人员调动。从这个意义上说，这件文书草稿应该不是专门为某事而牒某机构，而更像是列举需要因事奉行的条例。同时无论是守捉、烽候的报告敌情、捉搦盗贼，还是衙前健儿的调度，都是瀚海军管辖下的军事事务。由此来看，文书中的内容更接近史书中记载的军令，或可暂拟题为《唐开元中期瀚海军使军令》（以下简称“《瀚海军使军令》”）。

二、军令的样式与传递手段

史书中有两种相对完整的唐代军令，一是《通典》卷一四九《兵典·杂教令》中引用《卫公李靖兵法》及他书的军令，二是《太白阴经》卷三《杂仪类·誓众军令篇》中的军令。

《通典·杂教令》共引用有50余条军令，内容非常丰富，涉及旌旗战阵、病儿疗养、恃强凌弱、甲仗出入、兵士死亡、随军衣资、拾得遗物、赏功罚过、煽动兵士、营幕作食、樗蒲博戏以及驴马管理等，都有明确的规定，远远超越了临战指挥的范畴，军中的大小庶务都在军令的管辖范围之内。具体来说，《通典·杂教令》所载军令可以分为3个部分，格式略有不同。清代汪宗沂《卫公兵法辑本》将前两部分辑入[①]，第三部分则似《通典》录自他书。第一部分自开篇“大唐《卫公李靖兵法》曰”云云，至“诸应乘官马”条为止。除了个别条目写有决杖、处斩措施，大多只有条例规定而无量刑规定，类似于唐代的令文。值得注意的是，这些军令都是以“诸”开头，也与唐令的格式相仿。如：

> 诸应乘官马，事非警急，不得辄奔走，致马汗及打脊破。（以上并卫公军令具所科罪。若临敌则须重，平居则校轻，随时裁定。）[②]

这是第一部分的最后一条，其后注释中也提到李靖军令的特点是科罪轻重“随时

①〔唐〕李靖撰，〔清〕汪宗沂辑：《卫公兵法辑本》，北京：中华书局，1985年，第12—14页。

②《通典》卷一四九《兵典·杂教令》，北京：中华书局，1988年，第3823页。

裁定”，而非定制。这是唐代军令的第一种类型。第二部分自“诸将三日一巡本部吏士营幕”至“违总帅一时之令，斩之”，为具体赏罚部分，简洁地规定了受赏和“斩之”的条目，类似唐律“正刑定罪”的特点，是军令的第二种类型。第三部分自“饮宴集聚音乐者，违律”至篇末，皆是讲违律而不言责罚，也是属于第一种类型，但格式有异。《太白阴经》所载军令，与《通典》军令的第二部分惩处条目的内容基本相似。总体来看，《通典》与《太白阴经》的记载展示出唐代军令十分复杂的面貌，内容上涉及面极广，似乎也没有统一的格式，比较灵活。

如果将《瀚海军使军令》文书与上述军令比较的话，就会发现它们的相似之处。最值得注意的是《太白阴经》军令的格式：

一　漏军事者，斩。漏泄军中阴谋及告事者，皆死。

一　背军走者，斩。在道及营临阵同。

一　不战而降敌者，斩。背顺归逆同。

（后略）①

也是以“一”开头来分列条目，这就与《瀚海军使军令》文书的样式非常相似了。除了形式上与《太白阴经》类似，文书中所涉及的条目也可以在《通典》军令中找到对应的部分。如《通典·杂教令》载：

无故惊军，叫呼奔走，谬言烟尘，斩之。

凡言觇候，或更相推托，谬说事宜，兼复漏泄者，并斩之。②

其中的“谬言烟尘”，可与《瀚海军使军令》文书中的“竟不来，遂使军州伫望消息”对应。而“凡言觇候，或更相推托”云云，则可对应文书中的“明分地界，不得相推”。此外，《通典》卷一五七《兵典·下营斥候并防捍及分布阵》引《卫公李靖兵法》详述下营时安置诸军之法③，可知《瀚海军使军令》文书第三条所载对于军中人员的安置也是唐代军令的一项重要内容。可见，《瀚海军使军令》中罗列的条文无论在形式上还是内容上都具有军令的特点，应该是属于上述军令的第二种类型，规定

①〔唐〕李筌：《神机制敌太白阴经》卷三《杂仪类·誓众军令篇》，北京：中华书局，1985年，第68页。

②《通典》卷一四九《兵典·杂教令》，第3823页。

③《通典》卷一五七《兵典·下营斥候并防捍及分布阵》，第4025页。

了具体的惩罚措施。不过由于唐代军令没有一定之规，《瀚海军使军令》文书中的条文在具体行文上又与史籍中所载的不尽相同。无论如何，通过与李靖军令、《太白阴经》军令的类比，还是可以进一步确定《瀚海军使军令》中的条目具有军令的性质。

关于军令的发布与执行，《太白阴经·誓众军令篇》载：

> 先甲三日，悬令于军门，付之军正，使执本宣于六军之众。有犯命者，命军正准令按理，而后行刑，使六军知禁而不敢违也。①

大致此类军令如同榜文，是要张贴在军门发布。②同时要由军正向六军之众当面宣读，《太白阴经》还载有"誓众文"的范文。或许正是因为要当众宣读，《太白阴经》中所载的令文都简洁明了，处置分明。誓众的好处在于能够起到很好的宣传效果，迅速树立威信，适用于行军出征。但如果是镇军的军使或节度使想要将军令下达到所属的守捉、烽候，显然就不能完全依靠聚众宣读的形式。

出土文书的相关证据提示我们，军令也可以通过官文书形式来下发。关于军令在文书中的信息传递方式，可以参考日本宁乐美术馆藏《唐西州都督府牒蒲昌府为寇贼在近、镇戍烽候督察严警事》文书：

1 都督府

2 一　诸府县镇戍界烽候觇探等，人各仰[　　]

3 　　加常，督察严警，常知见贼，州司即[　　]

4 　　三卫，分往巡探，点检鞍马器仗，并应[　　]

5 　　事亏违，所由县府、镇戍、游弈、巡官及押领[　　]

6 　　帅，且决陆拾，依法科罪。————

7 蒲昌府：得兵曹参军王宝等牒，称寇贼在近，今又[　　]

8 百姓并散在田野、庄坞，都督昨日亲领县府[促][　　]

9 戍押防援军粮，差充讨击。贼必付空[　　]③

日本宁乐美术馆所藏的这一组文书大多与开元二年（714）西州蒲昌府有关。在此前后

①〔唐〕李筌：《神机制敌太白阴经》卷三《杂仪类·誓众军令篇》，第67页。

② 雷闻：《牓文与唐代政令的传布》，《唐研究》第19卷，2013年，第41—78页。

③ 陈国灿、刘永增编：《日本宁乐美术馆藏吐鲁番文书》，北京：文物出版社，1997年，第35—36页。

突厥曾围攻北庭，西州也有战事，文书中的“寇贼在近”即是此事。[①]可以看到，在这件西州都督府下蒲昌府的牒中，先是以“一”开头抄录了一段令文，再书写对于蒲昌府的指示。令文中提到要求各个府县镇戍地界内的烽候要比平日更加严密地警戒，同时州司要牵头负责巡探和点检鞍马器仗。大致正是根据这条令文，西州都督才亲自督察县府的军粮情况。这条令文的内容非常具体，是临时加强警备的规定，还明确了决杖的惩处措施。看起来不像是律令和制敕，反而与《瀚海军使军令》文书中出现的条文在格式和内容上都十分相似，可以说也是一条军令。从令文中“诸府县”“州司”的语气看，这可能是来自更上一级的军令。日本宁乐美术馆藏《唐开元二年闰二月西州都督府牒蒲昌府为李思绾欠练事》文书中见有“被四镇节度使牒令”云云[②]，可以推测在开元二年（714）的战事中西州都督府或是受四镇节度使节制[③]，则前引文书中的军令可能也是来自节度使。而西州都督府显然是摘抄了与蒲昌府有关的一条，牒下蒲昌府以交代事宜。

相似的例子还有国家博物馆藏8086号文书：

（前缺）
捍调度有阙者，速即状上，仍便令烽人收贮
使足，于后差州官点检。有不充格数者，游
弈镇戍府县巡官并当界后差旅帅，各决
杖陆拾，仍依科罪者。寇贼在近，百计须防，诸
府主帅岂得安然，当界贼路要切捉搦者。
番之次配，令当界游弈踏伏，件注番第，具
如脚注。各牒所由，依此发遣。[④]

第2、3行间钤有“西州都督府之印”，可知是西州都督府的文书。其中前4行至“仍依科罪者”处，应当也是抄录了一段命令。大致是要求各个烽候如果出现“调度有阙”的情

① ［日］日比野丈夫：《唐代蒲昌府文书の研究》，《东方学报》33，1963年，第267—314页。唐长孺：《吐鲁番文书中所见的西州府兵》，载唐长孺主编《敦煌吐鲁番文书初探二编》，武汉：武汉大学出版社，1990年；此据氏著《山居存稿三编》，北京：中华书局，2011年，第285—287页。

② 陈国灿、刘永增编：《日本宁乐美术馆藏吐鲁番文书》，第37页。

③ 刘安志：《伊西与北庭——唐先天、开元年间西域边防体制考论》，原载武汉大学中国三至九世纪研究所编《魏晋南北朝隋唐史资料》第26辑，2010年。此据氏著《新资料与中古文史论稿》，上海：上海古籍出版社，2014年，第162—163页。

④ 录文据《吐鲁番出土文书散录》整理组的研究成果。另参见程喜霖：《汉唐烽堠制度研究》，第321—322、405页。

况要尽快上报并补足物资，同时规定了点检不足情况下的责罚措施。这显然也是一条与前件文书内容类似的军令。而自第4行“寇贼在近，百计须防”之后，才是西州都督府的具体处置措施，要求当界游弈详细注明执勤的番次。可见还是西州都督府收到相关命令后，再抄录转发给“所由”。

又，日本宁乐美术馆藏《唐西州都督府牒为巡逻觇探贼踪事一》文书有：

1　都督府
2　镇副杨逸
3　右从苁蓉□□西至挎谷，逐要督察巡逻。东碛
4　镇戍并□□□诸路，先配人马觇探，仰谷口高
5　山着人去□□。此等探巡，并当贼路，贼在达
6　匪、悬泉□□，探者据高，谷下人马百方牢固，
7　两头计□，□觉贼徒。贼内有汉语之人，弥须
8　警策，□□督察，见骑贼即点绯幡，见步
9　贼即□□幡。马于谷底馁，着人看守，与高
10　山望□□□，记号的见。贼从东来，向东点
11　幡。从□□，□西点，从北来，向北点。壹人点壹下，
12　两人来□两下，若拾人已上、百人已下，急多点。
13　谷底□□人见山头幡，的知贼来，即走马逐
14　便告□，□都知界内兵马，烽火通明，处月劫
15　掠□□□恒日交横，觇探勿招深累。
16　　　　　　　叁拾里内烽，依前县府官巡逻，朝
（后缺）[①]

这是西州都督下给某镇镇副杨逸的牒文，要求加强苁蓉戍至挎谷的巡逻以及东碛镇戍附近道路的觇探。其中非常详细地规定了巡逻预警的操作方法，因为是临时派遣的巡逻人员，没有烽火而代以幡旗，不同颜色的幡旗代表敌军的步、骑兵，点幡的次数则代表敌军数量。前引《唐西州都督府牒蒲昌府为寇贼在近、镇戍烽候督察严警事》中西州都督府引用的军令，就有要求加强觇探的内容，这件文书有可能也是根据此军令做出的针对性部署。值得注意的是，日本宁乐美术馆藏蒲昌府文书中还有两件残片的内容基本

① 陈国灿、刘永增编：《日本宁乐美术馆藏吐鲁番文书》，第80—81页。

一致，其中一件宁乐二六（3）、一六（3）号文书，只是开头处改为“东从小岭西”云云，应当是发给另一镇戍，此后规定的内容完全相同。[①]另一件宁乐一〇（2）号文书只残存中间规定的部分，内容也是完全一致。[②]可见西州都督府是将关于觇探方法的具体命令，以同样的格式抄写下发给了各个镇戍。西州都督是一州的军事长官，我们同样可以将此视作西州都督下发的军令，是对节度使军令的细化，再将细则分抄传达至镇戍。

从这几件西州都督府文书可以看出，类似《瀚海军使军令》文书中所载的这种军令，大致是通过牒文的形式层层传抄下达的。不过抄录的应当只是与收文机构相关的部分，州府可能还会有进一步细化的具体措施。正是通过这样一种途径，军令得以有效传递到各个府县镇戍守捉，乃至各个烽候。

三、军令与国法

从《瀚海军使军令》文书以及前引李靖军令、《太白阴经》军令来看，唐代军令具有很强的因事制宜的特点，而作为国法的律令格式显然无法顾及军旅的各方面细节，这必然导致军令会溢出律令格式的既有范围。例如《瀚海军使军令》所载要求知烽健儿“逗留约束”“续状递报”之事，刘俊文已指出《唐律》中并无相关的责罚内容，是补律文之所未备。[③]《武经总要》引唐代《烽式》有：

> 凡告贼烽起处，即须传告随近州、县、镇、城、堡、村、坊等人，令当处警固，不得浪行递牒。[④]

即规定了烽候放火之后，要传告附近州县，以加强防备。不过这里说的只是发现敌人之后要尽快通知州县，而《瀚海军使军令》是要烽人留在烽候继续观察敌人，然后报告敌军的进一步动向。这对于烽人来说实际上是有很大风险的。《通典》卷一五七引《卫公李靖兵法》有：

> 前锋（烽）应讫，即赴军，若虑走不到军，即且投山谷，逐空方可赴军。[⑤]

---

① 陈国灿、刘永增编：《日本宁乐美术馆藏吐鲁番文书》，第82页。

② 陈国灿、刘永增编：《日本宁乐美术馆藏吐鲁番文书》，第83页。

③ 刘俊文：《敦煌吐鲁番唐代法制文书考释》，第299页。

④《武经总要·前集》卷五，《景印文渊阁四库全书》本。

⑤《通典》卷一五七《兵典·下营斥候并防捍及分布阵》，第4030页。

这是在行军时临时设立烽候的规定，明确说在获得下一烽候的回应后便可撤退了。此类前敌侦察人员确实可能会被敌军的游弈部队捉拿。《烽式》中就提到如果放火之后下一烽候不回应的话，就要派人探知是否“失堠”或“被敌掩捉”。日本宁乐美术馆藏二三（2）号文书中就见有维磨戍的长探曹顺“落贼”的情况。[①]究竟要不要继续逗留观察，这在律令中没有明确规定，各个军中主帅则是根据不同的局势和个人意愿而有不同的命令。

军令涉及律令格式相关的内容时，大概还是以其为基础来拟定。例如前引国博8086号文书，其中就提到州官点检烽候，如果发现“有不充格数者”，相关负责人就要决杖六十。这里的“格数”，显然就是指国家法令中的格文所具体规定的烽候储备物资数额，可见这条军令对于点检的要求还是依据格文。不过这种情况似乎并不太多，军令涉及的大多数内容都无法与律令格式一一对应。

唐代律令中实际上是明确规定了行军主帅有执行军令的权力。《唐六典》卷五“兵部郎中员外郎”条有：

> 凡大将出征，……临军对寇，士卒不用命，并得专行其罚。[②]

这条记载应是抄录自唐令，《唐令拾遗》将其列为《军防令》的第15条。[③]《唐令拾遗补》又根据日本《养老令》补入一则内容：

> 军不从令，大将专决。还日，具上其罪。[④]

也就是说，唐令授权大将可以在行军出征过程中对军中法令全权负责，即所谓“专行其罚”。这是树立主将威信、严明军纪的必然要求，也是征行取得胜利的基础。汉代周亚夫治军，有所谓“军中闻将军令，不闻天子之诏”[⑤]，即是此意。在唐代的《太白阴经》军令中也还保留着周亚夫军中不得趋驰的旧令。[⑥]

律令赋予行军主将的权力，除了可以“专行其罚”，也包括不行其罚。《唐律疏

---

① 陈国灿、刘永增编：《日本宁乐美术馆藏吐鲁番文书》，第77页。

②《唐六典》卷五，北京：中华书局，1992年，第159页。

③［日］仁井田陞：《唐令拾遗》，东京：东京大学出版会，1983年，第374—375页。

④［日］仁井田陞、池田温：《唐令拾遗补》，东京：东京大学出版会，1997年，第612—613页。

⑤《史记》卷五七《绛侯周勃世家》，北京：中华书局，1982年，第2074页。

⑥〔唐〕李筌：《神机制敌太白阴经》卷三所载军令第十五条：“军中奔走军马者，斩；将军已下并步入营，乘骑者同。”（第69页）

议》卷一六《擅兴律》“征人稽留、征讨稽期”条有：

即临军征讨而稽期者流三千里，三日斩。若用舍从权，不拘此律。

【疏】议曰：……用舍从权，务在成济……谓或违于军令，别求异功；或虽即愆期，拟收后效；或戮或舍，随事处断。如此之类，不拘此律。[①]

按《唐律》此条，临军征讨稽期是要流三千里，超过三日则要处斩。但主将却又可以根据具体情况从权处理。“疏议”中就非常明确地提出了军中号令的从权问题，如果主将认为违律之人可以“别求异功”“拟收后效”，就可以不按律处置。在唐代史书中这种例子非常多，属下部将杀与不杀，其实都在主将的一言之间。《旧唐书·王思礼传》载：

（天宝）十二载，（哥舒）翰征九曲，思礼后期，欲引斩之，续使命释之。思礼徐言曰：“斩则斩，却唤何物？”诸将皆壮之。[②]

王思礼就是典型的征讨稽期，他与哥舒翰过从甚密，这里故作豪言壮语，实际应是早知哥舒翰不会杀他。当然主帅也可以选择不行使这样的权力，开元二十四年（736）时任平卢将军的安禄山违反军令，节度使张守珪就是奏报玄宗，请示是否处斩。[③]

不过律令中对于主将专行其罚的认可是有时效性的，仅限于行军过程中。《唐律疏议》卷一六《擅兴律》“主将临阵先退”条有：

即违犯军令，军还以后，在律有条者，依律断，无条者，勿论。[④]

根据此条律文，即便在行军过程中违犯了军令，当行军结束之后便要依据《唐律》来定罪。通过前文的讨论我们知道，唐代的军令大多是律令以外的细化规定，与律令格式完全重合的条目大概是非常少的。律文中所谓“无条者，勿论”，也就意味着大多不论。实际上就是行军结束以后，适用于这次行军的军令就被废止了。

在唐前期以行军为主的时代，府兵之制是有事则命将出征，事解之后便“兵散于

① 刘俊文：《唐律疏议笺解》卷一六《擅兴律》，第1188页。

②《旧唐书》卷一一〇《王思礼传》，第3312页。

③〔唐〕姚汝能：《安禄山事迹》，北京：中华书局，2006年，第74页。

④ 刘俊文：《唐律疏议笺解》卷一六《擅兴律》，第1194页。

府，将归于朝”[1]。临时性的军令自然适应于临时性的征行。而在镇军化的时代，节度使手下的军队并不会因为征行结束而兵将分离，会一直保持完整的军事建置。随着这种军事制度的转变，军令的设置也必然有了普遍化和长期化的趋势。尤其是在中晚唐藩镇中，军令似乎具有了更为重要的地位。《资治通鉴》于唐武宗会昌五年（845）载：

以秘书监卢弘宣为义武节度使。弘宣性宽厚而难犯，为政简易，其下便之。河北之法，军中偶语者斩；弘宣至，除其法。[2]

可见“偶语者斩”的军令，在河北藩镇中已经成为了长期施行的惯例法，即便是与朝廷关系较为密切的义武节度使也是如此，直到卢弘宣出任节度使才“移风易俗”般改易其法。仝佛光先生提出，唐后期维护唐代军队纪律的核心是从成文法系的军律逐渐转变为以军队内部惯例法为核心的军令。[3]不过他主要是从战争需求和法律本身来解释，实际上这是深深植根于唐代军事制度的转变。

总之，军令是唐代军事体系中一个非常重要的组成部分，会因其“临事即可”的特点而具有多样性和灵活性。不过对于在军旅中普遍存在的军令，唐代史书中的相关记载却并不丰富。本文探讨的国图BD9330号文书与国博38号文书缀合而成的《唐开元中期瀚海军使军令》则提供了重要实物参考，其中所载内容应是瀚海军使下发的军令。结合日本宁乐美术馆藏蒲昌府文书等出土文献以及传世史书《通典》中记载的李靖军令、《太白阴经》军令，也可以大致窥测唐代军令的多变样式以及通过文书层层下达的传递手段。借此我们可以看到军令在地方军事运作中的真实面貌，吉光片羽之中也可以看到唐代军事制度的活力与变化。

附记：拙文幸得荣新江、史睿等先生指导，谨致谢忱！

〔作者刘子凡，中国社会科学院古代史研究所、敦煌学研究中心。北京，100101〕

①《新唐书》卷五〇《兵志》，北京：中华书局，1975年，第1328页。

②《资治通鉴》卷二四八“武宗会昌五年”条，北京：中华书局，1956年，第8013—8014页。

③ 仝佛光：《唐代军队纪律及其相关问题研究》，第22—24页。

道路梗涩与奏报难通
——S.2589《中和四年肃州康汉君等状》所见的信息传递

赵 洋

摘 要：在国家稳定且权力掌控较强时，完善的官方驿传系统能保证官方信息在规定时间内被准确传递。然而，当国家局势陷于混乱、紧张，且驿传系统濒临瘫痪，所有信息无法得到有效传递时，人们出于各种忧虑与不安，对于信息的获取反而更加迫切。英藏敦煌文献S.2589《中和四年肃州康汉君等状》中所得当时肃州以东各地区局势和重大消息的来源多为道听途说，但在道路阻隔且奏报难通之时，肃州官员依然会将这些消息进行汇总记录并向沙州传递报告。

关键词：S.2589；敦煌文书；文书传递；信息传播

在相对安定和平的时期内，没有其他势力或因素的干扰下，各类官方文书畅通无阻地在统一疆域之中传递着各种各样的信息。但强大的王朝也会衰败，安定的环境也会走向纷乱。当出现战乱或不稳定因素之时，信息的传递必然会被隔绝的道路所阻断。可是，不稳定的社会环境固然会导致音信阻断，但人们对于诸多信息的渴求反而更加迫切。尤其战乱是否平息、家人是否平安等信息，更是时刻被处于当时境遇的每个人所牵挂。杜甫名篇《闻官军收河南河北》中“剑外忽传收蓟北，初闻涕泪满衣裳”[①]，就是安史之乱末期，杜甫在成都听闻河南河北被收复时激动心情的写照。

S.2589号文书作为唐僖宗中和四年（884）十一月一日肃州防戍都营田康汉君等向沙州报告的牒状，就是在道路阻隔而奏报难通时被传递的官文书。这件官文书主要报告了当时沙州当权者所关心的重要消息，如宋输略、淮诠郎君和宋润盈等人于邠、灵两州至凉州之间的往来行踪，以及黄巢之死和僖宗返京的情况。[②]目前，该文书已有数篇录

①〔唐〕杜甫：《杜工部集》卷一二《闻官军收河南河北》，载谢思炜校注《杜甫集校注》，上海：上海古籍出版社，2015年，第1955页。

② 该文书虽有涂改且无官印，其文本性质确实难以遽然断定。但文书既然是由肃州官员所撰写并出现在沙州，表明该文书确实是曾被人从肃州带到沙州的官文书。

文[①]，唐长孺、邓文宽和荣新江先生都曾利用此文书并结合S.389，对当时张氏归义军与甘州回鹘、龙家及唐朝中央之间的关系进行了论述[②]；冯培红先生在讨论唐朝与沙州张氏之间的争斗时，也曾利用过此文书[③]；胡耀飞先生则从此件文书所报告的消息出发，拓展探讨了黄巢之死的史料生成情况[④]。尽管前人已有相当丰富的研究成果，但从信息传播的视角对本文书进行深入挖掘仍有余地。为方便讨论，兹据原卷行款逐录《英藏敦煌社会历史文献释录》释文如下：

1 [　　　　]九（？）凉州入川，
2 [　　　　泛]李行恩[等　　　　]，
3 界，共邠宁道兵马互相
4 [　　　　]州节度使，遂于灵州请兵马
5 [救]接。其灵州不与助兵，因兹邠州共
6 灵州亦为酬（仇）恶。中间兼有党项抄劫，使
7 全过不得。宋输略等七人从邠州出，于
8 河州路过，到凉州，其同行回鹘使并[在]
9 邠州。先淮诠[郎]君路上遭贼，落在党
10 项，亦邠州节度赎到邠州，郎君二人及
11 娘子、家累、军将米住等廿人，输略等
12 亲自见面，并在邠州。淮诠郎君拟[从嗢]
13 末使发来，缘装束不辨（办），发赴不得。
14 其草贼黄巢被尚让~~共黄巢弟二~~

① 唐耕耦、陆宏基编：《敦煌社会经济文献真迹释录》第4辑，北京：全国图书馆文献缩微复制中心，1990年，第485—486页；荣新江：《归义军史研究——唐宋时代敦煌历史考索》，上海：上海古籍出版社，1996年，第303—304页；郝春文等编著：《英藏敦煌社会历史文献释录》第12卷，北京：社会科学文献出版社，2015年，第459—462页。

② 唐长孺：《关于归义军节度的几种资料跋》，中华书局上海编辑所编辑《中华文史论丛》第1辑，北京：中华书局，1962年，第290—292页，后收入氏著：《山居存稿》，北京：中华书局，1989年，第446—449页；邓文宽：《张淮深平定甘州回鹘史事钩沉》，《北京大学学报（哲学社会科学版）》1986年第5期，第93—94页；荣新江：《甘州回鹘成立史论》，《历史研究》1993年第5期，第36—37页；荣新江：《敦煌邈真赞所见归义军与东西回鹘的关系》，载饶宗颐主编《敦煌邈真赞校录并研究》，台北：新文丰出版公司，1994年，第62—65页；荣新江：《归义军史研究——唐宋时代敦煌历史考索》，第186页。

③ 冯培红：《敦煌的归义军时代》，兰州：甘肃教育出版社，2013年，第148—155页。

④ 胡耀飞：《关于黄巢之死的史料生成——从敦煌S.2589号文书出发的探讨》，载沙武田主编《丝绸之路研究集刊》第3辑，北京：商务印书馆，2019年，第224—237页。

15 大煞却，[1]于西川进头。[2] 皇帝回驾，取
16 今年十月七日，的入长安。游弈使白永
17 吉、押衙阴清儿等，十月十八日平善，已
18 达嘉麟。缘凉州闹乱，郑尚书共□□
19 诤位之次，不敢东行。宋润盈一行亦在
20 凉州未发。其甘州共回鹘和断未定，
21 二百回鹘常在甘州左右捉道劫掠。甘
22 州自胡进达去后，更无人来往。白永吉、
23 宋润盈、阴清儿各有状一封，并同封角
24 内，专差官健康清奴驰状通报，一
25 一谨具如前，谨录状上。
26 牒件状如前，谨牒。
27 中和四年十一月一日，肃州防戍都营田康汉君、
28 县承（丞）张胜君等状。[3]

一、文书历史信息补考

黄巢起义是晚唐最重要的历史事件之一，几乎影响了唐王朝的大半疆域。虽然敦煌地区居于唐朝西北边陲，并未直接受到黄巢起义的影响，但该事件也间接造成了河西地区不同势力的纷争，致使该地区也陷于混乱当中。[4]与此同时，处于沙州的张淮深正迫切希望得到中央旌节以便统领河西对抗吐蕃等势力，故而对此次大乱造成的影响及僖宗的行踪也必然投以极大关注。S.2589号文书正是在此背景之下被撰写与传递。

关于这件官文书主要报告的内容，胡耀飞先生已经将其提炼出12条[5]，其中大部分内

① 删除线文字在《英藏敦煌社会历史文献释录》中未录，但为保存文书信息，此处照录。

②《英藏敦煌社会历史文献释录》著录时将此句与前句相连，并将“进”校改为“尽”。胡耀飞则将此处断开且不校改，见胡耀飞：《关于黄巢之死的史料生成——从敦煌S.2589号文书出发的探讨》，载沙武田主编《丝绸之路研究集刊》第3辑，第227页。胡耀飞的释文似更合适。

③ 以下凡引自该释文者，不再另行出注。

④ 胡耀飞：《关于黄巢之死的史料生成——从敦煌S.2589号文书出发的探讨》，载沙武田主编《丝绸之路研究集刊》第3辑，第228页。

⑤ 胡耀飞：《关于黄巢之死的史料生成——从敦煌S.2589号文书出发的探讨》，载沙武田主编《丝绸之路研究集刊》第3辑，第227页。

容都是关于肃州以东的邠州、灵州之间的矛盾与局势，以及宋润盈等人在往来行程中遭遇的麻烦，尤其是如何从邠州到达凉州的情况。相关的历史信息前人均有所论及，下面仅就本文书所涉及的道路线路与消息传递等情况再做补考。

文书中提到邠、灵两州的矛盾，其中邠州所在的邠宁道包含了邠州在内的邠宁节度使所管辖区域，而与邠州有嫌隙的灵州则是朔方节度使所在的治所。据《旧唐书》所言：

至德之后，中原用兵，刺史皆治军戎，遂有防御、团练、制置之名。要冲大郡，皆有节度之额；寇盗稍息，则易以观察之号。[①]

“安史之乱”以后，唐朝中央以邠州为邠宁节度使治所，邠、宁、庆、鄜、坊、丹、延、衍等州为管辖区域，邠宁节度使是长安西北方向上重要的军事区。灵州所在的朔方节度使则是开元九年（721）由朔方军大总管改名而来，管辖盐、夏、绥、银、宥、丰、会、麟、胜、单于府等州，是抵御回鹘的重要军事阵地。

按道理来说，两州此时还是唐王朝所掌控的正州，应该守望相助，共同维护长安通往西域的要道不受侵扰，一同抵御外族的入侵，保持道路的畅通。但根据文书所言，两州却因为“亦为仇恶”，致使唐朝西北这两大重要区域之间的交通联系有所阻隔，往来行人“使全过不得”。其中广明元年（880）至中和四年（884）的灵武节度使应当为让皇帝之后李元礼[②]，中和元年（881）至光启二年（886）的邠宁节度使应为朱玫[③]。李元礼的事迹记载很少，而朱玫则在平定黄巢起义中功绩颇为显著。史载，中和三年（883）五月：

京城西北面行营都统、金紫光禄大夫、检校司空、邠州刺史、邠宁节度使朱玫就加同平章事，进封吴兴县侯，食邑一千户。[④]

但在光启元年（885）十二月李克用反叛，田令孜挟僖宗逃往凤翔后，朱玫虽也出兵迎奉，但次年就立襄王称制，后为王行瑜所斩。朱玫与李元礼有何仇恶，我们不得而

①《旧唐书》卷三八《地理一·关内道》，北京：中华书局，1975年，第1389页。

② 吴廷燮：《唐方镇年表》卷一《朔方》，北京：中华书局，1997年，第56页。该书后附《唐方镇年表考证》（第1312页）指出李元礼当为广明元年（880）十月后方镇灵武。

③ 郁贤皓：《唐刺史考全编》卷六《邠州》，合肥：安徽大学出版社，2000年，第198页。

④《旧唐书》卷一九下《僖宗本纪》，第716页。

知。不过，两地都是当时防御西戎和北狄的军事重镇，只是受最高长官不和的影响，势必会耽误邠州与灵州对狄戎的攻防，故而才会出现党项在两境间抄掠的情况，使得路途不太安全，宋输略、淮诠郎君等人都不得已流落至邠州。此时的唐王朝已然无法约束西北正州的官方力量，也无力维护长安与凉州往来道路的畅通以及往来行人的安全。

文书还记载宋输略等人出邠州，途经河州到达凉州。他们所路过的河州，是长安西北至凉州南道上某一线路的必经点。根据严耕望先生的考证，南道逾陇阪，西经秦州（今天水）、渭州（今陇西县东）至临州（今临洮，旧狄道），再又临州临洮军西行，出河州（今临夏）凤林关，又西北至鄯州（今乐都），又北微东经凉州（今武威）及甘州（今张掖）。[①]宋输略等人本来可以走北道到凉州，即从邠州向西北经泾州（今泾川）、原州（今固原），过石门关，再由会州和乌兰关到达凉州。但因邠州与灵州有间隙，且有党项抄掠，故而宋输略只好选择南道，大概是先到泾州，然后走小道到陇州，再走上秦州往西的路线。

之后，虽然宋输略等人顺利到达了凉州，但当时的河西都防御使郑尚书可能在与其后任翁部争位[②]，从而导致了“凉州闹乱”，他们又不得不再次滞留在凉州。同样受“凉州闹乱”的影响，准备东行途经凉州的游奕使白永吉等人也被迫停留在凉州西北70里的嘉麟县。此外，甘州与回鹘也有种种矛盾，甘州附近时常被回鹘劫掠，“甘州自胡进达去后，更无人来往”，甘州与凉州之间更是无人往来。所以，当时长安通往沙州的交通，分别在邠、灵两州之间与甘、凉两州之间的路段，由于各种外来势力的侵入以及唐朝内部官员之间的仇恶、争权夺利，已然被重重阻隔。这种“内忧外患”的情况导致途经该地域的行人往来颇为不便，信息交流也不够通畅，甚至人身安全也无法得到保障。

除了以上宋输略等人往来行途的情况，文书还报告了当时的朝廷局势，主要是关于黄巢之死与僖宗还京。不过，报告的这两个消息均出现错漏，恐怕最初的消息来源并非官方所传递的文书。

根据通行的说法，黄巢起义爆发后，僖宗于广明元年（880）被田令孜挟持至蜀，长安也被黄巢的起义军占领。中和四年（884）六月，黄巢起义军被李克用等人剿灭，黄巢被斩首：

---

① 严耕望：《唐代交通图考》卷二《河陇碛西区》，上海：上海古籍出版社，2007年，第498页。

② 考证参见荣新江、余欣：《沙州归义军史事系年（咸通十四年—中和四年）》，载南华大学敦煌学研究中心编《敦煌学》第27辑，台北：乐学书局，2008年，第271、273页。

（六月）甲辰，武宁将李师悦与尚让追黄巢至瑕丘，败之。巢众殆尽，走至狼虎谷。丙午，巢甥林言斩巢兄弟妻子首，将诣时溥；遇沙陀博野军，夺之，并斩言首以献于溥。[①]

黄巢之死，向来众说纷纭。[②]据上引《资治通鉴》记载，黄巢在泰山附近被朱全忠和李克用等人击败后，又遭到叛将尚让的追击，最终在狼虎谷被自己的外甥林言斩杀。

但在此件肃州报告给沙州的牒状文书当中，关于黄巢之死的说法是“被尚让共黄巢弟二人煞却，于西川进头”。与通行的说法相比较，这种说法的错漏主要在划掉的部分，即黄巢并非被尚让及黄巢弟所杀。虽然尚让背叛并随后一直在追讨黄巢，但最终将黄巢斩杀之人应当是黄巢的外甥林言，黄巢弟可能同时也被其斩杀。在这件被肃州官员上报给沙州的官文书上，之所以会划掉“共黄巢弟二人”的消息，可能是肃州官员在抄写之后觉得不太可能而划去，也可能是沙州在收到这件文书之后核查发现不对而划去。总之，关于黄巢身死，这件文书所报告的消息并不准确。

此外，僖宗返京的消息也存在问题。虽然黄巢在中和四年（884）六月就已被杀，其后“七月壬午，时溥遣使献黄巢及家人首并姬妾，上御大玄楼受之”，不过“上以长安宫室焚毁，故久留蜀未归”。[③]僖宗正式从成都返回长安是在次年，正月己卯，“车驾发成都，陈敬瑄送至汉州而还”，二月丙申，“车驾至凤翔”，三月丁卯，“至京师”。[④]而文书所说的“皇帝回驾，取今年十月七日，的入长安”，恐怕是对相关消息的误读。因为在中和四年（884）十月，“关东藩镇表请车驾还京师”[⑤]，这只是建议而已，并非正式的决定。当这个消息被传递到肃州时，就被误以为是僖宗取该年十月七日返京。实际上该年十月七日，据杜光庭《历代崇道记》所载，僖宗还在成都“敕高品郭遵泰监造青羊宫土木之工，并用内库宣赐”[⑥]，并未出发返京。关于僖宗正式返回长安并大赦天下的消息，此后有正式诏书传达至此。如同样在敦煌发现的P.2696《中和五年三月僖宗还京师大赦诏》就是最好的例证。[⑦]诏书明确说到“自中和五年三月十四日昧爽以前”，也可证明僖宗是在中和五年（885）三月才回到长安。

①《资治通鉴》卷二五六“僖宗中和四年六月”条，北京：中华书局，1956年，第8311页。
② 参见胡耀飞：《百年来王黄之乱研究综述》，载《中国唐代学会会刊》第21期，2016年，第70—95页。
③《资治通鉴》卷二五六“僖宗中和四年七月”条、“僖宗中和四年九月”条，第8312—8313页。
④《资治通鉴》卷二五六“僖宗光启元年一至三月”条，第8319—8320页。
⑤《资治通鉴》卷二五六“僖宗中和四年十月”条，第8313—8314页。
⑥《全唐文》卷九三三，北京：中华书局，1983年，第9721页。
⑦ 蔡治淮：《敦煌写本唐僖宗中和五年三月车驾还京师大赦诏校释》，载北京大学中国中古史研究中心编《敦煌吐鲁番文献研究论集》，北京：中华书局，1982年，第650—659页。

以上是笔者对S.2589号文书中关于道路线路与消息传递情况的补充。从残存的内容来看，本件官文书作为肃州呈报给沙州的牒状，主要向沙州报告了当时肃州以东各地区的局势，以及打听到的一些重大消息。总结而言，大致如下：

一是宋输略等人行进地区与路线的安全情况。灵州与邠州之间的仇恶、党项抄掠、凉州闹乱以及甘州地区两百回鹘劫掠，这些都极大地影响了肃州及其以东地区的道路交通与联系。这些道路交通信息关系到沙州与朝廷之间的联系，既与往来使节相关，也影响到来往行人的活动。而且，这些消息可能也涉及沙州当权者对于收复周边地区战略的选择。如荣新江先生指出，张淮深迫切希望得到唐朝正式给予的节度使之名，故而从中和四年（884）起，先后派出三批专使求节，而宋润盈一行就是第一批，但此时仍逗留凉州未发。[①]二是当时中原地区发生的重要事件。文书中所说的黄巢起义被平定及僖宗回归长安的事件皆有错漏，但还是能够反映肃州及沙州方面对于当时国家重要事件的关注。一方面，大概是为了更好地统领河西地区，张淮深急于得到中央正式任命，故而十分重视来自国家的重要消息；另一方面，之前就来到西北地区并受困于此的各色人等也急于得知家乡的情况。

以上两类消息中，前类消息应当都是基于当时肃州的地方侦察以及宋输略等人亲身经历所得。这些消息不仅是沙州所关心的，同时也可为肃州如何应对当前局势提供参考，故而相对可靠。而后一类消息却错漏百出，显然并非来自确凿的官方信息传递系统，恐怕只是道听途说。这也进一步证明当时肃州及其以西地区与中原地区的信息往来已中断许久。

二、唐代官方的文书传递系统

在唐代版图之内，准确的官方信息由专门的驿传系统来保证及时地传递。官方馆驿作为古代往来行人重要的方向指示与地理路标，关系到官方消息的传递、往来商旅的行进和各色行人的出行，其重要性自然不言而喻。

在唐初，官方就十分重视驿传系统的建设，如显庆二年（657）苏定方击败原安西都护府都督阿史那贺鲁（叛后自称沙钵罗可汗）以后，就立即在其所据之地“通道路，置邮驿”。[②]这在《唐会要》中同样也有记载：

① 荣新江：《归义军史研究——唐宋时代敦煌历史考索》，第186—187页；冯培红：《敦煌的归义军时代》，第148—155页。

②《资治通鉴》卷二〇〇“高宗显庆二年”条，第6307页。

显庆二年十一月，伊丽道行军大总管苏定方大破贺鲁于金牙山，尽收其所据之地，西域悉平。定方悉命诸部，归其所居。开通道路，别置馆驿。[①]

唐廷对于道路的畅通与馆驿的建设一直都持积极态度。依据《唐六典》卷五“驾部郎中员外郎”条的记载，玄宗朝时驿传的规模已极为庞大，基本覆盖唐王朝整个疆域范围：

凡三十里一驿，天下凡一千六百三十有九所。（二百六十所水驿，一千二百九十七所陆驿，八十六所水陆相兼。若地势险阻及须依水草，不必三十里。每驿皆置驿长一人，量驿之闲要以定其马数：都亭七十五匹，诸道之第一等减都亭之十五，第二、第三皆以十五为差，第四减十二，第五减六，第六减四，其马官给。有山阪险峻之处及江南、岭南暑湿不宜大马处，兼置蜀马。凡水驿亦量事闲要以置船，事繁者每驿四只，闲者三只，更闲者二只。凡马三匹给丁一人，船一给丁三人。凡驿皆给钱以资之，什物并皆为市。凡乘驿者，在京于门下给券，在外于留守及诸军、州给券。若乘驿经留守及五军都督府过者，长官押署；若不应给者，随即停之。）[②]

此外，日本杏雨书屋藏敦煌本《驿程记》也是唐宣宗时人们对于西北地区驿传系统的直接记录[③]，可对《唐六典》的记载进行补充。由此可知，唐廷十分重视官方驿传系统的建设，一直在尽力保证国家道路交通与信息传递的畅通无阻。

唐代官方对于各种交通工具的驿传程限都有详细规定，《唐六典》卷三“度支郎中员外郎”条云：

凡陆行之程：马日七十里，步及驴五十里，车三十里。水行之程：舟之重者，溯河日三十里，江四十里，余水四十五里；空舟溯河四十里，江五十里，余水六十里。沿流之舟则轻重同制，河日一百五十里，江一百里，余水七十里。[④]

---

①《唐会要》卷七三“安西都护府”条，上海：上海古籍出版社，2006年，第1567页。

②《唐六典》卷五“驾部郎中员外郎”条，北京：中华书局，1992年，第163页。

③ 参见陈涛：《日本杏雨书屋藏敦煌本〈驿程记〉地名及年代考》，《南都学坛（人文社会科学版）》2014年第5期，第28—31页。

④《唐六典》卷三“度支郎中员外郎”条，第80页。

同时，给驿时还会根据传递事件的轻重缓急注明驿数，如果有官吏没有按照相关的驿数里程行进，唐律也会对驿使稽程进行相关的处罚：

诸驿使稽程者，一日杖八十，二日加一等，罪止徒二年。

［疏］议曰：依令："给驿者，给铜龙传符；无传符处，为纸券。"量事缓急，注驿数于符契上，据此驿数以为行程，稽此程者，一日杖八十，二日加一等，罪止徒二年。①

又，驿使不得无故使用驿传系统传递书信，如果导致军务警急的信息被稽留，也会有相应的惩罚：

诸驿使无故以书寄人，行之及受寄者，徒一年。若致稽程，以行者为首，驿使为从；即为军事警急而稽留者，以驿使为首，行者为从。有所废阙者，从前条。其非专使之书，而便寄者，勿论。

［疏］议曰：有军务要速，或追征报告，如此之类，遣专使乘驿，赍送文书。"无故"，谓非身患及父母丧者，以所赍文书，别寄他人送之及受寄文书者，各徒一年。"若致稽程"，谓行不充驿数，计程重于徒一年者，即以受书行者为首，驿使为从。此谓常行驿使而立罪名。即为军事警急，报告征讨、掩袭、救援及境外消息之类而稽留，罪在驿使，故以驿使为首，行者为从。注云"有所废阙者，从前条"，谓违一日，加役流；以故陷败户口、军人、城戍者，绞。"其非专使之书"，谓非故遣专使所赍之书，因而附之，其使人及受寄人并勿论。②

而且，驿传系统的使用应该合乎规定，文书应遣驿而未遣或不应遣驿而遣，也会对相关人员进行处罚：

诸文书应遣驿而不遣驿，及不应遣驿而遣驿者，杖一百。若依式应须遣使诣阙而不遣者，罪亦如之。

［疏］议曰：依公式令："在京诸司有事须乘驿，及诸州有急速大事，皆合遣

---

①《唐律疏议》卷一〇《职制律》，北京：中华书局，1983年，第208页。

②《唐律疏议》卷一〇《职制律》，第208—209页。

驿。”而所司乃不遣驿非应遣驿，而所司乃遣驿，若违者：各杖一百。又，依仪制令：“皇帝践祚及加元服，皇太后加号，皇后、皇太子立及赦元日，刺史若京官五品以上在外者，并奉表疏贺，州遣使，余附表。”此即应遣使诣阙，而不遣者，亦合杖一百，故云“罪亦如之”。[①]

所以，在国家稳定且权力掌控较强的情况下，通过完善的制度安排，官方驿传系统可以被有效利用起来，由驿传系统传递的官文书都可以在规定的时间内及时被传达。尤其是军事警急或奉表疏贺等重要消息，更是如此。例如，《资治通鉴》载贞观十八年（644）事云：

上谓侍臣曰：“孝恪近奏称八月十一日往击焉耆，二十日应至，必以二十二日破之，朕计其道里，使者今日至矣！”言未毕，驿骑至。[②]

贞观十八年正是唐朝国力较为强盛的时期，全国驿传系统可以在疆域内正常运转，重要的官方军事情报也可以在版图内被正常地传递。故而，对官文书传递及行政运行状况相当了解的唐太宗，即使身处长安也可以知晓信息递送到达的大致时日。这种未卜先知的判断，也正是国家政务以及驿传系统运行通畅的体现。

“安史之乱”以后，唐廷中央与地方藩镇之间的关系出现了危机与重构。[③]其种种变化具体到本文论题而言，主要是大历十二年（777）进奏院的设置。[④]根据张国刚先生的研究，进奏院作为地方藩镇设置在长安的办事机构，其主要功能就是建立起唐廷中央与地方藩镇沟通的桥梁——既需向朝廷反映本镇情况和传递本镇表文，又要及时向本镇报告朝廷及他镇情况。[⑤]所以，各地方藩镇的上都进奏院在“安史之乱”以后，实际上承担起在唐廷中央与地方藩镇之间上传下达的重要责任。目前所见P.3547与S.1156号文书正是两份沙州所得的“进奏院状”，系在长安的上都进奏院官员向沙州汇报情况的状文。其中，据张国刚先生的考证，前者报告的内容应是乾符五年（878）贺正专使阴信均在京活动的事宜[⑥]，后

①《唐律疏议》卷一〇《职制律》，第209页。

②《资治通鉴》卷一九七“太宗贞观十八年九月”条，第6212页。

③ 相关研究可参见李碧妍：《危机与重构：唐帝国及其地方诸侯》，北京：北京师范大学出版社，2015年。

④ “（大历十二年五月）其月十一日，诸道先置上都邸务，名留后使，宜令并改为上都进奏院官。”《唐会要》卷七八“诸使杂录”条，第1702页。

⑤ 张国刚：《唐代进奏院考略》，《文史》第18辑，北京：中华书局，1983年，第83—91页。

⑥ 张国刚：《两份敦煌“进奏院状”文书的研究——论“邸报”非古代报纸》，《学术月刊》1986年第7期，第57—62页。

者则为僖宗光启三年（887）二月至三月宋闰盈等三批专使在京求取旌节的情况。而S.1156中提到的“宋闰盈”应该就是S.2589中留在凉州未发的“宋润盈”，他在肃州官员上报情况之后还是顺利到达了长安的上都进奏院。因此，在唐中后期，只要进奏院依然可以发挥其上传下达的职能，中央与地方之间的信息往来还是可以保持较为顺畅的状态。

三、道路梗涩与奏报难通

不过，当国家陷入混乱状态，部分地区的驿传系统因种种缘由无法有效运转且陷入瘫痪之时，官方信息也就无法及时、准确地被传递，有的地域甚至还会陷入信息闭塞的境地。此时，信息的获取与传递，就不能再通过高效准确的官方途径，只能依靠亲自侦察及询问来往行人等低效且不可靠的方式。这些低效且不可靠的手段，往往会造成人们获知有效消息的辐射范围极其狭窄，各种信息在传递过程中还会出现失真的状况，错误的信息也就由此产生并被传递至其他地方。

其实，早先僖宗西逃成都，路过骆谷时，当时的凤翔节度使郑畋就前来拜见并请求僖宗留在凤翔。但僖宗担心自身安全而执意前往成都，郑畋只好表示：

> 道路梗涩，奏报难通，请得便宜从事。①

郑畋已经预见到国家陷入混乱之时，官方信息的传递会十分不通畅，故而提请可以便宜行事，以免耽误军机大事。

上文所讨论的S.2589文书就是“道路梗涩”与“奏报难通”的真实写照。此件文书虽是由肃州当地官员撰写并递送至沙州，属于正式传递的官文书，其中所报告的消息理当较为翔实准确。但除了肃州至邠州这段区域内局势的报告与沙州相关人员的情况较为可信，在黄巢之死和僖宗返京这两件国家大事上，却依然出现消息滞后且错漏百出的问题。

之所以出现这种消息传递严重滞后且失真的情况，主要在于当时虽然黄巢起义已基本平息，但整个西北地区已然处于“道路梗涩”的混乱局面，人们往来都十分不方便，官方的驿传系统也根本无法有效运行。因此，即使肃州是沙州获得中原各类情报信息的前哨站，但在这样“内忧外患”的局势下，当地官员获取消息的途径及方式依然十分有限。况且信息的传递必须借助人来传送，当该路段上往来行人的安全都时常无法得到保

---

①《资治通鉴》卷二五四“僖宗广明元年十二月”条，第8241页。

障时，大量重要的消息也必然难以被正常地传递，从而使得“奏报难通”。而且，恐怕不唯肃州如此，P.2762V《夫字为首尾》诗有云：

夫聋（婿）一去远征但（徂），贱接（妾）思君情转孤。凤楼惆怅多□忆，雁信传书到豆卢。遥想扬〔□〕空寂寞，那勘（堪）独守泪呜呜。当今圣主回銮驾，逆贼黄巢已就诛。恩光料合□□莫，欢（劝）君幸勿恋穹卢（庐）。[①]

虽然诗中女子得知僖宗返京且黄巢已死，但她依然无法确知其寄往豆卢的雁信何时能够送达。

尽管如此，尽可能获取中原地区的重要消息依然是肃州的迫切需求。特别是上文已提到过，当时张淮深迫切希望得到唐朝正式给予的节度使之名，因此对于当时中原局势的关心也是十分之迫切。幸运的是宋输略及淮诠郎君等人的消息都被传递至肃州。如果本文书提到的宋润盈等人确实是张氏派出的第一批使节，那么肃州既然得知了这批使节的消息，必然也会第一时间报告至沙州。而在报告这批使节情况的同时，肃州也会顺带将他们或这批使节道听途说的消息一并上报。道听途说的消息不一定准确，但这也已经是肃州官员所能得知的最及时、最有用的与国家重要事件相关的消息。最后，这件S.2589文书应当也很顺利地随“专差官健康清奴驰状通报”，而呈报给了沙州。

根据文书报告的内容，文书中绝大部分的有效信息应当是宋输略等人与淮诠郎君一行所带来的，因为许多消息都与他们亲身的经历息息相关。如邠州与灵州有仇恶，且两州之间还有党项抄掠，故而宋输略等人要取道河州返回凉州。同样，关于“凉州闹乱”以及甘州回鹘的劫掠情况，应当也是宋输略等人在凉州未发以及白永吉等人途经甘州到达嘉麟县后所获知的消息或经历过的事情。这些消息很显然并没有明确的官方信息来源，但这毕竟是宋输略等人亲身经历的报告，算是当事人记当时事。

至于僖宗返京和黄巢之死这两件大事，宋输略等人大概也只是有所耳闻，并没有亲眼见过相关奏报或露布的具体内容。特别是宋输略这批人，在邠州逗留及返回凉州期间，或多或少都会打听到一些与中原局势相关的消息。很可能恰巧，他们在十月份获知“关东藩镇表请车驾还京师”，又经过月余行程到达肃州后，由于并不知晓僖宗“以长安宫室焚毁，故久留蜀未归”的最新消息，径直以为僖宗必然已经同意关东藩镇奏表而

① 录文参见郑炳林：《敦煌碑铭赞辑释》，兰州：甘肃教育出版社，1992年，第131页；徐俊：《敦煌诗集残卷辑考》，北京：中华书局，2000年，第173页；邵文实：《敦煌边塞文学研究》，兰州：甘肃教育出版社，2007年，第78页。李军认为此文书作者可能是咸通初年前往沙州地区承担军事方面任务的人员，见李军：《晚唐中央政府对河陇地区的经营》，博士学位论文，兰州大学，2008年，第93页。

返京，并进而将此误判的消息告诉了肃州官员，消息闭塞的肃州官员也据此抄写在此文书上并报告给了沙州。而关于黄巢之死，恐怕更是宋输略等人在返回肃州的行程中道听途说。其中说黄巢“被尚让共黄巢弟二人煞却，于西川进头”，这个消息可能与当时“太原博野军杀言，与巢首俱上溥，献于行在，诏以首献于庙”有关。[①]这里的“行在”是指僖宗所在的成都，也就是西川。宋输略等人虽然正确地知晓了黄巢首级被献于成都之事，但无法获知斩杀黄巢的确切人员，体现在文书上就是出现划去“共黄巢弟二人”的情况。

其实，追讨黄巢功劳最大的徐州时溥在获得黄巢首级后，曾专门令其幕佐李凝古撰写露布表功：

> 李凝古，给事中损之子，冲幼聪敏绝伦，工为燕许体文。中和中，从彭门时溥，溥令制露布进黄巢首级。凝古辞学精敏，义理该通，凡数千言，冠绝一时，天下仰风。[②]

李凝古所撰写的这份露布已然不存，但既然有“凡数千言，冠绝一时，天下仰风”的赞语，也可以说明这份露布在当时传播范围相当广泛，可以被中原地区相当多的人所获知。

中原地区的藩镇确实也曾收到时溥传递来的状报。崔致远代其幕主淮南节度使高骈所写的《贺杀黄巢表》中云：

> 臣某言：臣得武宁节度使时溥状报，逆贼黄巢、尚让分队并在东北界，于六月十五日，行营都将李师悦、陈景瑜等于莱芜县北，大灭群凶，至十七日遂被贼将伪仆射林言枭斩黄巢首级，并将徒伴降部下都将李惟政、田球等讫，其黄巢函首已送行在者。[③]

所以，时溥除了专门命人撰写露布，还曾向周边藩镇节度使都递送了状报。状报中详细记录了黄巢是六月十七日在莱芜县北附近被林言枭斩。可见，黄巢之死的消息，曾经通过官方传驿途径传布过。

可惜，不论是时溥官方发布的露布还是状报的具体内容，宋输略等人或肃州官员都

---

①《新唐书》卷二二五下《逆臣下·黄巢传》，北京：中华书局，1975年，第6464页。

②〔五代〕王定保：《唐摭言》卷一〇，北京：中华书局，1959年，第116页。

③〔新罗〕崔致远：《桂苑笔耕集校注》卷一《贺杀黄巢表》，党银平校注，北京：中华书局，2007年，第23页。

未得见，甚至邠、灵两州也很可能未能第一时间获取，他们大概只是得知黄巢的首级被献于西川。因为如果他们及时看过这些详细记录黄巢之死细节的露布或状报，必然不会在上报给沙州的牒状上抄写如此明显的错漏信息。所以我们可以肯定，文书的相关信息并非来自正式官方大捷所宣告的露布或牒状通报，应该只是肃州官员的道听途说。

总之，根据S.2589号文书报告的内容，我们可以推知肃州官员向沙州报告的这些消息，很有可能都是来源于宋输略及淮诠郎君等人。不过宋输略等人所得消息估计也是在邠州逗留期间及返回凉州途中道听途说所得，因而对黄巢之死和僖宗还京这两件如此重大的国家事件，他们也只是一知半解。所以，与信息相对畅通的中原地区相比，肃州以及邠、灵两州由于附近的混乱局势，正常的官方驿传系统已经陷入瘫痪境地，这也导致一些有关国家事件的重大消息都无法有效而及时地被传递与获取。但是，沙州的张淮深急于获得唐王朝的正式任命，以名正言顺地统领当地势力，故而对于中原信息的渴求十分强烈，即便所得消息可能并不太准确，但肃州官员也只能将听闻的这些消息如实上报。

四、结论

本文以S.2589号文书为例，主要通过对文书所包含的历史信息进行重新考辨与讨论：与正常运转的官方驿传系统相比，在国家混乱、局势紧张且驿传系统瘫痪，信息传递无法有效进行时，人们对于信息的获取与传播的情状更加迫切。岸本美绪先生曾论述过崇祯之死的信息在江南传播的过程，指出：“如果人们判断社会是安定的，那么即使国家的暴力机关不那么强大，通过地方官府，地方社会的秩序也可以得到保障；但如果国家权力的存在已经暧昧不清，王朝崩溃的流言四播，这时，以前就已存在的对社会崩溃的判断，就会在秩序混乱的基础上立刻引发恐慌，这种恐慌又使秩序更加混乱。”[①]黄巢起义同样造成了社会的混乱和不安定，也导致国家权力在该地区掌控力量的削弱。这还使得信息的传播变得十分困难，该地区不知不觉中也落入消息闭塞的境地。

这种消息闭塞的状况，还同样让人们产生种种不安情绪，既有对于国家动荡的惶恐、自身和家人安危的担忧，又有对于社会秩序混乱的惧怕。但往往也是在这样人心惶惶的境遇下，人们为了平慰心中的不安，以及寻求以后行动的参考，对于信息的获取也反而会比平时更加迫切。即使所获取的信息无法确认其时效性和准确性，但为了更多地

① ［日］岸本美绪：《崇禎十七年の江南社会と北京情報》，收入氏著《明清交替と江南社会：17世紀中國の秩序問題》，东京：东京大学出版会，1999年，第143—161页；此据底艳译、赵世瑜审校：《崇祯十七年的江南社会与关于北京的信息》，《清史研究》1999年第2期，第31页。

了解地区及国家局势的发展，依然会将道听途说所得的信息记录在正式呈递的官方文书当中。当然，这种消息传递不畅而带来的不安感，并不只在国家混乱时出现。如天宝八载（749）赴西域充安西节度使高仙芝幕府书记的岑参就曾赋诗《逢入京使》云：“马上相逢无纸笔，凭君传语报平安。”[①]岑参为了向家人报平安，也只能委托入京使传语。毕竟安西与长安在天宝年间虽道路畅通，但在无法使用官方驿传系统的情况下，信息的传递依然路途漫长。

考辨文书所记载的内容可以丰富我们对于史实的了解，尤其是正确的历史信息可以为我们明晰一些以往不太清楚的细节，但错误失真的信息并不代表就是无用的信息。从信息传播的角度来看，信息的真假有时并没有那么重要，反而通过分析信息为何以及怎样被错误传播，我们可以了解当时人在特殊历史情境下对听闻的信息的应对方式与方法。此外，我们还应当积极利用制度实际运作的材料，基于并超越制度层面的讨论，从信息传播的视角来考察古人日常而不自知的方式与观念。尤其在制度运转不畅的情况下，我们可能才会更加了解当时人最为日常的生活方式和方法。这些既是我们了解唐朝信息传播不同面貌的独特途径，也是我们理解当时人日常生活状态的特殊视角。

（本文原刊于郝春文主编：《敦煌吐鲁番研究》第19卷，上海：上海古籍出版社，2020年，第173—186页。收入本集刊后文字略有修订。）

〔作者赵洋，中国社会科学院古代史研究所、敦煌学研究中心。北京，100101〕

①〔唐〕岑参：《岑参集校注》卷二《逢入京使》，陈铁民、侯忠义校注，上海：上海古籍出版社，1981年，第77页。

从国图藏BD11178等文书看唐代公文钤印流程

管俊玮

摘　要：唐代公文钤盖官文书印后才能生效，钤印由勾检部门负责。利用BD11178等文书，可对唐代四等官制下公文钤印的一般流程进行复原：曹司将待钤印的公文逐条登记，制成以印目为主体的请印文书，并将两者同时递送至勾检部门。勾检系统的负责人先对请印公文行判，之后由所属官府的长官完成终判。批准钤印的公文，由小吏在监印官的监督下按照印目勘印，同时置有勘印簿对此进行记录。勘印簿逐日而作，按月汇总为印历存档。勾检与钤印两个环节互相嵌合，构成严密的公文审核体系，保证唐代的日常政务运作可以得到有效监管。

关键词：钤印；请印公文；勘印簿；印历；公文处理

唐代发达的官僚体制与严密的公文制度，是当时唐王朝能够屹立于欧亚大陆东部的重要原因。[①]但要详细描述相关制度的具体运作，则难免存在“文献不足征”的困境。通过对敦煌吐鲁番出土的请印牒、勘印簿、印历等相关文书的解读，可以复原唐四等官体系下公文的钤印流程，并进一步加深对唐代政务运作实态的了解。

一

王永兴最早关注到唐代公文的押署与钤印问题。[②]其后程义的硕士论文也提及官印使用问题，但并未进一步展开探讨。[③]事实上，《唐六典》中对官印钤朱的程序是有具

① ［日］赤木崇敏：《唐代官文書体系とその変遷—牒・帖・状を中心に》，载［日］平田茂树等编《外交史料から十～十四世紀を探る》，东京：汲古书院，2003年，第32页。

② 王永兴：《敦煌吐鲁番出土唐官府文书缝背表记事押署钤印问题初探》，载中华书局编辑部编《文史》第40辑，北京：中华书局，1994年，第89—99页。

③ 程义：《隋唐官印研究》，硕士学位论文，西北大学，2002年，第35—37页。

体规定的：

凡施行公文应印者，监印之官考其事目，无或差缪，然后印之，必书于历，每月终纳诸库。[①]

“监印之官”一般由唐代四等官体系中的勾官担任，因为监印是勾官的职责之一。[②]其中所谓“事目”，方诚峰已经指出“包括了公文种类、发付对象、涉及事项”[③]，即在敦煌吐鲁番出土公文的最后一行常常可见的对此公文性质的说明。根据卢向前的研究，一般牒式公文的处理程式分为署名、受付、判案、执行、勾稽、抄目6个环节。所谓“抄目”，就是将处理完毕公文的“事目”逐一登记汇总，它标志着公文处理程序的结束。不过卢向前将钤印程序归入勾稽环节之中[④]，实际上将钤印的过程简单化了。

根据《唐六典》的规定，在钤印完成之后，同时要“书于历”，然后按月进行汇总保管，这就是在敦煌吐鲁番出土文书中所见的“印历”。此外，还有与“印历”相关的一系列文书，列表如下（见表1）：

表1　唐代钤印相关文书汇总表[⑤]

文书名称	时间	文书性质	钤印情况
《安西都护府请印牒》[⑥]	永徽四年（653）	请印牒	未钤印
《武周典齐九思牒为录印事目事》[⑦]	武周时期（690—704）	请印牒	未钤印

①〔唐〕李林甫等撰：《唐六典》卷一《尚书都省》，陈仲夫点校，北京：中华书局，1992年，第11页。

② 在唐代四等官体系下，无论是中央诸司还是地方州县，“官文书印”白天一般统一由勾检部门的长官“勾官”监、掌。对于夜间的情况，《唐六典》则明确规定“其印，每至夜，在京诸司付直官掌；在外者，送当处长官掌”（《唐六典》卷一《尚书都省》，第11页），也就是说中央各机构交由值班的官员监管，地方则送到长官处进行保管。而未设置四等官的官府机构，则一般由承担勾检职责的部门或官员负责监印。

③ 方诚峰：《敦煌吐鲁番所出事目文书再探》，《中国史研究》2018年第2期，第119页。

④ 卢向前：《牒式及其处理程式的探讨——唐公式文研究》，载北京大学中国中古史研究中心编《敦煌吐鲁番文献研究论集》第3辑，北京：北京大学出版社，1986年，第335—393页。后收入氏著《唐代政治经济史综论——甘露之变研究及其他》，北京：商务印书馆，2012年，第307—362页。

⑤ 孙继民曾缀合了英藏S.11453J、S.11453I和S.11453K三片文书，并将其定名为《唐开元某年某月瀚海军请印历》（孙继民：《唐代瀚海军文书研究》，兰州：甘肃文化出版社，2002年，第24—28页）。方诚峰已指出此文书非印历，而是事目文书（方诚峰：《敦煌吐鲁番所出事目文书再探》，《中国史研究》2018年第2期，第126—127页），故不列入此表。

⑥ 此文书完整题名为《唐永徽四年八月安西都护府史孟贞等牒为勘印事》，图版与录文见荣新江等主编：《新获吐鲁番出土文献》上册，北京：中华书局，2008年，第106—109页。

⑦ 图版与录文见唐长孺主编：《吐鲁番出土文书图录本（图录本）》第3册，北京：文物出版社，1996年，第315页。

续表

文书名称	时间	文书性质	钤印情况
《瀚海军兵曹司印历》[①]	开元十五年（727）	印历	瀚海军之印
《瀚海军勘印历（甲）》[②]	开元十五年（727）	勘印历（簿）	瀚海军之印
《瀚海军勘印历（乙）》[③]	开元十五年（727）	勘印历（簿）	瀚海军之印
《天山县车坊请印状》[④]	开元二十一年（733）	请印状	天山县之印
《敦煌县某年勘印簿》[⑤]	唐前期	勘印历（簿）	敦煌县之印
《于阗镇守军勘印历》[⑥]	开元、天宝年间（713—756）	勘印历（簿）	（印文漫漶不清）[⑦]

二

众所周知，唐代中央和地方官署中勾检系统掌管着该机构行政公文的收发与存档。雷闻、荒川正晴两位先生更进一步指出，同一官府机构内的不同部门之间的公务文书的往来，也要通过该机构的勾检部门来完成。[⑧]这似乎说明，唐代行政公文的流转并不是在

① 此文书图版见中国社会科学院历史研究所、中国敦煌吐鲁番学会敦煌古文献编辑委员会、英国国家图书馆、伦敦大学亚非学院编：《英藏敦煌文献（汉文佛经以外部分）》第13卷，成都：四川人民出版社，1995年，第293—295页。由孙继民将其中的S.11459G、S.11459E与S.11459D三片文书缀合而成，录文见孙继民：《唐代瀚海军文书研究》，第13—16页。

② 此文书图版见《英藏敦煌文献（汉文佛经以外部分）》第13卷，第278—279页。由孙继民将S.11453H与S.11453I拼合而成，录文见孙继民：《唐代瀚海军文书研究》，第17—19页。

③ 此文书图版见《英藏敦煌文献（汉文佛经以外部分）》第13卷，第292、294页。由孙继民将S.11459C和S.11459F拼合，录文见孙继民：《唐代瀚海军文书研究》，第19—21页。

④ 此文书完整题名为《天山县车坊为坊生牛请印状》。图版与录文见唐长孺主编：《吐鲁番出土文书（图录本）》第4册，北京：文物出版社，1996年，第300页。

⑤ 此文书图版分别见《敦煌秘笈》第1册，大阪：武田科学振兴财团，2009年，第381—384页；任继愈主编：《国家图书馆藏敦煌遗书》第109册，北京：北京图书馆出版社，2009年，第58—61页。该文书系由赤木崇敏将国图BD11178、羽61号、BD11177、BD11180四片文书拼合而成，录文见［日］赤木崇敏：《唐代敦煌縣勘印簿羽061、BD11177、BD11178、BD11180小考》，《敦煌寫本研究年報》第5号，2011年，第95—108页。

⑥ 录文见文欣：《和田新出〈唐于阗镇守军勘印历〉考释》，载沈卫荣主编《西域历史语言研究集刊》第2辑，北京：科学出版社，2009年，第111—112页。

⑦ 此印的印迹虽已漫漶，不过据大历或贞元中的《唐某年某月二十六日于阗镇守军帖》（荣新江等主编：《新获吐鲁番出土文献》，第361页）上所钤“镇守军之印”，可推测开元、天宝间的于阗镇守军公文所钤之印可能亦为此印。

⑧ 雷闻：《关文与唐代地方政府内部的行政运作——以新获吐鲁番文书为中心》，《中华文史论丛》2007年第4期，第123—154页。［日］荒川正晴：《唐代天山東部州府の典とソグド人》，载［日］森安孝夫主编《ソグドからウイグルへ——シルクロード東部の民族と文化の交流》，东京：汲古书院，2011年，第47—66页；中文本以《唐代天山东部州府的典和粟特人》为题，发表于《国学学刊》2011年第2期，第49—58页；后又收录于中国人民大学国学院主编：《国学的传承与创新：冯其庸先生从事教学与科研六十周年庆贺学术文集》，上海：上海古籍出版社，2013年，第952—966页。

行判的环节完成之后，立即由勾检系统进行勾检和钤印。实际上，从一般公文的处理过程也可以看出，公文在长官完成终判之后通常不会立即转入勾检部门。试举唐代西州的一道公文《唐开元二十一年染勿等保石染典往伊州市易辩辞》为例：

7　石染典人肆，马壹，騾驴拾壹。
8　　请往伊州市易，责保
9　　可凭，牒知任去。谘，元
10　　璟白。
11　　　　廿三日
12　　依判，谘。延祯示。
13　　　　廿三日
14　　依判，谘。齐晏示。
15　　　　廿三日
16　　依判，谘。崇示。

……………………………廿三日……………………

17　　依判，斛斯示。
18　　　　廿三日
19　石染典
20 牒　件状如前，牒至准状，故牒。
21　开元廿一年正月廿三日
22　　　　府 谢忠
23 户曹参军 元
24　　　　史
25　　　正月廿一日受。廿三日行判。
26　　　录事 元肯　检无稽失
27　　　功曹摄录事参军 思 勾讫
28 牒石染典为将人畜往伊州市易事①

下面先将该文书中涉及的四等官体系列表如下（见表2）：②

① 图版与录文见唐长孺主编：《吐鲁番出土文书（图录本）》第4册，第277—278页。
② 李方对该文书中涉及的诸人均有考订（李方：《唐西州官吏编年考证》，北京：中国人民大学出版社，2010年，第18—19、43—45、72—73、76—78、118—119、257页）。

表2　唐代西州文书中反映的四等官体系表

四等官中的位置	姓名	职务
长官	王斛斯	西州都督府都督
通判官	延祯、齐晏、崇	西州都督府司马、长史、别驾
判官	梁元璟	西州都督府户曹参军
主典	谢忠	吏
检官	元肯	录事
勾官	思	功曹摄录事参军

据文书内容可知，这道公文先由西州都督府户曹参军梁元璟行判，接着由3位通判官——司马（延祯）、长史（齐晏）、别驾（崇）依次处理，再由长官（西州都督府都督）王斛斯进行终判，之后又转回到户曹，最后才被送往勾检部门。[①]与西州这道公文的处理流程一样，敦煌的《长安三年三月括逃使牒并敦煌县牒》[②]和北庭的《开元残牒》[③]在长官完成终判后，也没有被直接送往勾检机构，而是分别又回到敦煌县的县尉摄主簿“泽”和北庭长行坊的专当官摄县丞李仙的手中，[④]然后才被发送到录事机构完成勾检。之所以会如此，是因为具体负责处理公文的曹司在公文终判完成之后，还需要向勾检部门履行“请印”的手续。根据出土的相关文书，可将唐代公文处理中钤印环节的相关流程复原如下：

① 关于此文书中四等官制运作的分析，参见李锦绣：《唐后期的官制：行政模式与行政手段的变革》，载黄正建主编《中晚唐社会与政治研究》，北京：中国社会科学出版社，2006年，第29—31页。

② 即大谷2835号文书。[日]小田义久：《大谷文书集成》第1册，京都：法藏馆，1984年，图版120—121，录文第105—106页。

③ 北庭《开元残牒》的图版，见《罗雪堂先生全集》第3编第9册，台北：台湾大通书局，1989年，第3345—3348页。藤枝晃最早指出《贞松堂藏西陲秘籍丛残》所收7通开元残牒中有5通属于北庭长行坊文书，并对这5份文书做了录文（[日]藤枝晃：《“长行马”文书》，《东洋史研究》第10号第3期，1948年，第216页）。李锦绣在此基础上缀合了其中的第2片与第3片文书，并对藤枝晃先生的录文做出修订[李锦绣：《唐开元中北庭长行坊文书考释》（上），《吐鲁番学研究》2004年第2期，第27页]。

④ 向群、刘进宝均指出，此文书中的“泽”即为“尉摄主簿者”（向群：《敦煌吐鲁番文书中所见唐官文书“行判”的几个问题》，《敦煌研究》1995年第3期，第138页；刘进宝：《从敦煌吐鲁番文书看唐代地方官文书的处理程式》，《图书与情报》2004年第5期，第29页）。孔祥星指出，该文书中的“专当官仙”即为相关文书中出现的“专当官摄县丞李仙”“专当官李仙”，并指出他的身份是北庭长行坊的“专当官”（孔祥星：《唐代新疆地区的交通组织长行坊——新疆出土唐代文书研究》，《中国历史博物馆馆刊》1981年第3期，第34页）。荒川正晴亦持同样的看法（[日]荒川正晴：《北庭都護府の輪台県と長行坊——アスター十五〇六号墓出土、長行坊関係文書の検討を中心として》，载小田义久先生还历纪念事业会编《小田義久博士還暦記念東洋史論集》，京都：龙谷大学东洋史学研究会，1995年，第97页）。

第一步：曹司所属典吏首先将该部门需要钤印的公文整理完毕，逐条登记形成“印目”（也称为“录印事状”“录印事目”）并署名，这样就初步完成了一道请印公文的制作。下面一份文书即展示了“印目”的具体格式：

3 壹条为关仓士户三曹给使□

4 牒肆条 一为沙州勘合马事二为（ ） 一为牒纳职给使（ ）

5 叁条 一为柳中给使□事一为下高 驼事

6 一为关□（ ）

（后缺）[①]

整理者已指出，包含上引文书在内的《唐永徽四年八月安西都护府史孟贞等牒为勘印事》共有10片（此为第7片文书），雷闻随后进一步指出这组文书中有5片包含录事司勘印的记录，4片的结尾都有录事司长官的判署，可确定此组文书应为录事司存档的请印文书。[②]因此，虽然该第7片文书残损比较严重，但据同组的第3片文书：

1 □□氈七领讫报事

2 □氈五领领讫报事

3 □前件事条如前，谨牒。

4 永徽四年八月廿日史孟贞牒。

5 功曹参军事令狐京伯

6 勘印，隆悦白

（后缺）[③]

可知，第7片文书残存部分与同组第3片文书的第1—2行一样，为某道“请印牒”的“印目”；又据行文中的“永徽四年八月廿日史孟贞牒”可知，第3片文书为安西都护府功曹中名叫孟贞的小吏所起草，则第7片文书同样应为某曹小吏将本曹需钤印之公文逐条记录而成的。

复原后的敦煌县开元时期“印目”（羽061）格式也基本类似：

① 图版与录文见荣新江等主编：《新获吐鲁番出土文献》，第109页。

② 雷闻：《关文与唐代地方政府内部的行政运作——以新获吐鲁番文书为中心》，《中华文史论丛》2007年第4期，第147页。

③ 图版与录文见荣新江等主编：《新获吐鲁番出土文献》，第107页。

5司兵牒上州司户为量过百姓马事。

6申州司户为兵于州就商事。

7 牒下为市鞍健（鞯）事。

8 司法帖主簿王等为大使田内失□就勘当事。

9 一为检索承芬死事。

10右计五道。

11 牒、件录印事状如前。谨牒。

12　　　八月　日。史索固牒。

（中略）

15 [　　　　　　]科牒司兵为差和市牛皮送户事。

16 司户为阴嗣琬请过所事。

17　一为马仁勗请过所事。

18 司仓牓三街为供设新物不请价直事。

19　　　右记四道

20 牒、件录当日印目如前。谨牒。

21　　　　八月十　日。史 索贞固 谨牒。

（后缺）[1]

通读该文书可知，第15—18行的“印目”部分，是一名叫索贞固的小吏根据当日需要钤印的4道公文的事目抄撮而成的“录印事状”。抄写完“当日印目”后，第19行是索贞固对该日需要钤印公文数目的具体统计，经过其在第21行署名，初步形成一道“请印牒”。显然，这道“请印牒”与前引安西都护府小吏孟贞制作请印公文的步骤相同。

唐代的“市券”也必须经过官府钤印后才能正式成立[2]，这个过程叫作“过券”。“过券”同样必须向官府履行的请印手续。如敦煌研究院所藏298、299号两件文书拼合而成的《唐代奴婢买卖市券副本》中有：

① 录文见［日］赤木崇敏：《唐代敦煌縣勘印簿羽061、BD11177、BD11178、BD11180小考》，载［日］平田茂树等编《外交史料から十～十四世紀を探る》，第96—97页。按：第7行“健（鞯）”字原未释出，此为笔者据图版自释。

② 所谓“市券”，是指唐代奴婢、马牛、驼驴这样的动产进行交易时买卖双方必须到官府订立的契约，由官府统一制作。如果交易完成3日后不通过官府订立市券，则双方都要受到笞刑［张晋藩主编：《中华法学大辞典·法律史学卷》“市券”条（高浣月撰），北京：中国检察出版社，1999年，第385页］。

5　……绢贰拾壹匹。勘责抉同，据保给券。仍请郡印，□□□

6　……罪

7　　　　　绢主

8　郡印　　奴主行客王修智，载陆拾壹。

9　　　　　胡奴多宝，载壹拾叁。

（以上敦研298号）

6　市令秀昂给券　　　史

（以上敦研299号）[1]

施萍婷已经考订出此市券的成立时间大约为天宝末，敦研299号文书的第8行“郡印”与《唐开元十九年唐荣买婢市券》出现的“用西州都督府印”、《唐开元二十年薛十五娘买婢市券》的“用州印”情况一样，表示正本在此处钤有敦煌郡的“郡印”。[2]又据敦研299号文书中“市令秀昂给券”可知，王修智请印的直接对象是敦煌郡的市署，市署审核完毕后，再向敦煌郡的录事司申牒请印。

除了职事官系统需要履行请印程序，宫官等非职事官系统中“官文书印”的使用同样也有此环节。唐代宫官所辖六局均设有官印，但是除了尚宫局的官印，“其五尚之印唯于当司宫内行用，不得印出外文牒”，所以“凡六尚事物出纳文籍”，皆由尚宫局印署之，其他五局必须“取尚宫（官印）押印”，也需向尚宫局请印。[3]

第二步：请印公文经所属曹司的长官签字确认后，和对应的公文一同被发送至勾检系统。勾检部门将收到的公文勾检完毕之后，录事司负责人还需要对同时送来的请印公文行判，并将其上申至该官署的长官处进行终判。举例如下：

3　________□前件事条如前，谨牒。

4　　　永徽四年八月廿日史孟贞牒。

5　　　　　功曹参军事令狐京伯

6　　　　　勘印，隆悦白

① 图版与录文见敦煌文物研究所资料室：《从一件奴婢买卖文书看唐代的阶级压迫》，《文物》1972年第12期，第69页；后以《本所藏敦煌唐代奴婢买卖文书介绍》为题，收入施萍婷《敦煌石窟与文献研究》，杭州：浙江大学出版社，2016年，第405—411页。

② 冻国栋：《唐代的“市券”与“私契”——敦煌、吐鲁番文书札记之一》，《喀什师范学院学报》1988年第4期，第36—39、95页。

③〔唐〕李林甫等撰：《唐六典》卷一二《宫官》，第349页。

（后缺）[1]

正如前文已指出的，这是由安西都护府功曹的小吏孟贞制作的请印公文，完成之后由本曹长官（功曹参军事）令狐京伯签名确认。接下来，这份请印牒和需要被钤印的公文一同被送到录事司。雷闻根据其他相关文书，指出隆悦在永徽四年至六年（653—655）初担任安西都护府“录事参军事”[2]，则可知录事系统对诸曹文案勾检完毕后，录事司长官隆悦还要“考其事目”，对这道请印牒亲自行判。“白”是唐代公文行判中常见的术语，用以表示行判人对公文的具体处理意见，“勘印，隆悦白”说明隆悦的意见是同意钤印。值得注意的是，隆悦这里用“白”，显示此请印公文还需要再经由其上级（安西都护府长官）完成终判，[3]这点从《武周典齐九思牒为录印事目事》中也可以看出：

1 敕慰劳使　请印事

2 牒西州为长行驼为不足事 一牒为乘驮案事

3　右贰道

4 牒，录印事目如前，谨牒。

5　　　　四月廿九日典齐九思牒

6　贰道　　使 郎将 张弘庆

7　　贰道勘印 方泰 示

8　　　　　廿九日[4]

刘子凡认为此牒中的张宏庆为慰劳使，齐九思为其下属之典，并推测这是慰劳使为向西州官府借印所发的公文，[5]方诚峰也已指出“这件牒文是为了对将要发出的两道公文勘印”。[6]而从制作过程看，此牒的“录印事目”与前引“录印事状”“印目”一样，都是

---

① 图版与录文见荣新江等主编：《新获吐鲁番出土文献》，第107页。

② 雷闻：《关文与唐代地方政府内部的行政运作——以新获吐鲁番文书为中心》，《中华文史论丛》2007年第4期，第135—136页。

③ “白”带有请示的意味，通常为行判官员所使用，通判官员一般用“依判，咨，某某示”，长官终判时则多用“依判，某某示”（详参向群：《敦煌吐鲁番文书中所见唐官文书“行判”的几个问题》，《敦煌研究》1995年第3期，第139页）。

④ 图版与录文见唐长孺主编：《吐鲁番出土文书（图录本）》第3册，第315页。

⑤ 刘子凡：《唐代使职借印考——以敦煌吐鲁番文书为中心》，载饶宗颐主编《敦煌吐鲁番研究》第16卷，上海：上海古籍出版社，2016年，第208—209页。

⑥ 方诚峰：《敦煌吐鲁番所出事目文书再探》，《中国史研究》2018年第2期，第119—120页。

由典吏负责起草，之后经过其长官签字后再转呈给西州某官府。不过此牒为使职向地方官府借印，情况较为特殊，所以被径直递送给该官府的长官，①由长官直接以“示”对此请印牒完成终判。

而未设四等官体制的机构，请印公文的流转过程也基本类似。如在宫官系统中，其他五局向尚宫局提交用印申请后，由尚宫局内负责勾检并掌印的司记确认“牒状无违，然后加印”，而尚宫局长官则需要“莅其印署”，②此处“莅”即为“临视”之意③，可知司记“加印”也须在该司长官“临视”下完成。

第三步：长官完成终判后，请印公文返回勾检系统。对于已批准钤印的公文，由勾检部门根据请印公文的印目完成“出印”，同时还要制作勘印簿对相关信息予以记录。为了说明这个流程，再来看以下几份文书，BD11178《敦煌县某年勘印簿》（BD11178）：

3 牒悬泉府为李仁忠逃去勒防事。［思］。［有印］。
4 一为许度直逃去勒防事。［思］。［有印］。
5 牒悬泉乡为同前事。［思］。［有印］。
6 牒吕兮言为新附事。［思］。［有印］。
7 ＿＿＿＿＿＿乡为同前事。已上五道典张弘。［思］。［有印］。
8 右记卅二道。［有印］。
9 牒、件录当日印目如前。谨牒。
10 八月 日。史 索固牒。
11 ［叁拾贰道勘印讫，记
……………………………………………………………（纸缝）
12 有印 社 白
13 四日］④

① 上引刘子凡文中推测此“方泰”可能为高昌县县令。

②《新唐书》卷四七《百官志二》，北京：中华书局，1975年，第1226页。

③《汉语大字典》将《新唐书》卷四六“贞观初，岁定京官望高者二人，分校京官、外官考，给事中、中书舍人各一人莅之，号监中外官考使”（第1192页）中的“莅”字解释为“临视”（《汉语大字典（第二版）》第3卷“莅”字条，武汉：崇文书局、成都：四川辞书出版社，2010年，第1745页）。据前后文语境，本文所引此段来自《新唐书》卷四七的史料，其“莅”字用法与《新唐书》卷四六中的相同，亦为“临视”之意。

④ 录文见［日］赤木崇敏：《唐代敦煌縣勘印簿羽061、BD11177、BD11178、BD11180小考》，载［日］平田茂树等编《外交史料から十～十四世紀を探る》，第100页。按：第6行的“兮言”两字、第7行的“弘”字，原未释出，此为笔者据图版自释。

《于阗镇守军勘印簿》：

1 牒□
2 牒右军为准前事。
3 牒左军为准前事。
4 牒三军为领知（？）祀弩事。
5 牒疏勒镇守军为勘铜钩事。
6 牒上经略使为请铜铁事。
7　右贰拾叁道，典令狐亨，判官王□，勘
8 印。珉，
9 三日。
（背押：三百九十，珉）[①]

《瀚海军勘印簿》（S.11453I）：

（前缺）
6　六日：牒张玄贞乘骑马一匹马死纳宍钱讫事。
7　牒西北道为尹寿京北碛官马死事。
8　牒别案为张玄贞马等死事。
9　牒胄曹为张玄贞等马死纳皮筋讫事。
10　牒冯元超马死纳皮筋事。
11　牒东道为医人史伏力依旧例所由收领事。
12　牒南营左军为史伏力同前事。
13　牒西北道为收领杨爽事。
14　　右捌道。典马仁，官乐琼。勘印捌道，琼。[②]

仔细比对3份勘印簿后可以发现，《于阗镇守军勘印簿》和《瀚海军勘印簿》在格式上基本一致，而《敦煌县某年勘印簿》则很不相同，以至于赤木崇敏将其视为一种特殊的牒

① 录文见文欣：《和田新出〈唐于阗镇守军勘印历〉考释》，载沈卫荣主编《西域历史语言研究集刊》第2辑，第111页。

② 录文见孙继民：《唐代瀚海军文书研究》，第18页。按：第13行的“爽”字，孙继民释作“奕”，校改作“爽”。图版即为“爽”之俗字，参见黄征：《敦煌俗字典（第二版）》“爽”字条，上海：上海教育出版社，2019年，第743页。

式。[①]实际上正如李方指出的，唐代县一级政权中的流内官数量不多，主要是县令、县丞、县主簿、县尉等寥寥数人，其他均为吏。同时由于经常出现官员缺额的现象，县级政权的兼摄官现象也是很常见的。[②]《敦煌县某年勘印簿》的格式之所以不同，也是因为县一级政府流内官比较少，不可能像州、府那样，由各曹整理后分别向录事司发送请印公文，再由录事司统一制作勘印簿，而是安排专门的小吏负责汇总该县当天需要钤印的文书并制成请印公文，审核完毕后，即以该请印牒为基础直接制作勘印簿。根据《唐永徽四年八月安西都护府史孟贞等牒为勘印事》等请印公文可知，BD11178的原貌与前引羽061复原后的格式相同，也是以印目为主体，而在制作勘印簿时只抄录了其印目部分，省略了后面行判的相关内容。

从整件《敦煌县某年勘印簿》（据羽061、BD11177、BD11178、BD11180拼合而成）中还可以知道，该年八月敦煌县的主簿空缺，[③]由“思”和“详”临时轮流兼任勾官，这两人的身份应该是县丞或县尉。与《于阗镇守军勘印簿》和《瀚海军勘印簿》一样，敦煌县的《勘印簿》同样需由担任“检官”的“典”在自己负责的事目下签名，第7行“已上五道典张弘”就是在敦煌县衙内担任“典”的“张弘”，不过“张弘”只负责检覆当日32份文书中的5份，其他公文则由别的典负责，这在BD11180中可以看得更加清晰：

3　司户牒张诣玄为检括地事。典张峻。［思］。［有印］。
4　申州司户为赵智咸等没落事。［思］。［有印］。
5　牒韩少府为效谷乡袁智方等草麦事。［思］。［有印］。
6　牒神沙乡为氾大亮秋后勒还事。［思］。［有印］。
7　已上叁道典张钦。
8　牒上差科并下乡为张仙娘正男崇领事。［思］。［有印］。
9　牒司功为送唐元度充学生事。［思］。［有印］。
10　已上二道典宋度
（后缺）[④]

---

① ［日］赤木崇敏：《唐代敦煌縣勘印簿羽061、BD11177、BD11178、BD11180小考》，载［日］平田茂树等编《外交史料から十～十四世紀を探る》，第105页。

② 李方：《唐西州行政体制考论》，哈尔滨：黑龙江教育出版社，2013年，第183—216页。

③ 羽061中有“司法帖主簿王等为大使田内失□就勘当事”，如果这位王姓主簿为敦煌县的主簿，可知他在此年八月可能因为需要处理某“大使”之事临时不在岗。

④ 录文见［日］赤木崇敏：《唐代敦煌縣勘印簿羽061、BD11177、BD11178、BD11180小考》，载［日］平田茂树等编《外交史料から十～十四世紀を探る》，第101页。按：其中第3行的“诣”“括”，第5行的“麦”，第6行的“勒”等字，原未释出，此为笔者据图版自释；第5行的“草”，原录文误释为“单”；第10行的“二”，原录文误释为“三”。

可以看出这6道公文的检覆任务由张峻、张钦、宋度3位典分别承担，[1]同时“思”也要在其负责勾稽的事目后署名，这也是BD11178第3—7行末尾处出现“思”签名的原因。同样，当“详”承担勾检职责时，末尾处的签名也变成了“详”，这在羽061、BD11177、BD11178中也可以见到。

又据BD11178第11—13行“叁拾贰道勘印讫，记有印，社白。四日”可知，“社”负责监印，“社”的身份应为敦煌县的县令。根据唐代制度，官印白天由录事系统的长官保管，晚上则由长官监管，因此《于阗镇守军勘印簿》和《瀚海军勘印簿》都是由该机构录事系统的负责人“珉”和“琼”负责监印，[2]但由于此时敦煌县的主簿空缺，因此官印实际掌握在县令“社”手中，由“社”负责监印，这也是同为某年八月敦煌县勘印簿残片的羽061和BD11177中均出现有“××道勘印讫，记有印，社白。某日”的原因。这段话中的“叁拾贰道”是此次勘印文书的具体数目，与第8行的“右记卅二道”相吻合，“勘印讫”表示勘印已完成[3]，“记有印”则表示勘印完毕后“社”在每道事目下注明“有印”两字[4]，“四日”是勘印的具体日期，所以可知“××道勘印讫，记有印，社白。某日”与《瀚海军勘印簿》中的“勘印捌道，琼”、《于阗镇守军勘印簿》中的“勘印。珉，三日”性质上是一样的，都是监印官在该日勘印簿后的例行汇总。

李锦绣曾将藤井有邻馆所藏北庭长行坊文书中的第17、18、20号3份文书重新缀合为《开元八年三月北庭都护府案为西州长行马死事》，笔者据此将部分内容转录如下：

一（有邻馆18号文书）

1　　　　功曹摄录事参军　［自判］

2 [ ]道出印讫，史 李芸。鸾。

---

① 唐代的主典常常承担公文的检覆职能，这在出土文书中十分常见。顾成瑞进一步指出，这些主典在公文署名时往往自署为“典”而不署其职名，所以这里张峻等人虽然均自署为“典”，但其具体职务可能并不相同，这恐怕也是他们在检覆公文时各有分工的原因（顾成瑞：《唐代典吏考》，《齐鲁学刊》2016年第1期，第46—53页）。

② 一般而言，录事系统的长官往往既是监印官，也是勾官，以在瀚海军文书中多次出现的“乐琼”为例，他作为瀚海军录事系统的负责人，身兼勾官与监印官的双重身份，这可从《瀚海军勘印簿》中看出，所以《于阗镇守军勘印簿》中的勾官“王□”与监印官“珉”有可能亦为同一人，此时以判官的身份管理于阗镇守军的勾检事务。

③ 据后引《开元八年三月北庭都护府案为西州长行马死事》可知，具体的“出印”环节一般由“索贞固”等小吏操作，“社”作为监印官主要负责监督。

④ BD11178第8行的“右记卅二道。［有印］”，而BD11177第1行“右记十道”后则无“有印”两字。从整份《敦煌县某年勘印簿》来看，是否在“右记××道”后书写“有印”二字，与该日的勘印簿有无纸缝有关。如果有的话，缝背之后均钤有“敦煌县之印”一方，并在结尾处“右记××道”后标注“有印”二字。

3 牒西州为死马皮肉钱事先已送讫事

4〔西〕州长行坊　　牒北庭都护府

5 西州长行坊马一匹总敦七岁

三（有邻馆20号文书）

1　　开元八年三月十九日

2　　　　　　府

3　　　　　　史 谢举

4 □曹判兵曹 鸾

5　　　　　三月十九日受，即日行判

6　　　　　　录事检无稽失

7　　　　　功曹摄录事参军自判

8 <u>五道出印讫，史 李芸。鸾。</u>

9 牒西州为西州长行马壹匹致死事。①

有邻馆18号文书第2行和20号文书第8行均为朱笔所写，李锦绣已经指出此“鸾”即为有邻馆11号文书出现的开元七年（719）担任北庭都护府“功曹摄录事参军”的“飞鸾”，而“李芸”则为录事司小吏，所以此处为勾检部门对公文行印的记录。又据20号文书第7行“自判”可将该文书第4行补齐为“功曹判兵曹”，显然飞鸾此时不仅是“功曹摄录事参军”，同时还兼判“兵曹”的政务。“××道出印讫，史，李芸。鸾”，则说明勘印是由小吏“李芸”在录事司长官“鸾”的监督下完成，所以勘印结束后两人分别签字确认。不过就一般情况而言，官府的案卷之中不应出现这样的钤印记录，政府的勾检部门应设有专门的勘印簿记录钤印过程，在之后的北庭长行坊案卷和同时期的西州案卷之中，也未见到有类似钤印信息的记载，而这里之所以会出现此种比较特殊的记录方式，恐怕与开元八年（720）北庭都护府遭到东突厥的攻击，北庭城被袭破的战时紧急状态有直接联系。②

将3份勘印簿的相关信息提取后形成表3：

① 李锦绣：《唐开元中北庭长行坊文书考释》（上），《吐鲁番学研究》2004年第2期，第17—18页。此文书图版最早由藤枝晃先生公布并录文（[日]藤枝晃：《长行马》，《墨美》第64号，1956年，第25—26页）。

② 刘子凡：《瀚海天山：唐代伊、西、庭三州军政体制研究》，上海：中西书局，2016年，第286—287页。

表3　唐代勘印簿基本要素一览表

文献	印目	监印官	检官	勾官	日期
《敦煌县某年勘印簿》（BD11178）	有	社	张弘	思	八月四日
《于阗镇守军勘印簿》	有	珉	令狐亨	王□	某月三日
《瀚海军勘印簿》（S.11453I）	有	琼	马仁	乐琼	某月六日

虽然BD11178《敦煌县某年勘印簿》的格式和前引《于阗镇守军勘印簿》《瀚海军勘印簿》略有不同，但印目、勾检官、监印官及具体日期这4项基本要素同样都是齐全的。而在勾检、勘印环节完结后，抄目的工作才能够正式展开，最后则由勾检部门统一将公文发出。由此可以看出勾检系统在公文处理流程中的具体职责，即为文献中所概括的“点、检、印、发”①。“点”是指勾检系统点核公文，“检”是指其对公文进行勾检，“印”是指对公文钤印，“发”指公文抄目完成后将其发出。

勘印簿一般按日而做，在勘印簿的基础上，按照制度规定，勾检部门每月又要做成印历进行保存，其格式与勘印簿之间略有区别，以S.11459G《瀚海军兵曹司印历》为例：

1　兵曹司开元十五年十二月印历。典杜言　官乐琼
2　五日：牒中军为收李景廉讫上事。
3　牒车坊为收扶车兵王玄方事。
4　牒西门为收高汉子事。牒胄曹为磨甲兵事。
5　牒东道守捉为置保子事。
6　　右伍道。典杜言，官乐琼。
（后略）②

根据《唐六典》卷二五《诸卫折冲都尉府》的记载“兵曹掌兵吏粮仓、公廨财物、田园课税之事，与其出入勾检之法”③，在唐代的折冲府中并没有设置专门的勾检官，而是由兵曹负责勾检。在唐代前期的行军制度中，也是由兵曹主管名簿。④所以此文书抬头的“兵曹司开元十五年十二月印历”，并不是说录事系统为每个曹司分别制作印历，

①〔宋〕王溥撰：《五代会要》卷一七，北京：中华书局，1998年，第221页。
② 录文见孙继民：《唐代瀚海军文书研究》，第13页。按：第5行的“保”字，原未释出，此为笔者据图版自释。
③〔唐〕李林甫等撰：《唐六典》卷二五《诸卫折冲都尉府》，第645页。
④ 孙继民：《唐代行军制度研究（增订本）》，北京：中国社会科学出版社，2018年，第154页。

而只是表示这是录事机构制作的印历，因此一般印历抬头应该是“某录事司某年某月印历”。印历当然是根据勘印簿做成，但是此印历中只包含印目、勾检官和日期三个要素，省略了具体的监印官。这应该是与两者之间的性质不同有关，正如王永兴所说的“印历乃事目勘印后之总记录”[①]，是存档性的文件，只需要记录基本的信息即可。[②]

值得注意的是，在由羽061、BD11177、BD11178、BD11180四片文书组合而成的《敦煌县某年勘印簿》中，如果剔除其中未记载具体时间的BD11180，剩下的BD11178（八月四日）、BD11177（八月七日）、羽061（八月九日、十一日）可以视作将勘印簿直接缀连而成的《某年八月敦煌县印历》的残片。[③]对敦煌县来说，每日制作的勘印簿，其实也是当月印历的一部分，在基层官府的实际操作中，“印历”与“勘印簿”之间的区别并不大。与瀚海军在勘印簿的基础上重新制作印历不同，敦煌县的这种将请印公文、勘印簿、印历三者混为一体的“偷工减料”，恰恰展示了唐代县级日常政务处理的某种实态，为理解县级政权的“日常统治”提供了新的角度。[④]

三

以上通过对BD11178等文书的解读，可以将唐代行政公文处理中的钤印流程大体复原如下：曹司小吏首先整理好本部门需要钤印的公文，并逐一登记形成以印目（录印事目、录印事状）为主体的请印文书，在经本司长官署名确认后，将其与对应的公文一并递送至勾检系统。不仅录事部门需要对收到的公文进行勾检，勾检系统的负责人还要对请印公文行判，并将其上行至该机构的长官处进行最终裁决，在长官完成终判后，请印公文返回勾检机构。对已经批准钤印的公文，由小吏在监印官的监督下按照印目一一“出印”，勾检部门同时还要制作勘印簿对相关信息进行记录。勘印簿一般逐日而做，

① 王永兴：《王永兴学述》，杭州：浙江人民出版社，1999年，第218页。

② 孙继民曾将S.11459G、S.11459E与S.11459D三片文书都认定为印历，然而仔细观察可以发现，S.11459D和S.11459G、S.11459E相比，明显多出了一项监印官的信息，和同时出土勘印簿的格式是一致的，因此S.11459D应是瀚海军某份勘印簿的残片。同理《瀚海军勘印历（甲）》《瀚海军勘印历（乙）》实际上也属于勘印簿。

③ ［日］赤木崇敏：《唐代敦煌縣勘印簿羽061、BD11177、BD11178、BD11180小考》，载［日］平田茂树等编：《外交史料から十～十四世紀を探る》，第102页。

④ “日常统治”的概念为侯旭东教授近年来所揭橥，具体含义参见氏著：《什么是日常统治史》，北京：生活·读书·新知三联书店，2020年，第216页。

每个月再根据勘印簿制作印历并存档。从唐代公文处理的整体流程来观察，钤印程序位于勾检和抄目两个不同环节之间，其与勾检并非同一个程序，但这两个环节之间又是紧密联系、互为奥援，组成了严密的公文审核体系，保证了唐代的日常政务运作可以得到有效监管。

（本文原刊于《文献》2022年第1期，第139—154页。收入本集刊后文字略有修订。）

〔作者管俊玮，中国历史研究院历史研究杂志社。北京，100101〕

法藏敦煌文书P.3661《六经纂抄》考辨

刘　婷

摘　要：本文重新过录了法藏敦煌文书P.3661号，纠正了前人录文中的一些讹误。然后通过文书所引“无偏无颇”“臬声教”等字句的演化过程，推测其抄写于唐玄宗开元十四年（726）以前，又据引文皆出自《周易》《尚书》《毛诗》《左氏春秋》《礼记》《论语》6部儒家经典，重拟名为《六经纂抄》。P.3661号的编纂别有系统，是作者根据自身需求编纂而成的一种类书，极可能是儒生治经或试明经科而准备的学习资料。P.3661号采摭诸经词句，加以分门别类但不加释语、不注出处的形式，一方面说明了编者对经学的认知已经达到了较高的水平，另一方面也要求阅读者对经学要有一定的造诣。这件文书也是反映唐前期经学与科举考试密切结合的实证，在经学和科举研究中具有重要价值。

关键词：敦煌；类书；儒家经典；六经；专门性类书

法藏敦煌文书P.3661号，粘页装，共4纸8页，第3纸断裂。前5页抄录了诸多儒家经典词句，共74行，有门类子目，但无标题及作者等信息，《法国国家图书馆藏敦煌西域文献》定名为《类书》；第5页末至第8页杂写若干，定名为《习字杂写》。①王三庆先生将该件归为“类语体类书”并拟名为《类辞甲》，并有录文与跋文考释。②白化文先生将其归为有门类目录而缺少内容的不知名类书残卷。③刘全波先生将之归于“类句类书”。④曹丹将之归于“类语体类书”，并与唐代科举试题做了比对。⑤此外，目前学界对这件文书尚无更多研究，本文拟对P.3661号的内容与价值予以深入发掘。

① 上海古籍出版社、法国国家图书馆编：《法国国家图书馆藏敦煌西域文献》第26册，上海：上海古籍出版社，2002年，第256—258页。

② 跋文考释和录文分别见王三庆：《敦煌类书》，高雄：丽文文化事业股份有限公司，1993年，第108—109、445—450页。

③ 白化文：《敦煌遗书中的类书简述》，《中国典籍与文化》1999年第4期，第58页。

④ 刘全波：《类书研究通论》，兰州：甘肃文化出版社，2018年，第105页。

⑤ 曹丹：《敦煌写本类语体类书综合研究》，硕士学位论文，兰州大学，2021年。

一、性质及抄写时间辨析

举凡类书，除以类相从的必要条件，还须满足采摭群书、述而不作、便于寻检等要求，P.3661号全部符合，作为类书无可争议。王目①、黄目②、施目③都将P.3661号著录为“小类书”，王三庆、白化文、刘全波、曹丹将P.3661号作为类书研究④。不过P.3661号与普通类书仍有不同之处，其引录的内容分别为《春秋左传》《尚书》《周易》《礼记》《毛诗》《论语》，全部来自儒家经典，属于专抄经部典籍的专门性类书。

王三庆先生认为P.3661号“民字缺笔，治字或缺或否，似为中晚唐写本”。⑤笔者将唐代皇帝名讳比对发现，“渊”出现1次，字迹不清，但末笔尚存；“世”出现1次，未避讳；“民”出现24次，23次缺末笔，唯“下民之孽”不缺，另有10处改“民”作“人”；“治”出现16次，1处改“治”为“理”，其余不避；“亨”出现1次，不避；“诵”出现1次，不避；“恒”出现2次，1处缺末笔。依以上信息看，避讳比较混乱且不严格，时代差距较大，实难以判定文书具体抄写年代。

好在另有两处或可作为判定时间下限的参考，一处是第33行“臮声教”。“臮”，唐开成石经与阮元校本《十三经注疏》均作“暨”。⑥关于“臮”与“暨”的演化渊源，段玉裁云：“萧该《汉书音义》云：‘臮，《尚书》音巨泣反。’可证六朝时《尚书》作‘臮’。今本作‘暨’，盖卫包本。”⑦许建平先生指出P.2516、P.2643、P.2748、P.2074、P.3315等《尚书》写本也皆作“臮”，“臮”既非“暨”古字，也非“洎”异文，在与、及的意义上，“臮”为本字，余二者为假借字。⑧按卫包奉诏改古文《尚书》以从今文事在天宝三载（744）。⑨

① 王重民：《敦煌遗书总目索引》，北京：中华书局，1983年，第292页。

② 黄永武：《敦煌遗书最新目录》，台北：新文丰出版公司，1986年，第737页。

③ 敦煌研究院编：《敦煌遗书总目索引新编》，北京：中华书局，2000年，第291页。

④ 王三庆：《敦煌类书》，第97—110页；白化文：《敦煌遗书中的类书简述》，《中国典籍与文化》1999年第4期，第58页；刘全波：《类书研究通论》，第105页。

⑤ 王三庆：《敦煌类书》，第109页。

⑥《景刊唐开成石经》，北京：中华书局，1997年，第134页；〔清〕阮元校刻：《十三经注疏》上册，北京：中华书局，1980年，第153页。

⑦〔清〕段玉裁：《古文尚书撰异》，见〔清〕阮元编《清经解》第4册，上海：上海书店，1988年，第20页。

⑧ 许建平：《敦煌文献丛考》，北京：中华书局，2005年，第36页。

⑨“天宝三载，又诏集贤学士卫包改古文从今文。”《新唐书》卷五七《艺文志一》，北京：中华书局，1975年，第1428页。

第37行“无偏无颇”，按《唐大诏令集》卷八十一“改尚书洪范无颇为无陂敕”条：

敕：典谟既作，虽曰不刊，文字或讹，岂必相袭？朕听政之暇，乙夜观书，匪徒阅于微言，实欲畅于精理。每读《尚书·洪范》，至“无颇，遵王之义”，三复兹句，常有所疑。据其下文，并皆协韵，唯“颇”一字，实则不伦。又《周易·泰卦》中：“无平不陂。”《释文》云：“陂有颇音。”陂之与颇，训诂无别，为陂则文亦会意，为颇则声不成文。应由煨烬之余，编简堕缺；传授之际，差别相沿。原始要终，须有刊革。朕虽先觉，兼访诸儒，佥以为然，终非独断。其《尚书·洪范》“无偏无颇”字，宜改为“陂”。庶使先儒之义，去彼膏肓；后学之徒，正其鱼鲁。仍令宣示国学。[①]

《唐会要》与《新唐书》皆记为唐玄宗于开元十四年（726）八月十四日改“颇”为“陂”。[②]此后，直至北宋宣和六年（1124），宋徽宗下诏改回：

十二月二十六日，手诏：唐开元中，以《洪范》“无偏无颇，遵王之义”声不协韵，遂改“颇”为“陂”，诬伪汩真。可下国子监、秘书省，复从旧文，以“陂”为“颇”，使学者诵习，不失箕子之言。[③]

由此推知，P.3661号的成书时间应当是在唐玄宗开元十四年（726）以前。

二、引文内容分析

P.3661号文书保存了完整目录和其中3个子目的正文部分（见图1、2、3）[④]，为便于后文分析，先录文如下：[⑤]

---

① 《唐大诏令集》卷八一《政事》，北京：中华书局，2008年，第468页。

② 《新唐书》卷五七《艺文志一》，第1428页；《唐会要》卷七七《贡举下》“论经义”条，北京：中华书局，1955年，第1410页。

③ 刘琳等校：《宋会要辑稿·崇儒四》，上海：上海古籍出版社，2014年，第2822页。

④ 彩色高清图版引用自国际敦煌项目（IDP）网站：http://idp.nlc.cn/database/oo_scroll_h.a4d?uid=47415853129;recnum=61028;index=4.

⑤ 本文录文以《敦煌类书》（文中略称“王书”）为基础，以1980年中华书局出版《十三经注疏》和1997年中华书局出版《景刊唐开成石经》（文中二者分别简称为“阮本”与“石经”）为参照，录文尽量保持文书原貌，不做格式改动，若与其他版本有异，在脚注说明。

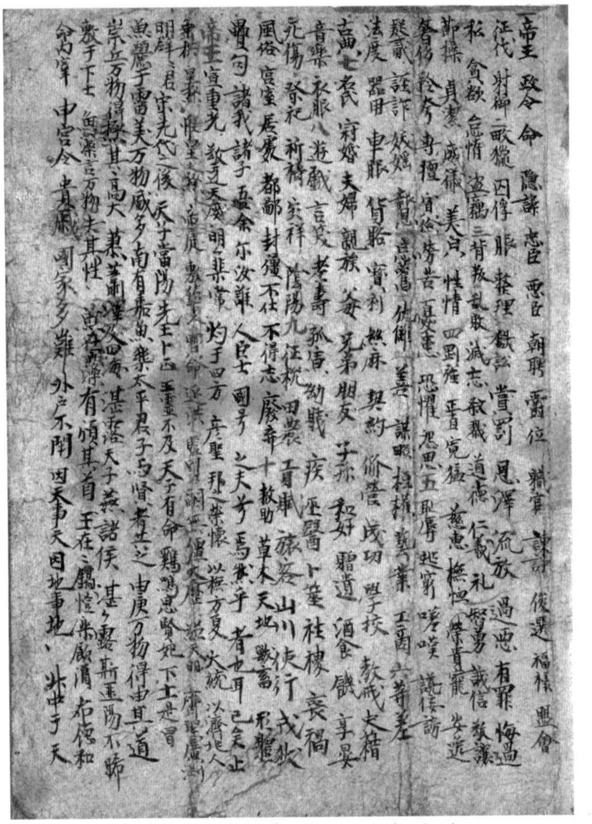

图1　《六经纂抄》P.3661（页1）

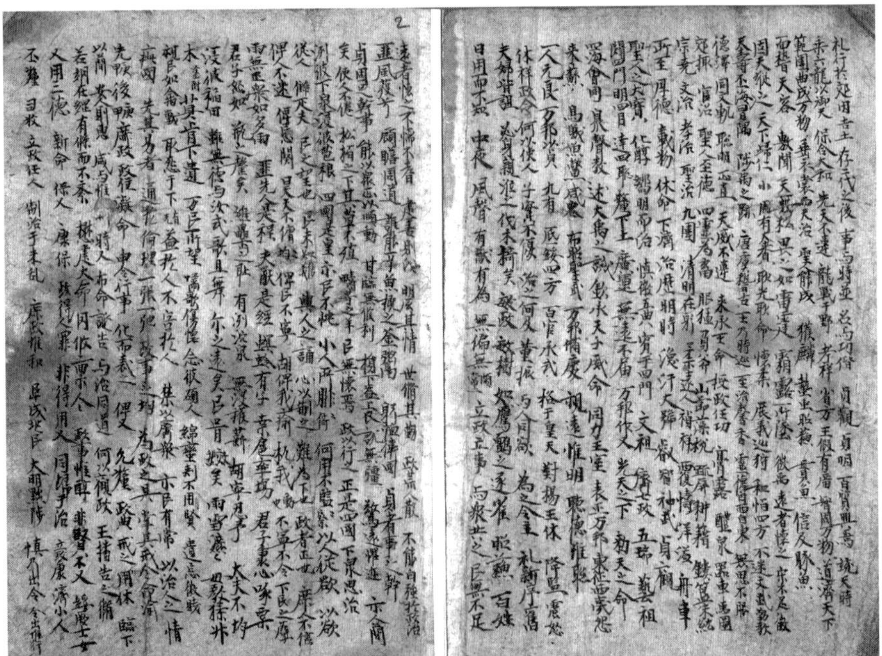

图2　《六经纂抄》P.3661（页2、3）

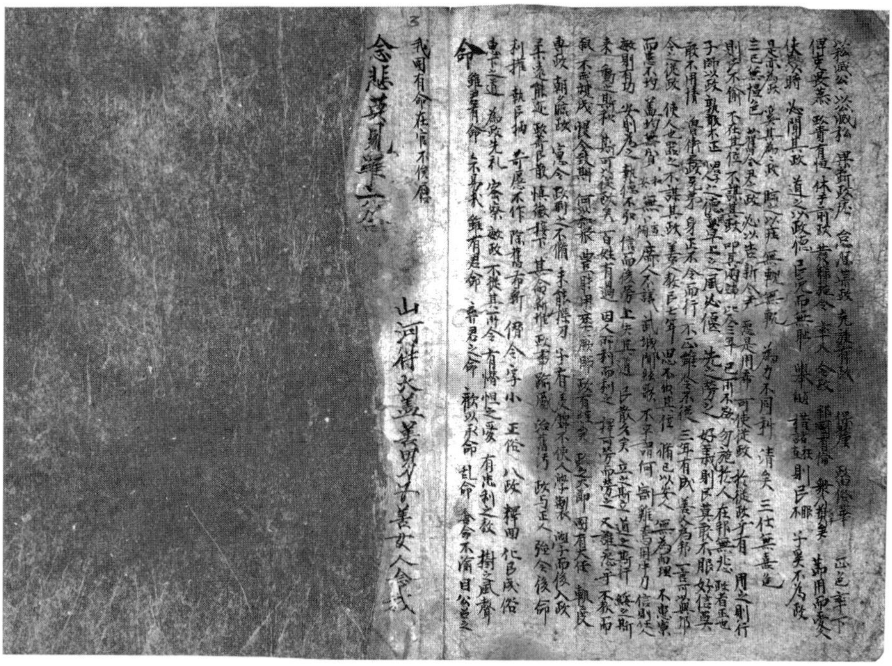

图3 《六经纂抄》P.3661（页4、5）

1 一 帝王 政令 命 隐讳 忠臣 恶臣 朝聘 爵位 职官 谏诤 俊选 福禄 盟会

2 征伐 射御 二 畋猎 囚俘 服 整理 狱讼 赏罚 恩泽 流放 过恶 有罪 悔过

3 私 贪欲 怠惰 盗窃 三 背叛 乱败 灭忘[1] 杀戮 道德 仁义 礼智勇 诚信 敬让

4 节操 贞洁[2] 威仪 美貌 性情 四 刚强 正直 宽猛 慈惠 抚恤 荣贵宠 安逸

5 奢侈 矜夸 专擅 贫俭 劳苦 忧患 恐惧 怨思 五 耻辱 逃穷 嗟叹 谗佞谤

6 疑贰 诬诈 妖淫 报恩 忘旧 仇雠 善 谋略 桓权 艺业 工商 六 等差

7 法度 器用 车服 货赂 宝利 丝麻 契约 修营 成功 学校 教戒 史籍

8 古典 七 名氏 冠婚 夫妇 亲族 父母 兄弟 朋友 子孙 和好 赠

① “忘”，王书录作“亡”，误。

② “洁”，王书录作“节”，误。

遗　酒食　饥　享晏

9　音乐　衣服　八　游戏　言笑　考寿　孤寡　幼贱　疾　巫医　卜筮　社稷　丧祸

10　死伤　祭祀　祈祷　灾祥　阴阳　九　征税　田农　贡赋　旅客　山川　使行　戎狄

11　风俗　宫室　居处　都鄙　封疆　不仕　不得志　废弃　十　救助[1]　草木　天地　兽畜　形体

12　叠句　诸我　诸子　吾余　尔汝谁　人臣士　国号　之夫兮　焉然乎　者也耳　已矣止

13　帝王　宣重光　敬迓天威　明明棐常　灼于四方　彦圣　邦之荣怀　以抚方夏　大统[2]　以济兆人（民）

14　垂拱　皇极　惟皇之极　帝庭　敷佑[3]下人（民）　宝[4]命　延洪　监国[5]　嗣无疆大历　绍天明　齐圣广渊

15　明辟=君　宋先代之后　天子当阳　先王卜正[6]　王灵不及　天子有命　鸡鸣思贤妃　下土是冒

16　鱼丽于雷，美万物盛多[7]　南有嘉鱼，乐太平君子与贤者共之　由庚，万物得由其道

17　崇丘，万物得极其高大　蓼萧，泽及四海　湛露，天子燕诸侯　湛湛露斯，匪阳不晞

18　敷于下土　鱼藻，言万物失其性　鱼在在藻[8]，有颁其首　王在在镐，岂乐饮酒　布德和

19　命内宰，申宫令[9]　贵戚　国家多难　外户不闭　因天事天　因地事地　升

---

①“助”，王书录作“数”，误。

② 王书“大统”后有“天”字，误。

③“佑”，王书录作“体”，误。

④“宝”，王书录作“实”，误。

⑤ 王书录作“监男公”，误。

⑥“正”，石经与阮本作“征”。“正”为“征”古字。

⑦“雷”，石经与阮本作“罶”。“罶”，《说文》：“曲梁寡妇之笱，鱼所留也。从网留，留亦声。”（〔清〕段玉裁：《说文解字注》，上海：上海古籍出版社，1981年，第355页。）“雷”，《说文》：“屋水流也。从雨，畱声。”（《说文解字注》，第573页）文书作“雷”，盖形似讹误。

⑧ 王书录作“鱼在□藻”，文书为叠字符号，以此补。

⑨“命内宰”，石经与阮本作“命奄尹”。《礼记·月令》：“是月也，命奄尹，申宫令，审门闾，谨房室，必重闭。省妇事，毋得淫。虽有贵戚近习，毋有不禁。”郑玄注：“奄尹，主领奄竖之官也。于周则为内宰，掌治王之内政、宫令。几出入及开闭之属。”“贵戚，谓姑、姊妹之属。近习，天子所亲幸者。”（《十三经注疏》，第1382页。）

中于天

20 礼行于郊　因吉土　存二代之后　事与时并　名与功偕　贞观　贞明　百质兴焉　统天时

21 乘六龙以御天　保合大和　先天不违　龙战于野　考祥①　省方　王假有庙　智②周万物　道济天下

22 范围　曲成万物　垂衣裳而天［下］治③　圣人能成（成能）④　获麟　蛰虫昭苏　贯鱼　信及豚鱼

23 面稽天容（若）⑤　敷闻　天无私　畏之如雷霆　霜露所坠⑥　微禹　远者怀之　宋不足征

24 固天纵之　天下归仁　小　周有大赉　耿光　耿命　怀柔　展义巡狩⑦　和恒⑧四方　不迷文武勤教

25 天寿　丕冒海隅⑨　陟禹之迹　唐虞稽古　王乃时巡　至治馨香　灵德　自西自东　无思不服

26 德泽　同文轨　聪明正直　天威不违　来承王命　授政任功　膏露　醴泉　器车马图

27 郊棷⑩　宫沼⑪　圣人至德　四灵为畜　服猛　负斧　山节藻棁　疏屏　耕籍　镂簋朱纮

28 宗尧　文治　孝治　圣治　九围　清明在躬　柔远人　祯祥　覆帱　洋溢　舟车

---

① “祥”，石经作“详”，阮本作“祥”。《十三经注疏校勘记》云：“石经、岳本、闽、监、毛本同。《释文》：祥，本亦作详。”（《十三经注疏》，第33页）

② “智”，石经与阮本作“知”。

③ “垂衣裳而天下治”，文书缺“下”，以此补。

④ “圣人能成”，石经与阮本作“圣人成能”，据此改。

⑤ “面稽天容”，石经与阮本作“面稽天若”，盖形似而误。

⑥ “霜露所坠”，石经与阮本作“霜露所队”。

⑦ “狩”，石经与阮本作“守”。“守”同“狩”。

⑧ “恒”字缺末笔。王书录作“指”，误。

⑨ 文书作“丕海冒隅”，有对调符号。

⑩ “棷”，王书录作“掫”，误。

⑪ “宫沼”，王书录作“官沿”，误。

29　所至　厚德载物　休命　下济　治历[1]明时　涣汗大号[2]　睿智[3]　神武　贞观

30　圣人之大宝　化醇　向明而治　慎徽五典　賔[4]于四门　文祖　齐七政　五瑞　艺祖

31　辟四门　明四目　达四聪　厘下土　广运　无远不届[1]　万邦作乂　光天之下　敕天之命

32　四海会同　臮[6]声教　述大禹之诫[7]　钦承天子威命　同力王室　表正万邦　东征西夷怨

33　来苏　鸟兽鱼鳖咸容（若）[8]　布昭圣武　万邦惟庆[9]　视远惟明　听德惟聪

34　一人元良　万邦以贞　九有　底绥四方　百官承式　格于皇天　对扬王休　降监　震怒

35　休祥　政令　何以使人　子实不优　治之何及　董振　与人同欲　为之令主　礼新序[10]旧

36　夫妇皆诅　必身亲涖之　伐木掎[11]矣　敏政　敏树　如鹰鹯之逐［鸟］雀[12]　昭苏　百姓

37　日用而不知　中夜　风声　有猷有为　无偏无颇党[13]　立政立事　与众共之　民无不足

---

① “历”，石经同，阮本作“厤”。“历”，《说文》：“过也，传也。从止，厤声。”段玉裁注：“引伸为治历明时之历。”（《说文解字注》，第68页。）“厤”，《说文》：“治也。从厂，秝声。”段玉裁注：“《甘部》‘厯’下云：从甘厤。厤者，调也。按调和即治之义也。厤从秝。秝者，稀疏适秝也。”（《说文解字注》，第447页）

② “号”写作“號”，窦怀永先生考证此类隶变俗体在汉魏六朝以来的碑刻中多见，与避唐讳无关（窦怀永：《敦煌文献避讳研究》，兰州：甘肃教育出版社，2010年，第221页）。

③ “智”，石经与阮本作“知”。

④ “賔”，石经作“賔”，阮本作“宾”。“賔”同“宾”。《康熙字典》：“《韵会》：俗宾字。《五经文字》：宾，经典相承作‘賔’已久，不可更改。”（《康熙字典》，上海：汉语大词典出版社，2002年，第1185页）

①“无远不届”，石经与阮本作“无远弗届”。

⑥ “臮”，石经与阮本作“暨”，王书录作“众”，误。

⑦ “诫”，石经与阮本作“戒”，王书录作“戒”。

⑧ “鳖”，石经与阮本作“鼈”，“鼈”同“鳖”。“容”，石经与阮本皆作“若”，文书盖形似而误。

⑨ “庆”，王书录作“备”，误。

⑩ “序”，石经与阮本作“叙”。“序”同“叙”。段玉裁注：“又《攴部》曰：次弟谓之叙。经传多假序为叙，《周礼》《仪礼》‘序’字注多释为‘次弟’是也。”（《说文解字注》，第444页）

⑪ “掎”，王书录作“椅”，误。

⑫ “如鹰鹯之逐鸟雀”，文书省“鸟”字。

⑬ “颇”，石经与阮本作“陂”，盖因开元十四年（726）唐玄宗以“《洪范》无‘颇’声，不协，诏改为‘无偏无陂’”。至北宋宣和六年（1124）复旧文，以“陂”为“颇”。

38　远者怀之　不懦不耆　建善则治[1]　明厎其情　世修其勤　政荒人（民）散　不能自强于政治

39　匪风发兮　顾瞻周道　谁能亨[2]鱼，摡之釜鬵（鬵）[3]　躬恤卫国　贞者事之干

40　贞固足[4]干事　能以众正　以顺动　甘临无攸利　损下益上（损上益下）[5]民[6]说无疆　惊远惧迩[7]　示人简

41　矣　使人（民）不倦　松柏之下，其草不殖　畴昔[8]之羊　民无怀焉　政以行之　正是四国　下泉思治

42　洌彼下泉，浸彼苞稂[9]　四国是皇　示[10]民不恌　小人所腓=倚　何用不监=察　以人从欲　以欲

43　从人　雠匹夫　民之望也　民未知信义　舆人之诵　心以制之　难为下也　政者正也　庶人（民）不信

44　俾人（民）不迷　俾民心阕　昊天不佣=均　俾民不宁　胡俾我瘉　扤我动也　不宁不令　下民之孽

45　雨无正　众如多雨　匪先人（民）是程　夫（大）猷是经　螟蛉有子　桑扈率场　君子秉心　啄粟

46　君子如怒[11]　瓶[12]之罄矣　维罍之耻　有洌氿（氿）[13]泉　无浸获薪　胡宁忍

---

① 王书录作“建善则□”，文书字迹不清，据原书补。

② “亨”，王书录作“烹”。

③ “摡之釜鬵”，石经与阮本作“溉之釜鬵”。“摡”，《说文》：“涤也。从手，既声。《诗》曰：‘摡之釜鬵。’”段玉裁注：“涤者，洒也。洒，先礼切。《诗》：‘摡之釜鬵’，《传》曰：‘摡，涤也’。今本作‘溉’者，非。凡《周礼》《礼经》‘摡’字本皆从手，释文不误，而俗本多讹。”（《说文解字注》，第607页）“鬵”，《说文》：“大鬴也。一曰鼎大上小下若甑曰鬵。从鬲，兓声，读若岑。”（《说文解字注》，第111页）文书作“鬵”，形近而误。

④ “足”，王书录作“之”，误。

⑤ “损下益上”，据石经与阮本修改为“损上益下”。

⑥ “民”，王书录作“众”，误。

⑦ “迩”，王书录作“迹”，误。

⑧ “昔”，王书录作“等”，误。

⑨ “稂”，王书录作“粮”，误。

⑩ “示”，石经与阮本作“视”。“视”，《说文》：“瞻也。从见，示声。”段玉裁注：“《小雅》：‘视民不恌’。笺云：‘视’，古‘示’字也。按此三注一也，古作‘视’，汉人作‘示’，是为古今字。”（《说文解字注》，第407页）

⑪ 文书作“君子怒如”，有对调符号。

⑫ “瓶”，石经与阮本作“缾”。“缾”同“瓶”，《说文》：“瓶，缾或从瓦”。（《说文解字注》，第225页）

⑬ “氿”，石经与阮本作“氿”。“氿”，《说文》：“水从孔穴疾出也。从水穴。”段玉裁注：“《释水》曰：氿泉穴出。按此会意字。其《韩诗》之回氿，《楚辞》之氿寥，皆假借也。”（《说文解字注》，第548页）“氿”，《说文》：“水厓枯土也。从水，九声。”段玉裁注：“按今《尔雅》水醮曰厬，仄出泉曰氿，许书仄出泉曰厬，水厓枯土曰氿，与今《尔雅》正互易。依毛诗‘有洌氿泉’，似今《尔雅》不误也。”（《说文解字注》，第552页）二者形义相近，故有讹误。

予 大夫不均

47 浸彼稻田 虽无德与汝① 式歌且舞 尔之远矣 民胥效然②矣 雨雪瀌瀌 毋③教猱升

48 木涂附 莫肯下遗 万民所望 啸歌伤怀 念彼硕人 绵（緜）蛮 刺不用贤 遗忘微贱

49 视民如禽兽 取怨于下 有无益于人 不害于人 禁以齐众 示民有常 以治人之情

50 疵国 先其易者 通于伦理 一张一弛 政事之均 为政（正）④之具 掌其戒令 命渝

51 先庚甲后庚甲 庶政 政（正）⑤位凝命 申令（命）行事⑥ 化而裁之 俾乂 允厘 政典 戒之用休 临下

52 以简 安人（民）则惠 咸与惟新⑦ 时乂⑧ 布命 诞告 与治同道 何以观政⑨ 王播告之脩

53 若网在綱⑩ 有条而不紊 懋建大命 冈（罔）攸禀⑪令 政事惟醇 非贤不乂⑫ 绥厥士女⑬

54 乂⑭用三德 新命 保乂⑮ 康保 政得人（人得）罪⑯ 非得（德）用乂⑰ 同归于治 立政 康济小人（民）

55 丕厘 司牧 立政任人 制治于未乱 庶政惟和 阜成兆民 大明黜

---

①“汝”，石经与阮本作“女”。

②“效”，石经与阮本作“傚”，“傚”同“效”。

③“毋”，王书录作“母”，误。

④“政”，石经与阮本作“正”。

⑤“政”，石经与阮本作“正”。“政”，《说文》：“正也。”

⑥“申令行事”，石经与阮本作“申命行事”。

⑦王书录作“咸与惟□□”，据原文书补。

⑧王书录作“时人”，误。

⑨“何以观政”，石经与阮本作“可以观政”。

⑩“綱”，石经与阮本作“纲”，“綱”同“纲”。

⑪“禀”，阮本同，石经作“稟”。“稟”同“禀”。王书录作“廪”，误。

⑫王书录作“非贤不又”，误。

⑬王书录作“绥其士□”，据原文书补正。

⑭“乂”，王书录作“又”，误。

⑮“乂”，王书录作“又”，误。

⑯“政得人罪”，石经与阮本作“政人得罪”，据此改。

⑰“非得用乂”，石经与阮本作“非德用乂”，据此改。

陟　慎乃出令　令出惟行[1]

56　以私灭公[2]　以公灭私　果断　政尨[3]　怠忽荒政　克施有政　保厘　政由俗革[4]　正色率下

57　俾克畏慕　政贵有恒　休于前政　发号施令　率义　令政　邦国有伦　众乃携矣　节用而爱人

58　使民以时　必闻其政　道之以政德　民免而无耻　举枉直措[5]诸直枉则民服不服　子奚不为政

59　是亦为政　奚其为为政　临之以庄　无輗无軏[6]　为力不同科　清矣　三仕无喜色

60　三已无愠色　旧令尹之政　必以告新令尹　怨是用希　可使从政　于从政乎有　用之则行

61　则民不偷　不在其位，不谋其政　叩其两端　比及[7]三年　己所不欲，勿施于人　在邦无怨　政者正也

62　子帅[8]以政，孰敢不正　君子小人之德风草　草上之风必偃　先之劳之　好义则民莫敢不服　好信莫

63　敢不用情　鲁卫之政兄弟　身正不令而行　不正虽令不从　三年有成　善人为邦　一言可以兴邦

64　今之从政　使人也器之　不谋其政　善人教民七年　思不出其位　修己以安人　无为而理（治）　不患寡

65　而患不均　盖均无贫和安无寡倾　庶人不议　武城闻絃（弦）歌[9]　不乎[10]谓何　割鸡焉用牛刀　信则任人

66　敏则有功　安则为之　执德不弘　信而后劳　上失其道　民散久矣　立之斯立　道之斯行　绥之斯

[1] 王书录作"令乃惟□"，据原文书补。

[2] 王书录作"欧以私灭公"，误。

[3] "尨"，王书录作"疣"，误。

[4] "革"，王书录作"华"，误。

[5] "措"，石经与阮本作"错"。《十三经注疏校勘记》："《释文》出'错'字，郑本作'措，投也'。按'措'正字，古经、传多假'错'为之。"（《十三经注疏》，第2464页）

[6] "軏"，王书录作"轨"，误。

[7] "及"，王书录作"反"，误。

[8] "帅"，王书录作"师"，误。

[9] "絃"，石经与阮本作"弦"。《十三经注疏校勘记》："皇本'弦'作'絃'，案《说文》有'弦'无'絃'。"（《十三经注疏》，第2527页）

[10] "乎"，王书录作"平"，误。

67　来　动之斯和　斯可以从政矣　百姓有过　因人（民）所利而利之[①]　择可劳而劳之　又谁怨乎　不教而

68　杀　不戒视成　慢令致期　何以和众　丰财　用爽厥师　政有经矣　政之大节　国有大任　轨度

69　专政　朝夕临政　宪令　政刑之不修　未能操刀　子有美锦，不使人学制学而后入政

70　柔远能迩　政荒民散　慎徽（微）[②]接下　其命新惟（维新）[③]　政事踰（愈）[④]蹙　治旧污[⑤]　政与正人　强令　后命

71　利权　执民柄　苛慝不作　除旧布新　僭令　字小　正俗　八政　释回　化民成俗

72　惠下之道　为政先礼　密察　敏政　不从其所令　有憯怛之爱　有忠利之教　树之风声[⑥]

73　命　虽君有命　命不易哉　虽有君命　弃君之命　欢以承命　乱命　舍命不渝　目（自）[⑦]公召之

74　我闻有命　在官不俟屦

第1—12行为P.3661号的目录，分为10个部分，各部分下设子目，除“六”设14个子目、“十”设16个子目，其余部分各设15个子目，比较均衡。但每一部分并没有统一性质的主题，比如第三部分的“背叛”“乱败”与“美貌”，第九部分的“田农”与“戎狄”“宫室”等关联性不强；但相近的子目又安排在一起，如“忠臣”与“恶臣”、

① “因人所利而利之”，石经与阮本作“因民之所利而利之”。《十三经注疏校勘记》：“《易·益卦》注、《周礼·旅师》疏及《文选·洞箫赋》注引此文并作‘因民所利而利之’。案皇疏两述经文皆无上‘之’字，疑后人据俗本误增。”（《十三经注疏》，第2536页）

② “徽”，石经与阮本作“微”。“微”，《说文》：“隐行也。”（《说文解字注》，第76页）“徽”，《说文》：“衺幅也。”段玉裁注：“《释诂》曰：徽，善也、止也。《大雅》笺云：美也。”（《说文解字注》，第657页）文书作“徽”，盖形近而误。

③ 文书作“其命新惟”，有对调符号。“惟”，石经与阮本作“维”。《十三经注疏校勘记》：“唐石经初刻‘惟’，后改‘维’，案：‘初刻误’。”（《十三经注疏》，第506页）

④ “踰”，石经与阮本作“愈”。“愈”，《宋本广韵》：“差也，贤也，胜也。”（北京：中国书店，1982年，第243页）“踰”，《说文》：“越也。”段玉裁注：“越，度也。踰与逾音义略同。”（《说文解字注》，第81页）文书作“踰”，盖音似而误。

⑤ “污”，石经与阮本作“洿”。“污”，《说文》：“薉也。从水，亏声。一曰小池为污，一曰涂也。”“洿”，《说文》：“浊水不流也，一曰窊下也。从水，夸声。”（《说文解字注》，第560页）二者音义相近，故有讹误。

⑥ “声”，王书录作“胜”，误。

⑦ “目”，石经与阮本作“自”，盖形似而误。

“有罪”与“悔过”、“忧患”与“恐惧”、“不仕”与“不得志”等，还包括每一部分衔接之处，如“射御”与“畋猎”、“盗窃”与“背叛”、“工商”与“等差”等。诸如此类，笔者推测P.3661号的一级分类考虑到了内容的协调性，但并不是按照主题划分，而是为平衡每一部分的子目数量而采用的划分方式。

自第13行起为正文，由词汇、短句组成，皆可在《春秋左传》《尚书》《周易》《礼记》《毛诗》《论语》中找到对应内容。为什么P.3661号会选取这6部经典摘录呢？这可能与唐初几次儒家经典的整理修订和考试政策有关。《贞观政要·崇儒学》载，“贞观四年，太宗以经籍去圣久远，文字讹谬，诏前中书侍郎颜师古于秘书省考定五经”[①]，于贞观七年（633）颁行，成为唐代士子学习的标准教材。[②]贞观十二年（638），太宗又以“儒学多门，章句繁杂”，诏颜师古与孔颖达等撰定五经疏义，贞观十五年（641）左右完成。[③]但由于当时太学博士马嘉运以“颇多繁杂，每掎摭之”，驳孔颖达所撰正义，由此未得施行。[④]永徽二年（651），高宗诏长孙无忌及诸儒刊正《五经正义》，永徽四年（653）完成。[⑤]至此，《五经正义》正式诏颁于天下，作为每年明经考试的官方参考资料。另外，开元八年（720），国子司业李元瓘上言：“今明经所习，务在出身，咸以《礼记》文少，人皆竞读。《周礼》，经邦之轨则；《仪礼》，庄敬之楷模；《公羊》《穀梁》，历代宗习。今两监及州县，以独学无友，四经殆绝，事资训诱，不可因循，其学生望请量配作业，并贡人参试之日，习《周礼》《仪礼》《公羊》《穀梁》，并请帖十通五，许其入策，以此开劝，即望四海均习，九经该备。从之。”[⑥]“四经殆绝”从侧面说明了科举士子对诸经选择的偏好和“五经”的流行。“五经”之外，《论语》也是唐代考试的重要内容，《唐六典》规定“正经有九：《礼记》《左传》为大经，《毛诗》《周礼》《仪礼》为中经，《周易》《尚书》《公羊》《穀梁》为小经……其《孝经》《论语》并须兼习”[⑦]。即使在高宗和玄宗崇道教、试《老子》的时期，《孝经》和《论语》也一直是明经学子必须习读和考试的内容。[⑧]以上材料说明，P.3661号所抄“六经”一直是官方规定的考试内容。从保存的目录来看，P.3661号还按照“帝王起首，再论其他”的儒家道德伦理秩序编排，与其专抄儒

①《贞观政要集校》卷七《崇儒学》，北京：中华书局，2009年，第384页。
②《旧唐书》卷三《太宗本纪》，北京：中华书局，1975年，第43页。
③《旧唐书》卷一八九上《儒学上》，第4941页。
④《旧唐书》卷七三《孔颖达传》，第2603页。
⑤《唐会要》卷七七《贡举下》“论经义”条，第1405页。
⑥《唐会要》卷七五《贡举上》“帖经条例”条，第1376页。
⑦《唐六典》卷二《尚书吏部》，北京：中华书局，1992年，第45页。
⑧《唐会要》卷七五《贡举上》“明经”条，第1373页。

家经部文献的特点相吻合。

至于正文，仅存“帝王”“政令”“命”三个子目内容，前二者保存完整，“命”只余10个词语。从格式看，作者对各部经典的引用内容和模式并不固定，两个完整子目的内容比重不均衡，所抄“政令”比“帝王”多一半有余，《论语》在“政令”中占比远大于“帝王”；且作者所抄各书也未按照主题一抄到底，而是几本经典交叉，断续分成几个部分，每部分没有明显区别。但又有一些词句的归属区分比较严谨，如“百官承式”与“罔攸禀令”出自《尚书·说命上》：“天子惟君万邦，百官承式，王言惟作命，不言臣下罔攸禀令。”“格于皇天”与“非贤不乂”出自《尚书·说命下》：“佑我烈祖，格于皇天。尔尚明保予，罔俾阿衡，专美有商。惟后非贤不乂，惟贤非后不食。”两词在原书中同属一句，但仍严格按照语义分属“帝王”和“政令”。考察这些词句的含义可以得知，“帝王”采集了尧、舜、禹、周文王、周武王等先代圣明之君的治政要领以及暴政之君带来的乱亡后果，重视德治；“政令”综合了君主之政与官员之政；“命”多是强调命令，中心在于如何教化众民，安民安天下。

另外，P.3661号的行文格式也值得注意，文中部分词语带有注释，比如“明辟=君”“抏我=动也”“何用不监=察”“昊天不佣=均”等；部分词语以缩略方式记录，比如“无偏无颇、无偏无党”“先庚后庚、先甲后甲”“举直措诸枉，则民服。举枉措诸直，则民不服”“和无寡，安无倾”等省略相同字的重复抄写，将不同字以小字并排书写。这些不够严格且比较随性的抄写形式，以及不严谨的分类目录，可以说都是作者赋予文书的私人性特质。

纵观P.3661号全文，可以看出作者计划编写内容丰富，目录涉及帝王、朝堂、政务、道德、器物、礼仪、民间风俗、自然与常用语等，其中关于朝堂政务、道德礼仪的内容最多，应是专门的学习参考资料，但可惜未尽而止，无从进行更为详尽的分析。P.3661号的部分主题与隋唐四大类书的一级目录相似，如“帝王部”“治政部”“职官部”“人部”“礼部”等，更多如德行、亲族、礼仪、习俗等包含在大类书的二级目录中。与目录保存比较完整的几种敦煌类书相比[①]，P.3661号与之重合的有“父母”“兄弟”“朋友”“丧葬”“婚姻”“贞洁”“道德”等偏生活化的主题，关于“帝王”“政令”“品行”的主题有相似但数量极少，“尔汝谁、人臣士、国号、之夫兮、焉然乎、者也耳、已矣止”等语言运用后缀的分类更独见于此。可

① 详目参见以下诸书目录，史金波、黄振华、聂鸿音：《类林研究》，银川：宁夏人民出版社，1993年；高天霞：《敦煌写本〈籯金〉系类书整理与研究》，北京：中国社会科学出版社，2020年；王三庆：《敦煌本古类书〈语对〉研究》，台北：文史哲出版社，1985年；屈直敏：《敦煌写本类书〈励忠节钞〉研究》，北京：民族出版社，2007年。

见，虽然P.3661号没有统一的大类主题，但也正如王三庆先生所说："自门类而言，极为璅碎，不似其他类书部类之明确。然而却也可以从此门类中窥见当日百姓日常生活的一些概念问题。"[①]

三、撰述特点与定名

前文提及，P.3661号因其体例被王三庆先生归于"类语体类书"[②]，被刘全波先生归为"类句类书"[③]，二者最大的不同在于是否将引文刻意编制成句子抑或词语，本质上差异不大。P.3661号直引"六经"文字，但不抄写整句，仅照录词语或短句，不连缀成文，也未刻意编制成语对的形式，更似"类句类书"。

P.3661号的抄写体例比较简单，专抄儒家"六经"典籍，在敦煌类书中却是独树一帜。学界讨论素来以"类书""小类书"或王三庆先生拟名的《类辞甲》指称，但这些名称都未能凸显其特性。幸运的是，《新唐书・艺文志》中收录了这种专抄儒家经典并分门别类的作品，即唐代崔郾、高重合编《诸经纂要》和韦处厚、路隋合编《六经法言》，归于"子部・儒家类"[④]，为我们提供了线索。

虽然两书已亡佚，但我们仍可以从几段背景材料中了解这类书籍的抄写方式与作用。《旧唐书・崔郾传》载："郾退与同列高重抄撮《六经》嘉言要道，区分事类，凡十卷，名曰《诸经纂要》，冀人主易于省览。"[⑤]《旧唐书・韦处厚传》载："处厚以幼主荒怠，不亲政务，既居纳诲之地，宜有以启导性灵，乃铨择经义雅言，以类相从，为二十卷，谓之《六经法言》，献之。"[⑥]另有韦处厚所撰的《进六经法言表》，不仅说明了所采"六经"为《易》《诗》《书》《左氏春秋》《孝经》（还有一经可能为《礼记》或《论语》），[⑦]还说明了这些经典对帝王之政的意义，摘录如下：

臣闻三皇讲道，五帝讲德，三王讲仁，五霸讲义。所讲不同，同归于理。理道

① 王三庆：《敦煌类书》，第109页。

② 王三庆：《敦煌类书》，第108—109页。

③ 刘全波：《类书研究通论》，第105页。

④《新唐书》卷五九《艺文志三》，第1513页。

⑤《旧唐书》卷一五五《崔郾传》，第4118页。

⑥《旧唐书》卷一五九《韦处厚传》，第4183页。

⑦"处厚以帝冲怠不向学，即与路隋合《易》《书》《诗》《春秋》《礼》《孝经》《论语》，掇其粹要，题为《六经法言》二十篇上之，冀助省览。"《新唐书》卷一四二《韦处厚传》，第4674页。

之极，备于《六经》。虽质文相变，忠敬交用，损益因时，步骤不一，然而释三纲越五常而致雍熙者，未之有也。自秦火荡穑，孔壁穿蠹，曲学异辨，专门多惑。营道之轨并驰，希圣之堂盖寡，芜文错起，浮义互生，简册混散，篇卷繁积。劳神于累代，弊形于当年。其知愈博，其得愈少。夫然，通方之士，达识之儒，且犹不为也。况南面之尊，司道之契，岂不贪其精而遗其粗者乎？伏惟文武孝德皇帝陛下精义神授，博识天资，山峻词峰，泉蓄学海。膺休运则混六合而不让，思屈己则舞两阶而不疑。故当希皇踵帝，肩王轹霸，可以区区近躅，拟于圣德哉！臣处厚、臣隋采合《易》《诗》《书》《左氏春秋》《孝经》等，因其本篇，掇其精粹，论纪先师徽旨，今亦附于篇末，总题曰《六经法言》，合二十卷献上。[①]

“六经”在唐代地位甚高，不仅是士子通经之必需，亦是皇帝的必修课程。薛放曾与唐穆宗言：“六经者，圣人之言，孔子所发明，天人之极也。……《论语》，六经之菁华也；《孝经》，人伦之本也。”[②]他还特别强调了《论语》在“六经”中的地位与作用。二书皆抄撮“六经”词句，与P.3661号颇有相似之处，故受此启发，在无新材料作具体说明的情况下，笔者拟将P.3661号定名为《六经纂抄》，以求突出其内容特色。

P.3661号只引儒家正经并加以分类的特色，未能引起重视，而放眼类书研究领域，也鲜少见到论及专抄某部典籍的专门性类书。盖因传统类书的研究中，《四库全书总目》提出“类事之书兼收四部，而非经、非史、非子、非集，四部之内乃无类可归”[③]，以兼收四部的名义，忽略了专门性类书，以致近世研究中少有论及。尽管指涉甚少，专门性类书也曾得到过重视，明代林世勤专辟四部类书名称，如将《五经通义》《九经补韵》归入经部类书，《通典》《会要》《文献通考》等收入史部类书，《白孔六帖》《初学记》等兼采四部的类书归入子部类书，《文苑英华》《乐府集》和其他总集、别集等归入集部类书。[④]清代章学诚指出“类书自不可称为一子”，主张将专门性类书分别归类于各部，如《文献通考》归于史部，《艺文类聚》归于集部。[⑤]夏南强先生在总结二人观点的基础上，提出古籍书目如果依旧按照四部编排，应四部分设名目，综合性类书归于子部，专门性类书各归各部。[⑥]虽然这些分类方法，因为收录过于宽泛，难以获得认同而渐

①《全唐文》卷七一五《进六经法言表》，北京：中华书局，1983年，第7342—7343页。

②《新唐书》卷一六四《薛放传》，第5047页。

③《四库全书总目》卷一三五《类书类·序》，北京：中华书局，1965年，第1141页。

④〔明〕游日章著，〔明〕林世勤注：《骈语雕龙》卷首《注〈骈语雕龙〉书目》，载《丛书集成初编》第185册，北京：中华书局，1991年，第1—14页。

⑤〔清〕章学诚：《校雠通义》卷一《宗刘第二》，叶瑛校注，北京：中华书局，1985年，第957页。

⑥ 夏南强：《类书通论》，武汉：湖北人民出版社，2001年，第50—51页。

渐被忽视了，但此前历代学者对类书引录内容专门性特质的关注仍然值得我们注意。

在敦煌类书的研究中，我们可以看到许多分类方法，按体制分为类语、类句、类事、类文、事文并举类书，按文体又分为诗体、文赋体、何论体等，按功能则又可分为启蒙、科举、文学类书等。大部分比较规整、指向性非常明显的敦煌类书，如此分类自然有合理之处，但有一部分被习称为“小类书”的文书，因为不具备规范的抄写体例，本身又多有节略、残缺等而被粗略地归类到其中，往往无法呈现其内容上的独特之处，如P.3661号专抄经部，$BD9343_2$《〈魏志〉〈晋书〉史钞》、[①]P.5002《后汉书钞》专抄史部[②]。而本文讨论的这类专抄四部之某部典籍的文书，或可为敦煌类书中专门性类书的析出起到参考作用，以此来观察各部典籍在民间学习生活中的应用情况和专门类书的作用。

最后，从图版观知，《六经纂抄》部分虽有断裂痕迹，但并非保存不全，而是作者主动地停止续写，在第5页抄写未竟的空白处就保留了部分杂写。前后几页因内容和书迹差别较大，故将其单独释读说明（见图5、6）。第5页末“山河得大，盖善男子善女人念我。念悲莫见罗六合”，明显时间晚于前文，第6—8页有“我”“之”“成”“者”等单字重复多次，另有“帛封列山河韫岳渎之奇”“或有之才成”“《史记》曰：甘罗，茂之孙，年十二，为秦始皇”“中阿铪经卷第五”“我闻一时佛”“显我寺”等杂写，多为佛教词汇。部分如“帛封列山河韫岳渎之奇”，现存典籍中无法查其出处，可能是已佚文献，也有可能是寺中学生或僧众随笔所得。“史记曰：甘罗，茂之孙，年十二，为秦始皇”，引自《史记·甘茂列传》，较今存版本有所差异。[③]综合P.3661号的后半部分杂写看，并无特定的主题，但大部分内容与佛、寺相关，可能是抄经人或寺学学生所留下的杂写。

综上所论，P.3661号敦煌文书的定位与普通类书不同，与其他敦煌类书也非出自同一系统，而是作者各有吸收，根据自身的需求特地编纂的一件文书，可能与科举考试密切相关，或为儒生治经或试明经科准备的学习资料。采摭诸经词汇，加以分门别类，但不加释语、不注出处的形式，一方面说明了使用者对经学的认知已经达到了较高的水平，另一方面也要求阅读者对经学要有一定的造诣，可能这正是为“通经”测试所做的准备。[④]同时，这件文书也是反映唐朝初年经学与实际密切结合的材料，在史学和经学的研究中具有重要价值。

---

① 刘婷：《敦煌类书研究三题——以P.2607、P.3661与$BD9343_2$为中心》，硕士学位论文，中国社会科学院研究生院，2021年。

② 王金保：《敦煌遗书P.5002号释录并研究》，《敦煌学辑刊》2013年第2期，第149—157页。

③ “甘罗者，甘茂孙也。茂既死后，甘罗年十二，事秦相文信侯吕不韦。”《史记》卷七一《甘茂列传》，北京：中华书局，1982年，第2319页。

④《唐六典》卷二《尚书吏部》，第45页。

图5 P.3661《杂写》（页6、7）

图6 P.3661《杂写》（页8）

〔作者刘婷，泸州市天立学校。泸州，646699〕

缙云所见“灵宝资度往生填库报本道场”科仪文书

杨海英

摘　要：2017年9月至2021年6月，我在浙江省丽水地区进行了多次田野考察。本文初步整理了2017年9月29日至10月1日在缙云所见“灵宝资度往生填库报本道场”的见闻与科仪文书，并结合2019年2月10日至14日在缙云县图书馆考察古籍图书的收获和前人研究成果，对地处浙西南的缙云县民众信仰实践活动略作管窥。

关键词：缙云县；灵宝资度道场；科仪文书

一、田野考察现场见闻简记

2017年9月29日至30日，在老同学章钦飞、潘妃芬夫妇的引荐下，我在浙江省缙云县新建镇张公桥村（也称杨公桥）考察了由林如安师傅主持的“灵宝资度往生填库报本道场”现场，近距离地观摩了道坛度亡科仪程式及文书使用的具体情况。

林如安师傅，法名林全真，居住在缙云县新碧街道三都村西岩自然村，1976年生人，兄弟4人。师承外祖父林富春（法名林延真），[①]目前已收徒5人。2017年9月29日，林如安师傅在新建镇张公桥村为马碧强、马碧勇兄弟的母亲施氏做超生道场。主要助手是林如安师傅的徒弟马清，担纲多场仪式的高功，为缙云县七里乡马宅村人，1992年生人。马清自述幼年时见过林如安在家为爷爷奶奶做道场，所以十七八岁时就曾要求拜林如安师傅为师，未得到允许。到20多岁，马清自己找上门再次要求学道。原来他曾学过厨师，但经常拿不到现钱，“自从学道并跟师傅出场后，就能拿到现钱了”。[②]问他为

① 按：据林如安师傅告知，外公从小就入道，新中国成立后再去进修学业，因人才缺乏当了教师，工龄30年，还持有教师证。

② 按：我问过马清有关工资的事。他说这两天的道场工资是700元，另有少量红包，钱额数目从六七十元到二三百元不等，最大的一个红包有260元。

什么要学道，他说："学道是我小时的志向，它可以教我怎么做人。""道教里面很深奥，它可以磨炼一个人的意志，也是一种修行，可以帮着过世主往生，也是我自己的心愿。因为我看到爷爷奶奶过世的时候很苦。21岁正式拜师傅学的，都是边看边学，做做学学的。"他说十七八岁想学时，被旁边人（其他道派信徒）阻挡，因为"我学出来就是把他们给落下了啊"，"学的时候是很辛苦，但也是最幸福的，师傅对我很好"。他对自己的身份定位是"做一名居家好道士"。

另外几位师傅是：

朱碧强，43岁，缙云县新建镇河阳村人，正吹，演奏唢呐、胡琴等，师承林如安。

陶德强，56岁，缙云县七里乡竹余村人，高功，师承林如安。

马勇强，37岁，缙云县新建镇陈山头村人，高功，师承张建方。他被请来临时帮忙，但也经常和林师傅一起"做佛事"。

陶本多，现住缙云县金水湾，学道出自"祖传"，兄弟四人都会做道场，外甥、孙子也都会。12岁开始学道，边上学边跟父亲陶汝生（？－1989）学习，"至今37岁工龄"。曾因不肯学，被父亲用烟筒、指头角敲头逼着学。祖父是陶新然，"家里的书都分给弟弟了，从一页到十几页的书，一百本恐怕都不止"。他自己在皮夹里放着一张加了塑封的祖传师公画（具体是谁没问）做护身符，家住泉塘，家族是从江西鹰潭、九江那边迁过来的。他还问了我几遍"你这样拍去是要卖钱吗？是不是要付采访费？"之类的问题。[①]再问他有关缙云道士的情况，他说缙云有道士20多个，生意是春秋和冬天比较好，夏天是淡季。

林如安师傅的道班所用的道具有敕水印架、朝笏、五老冠、惊堂木、十王图、护坛元帅及太乙救苦天尊图，以及锣鼓（大中小套鼓）、胡琴、唢呐、铙等乐器1套。敕印有3个：一是"雷霆都司"，二是"道经师宝"，三是"元始一炁万神雷司"，还有大小之分。三司牌位各书"玄中大法真师""太上无极大道""三十六部尊经"，称为"三司案"，为上案。下案墙上挂有十王图和其他没认出来的神图。

陶本多说神图的图样来自赵岸里边的郑光头自然村的郑文奎，快80岁了，儿子也会做道场，是祖传的张天师奉真坛；主人家叫"师公"，属于"师教"，"道教通天下，师教由在我"，这句话他说得很熟套。墙上挂的太乙救苦天尊像是林如进（林如安的兄弟）画的，因为烟熏火燎，用了几次就看上去很旧了。陶本多说："他画神图画得很好，还帮我画过一张观音。"

① 按：当时带了相机和摄像机。由于是初次使用摄像机，不熟练，有些画面拍废了，但主要部分还在，留下了可资佐证的影像资料。

图1　堂上神灵牌及“道经师宝”印和“雷霆都司”印

我所考察的这场“灵宝资度往生填库报本道场”时长为两夜一日。基本程序的节目单如下：

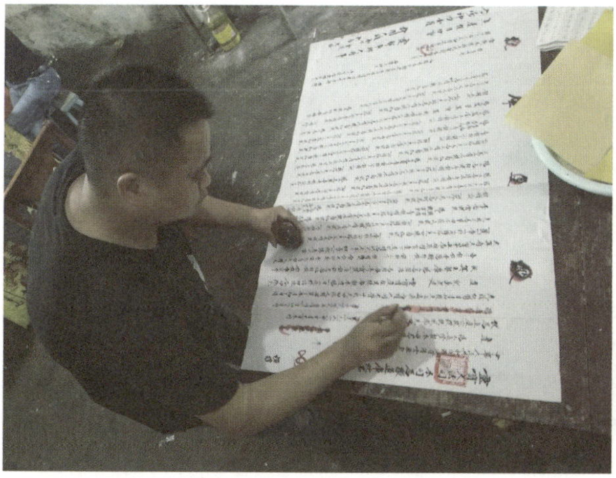

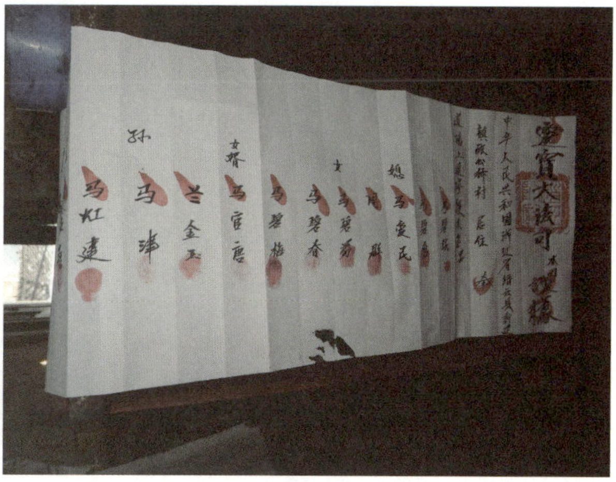

图2　坛场的布置与准备

9月29日上午，安排写字、贴字脚，布置坛场内外的环境。坛场名称为“万法宗坛”，背景是贴着南无观世音菩萨画像的蓬莱境。正式仪式在中午12点开始。

第1场：申发金科，敕水。

第2场：念《度人经》上卷。

第3场：召十王。由马清主持，从村口举行仪式开始，接神倒行退回，三步一叩，叩拜进入马家家门，迎接神灵到事主家堂之上。

第4场：念《青宫忏》上卷。

第5场：念《度人经》中卷。

第6场：念《青宫忏》中卷。

吃晚餐。

第7场：念《观音台焰口全科》上、下卷。

第8场：祝灯（或念经科式）。[1]

第9场：封经。

① 按：俗称“参灯”。如徐宏图编著《浙江省磐安县树德堂道坛科仪本汇编》（台北：新文丰出版股份有限公司，1999年，第14页）描述“度忏鸿楼大会集福寄库给牒醮坛”第二天晚上有两坛法事：一曰开点福、禄、寿三元灯并参灯（3名道士登场于三清坛举行开点天地水府神灯仪式，为灯主阖家大小恭祝三元神灯，焚香请圣，祈求消灾延寿。届时道士各人手执灯笼，自三清坛绕三界坛及所设斗灯三周，伏愿“宝炬燃时，耀三天之绛节，金花开处，焕九府之丹书，上消愆解厄之名，注益福延龄之字，群生蒙照，万境咸明。稽首皈依，无极大道”，俗称“参灯”）；二曰清云厨斛食，“设斛筵，恭请千真万圣，齐监篷漏之居；十极九霄，尽赴斛筵之席”并上祈天尊，请福延生，超度亡魂。当晚外坛演出醒感戏《狐狸殇》。

第一天晚上10点来钟就结束了。[①]

9月30日：

第1场：上午开始念《扬幡金科》。

第2场：行坛作乐。

第3场：念《开启金科》。

第4场：接圣《接佛》（叩拜——诸人叩拜，行礼作仪）。

第5场：出榜。

第6场：念《血湖忏》上卷，后人在道士的带领下叩拜堂前（本来是出榜后吃午饭的，因为时间还早，就把下午的《血湖忏》提前到午饭前念了）。马清用白米在八仙桌上画了血湖池，池上放了一个筐，里面放了蜡烛。

第7场：午饭后开始念《血湖忏》中卷。

第8场：念《血湖忏》下卷。

第9场：出葬（风水先生规定的下葬时辰是下午1—3点钟），发红包，后人在装骨灰的彩纸扎的亭阁前人手一支香，执行敬酒、敬饭、叩拜、洒酒等程序。绕场一周，同时放炮、放焰火，奏乐。

第10场：召亡，布仙桥。

第11场：破地狱。

第12场：念《闹花台》。

第13场：念《玉皇忏》。

第14场：念《借阴夫》（到村口本保殿）。

第15场：请阴夫。

第16场：念《供十王》。

第17场：念《解银库》。

第18场：做朝（桥），放赦。

第19场：做清醮，谢城隍（送佛）。[②]

---

① 按：第一晚道场仪式结束后，林如安师傅带我到他西岩村家里住宿。他的两个女儿都上学住校，不在家，我正好睡他女儿的床。当晚还观赏了林如安师傅收藏的未在仪式上使用的其他科仪文书及一整套江西龙虎山授箓符箓。征得他的同意后，我拍照留影。第二天起来后，参观了林如安师母的纸扎工场：以毛竹为主料，用一把砍刀把毛竹加工成片、段并剖细，编成房子、亭阁的框架，再糊上各色彩纸，工艺精巧，手段繁复，惟妙惟肖。

② 按：徐宏图、项铨《浙江缙云县船埠头村寄库仪式》（载《民俗曲艺》第100期，台北：财团法人施合郑民俗文化基金会，1995年，第121—154页）记叙三天三夜“正一朝斗度厄受生填还道场”的节目单是，开锣鼓后：1. 拜佛；2. 开启、申发；3. 净坛、通意（行香仗剑，作法召请各路神灵临坛入位，乐队奏“小过场”，一干人跟随主持道士先后在三清前、三司案和十王案前一一致拜，并到祖先堂、受生堂、库房、云厨等处行香）；4.（敕水）烧文书“正一朝斗度厄受生填还道场表”（书面申奏），内容与口头申奏的“意”相同（到溪边焚烧，纸灰飘落水面，以随波浮沉为佳）；5. 念经拜忏《三官经》《三官忏》，信男信女家属分批轮流

在整个仪式中，第11场“破地狱”表演，是林如安师傅主持这场法事的高潮部分，也是整场法事的中心。先由马清师傅事先在堂前地上的席子中间用白米画一个楼阁，阁顶之上写有“佛”字，阁子内上有“天堂”，下是“地狱”，中间是繁体字样的“关”字。9个方位各放9片瓦片，上放蜡烛和装着馒头、粽子的不锈钢小碟子；瓦片旁盖压着黄色纸符（字符文字与位置相应，为“东、南、西、北、中、西北、东南、西南、东北方金刚狱”，黑字“灵宝大法师封”；盖“道经师宝”红印）。仪式开始后，在锣鼓喧天、唢呐震响的场子中，马清绕着这个用大米画的楼阁，迈着各种罡步转圈子，进行不同方向的穿插，并用布包着铁剑，做出各种斩魔动作，与“魔鬼”进行激烈搏斗。在重复多遍斩杀各方“魔鬼”动作后，马清已经声嘶力竭，汗流浃背。然后换林如安师傅上场，唱、念、做、打，完全是一场恶斗。马清也没有下场，在一旁配合，于是表演从类似独舞变成了大力金刚勇斗恶魔的双人舞。然后是由师傅斩魔、灭烛，把馒头和粽子用剑挑起，递给事主接着，那9片盖着的瓦片也都要一一打破碎。这种佛事表演，或当脱胎于巫术仪式与戏剧演出，在中国传统社会中源远流长。

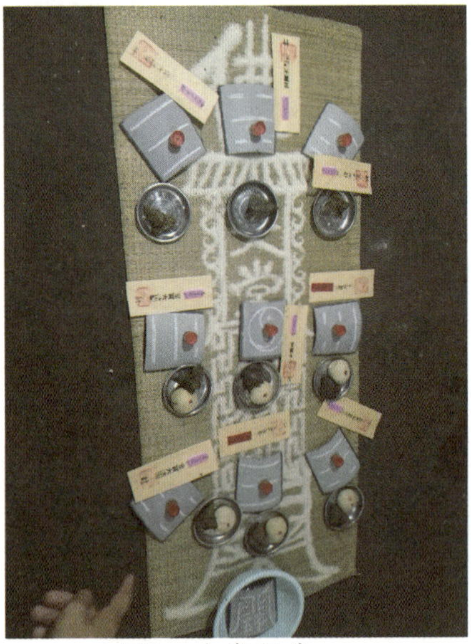

图3　血湖经堂

（接上页）陪拜；6. 施孤魂；7. 三元灯；8. 封经。第二天凌晨：9. 启天灯《清吉树幡金科》；10. 设受生堂；11. 行坛；12. 设寒林所；13. 开启（洗涤坛场）；14. 宣榜；15. 念《十王忏》；16. 念《南斗忏》；17. 焰口；18. 散花；19. 祝灯（米字堆拜斗）；20. 赞灯（五方）；21. 滚灯舞蹈；22. 封经。第三天一早：23. 设大斋；24.《圣班接佛》；25. 招龙虎师；26. 五方安镇；27. 念《受生经》；28. 念《天师忏》；29. 开台《五斗金章》；30. 念《玉皇忏》；31. 验库（生库红色，冥库白色；柜箱封包等）；32. 借夫票证（本保殿）；33. 请夫（52碗52筷，冥券一帖）；34. 念《救苦经》；35. 搬运监批；36. 供王；37. 解库；38. 烧库。第四天：39. 谢佛；40. 领灯。明显可以看出对象不同，念经仪式不同。此仪式中未念《度人经》《血湖经》《青宫忏》等。福建龙岩师院的张正田老师在2023年春节假期回台湾时帮我找到并复制了这篇文章，特此谨致谢忱！

研究戏剧五十载的徐宏图发现“浙江是目连戏大省，全省各地均有目连戏，以绍兴所属各县以及东阳、建德、淳安、昌化、开化、永康等县为最盛”，唱腔有调腔、青阳腔、道士腔（均属高腔系统），尤其“各地目连班几乎均由道士班兼职，如东阳‘朱氏道士班’就是这样一个班社，做道场时人称道士班，演目连戏时则称目连班”。最独特的是“醒感戏，又名省感戏。最早产生于浙江永康县，流行于东阳、义乌、磐安、武义、金华、缙云等县。先是在民歌、小调和祭祀仪式基础上，受傩戏、目连戏影响而产生的仪式剧，后吸收侯阳高腔、松阳高腔而发展成为曲牌体高腔剧种”。[①]这种在葬礼上演出的戏剧“为亡灵解决了后顾之忧，既满足了丧家的孝亲思想，又消除了由死亡带来的恐惧心理，可谓从根本上‘解决问题’，因而更受欢迎”。而“人们倾向于或清晰或朦胧地认为，老人虽然去世，但灵魂不会消失，他们会在冥冥之中影响着后代。……死亡不只是一种终结，还是一种新的开始”。[②]我所看到的这场破地狱度亡仪式，也应属于这样拥有广泛社会基础的场景表演。

有意思的是，与浙西南相邻的福建汀州就有不一样的习俗。巫能昌调查了闽西汀州府（旧属长汀、上杭、武平、连城、永定五县）以上杭为中心的18家道坛，发现“这些道坛的作觋科法和做道的清醮科法惊人地相似”，“原来并无相同的度亡科法传统”，这暗示“度亡并非当地道士历来的专长，他们广泛涉足度亡法事很可能只是清末以来的情况”，[③]为考察度亡传统习俗在中国东南不同族群的区域传承和断续情况，提供了有参考意义的实例。

在道场仪式进行过程中，吃饭的问题是在村里马氏宗祠解决的。宗祠内所挂匾额旧题“雍正六年间”，新题“公元二〇〇六年春重修”。祠堂墙上挂有一联篆书“为缙云张公桥同宗修谱大典而作缙云马氏源出嬴姓大同以后裔众页下”，落款是“中国谱牒萍会联络员大同公三十七世孙马云鹿二〇〇四.五.十六”。厨房门楣上贴着“香云厨”的红纸签。

有关这场法事的价格，事主马碧勇先生的回答是这场法事“添（天）师费是1万元”。包括两天道场的费用：道班6个人的工金（资）是6000元，红包（礼事）是1200元，出殡礼是1000元。马先生提供了具体数据，并说这是缙云农村的价格，加上银（纸）币和其他费用1万元左右，估计整场“佛事费用”达2万元左右。如果是在青田、温州等地，工资至少要在1万元以上。事实上据观察，伙食费用的支出也不少，尤其是

① 徐宏图：《从戏班与道士班兼职看中国戏曲的求生之道》，载《中华戏曲》编辑部编《中华戏曲》第49辑，北京：文化艺术出版社，2014年，第198—209页。徐宏图：《从案头走向田野——回顾戏曲研究五十年的历程》，《浙江艺术职业学院学报》2020年第4期。

② 孔美艳：《中国民间传统葬礼中的戏剧演出》，《文化遗产》2020年第1期，第32—39页。

③ 巫能昌：《制造科仪本：以闽西道坛灵应堂的度亡科本为例》，载刘永华主编《仪式文献研究》第3辑，北京：社会科学文献出版社，2016年，第135页。

出殡后的那顿饭，上菜数量达到25道左右（我也跟着吃了一顿并大致数了一下碗盘的数量）。负责做饭的老板娘说，中饭、晚饭合计650元一桌，在马氏祠堂的大厅里，台上、台下共摆了20多桌，费用至少1.5万元（未知酒水钱是否在内）。如此计算，两天伙食费大约3万元，整个过程算下来需要花费五六万元。

马碧勇女儿的话也从侧面证实了这点。她是一个医学生，毕业后分配在丽水妇幼保健院工作，因从小是奶奶带大，所以知道奶奶的心愿。她说，奶奶作为一个信佛者，从她小时候起就带她去参加各种佛事活动，奶奶对自己身后事的期待也是举办一场“佛事”。当年90岁的奶奶因下地种洋芋，从后坎上摔下来，以后就每年都要进出医院，又查出有食道癌，但对吞咽的影响还不大，因为没有长在主要食道的狭窄处。她还说如果不是自己和伯伯家的哥哥坚持，父亲他们也不打算为奶奶办什么佛事了，她还有3个姑姑，在现场没法辨认事主的亲眷。但奶奶的小孙女对这场“佛事”的程序，甚至比当时的我要清楚得多。她说从小参与观看的佛事与现场所做“佛事”基本上没有大的分别，这是传统的延续。她还说，只有把奶奶送上山，她才觉得奶奶是真正地离开了。做完这件事，她就要和朋友们去宁波、普陀玩了，因为当时正是国庆、中秋的假期。

1994年，缙云县船埠头村举行了“正一朝斗度厄受生填还道场”寄库法事。背景是因修建金温铁路，与缙云站近在咫尺的船埠头村，省道金台公路黄平段穿村而过，同时村庄又处在缙云开发区商业中心地段，寸土寸金。村民委员会决定在公路两侧最佳地段无偿分给每一位村民10平方米宅基地，允许村民建房开发。“郑德明念及自己年已古稀，子女亦均成家立业，生活安定，再无奢求。所虑者两老过世后在阴间衣食无着，立锥无所。因此，征得子女同意，将20平方米地基转售他人，以其地价1.3万多元人民币举办这场寄库法事。”[①]两场间隔20余年的法事，在地价暴涨十数倍之后，举办法事的价格却基本持平。这不由不令人感叹和思考：民间信仰的传承，一靠代际维系的思想观念，二靠从业人员继承祖业，三靠供求双方契合的心理模式。在社会生活方式急剧变化的当下，民间信仰所面临的衰落是否已无可避免？

二、道坛法事现场科仪文书管窥

观看林如安师傅主持的这场法事（也被称为“佛事”），给我印象最深的就是悬挂在屋外墙上几乎占一面墙长、黄纸镶红边的一道大榜——通俗地说，这就是丧葬礼仪文

① 徐宏图、项铨：《浙江缙云县船埠头村寄库仪式》，《民俗曲艺》第100期，第122页。

书在基层社会的活用形式，也是中国人宗教观念和实践活动的活化石。寻觅、探讨其源流及对中国传统文化形成、塑造之意义，从19世纪下半叶开始，俨然已是国际学术界一个外延宽广的严肃课题：从高延观察到的"遍及于（中国）社会生活的最深处"的宗教观念和习俗"是中国人礼仪、习俗、家庭制度和政治制度的基础，很大程度上也是立法的基础"[①]的印象，到近期关于中国佛教、道教和民间宗教研究的众多新成果，都说明这个领域在不断取得进展和成就。特别值得一提的是，劳格文、吕鹏志主编的《道教仪式丛书》对中国江西、湖南、福建、广东、台湾、河北等地的地方文献和道教仪式的整理研究，也为我们提供了很好的范本和参照。

图4　发帖

举行道场法事所需的文书有疏、意、表、牒、榜、符、咒等。叶明生在《闽西南永福闾山教传度仪式研究》中就认为在众多的道坛科仪本中，文检资料"不但从文字角度展现道法的多样化，而且以疏、文、状、牒、诰、榜、赞、申等疏意形式，展示道法丰富的文化内涵和复杂多样的形式，传递民族之传统文化，是宗教民俗传播的重要形式"[②]。尤其是科本中的掐诀、行符、念咒、步罡及奏、申、关、牒等仪式文书，或只有片言只语，或另载他处，或口头传授，无本可参。而这些资料对一项完整、扎实、可靠的田野调查工作来说尤为重要，也是我们必须关注且不能遗漏的重点。

①［荷］高延：《中国的宗教系统及其古代形式、变迁、历史及现状》第1卷《前言》，林艾岑译，广州：花城出版社，2018年，第4页。

② 叶明生：《闽西南永福闾山教传度仪式研究》，台北：新文丰出版股份有限公司，2017年，第328页。

文检的形式多种多样。有“疏”有“敕”——向佛或玄元皇帝上书称“疏”，而佛或玄元皇帝下发的指令称为“敕”；斋坛得到佛或玄元皇帝的敕授权，才能沟通上下。斋坛度亡填还的方向有两个：天曹和地下冥府。向十王和东岳北斗等上级行文用“申”，向十王和东岳下属衙司行文则用“牒”，向城隍行文用“关”，等等。

悬挂在举办仪式屋外黄泥墙上的这道榜文，正文如下：

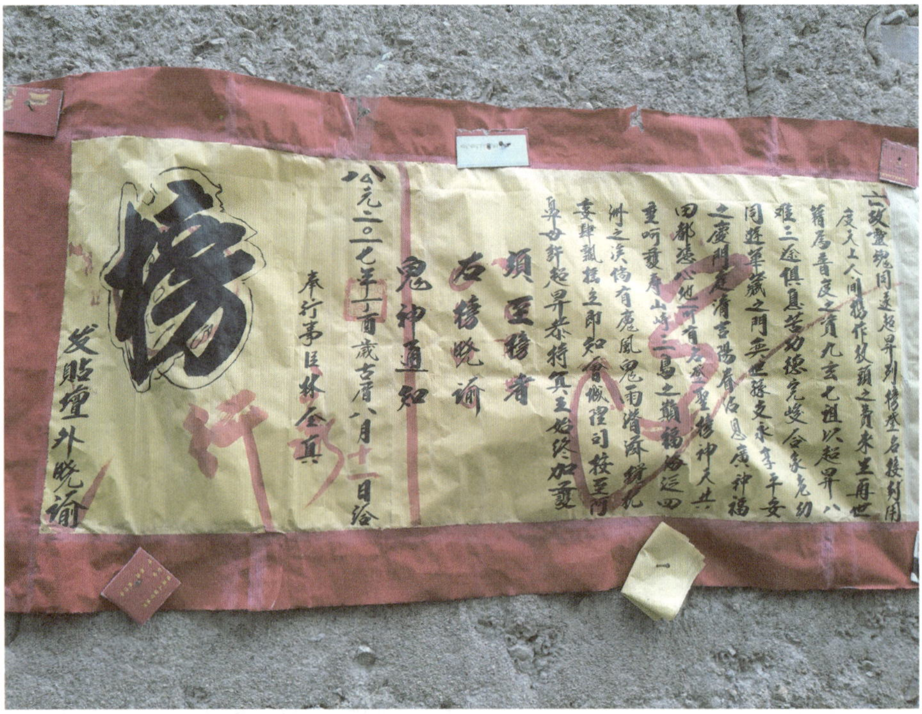

图5　榜文（部分）

灵宝大法司

本司谨据中华人民共和国浙江省缙云县新建镇张公桥村居奉道阳上，追修报本男、媳、女、女婿、孙、孙媳、孙女、外甥、孙媳、甥女、甥婿、曾孙、曾甥、曾甥女（共38位家眷名讳省略——作者注）、司香/斋△△△△、司厨△△△、司库△△△，拜佛△△△阳眷人等，伏为追度亡故。从△△郡先母△△△灵魂，生于公元△△年△月△日△时（阳庚△△岁，前修有定，数到难留），卒于公元△△年古历△月△日△时。

光阴似箭，日月如梭。天上遄飞两曜，人间不觉千秋。先母初终之期，男特伸追度。以今月初十日，请道就家，启建灵宝资度往生填库报本道场（一日二夜）作诸功德。惟愿故母灵光不昧，早脱幽阴之界；觉性圆明，随步往生之路。接请家先亲姻等众行：先△△△仝妻△氏（共61位家先姻亲的称谓、姓名省略——作者注）

亡故灵魂，同遂超升。列榜登名，接封用度。天上人间，携作杖头之费；来生再世，藉为普度之资。九玄七祖以超升，八难三途俱息苦。功德完峻，合家老幼同游华藏之门，奕世孙（支）永享平安之庆。门庭清吉，阳眷沾恩。广种福田，都凭心地。所有名登圣榜，神天共垂呵护。寿山峙三岛之巅，福海泛四洲之溪。倘有魔风鬼雨，潜滋搅扰，妄肆飘摇，立即知会城隍司，按至阿鼻，毋许超升。恭持冥王，始终加护！须至榜者。右榜晓谕，鬼神通知。

公元二〇一七年丁酉岁，古历八月十一日给。奉行事臣林全真。

榜行发贴坛外，晓谕。

这是为事主之母发布的榜文，报本填还的对象包括掌管天曹和地下冥府这两个方向的神祇。对照1994年在缙云县船埠头村由奉真坛道士杨渭松主持的法事，其“寄库”仪式名称“启建正一朝斗度厄受生填还道场”，[①]名称不同，格式有异，但主题同样是消除对“恐遭殁后之愆尤，更有逋欠冥钱，未经填纳”的担忧，为生人提供心理支持。

与之相关的另一份“灵宝资度往生（上盖红印“道经师宝”）填库报本道场”牒文（白纸黑字红印），是为事主过世之父资度用的：

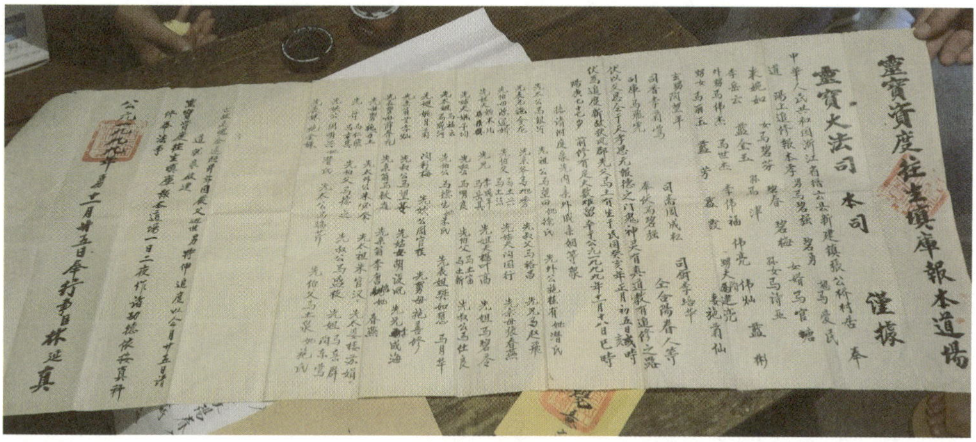
靈寶資度往生塡庫報本道場
靈寶大法司　本司　謹據

图6　道场牒文

① 徐宏图、项铨《浙江缙云县船埠头村寄库仪式》（《民俗曲艺》第100期，第136页）所记的宣榜正文：“叨生盛世，忝获人伦。荷乾坤覆载之恩，赖父母生成之德。前盟莫负，庸伸填纳。谨取是月初七日请道就家，启建正一朝斗度厄受生道场三日三夜功德，忏谢生前之灾咎，悔过殁后之愆尤。叩沐神恩而庇佑，更新惠泽以覃施。颐颜自乐，视履相欢。衍百世之箕裘，讶万年之永庆。夫妻偕老，琴瑟和鸣。男女偕老于百年，子嗣扬名于万世。金花丽日于壶天，玉树酣春于福地。家门清吉，人口平安。须至榜者。右榜晓谕。主持事杨伟真。公元1994年甲戌二月初七日给。”

灵宝大法司

本司谨据中华人民共和国浙江省缙云县新建镇张公桥村居奉道阳上，追修报本孝男、媳、女、女婿、孙、孙女、外甥、甥女、甥夫、玄甥、妻（共24位家眷名讳省略——作者注）、司香△△△、司斋△△△、司厨△△△、司库△△△、奉仪△△△全合阳眷人等，伏以父恩仝于天，孝思无报德之门。鬼神灵有爽，道教有追修之路，伏为追度新故△△郡先父△△△生于民国△△年△△月△△日△时，阳庚△△△岁，前修有定，大数难留，卒于公元△△△△年△△月△△日△时。接请附度家先内亲、外戚、亲姻等众：先△△△△（共50余位家先姻亲的称谓、姓名省略——作者注）亡故灵魂，仝遂超升。兹因严父逝世，男特伸追度。以今月△△日请道就家，启建灵宝资度往生填库报本道场一日二夜作诸功德，依按真科，修奉法事。

公元一九九九年古历十一月廿五日。

奉行事臣林延真（盖“道经师宝”印）。

这份榜文因追度对象丧主的父亲早于母亲辞世，故榜文中罗列诸“阳上”眷亲的名字和称谓略有不同。

第三份文书是为第一份榜文开具的路条，称《表文上诣》，上盖“道经师宝”之印：

图7 《表文上诣》

上清三洞五雷经箓弟子、奉行事臣林全真奏：

据中华人民共和国浙江省缙云县新建镇张公桥村居住奉道阳上，追修报本孝△△△、△△△，同合阳眷人等，伏为追度新故从△△郡先母△△△灵魂，在日原命生于△△△△年△△月△日△时，阳庚△△岁，大梦不料卒于公元△△△△年

△△月△△日△时：光阴似箭，日月如梭。天上遄飞两曜，人间不觉千秋。孝男特伸追度，以今月初十日，请道就家，启建灵宝资度冥路往生填库报本道场一昼二夜作诸功德，开度亡魂，普及幽冥、滞爽等众，超升福境，往生仙界。以今具表奏闻者。伏以叩九关而昭事，云霭清微；崇八陛以对扬，风清黑郁。徼三极无私之泽，溥十华有造之恩。雨露涵濡，日星朗焕。敢皈依于枫御，庸倾倒于葵衷。恪冀高明，洞垂昭鉴。切念亡故，从△△郡先母△△△灵魂，泊滞幽爽，冤机织性，罪纲荣身。三惑不除，堕迷途而颠倒；四维莫守，趋邪径以回旋。罪恶累纪于北都，愆业积书于东岱。茫茫夜壑，惨水火以惊心；寂寂寒庭，顾阴阳而丧胆。爰崇忏谢，聿建斋修。自非上圣之海涵，曷俾下遇之眷育。恭惟（太上无形无名虚无自然元上玄尊金阙七宝玉陛下）巍巍莫测，荡荡难名。凝妙有以垂精，化敷九地；孕虚无而毓粹，政溥三天。诞矜苦恼之衷，广赐慈悲之惠。伏愿：灵光不夜，祖气开春。敕勒玄曹，削简书之冤对；啸令丹局，销策籍之愆尤。即使从△△郡先母△△△灵魂，离夜欢欣，乘晨快乐。超陵三界，无拘留逼合之忧；敕制九幽，有侍卫送迎之喜。臣敢不仰依化日，期畅玄风，登碧玉以敷心；勉承凤渥，观紫金而拜手，永沐龙恩。臣无任瞻天望圣，激切屏营之至。谨奉表上奏以闻，诚惶诚恐，稽首顿首，再拜谨言。

公元△△△△年△月△△日具表（盖有“道经师宝”之印）

第四份文书是意文，黄纸黑字抄写的“诚通三界灵宝资度往生填库报本道场意传十方”文书（盖三方“道经师宝”之印），是为承载榜文中的诚意开路前行并向三界神灵打招呼的意文：

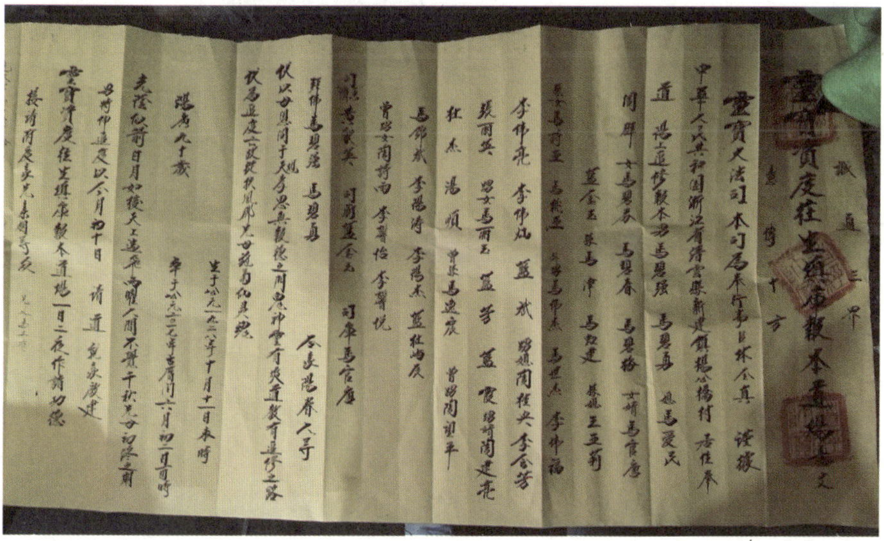

图8　意文

灵宝大法司

本司为奉行事臣△△△，谨据中华人民共和国浙江省缙云县新建镇杨公桥村居住奉道阳上，追修报本△△△等（共38位家眷的称谓、姓名省略——作者注）、司香/斋△△△、司厨△△△、司库△△△，拜佛△△△合家阳眷人等：伏以母恩同于天地，孝思无报德之门。鬼神灵有爽，道教有追修之路。伏为追度亡故从△△郡先母△△△灵魂，生于公元△△△△年△月△日△时，阳庚△△岁，卒于公元△△△△年古历△月△日△时：光阴似箭，日月如梭。天上遥飞两曜，人间不觉千秋。先母初终之期，男特伸追度，以今月初十日请道就家，启建灵宝资度往生填库报本道场一日二夜，作请功德，接请附度家先、亲姻等众（共54位先眷姻亲的称谓、姓名省略——作者注）。

公元△△△△年△△岁古历△月△日给。[1]

第五份文书则为荐度亡母运送财物的上路批文《搬运库批》，其内容见图9：

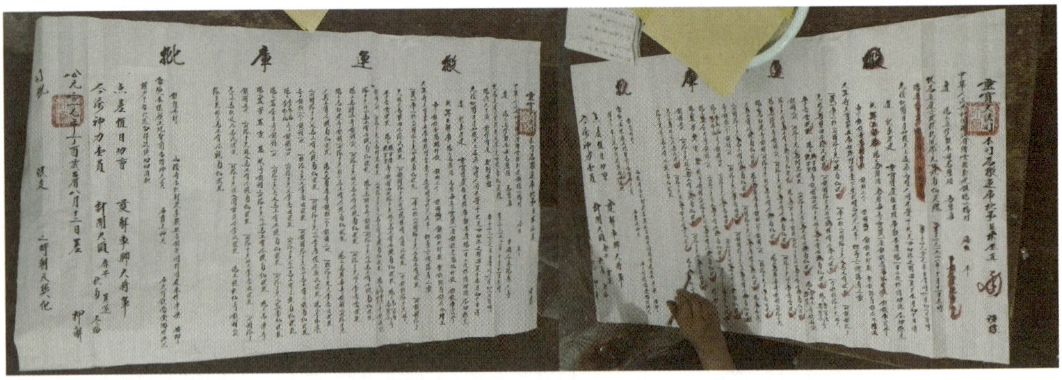

图9　搬运库批阴牒（左）及红批文（右）

灵宝大法司（盖印“道经师宝”印）

本司为搬运库批事臣△△△（画押）谨据

① 徐宏图、项铨：《浙江缙云县船埠头村寄库仪式》（《民俗曲艺》第100期，第151页）。“奉行解库事”的意文略曰，信士信女“三沐三薰，稽首顿首，百拜上言‘臣伏以拜闻经文，知受生之来历。恭闻宝训，始觉悟于先身。意者：信士信女父母、子女、孙、外甥、司香、司厨、司库同合家人等，上属中天大圣北斗七元君主照。叨居大地，获居中华。切虑罪孽弥增，善功未著，虽存现世之化育，恐遭殁后之愆尤，更有逋欠冥钱，未经填纳。诚心择取今 月 日请道就家，启建正一朝斗度厄受生填还道场三日三夜，敬作功德。信士信女投寄生库、生柜、肚幡、阴牒交纳东岳圣帝府天曹第一、三、八库李、雷、朱判官案下储存，以酬补欠之名。但等信士信女百年之期，赍带阳牒合同，对比无差，亲身领取，作今生之福寿，布后世之津梁。伏望夫妻偕老，寿命延长，须至意者。公元一九九四年甲戌古历二月初七日意’”。

中华人民共和国浙江省缙云县新建镇杨公桥村居住奉道阳上，追修报本男△△△带领合家阳眷人等，伏为追度亡故从△△郡先母△△△，灵魂生于公元△△△△年△月△日△时，阳庚△△岁，前修有定，数到难留，卒于公元△△△△年古历△月△日△时：光阴似箭，日月如梭。天上遄飞两曜，人间不觉千秋。先母初终之期，男爰于本月初十日，请道就家，启建灵宝资度往生填库报本道场一日二夜，作诸功德。今功德完成，冥天解库。阳上△△△、△△△寄宝藏一座，银锭叁万陆千锭；银锭库贰个，每个银锭壹万捌千锭；银柜三个，银箱陆双，银锭不计数。散钱路费银在外，拜上大冥府天宝第五库姓张判官案下，查收明白，以兑天年。但等亡魂落着之处，一藏、一库、一柜、二双箱，给于先母△△△收执√；一库、一柜、二双箱，给于先父△△△收执√；一双银箱，给于先祖父△△△仝△氏收执√；一双银箱，给于先外公△△△仝△氏收执√；一个银柜，给于先姐夫△△△收执√；阳上△△△、△△△，寄银箱四双，给于先姐夫△△△仝△△△收执√；阳上△△△、△△△，寄银箱△双：一双给于先父△△△收执√，二双给于先岳父△△△仝△△△收执√；阳上△△△、△△△，寄银箱二双，给于先外公△△△仝△△△收执√；阳上△△△，寄银箱一双，给于先外公△△△仝△△△收执√；阳上△△△，寄银箱二双：一双给于先祖父△△仝△△△收执√，一双给于先姑夫△△△收执√。阳上△△△，寄银箱一双，给于先祖父△△△仝△△△收执√。阳上△△△，寄银箱二双，给于先父△△△仝△△△收执√。阳上△△△，寄银柜一个、银箱三双：一柜给于先夫△△△收执√，二双箱给于先父△△△仝△△△收执√，一双箱给于先公公△△△仝△氏收执√。阳上△△△，寄银柜一个、银箱一双：一柜给于先父△△△收执√，一双银箱给于先外公△△△仝△△△收执√。阳上△△△、△△△，寄银箱四双：二双给于先父△△△收执√，二双给于先外公△△△仝△△△收执√。阳上△△△，寄银箱三双，二双给于先岳父△△△仝△△△收执√，一双给于先父△△△收执√。阳上△△△△△△寄银箱三双，给于先外公△△△仝△△△收执√。阳上△△△，寄银箱五双：二双给于先祖父△△△仝△△△收执√，一双给于先姑父△△△收执√，一双给于先外公△△△仝△氏收执√，一双给于先祖父△△△仝△氏收执√。阳上△△△，寄银箱二双，给于先姐夫△△△仝△△△收执√。银、包共计△函，阴符各款、封皮、字号、照名领受，开拆用度，永作津梁。

右仰当境本保殿土地灵前，告借神夫、正夫26名，护送神夫26名，夫价银当堂面发，决不轻少。于咎火速，勿许迟慢，切切须批！点差值日功曹、护解车脚大将军。今添神力壹员。计开夫头：春兰、夏莲、秋菊、冬梅。

公元△△△△年（盖“道经师宝”印）。

△△岁古历△月△日，差押解司批（画押）、银定，二时朝天焚化[①]。

文书中屡屡提到的“寄”某物与某某“收执”，体现了“寄库”信仰——就是指人在生前预先焚烧一定数量的纸钱冥币，借此偿还投胎时预借天曹的受生钱，并将多余部分寄存冥库，以备死后取用。需要焚烧纸钱、诵经并立阴、阳牒各一份，写明斋主姓名及所焚纸钱、诵经数量，阴牒随纸钱焚化，由冥府收执；阳牒给斋主保存，待百年后焚化。而斋主死后即可执此阳牒（焚烧后的灰烬）到冥府钱库核对阴牒，支取钱财。在度亡仪式中追荐寄库，即可完成“填库报本”之事。在仪式表演过程中，林如安师傅边念名字和寄库财物，边用红笔在念到的名字和财物上打红钩，表示已经领到财物和搬运批文并履行完成各种手续，《搬运库批》的外在形式也与早先看到的不同。在这份文书末尾注明“（限定）二时朝天焚化”字样，说明是要用于当场焚烧、火化的。

徐宏图还提供了一种《借夫票据》，出自“正一朝斗度厄受生填还道场”。文本如下：

灵宝大法司

本司奉行解库事臣杨伟真：谨据中华人民共和国浙江省缙云县五云镇船埠头村居住信士郑德明信女胡美珠、郑招溪，取今月初七日请道就家启建度厄受生填还道场。三日三夜功德，现已依科修奉。今有宝库三座、柜七个、箱五只以及大小封函等需解往天曹冥司。切虑冥阳二途两异，难行亲送，缺少冥夫。右仰当境本保殿土地圣前，告借壮健廿六名，护送神夫廿六名，其价银当堂发，定限即日急时到坛，听候法食，以期抬扛库财，毋许刻延稽迟。须至票者。火速火速。右仰值日功曹、护解车脚大将军准此。

甲午年古历二月初十日给。定限丑寅两时到坛听令。[②]

填库报本道场仪式的思想基础就是人们认可这样的一种观念：亡魂凭借诵经功德和仪式

① 按：徐宏图、项铨《浙江缙云县船埠头村寄库仪式》（《民俗曲艺》第100期，第151页）所载“搬运监批”与上述“搬运库批”格式大致相同，唯“库藏速补满足事今差神力一员，即仰搬运前去。本库交替程途如遇关津隘口及盘诘衙门去处阻挡，请验放行。须至解批者。右仰当境本保殿土地圣前，告借壮健廿六名，又护送神夫廿六名，共夫价银当场面发，一一检点齐集，扛抬起身，毋许刻延稽留干咎勿误。切切。计开夫头四名春兰、夏莲、秋菊、冬梅。点差值日功曹护解车脚大将军准此。公元1994年甲戌二月初十日差黄忠行（定限两时朝天烧化）”略异。

② 徐宏图、项铨：《浙江缙云县船埠头村寄库仪式》，《民俗曲艺》第100期，第150页。

所焚烧偿还宿债的纸钱及预存于冥府的寄库纸钱，加上各种证明这些纸钱已收存冥府的虚拟契约文牒，就可以得到拯救。韦兵认为这是唐宋之际诞生的新观念，也是“第二个千年里中国人理解生命、疾病、死亡及身后世界的一种新方式”。[①]人来到世间得到生命，是因为向冥司借了寿生钱，有此资本才有得到世间衣禄的可能，人们的贵贱夭寿也取决于带来世间的寿生钱多少；而当寿生钱用尽，人的这一世就结束了。所以人要还寿生钱，方式就是通过烧纸钱，寄还给冥司。姜守诚认为寄库风俗的产生，不会早于北宋初期。在五代时，纸钱用于敬神尚未得到道门中人的广泛认同。这与当时论争纸钱是否合乎礼仪传统的社会背景密切相关。故道教“寄库”思想、文献及仪轨的出现，只能在此之后。佛、道两教寄库信仰或许有着共同的思想源头：在民间宗教、巫觋传统、乡间俚俗等多种因素作用下，受因果报应、善恶轮回、地狱十王、饿鬼施食及预修“生七”、持斋做功德等观念的影响，佛、道二教继承、发展了民间丧葬礼俗文化并与生活习惯结合相沿成俗形成了寄库信仰。[②]

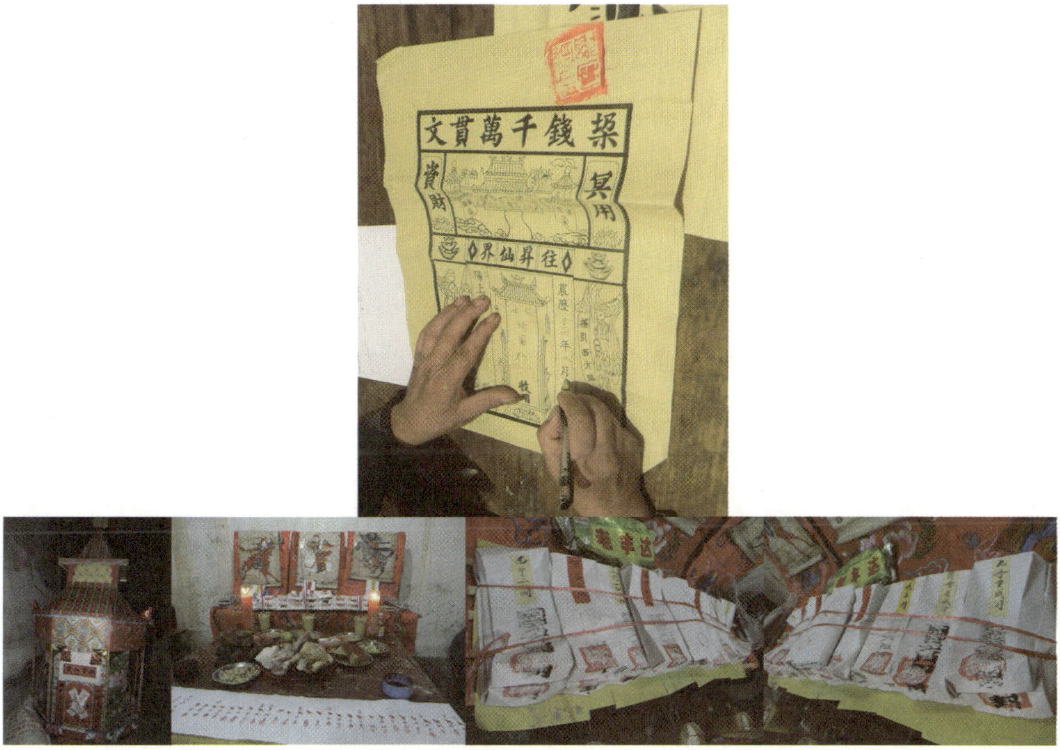

图10　坛场上的寿生钱和贡品

北宋以降，民间社会中广为流行的寄库习俗信仰，依托佛、道二教的寄库经典及仪

① 韦兵：《储蓄来生：宋代以来的寿生寄库信仰》，成都：巴蜀书社，2022年，第3页。

② 姜守诚：《“寄库”考源》，《宗教学研究》2019年第1期，第247—256页。

轨得到了快速发展。到20世纪中期，有过一二十年中断，之后得以逐渐恢复，至今仍然运行不衰。如1994年缙云船埠头村举行的寄库法事，文书名称《奉行解库事》与张公桥村的《搬运库批》略有不同，但格式相同，唯具体字句稍有差异。前者如“投寄生库、生柜、肚幅、阴牒交纳东岳圣帝府天曹第一、三、八库李、雷、朱判官案下储存，以酬补欠之名。但等信士信女百年之期，赍带阳牒合同，对比无差，亲身领取，作今生之福寿，布后世之津梁”。但填库报本的核心没有变化，其实质与西方基督教中的“原罪”观念类似，仅处理方式不同而已：人在投胎时所需的“受生钱”可在生前或死后通过金钱赎买或做功德的方式还回。

据林如安师傅告知，他做这场二夜道场时，使用的文书共有24份，而做三夜道场时，使用的文书则达32份。根据做道场的时间长短，使用不同数量的文书。如此看来，他使用的文书数量，已根据时代变化大大减少。对比20多年前（20世纪90年代）在重庆地区的佛教葬礼祭祀仪式上所用的动辄上百道乃至数百道文书的前例看，如今的道场程式确实已经极大简化。[①]但据观察林如安师傅所说的文书或是指比较正式的长编文字，而简略的类似纸钱上也需手填“垛钱千万贯文　冥用资财　往升仙界　接引西方路　农历某年某月某日（称谓某某）收用，阳上（某某敬寄）”的字样，包裹上注“南斗六阙”“丽阳三殿”“近侧一切神祇”“扬州社会寺”“九州黑城司”“缙云县城隍”“三境玉阙”（分别用红、黄纸贴写签条）等字样，包裹封皮印有黑色“灵宝大法司”字样，盖红色“道经师宝”印，在表示“万法宗坛”的条桌上摆放3层：下两层至少有18包，第3层3包，最上层1包，至少22包。这些简略式样的文字可能未被计算在内。此外，还有各式各样的纸糊财宝、银箱（上面也贴有“灵宝大法司封”字样的封条）之类的“库本”以及铺在桌前的那份记载追修报本阳上孝男女之名的《灵宝大法司》名册。从仪式完整性考虑，这些字不多的小册子、图型和纸钱、封条等，或也可归入文书范围。这样计算的话，或许能较为接近20世纪末宣演的仪式文书数量了。

① 按：胡天成主编《民间祭礼与仪式戏剧》（贵阳：贵州民族出版社，1999年，第1056、1059页）的田野调查显示，在重庆巴南区双河镇佛教门派晏麟辉坛班于1993年9月21日至25日为该镇窖金嘴村钟维成家举行的五天请荐祭祀仪式中，共使用了215道文书，其中牒138道、疏10道、表3道、词1道、申2道、状38道、箦20道、书2道，此外还有经单簿1本。同一年在重庆市接龙镇杨中立坛班于3月10日至14日为沙坪村杨贵馨家举行的五天佛教葬礼祭祀仪式中，所使用的文书竟多达468道，其中牒139道、疏23道、表19道、词19道、申15道、状112道、引申56道、关引76道、书2道以及意款、资单、火册、分单、功据、地契各1道，此外还有经单簿1本。

三、仪式文书的起源及传承发展

有关道教受生寄库科仪文本，不同教派有着不同的内容和程序，且往往是师徒口耳相传，也是这些道士（或称“火居道士”）用以谋生的工具。因此，即使抄本的年代晚，也会包含时代很早的内容。如韦兵发现宋代官府行文的常用语“根刷”一词，在元代已经不用，明、清更不使用，但在民国时期流传的科仪文本中还会出现，就是一个有特色的实例。他曾将与之相关环节纷杂、叙述较为混乱的仪式节目，总结为“共法”和“不共法”两大类。[①]

所谓的“共法”，是指一般仪式都要举行的节目，如结界、立幡、建坛、鸣鼓、步虚、拜忏、存念、请神、礼圣、诵经等。主要是通过这一系列仪式，建立斋坛神圣空间，通过上章，表明建坛目的，虔诚存念祈请诸神临坛证盟。“不共法”是具有特殊性的节目，是操作寿生仪式的关键，特点是需要配合以大量文检。韦兵列举的“不共法”有五项：

（一）启语正奏（向天曹地府、五老天尊等申明斋主寄库寿生、填还预修事由），文检用《受生疏》、《雅俗通用释门疏式》、《正奏金箓受生全集》（《广成仪制》）、《三教太极填还斋活表科仪》（韦兵藏清刻本《三教太极填还》）等。

（二）迎请库官（酒礼三献，迎请60位受生院库曹官临坛，依据法本不同，也有迎请岳府七十七司八十一案判官的）。文检用《受生鸿斋迎库官全集》（《广成仪制》）、《请曹官科范》（侯冲藏清代抄本《佛门生斋全集》）等。

（三）宣牒对案（缔结寄库阴阳合同文牒，朗声宣读陈述填还预修的要旨）。宣牒是通明三界填还预修仪式的成立，文检用《寄库阴阳册籍式》（《雅俗通用释门疏式》）、《受生填还全集》（《广成仪制》）、《阴阳牒》、《合同文牒》（《灵宝文检》）、《安库疏》、《受生库贴尾》、《填还箦封皮》、《填还寄库钱杠引》（韦兵藏《佛门填还寄库定制集》）等。对案是“将填还箱笼，钤封恰好。俟对案时，各司该若干数，逐一亲点，凭元皇与各部神员证盟呈缴”[②]。主斋人要冥想玄皇帝君从天而降，端坐坛台，账目清楚，宿欠勾销。每一步还要配合打卦，伺察神意。宣牒后，将牒文铺开，斋主、主斋人、凿钱人、香灯师、办供师等依次佛前秉笔签押。

（四）酬谢力夫（以酒礼赏钱酬谢运送冥财的车夫力士）。文检用《脚夫关》《投库水引》《火册》《阴阳祭赏车夫科》等。

---

① 韦兵：《储蓄来生：宋代以来的寿生寄库信仰》，第28—29页。

② 韦兵：《储蓄来生：宋代以来的寿生寄库信仰》，第31页。

（五）焚箕叮嘱（纸钱等在箱笼中装好，运送户外焚化，同时叮嘱车夫注意事项）。文检用《化库仪范》《化塔仪范》（韦兵藏《预修添还》）等。这五项每一步都要用相应的文书，各类文检在一个虚拟的空间里按照程序运行，构建仪式意义。韦兵已对仪式节目做了较为完整的总结。[①]

姜守诚认为，道教寄库信仰的出现当以《正统道藏》收录的“二经”“一仪”为标志。[②]寄库的思想、文献及仪轨的产生，最有可能是在北宋前期至南宋初这段时间内，到南宋末年就已十分流行。正像李志鸿进一步分析的那样，两宋之际成书的《灵宝无量度人上品妙经》六十一卷中，仅第1卷为《度人经》本文，剩下的60卷都是由本经衍生出来的符箓咒术，尤其是以《度人经》经文为本编造出大量的神将吏兵、道法职司，这是当时新兴符箓派的惯常做法。灵宝大法派以《度人经》为其本经，天台东华派以经文编造道法符书，“以经中一句做一司”，断章破句，编造出200多种道法职司，其实质就是模拟世俗的官僚机构，在了明“尊卑等级”的基础上，用人世间的礼法来奉事天地神祇——“随着道法职司的出现，道教斋醮仪式中才出现了大量借以‘感通’神真‘以达其忱’的‘奏、申、关、牒’等文书”。[③]

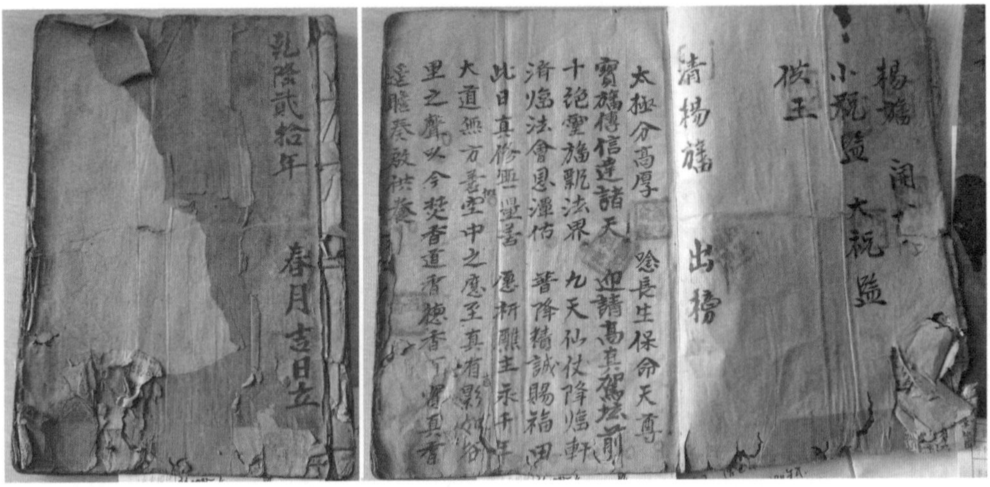

图11　《道教斋刻》（清乾隆抄本）书影

① 按：韦兵藏清代抄本《预修填还》分为9个部分：天地京、阴阳填还、投库、安车夫、犒赏、化库、化塔、签押、开库。最后的开库是在斋主死后进行，通过寄烧冥财、烧寄符箓、交付牒箓这些环节体现。在斋主去世后，请僧道举行开库仪式，发牒祈求冥府开钱库，核对牒文，给付亡魂原寄钱财，同时焚化阳牒装在死者身上，表示持此阳牒到冥府勘对合同。

② 姜守诚：《“寄库”考源》，《宗教学研究》2019年第1期，第251页。按：所谓“二经”是指《灵宝天尊说禄库受生经》和《太上老君说五斗金章受生经》；“一仪”是指《天曹寄库醮仪》（收入《灵宝领教济度金书》卷一七三《科仪立成品（预修黄箓斋用）》）。它们的造作时间均不会早于北宋。

③ 李志鸿：《闽浙赣宝卷与仪式研究》，新北：博扬文化事业有限公司，2020年，第287—288页。

对照在2019年田野调查中发现的缙云县图书馆[①]所藏清代乾嘉年间传承下来的科仪本，可以考见缙云民间宗教信仰传承有序，与巫能昌所观察到的闽西汀州的情况颇有不同。比如有种封面题“乾隆二十年春月吉日立”的科仪本，在编目中被称为《道教斋刻》（1卷，无页码），主要内容包括扬幡、开坛、小祝监、大祝监、清（幽）扬幡、出榜等。根据文本的用印情况[②]，可以判断该文本至少传承了200多年。

首先，该文本中总共出现了5个红色阳文私印。出现次数最多的是“俞益山记”之印，在文本内容涉及奉请神灵、呼号神祇、画符做法和各种带“雨”字头的灵符及上表焚化等各种涉灵致圣的情况下，都要盖上红印，或示可增强法力。

其次，从“胡国彪记”之印用印位置、排列秩序及数量对比看，大致判断“俞益山”当是该抄本最初的使用者，也有可能是胡国彪的师傅——因为“胡国彪记”印，基本上都是盖在“俞益山记”印之下，而且都是插空盖印，数量也比“俞益山记”要少很多。

再次，只出现一次的3位用印者，一是“胡丙临”，一是“俞铭”，一是层叠套印其上的“胡岳”（字或印）。可以看出该科仪本主要是在俞姓和胡姓两家道士中传承、使用。

最后，从该文本末页蓝色纸张封底“嘉庆岁次丁巳年八月重抄”的字样，可知自从乾隆二十年（1755）开始抄写、使用的科仪本，直至嘉庆二年（1797）重抄，半个世纪之内传承一直未曾间断——在俞姓家族中有俞益山、俞铭传承；在胡姓家族中，则有胡国彪、胡岳、胡丙临等继承。[③]

幸运的是，徐宏图在调查永康醒感戏的过程中，查到了“俞益山”的来源：他来自浙江省永康县石柱镇俞溪头村，所在的家族拥有源远流长的道教传统。（正德）《永康县志》记载，为超度亡灵、驱邪镇恶、消患灭灾，民间盛行做水陆道场、翻九楼、做殇等习俗。（康熙）《永康县志》则有“师巫有同戏剧，谓之鸿楼盛会。又谓之翻九楼，鄙亵

① 按：2019年春节这次考察收获颇多，此后我还多次到缙云县图书馆查阅家谱和地方志材料，颇得郑勇辉先生的照顾和帮助。在此一并郑重致谢！

② 按：此科仪本共有45页（本身无页码），第一个“俞益山记”阳文红印出现次数最多，差不多每页都有，有的一页还盖印四五处；第二个“胡国彪记”阳文印出现次数大大少于“俞益山记”印；第三个是“胡丙临”这3个红字，只出现了1次，似是刻印而非手写；第四、五个依稀能辨认的是“俞铭”之上所盖的“胡岳”两个红字。从这几个私印使用情况及文本末尾封底蓝色纸张上记载的“嘉庆岁次丁巳年八月重抄”，可知此科仪本是从乾隆二十一年（1756）开始抄写使用，一直至嘉庆二年（1797）再次抄写，半个世纪内传承未曾间断。

③ 据徐宏图等编著《永康醒感戏》（杭州：浙江摄影出版社，2016年）中的“传承谱系”（第146—150页）中提到永康醒感戏的传承人有胡中秋（1907—？）、胡海郎（1933—？）等，推测胡国彪等也为传承人。徐宏图另编有《浙江省磐安县树德堂道坛科仪本汇编》（载王秋桂主编《中国传统科仪本汇编》第2辑，台北：新文丰出版公司，1999年），提到浙江省磐安县树德堂道坛就是以邱姓为主，另有潘、郑、虞三姓姻亲家族共同结成一个“职业道团”行事的（第5页）。

诞妄，莫知其所从出，而愚民多信之。男女聚观，恬不为怪”的记载，此习俗到清末民初仍然势头未减，在庙会上日夜演出，从黄昏夕阳未落至次日清晨日出始散，称为“两头红”。打油诗“三十六班斗胜来，唯有做殇压诸台。黄昏观剧到天明，九楼坛前忘家归”描写的就是这样的场景，直到抗日军兴之后才衰落。[①]而最著名的“醒感班”就是由永康师教道士俞岩法等组成，与池芦章班、郑国庭班、姚大宝班、陈金雄班等号称“五大班”。自明末清初起就有俞玉成（1639—1705）、郑德知（1671—1733）主持师教法坛。其后康雍年间的俞立奇、俞秉采（1751—1824）、俞冀静（1775—1818）、俞尚意（1812—1862）、俞益山（1878—1956）、俞会（惠）传（1880—1941）、俞岳铨（1881—1943）、俞鼎豹（1882—1936）、俞益进（1882—1941）、俞徐有（1883—1928）、俞孟兰、俞益仕（1895—1977）、俞岩法（1913—1987）、小花脸俞方来（1920—2003）、二花脸俞洪门（1920—1993）等，都是道士兼演员，被称为“著名的艺人”。[②]如俞益山是“小生兼正吹（伴奏）”，所吹唢呐极为著名；俞益进做过班主。从年龄看，俞益山年长于俞益进，两人或为同胞、同族兄弟。俞方来是“小花脸”，俞洪门是“二花脸”，这种由道士兼任演员的现象被认为是“中国戏曲的求生之道”，实际上也是道教深入基层民间后“角色”产生变化的一个结果。

至于这个被称为《道教斋刻》的科仪书，是如何从永康石柱俞氏或胡氏手中传到缙云道士手里，再进入缙云县图书馆的收藏中，这中间应该还有不少故事。据徐宏图提供的线索，永康坛班道士集道士、戏子身份于一身，在内坛法场是高功、都讲、都监等，到外坛演戏时就是演员。如“前仓川塘朱兰祥班，就经常请缙云县黄碧街虞献生等老道士帮忙。虞献生现年68岁，早年受过箓，为缙云奉真坛道士。班主朱巧岩，现年73岁，道号朱成真。成员尚有杨谓松、朱根洪、郑官设、郑锡照、林标、尚建友、陈仲川、李德温、杨余金等”[③]。永康道士班在做大道场如“翻九楼”“水陆道场”时，经常雇请外地道士，双方逐渐配合默契。在道场科仪方面，永康道士班也接受邻县影响，如“水陆道场”兼习磐安树德堂邱家教法，“忏琉璃”科仪兼习缙云括苍山奉真派教法，“翻九楼”则受绍兴小坞村灵宝派影响等，体现了区域社会中，不同行政区划的社团间，存在着经常性的日常联系。而《道教斋刻》最后出现在缙云县图书馆中，应是20世纪六七十

① 以上未指明出处者均见徐宏图等编著：《永康醒感戏》，第7页。

② 徐宏图：《从戏班与道士班兼职看中国戏曲的求生之道》，《中华戏曲》第49辑，第204页；徐宏图等编著《永康醒感戏》，第146—150页。

③ 徐宏图：《浙江省永康县道坛青词科仪本汇编》，载王秋桂主编《中国传统科仪本汇编》第12辑，台北：新文丰出版公司，2007年，第25页。

年代“文革”时期的事情。[1]

从18世纪中叶出现到20世纪中叶进图书馆为止，《道教斋刻》在200多年间一直是有人保存和使用的。只不过第一个传承和使用的人应该是比“俞益山”还要早几辈的先祖，是否为“俞铭”不好断定；而胡岳、胡国彪、胡丙临这几位彼此间的关系以及胡氏与俞姓家族之间的关系，尚需结合相关的族谱资料进一步确认。以上是结合科仪本用印情况及题名、封底题记及学界研究等基本信息得到的粗浅认识。

从科仪文本的内容看，还可以得到以下初步印象：

第一，此科仪本的使用者是道教灵宝派道士。该科仪本的第一句就是“太极分高厚，念长生保命天尊”，此外还出现7处特意指明“灵宝”特征的文字，如“悬建灵幡，是为灵宝”“五方灵宝天尊”“灵宝大法司焚香关召左监坛官将、三天风火院正一灵官马元帅，伏望降护道场，听宣情悃”“百和则遍达结界，无违灵宝，解脱自然”“灵宝符命，普告九天”“灵宝惠香，超三界香”“辄伸善诵威灵宝宿掌阴缭，珍重元薰寇八瑶。普浃神风更苦爽，侯看步武上云霄。太乙救苦天尊”等。尤其是“灵宝大法司焚香关召左监坛官将、三天风火院正一灵官马元帅，伏望降护道场，听宣情悃”式样的文书。该文本与张公桥村挂在墙上的榜文应有承继关系，这从关键词的出现和使用中可以看出。

第二，该《道教斋刻》的文本结构精巧而富有变化。开始往往以七字诗偈开端，后加五字诗偈、三字偈或不规则的四字偈等不同形式的套句以及套句变格，甚至有从七、五、三字偈到三、五、七字偈这样递减递增的循环套句。在这些套句中间，夹杂奏请、唱念、呼号的各种神祇法号、赞语等，同时穿插上香、献酒、画符、请敕、念咒、走罡步等程式表演。可见科仪编写者甚是用心。

比如《扬幡》初起的一段七字偈是：“宝幡传信达诸天，迎请高真驾坛前。十绝灵幡飘法界，九天仙仗降福轩。济临法会恩潭佑，普将精诚赐福田。此日真修无量善，愿祈醮主永千年。”然后呼号祖师、天尊、真人真君、上帝、灵官星君、真宰、三界一切威灵、冥府十王真君、法院祖师官将、随行值日功曹等。如请神仪（天神、地祇、十王等）礼圣的名目：

谨心焚香。奏启供养：三清、玉帝、六御至尊、太上昊天金阙、玉皇大帝、

① 按：缙云县图书馆还藏有两堂十王图，一堂完整，一堂残缺。据该馆现已退休的钭伟民老师介绍是红卫兵抄家没收来，由当时的博物馆转交，具体介绍和初步研究参见拙文《缙云县图书馆藏两堂十王图初探》（载刘中玉主编《形象史学·2022年秋之卷》，北京：中国社会科学出版社，2022年，第241—255页）。

金真梵炁、祖母元君、东极青玄上帝、太乙救苦天尊、目公上相青童道君、日宫月府二曜星君、南北二斗星君、三元三官大帝、三百六十感应天尊、上界朝元无极高真、五岳圣帝、岱岳威灵福地、正一天师、下界水府大帝、赐谷神王（盖“俞益山记”印）。冥府第一殿泰素妙广真君秦广大王、冥府（盖“俞益山记”印）第二殿阴德定休真君初江大王、冥府（盖“俞益山记”印）第三殿洞明普静真君宋帝大王、冥府（盖“俞益山记”印）第四殿玄德五灵真君五官大王、冥府（盖“俞益山记”印）第五殿最胜耀明真君阎罗大王、冥府（盖“俞益山记”印）第六殿宝宿照成真君卞成大王、冥府（盖“俞益山记”印）第七殿泰变万灵真君泰山大王、冥府（盖“俞益山记”印）第八殿无上正度真君平等大王（盖“胡国彪记”印）、冥府（盖“俞益山记”印）第九殿飞魔演度真君都市大王、冥府（盖“俞益山记”印）第十殿五化威灵真君转轮大王。道场会内一切真灵，具有贡献情旨。对圣听宣［通情］其诸情旨，已录奏闻。①

请神五字偈：“普献无边圣，香烟散四方。如愿七宝台，如光户浊清。宝君度成仙，众灵法上桥。同会齐赴偶，勤修不退传。”传度五字偈：“太微回黄幡，露引命灵幡。相召长夜府，开度受生魂。”建坛四字偈：“焚香供养，建坛护坛，扬幡情旨，对圣敷宣。”

不规则的《扬幡》五叠套字偈，如：“预灵幡，境迁杨。邀万圣，统乾坤。宝幡升起，十方三界息闻知。彩云幡，边法界。大临虚，宣扬明。黄幡迎来，邀迎万圣鹤来临。彩云幡，缥法界。大灵真，尽皈依。黄幡鼎起，引出天宫大仙众。宝幢幡，飘十方。境悬文，具彩轮。红旗缥缈，中界五岳诸圣众。宝幢幡，飘十方。发扬辉，普降临。红旗焰焰，酆都地府泉曲中。”呈现的是较为复杂的三、四、七字叠加叠减的循环形式。

第三，不少科仪的表演程式，都有共性（共法）与各具特色不共法的两种类型。

比如在启奏“通情”时，有唱念、喷洒水、做打（走罡步）等程式。《大祝监》分清、幽两种念法，第一句有区别：“㊥幽念大道同玄虚㊥清念太极分高厚”；第二句“雷声普化天尊［三声］”相同。《小祝监》的两种不同“起字念”是：“（清）太极分高厚。雷声普化天尊［三声］”“（幽）大道同玄虚，八门开度天尊”，后一句有不同。这些表演程式在科仪本中都有提示性的说明，但一般用比正文小一号的字句抄写或加些一看就能明白的提示性符号，如“清”“幽”二字外加圆圈以示区别等。《开坛上表》的起

① 按：从这页文本也可以观察道士用印规律，即私印一般都在“冥府”“神王”这些神号之后。

字念（盖“俞益山记”印）“水噀魔宫摄，登开夜府明。九天风静默，四海起澄清。啸咏朱陵府，嗷上白玉京。志诚何以足，家国保安宁”。《净［坛］场》的两种念法也是“清”“幽”有别：“㊢庶事家门清吉保度平安”“(幽)亡灵超度，现在蒙恩”；中间再念四字偈、五字偈、画符、接妖；继念“主师三境前”上香，同时走表演程式，吹牛角、念密咒、跪拜、献酒、拍静尺等；然后是“赞钹众念”并随后演绎在“主师三境前。上香。出。二师执手炉，对头念秘咒，随上”；最后“仝接仙”这三字则说明以上这些程式在“接仙”过程中还要重复排演一遍。以上都是“共法”，也就是大致相同的部分。

再如存想请神过程，就是道士臆想自己化神，得到威风凛凛的天神地祇加持。天神如“吾左有日君，右有月君，前有雷电，后有风雨。天气振动，叱咤鬼神。受道真气，受箓真人。三千力士，七百将军。左有风聚，右有云遁。阴阳造化，如吾应分。千灵万骑，斩杀随身。受吾旨约令，命官分至坛所。吾降真灵，急急如清吉净坛律令，敕（喷水口）”。地祇如“吾是太乙君，头戴七星足四轮，手执罡剑震上立，不得内外定妖氛，地户巽宫须结界，巡离而行直至坤。履步兑宫向乾亥，遥望天门谒帝君。坎从恒山顶上过，直至艮宫封鬼门。敢有不顺者，敕下寸斩化除微尘”。所念四字偈是：“天赦皇皇，地赦正方。禹步既止，邪妖灭亡。剑出中灵，地气运斗。”完了还要“吹响牛角”。五字偈为：“今将镇坛场，百邪随剑下。再将封鬼门，万邪自清灭。”完了要画鬼符。

供王科的表演程式：幽冥供王科的“起字念‘大道同玄虚’。步虚洒水。上香。行坛”，最后注“要献十王牒、二十四狱牒。焚化。加此书献”。表演程式完整，有头有尾，还提示了需要焚化文书的种类和数量。

奏请天神地祇的科仪文，祈请东、南、西、北、中对应的青赤白墨黄五帝称号不同，所请神祇的兵马数量也有区别。始于结界，再请神祇、兵马、敕命、喷水，再呼唱“上清上净天尊”号结束。完整的文本如下：

谨请东方青帝青龙君，领从官军符吏九千万神，承东方木德星真气，浮空而来，降临坛所。与吾行神布气，收捉邪精，驱除鬼贼（盖“俞益山记”印），有罪无赦。臣从东方偶结界，至于东南方，一切邪鬼，无动无作。急急如清洁净坛律令，敕（水一口）。上清上净天尊（盖“俞益山记”印）。

谨请南方赤帝赤龙君，领从官军符吏三千万神，承南方荧德星真气，浮空而来，降临坛所。与吾行神布气，收捉邪精，焚香鬼贼，有罪无赦。臣从南方偶结界，至于西南方隅，一切邪鬼，无动无作。急急如清洁净坛律令，敕（水一口）。上清上净天尊（盖“俞益山记”印）。

谨请西方白帝白龙君，领从官军符吏七千万神，承西方太白星真气，浮空而来，降临坛所。与吾行神布气，收捉邪精，通辖鬼贼，有罪无赦。臣从西方偶结界，至于西北方隅，一切邪鬼，无动无作。急急如清洁净坛律令，敕（水一口）。上清上净天尊（盖“俞益山记”印）。

谨请北方墨帝墨龙君，领从官军符吏五千万神，承北方水德星真气，浮空而来，降临坛所。与吾行神布气，收捉邪精，飘荡鬼贼，有罪无赦。臣从北方偶结界，至于中央，一切邪鬼，无动无作。急急如清洁净坛律令，敕（水一口）。上清上净天尊（盖“俞益山记”印）。

谨请中方黄帝黄龙君，领从官军符吏一十二万神，承中央土德星真气，净空而来，降临坛所。与吾行神布气，收捉邪精，埋藏鬼贼，有罪无赦。臣从中央，一切邪鬼，无动无作。急急如清洁净坛律令，敕（水一口）。上清上净天尊。

出台（盖“胡国彪记”印）。

吾今结界以谨天仙兵马、地仙兵马、水仙兵马、日月星辰兵马、城隍社令兵马、五岳四渎兵马、吾佩受箓中官将兵马，各九亿万众，并请严粧结绛骤雨奔云，下降醮坛，盖坛三层，绕坛三匝，上将天罗，下将地纲，列阵于道场之内、坛席之所、花果之间、供养之所，或有天厌、地厌、人厌、鬼厌、牛马犬畜伏尸故气，一切之厌；普请五龙蜃水，遍洒法筵，速令清净（喷水一口）。上清上净天尊（盖“俞益山记”印）。

四、不共法文书式样举偶

《缙云斋刻》中《灵宝大法司》追修资度道场的开坛敷宣文书式样：

灵宝大法司　焚香关召左监坛官将、三天风火院正一灵官马元帅，伏望降护道场，听宣情悃：浙江△府△县△乡△都，或赈孤为首△人△人，或阳上孝男△人△人投词，取今月△日，就家启建太上（赈孤满忏/追修资度）道场，几日几夜，依案玄科，作诸功德□□事。正当第几日，祝将追取（六道孤魂/亡故先考）来诣玄坛，领受功德，托化仙乡（盖“俞益山记”印），右卫坛祝（盖“俞益山记”印）。

其诸情旨，已具敷宣。大道同知，官军炳鉴。伏臣正直，不私所己，先阴阳之善恶，至诚无悔，乃之动天地、感鬼神，惟一念之正耑，尽百圣之鉴。欲启玄坛，自干事将宣笈。臣祈思虑，臣恐妖魔自干，赐墨赞真风，清净坛场，庇斋事以圆成。㊂祈家兴鹤驾来临，斋事圆成，还当奉送。

具表敷宣、招请祖师的文书式样：

上清三洞五雷经箓嗣子奉行斋事臣［俞（“胡岳”）铭］真诚惶诚恐，稽首顿首：

炉燃清香，虔诚奏启：供养祖师三天扶教辅元大法天师、正一冲玄仁化靖应显佑真君［圣前］：恭望师慈，俯垂渊鉴：臣今有开坛情旨，表［文］恭惟敷宣。［通情］（盖“俞益山记”印）情旨，以具敷宣。恭惟大道同知，师真炳鉴。伏臣九霄设教，俨八陛之玄坛；三洞修斋，必假五龙之神水。荡瑕涤垢，激浊扬清。恭惟（盖“俞益山记”印）祖师三天扶教辅元大法天师、正一冲玄仁化靖应显佑真君［圣前］：德重虔诚，仁深雨露。无物不皈于覆尊，有生皆赖于并幪；并启玄坛，谒臻气秽。庶魔试而不干，冀斋功而成就。具有涤秽表文，谨当宣读（盖“俞益山记”印）。[1]

“上清三洞五雷经箓嗣子”与林如安使用的《表文上诣》中的“上清三洞五雷经箓弟子”基本相同。

开坛作醮、度亡拜表的文书式样：

㊂念（盖“俞益山记”印）九凤破秽，肃清蓬陋之居；八鸾同鸣，广开水珠之境。无违法界，有感必通。㊃正颜色，出辞气，脱朝真。谒帝之初动天地，感鬼神之正力，倾心之际，向来臣等法众，开坛行道，朝谒帝真/拜上涤秽表文。噀俫五龙蜃水，启白三界高真，修设华堂净供，焚化鹤马珍财。今据奉道（为首/孝男/信士）△△人，作诸功，延奉格，降三境琼堂上圣、十方降阙崇真、真道场会内一切威灵（保度平安/拔度亡灵）大道同知，师真炳鉴。伏愿（盖“俞益山记”印）㊃皇恩照育，圣泽照回，法水清尘，布一坛之和气；阳春播德，生万物之光辉。喜动三天恩潭，九地亡者超升。现在获福，为上姻缘。称念道宝无量天尊无量不可思议功德。［化币］㊂天女散宝花，积聚祈弥罗，地祇速玉笋。祇迎圣驾，暂暂云龙而

① 按：末记“［上表用］铃具上中华念（盖“俞益山记”印），表读上陈，聪明必鉴。［焚表、表焚］。铜盆念”是配合的表演程式。

仰至，飘飘风马以来临。鉴尖丹手，赐文影之福，为上姻缘。称念道经师宝天尊无量不可思议功德。［化币］开坛已毕。

度亡报本的文书式样：

当愿灵光郁勃，地禁开明；泉曲生春，寒庭不夜。伏闻天地流行，郁绝罔于九地；阴阳二气，罗酆主宰于六阴。列宫洞明云联，建仙曹（盖“胡国彪记”印）而星灿。山河海岳，照照参赞于神祖、里社、城隍，赫赫共宣圣德，虽奥雷霆之号零，常融雨雾之神恩。凡属范围，皆皈教仑。以今奉为孝男△人/△人，开度亡故先△人，上圣泽下及愚魂，面怀统制之感，盖展司存之敬。故陈轮之祭，肃庭炎游。伏望缥缈旌旗，肃前驱来，下翩车马，严后以齐临。不惟应感之私副，克倾心之切俯。故菲供而会兰场，臣下情无任，谨当初献。献酒。具职（盖“俞益山记”印）

上清五雷经箓嗣子

伏臣道气春生，启变云于东极；威符秋煞，凝昏雾于北都。由群形有迷误之功，故一气有升沉之夜。定予定夺，廓冰鉴以无形；权死权生，照水行而有准。须曳地禁，实至天章。今△人，切念累劫以来，禀生之后，六贼剪凿，七寇纷营。舌在堪诱，罔误是非之颠倒；目成可羡，岂思空色之回还。心贪锦绣以粧严，迎悦宫商而游戏。经营从意，徙积于仓廂；暴珍在情，冤己寻于刀机。昧临门之节操，失修己［之］光［刚］常。圭委必书名于黑间，诣铢悉录，愆履挂于玄曹。茫茫四大之分离，杳杳九幽之遍历。匪由提整，曷俾超陵？鹤赦罗酆以回阳，而于夜壑洪恩汪岁，谅春满于寒庭。仰承天之灵光，为郭地之昏音。罪无大小，均落灭于恶根；左右歇微，普荡除业报。永辞里府，径上朱陵。蒙如丹祷之私，光赖洪恩之披。会芝兰散委，稷悲馨庸；殚一蝼之忱恪，赴九光之促明。臣下情无任，谨当献。献酒（盖“俞益山记”印），董情。[①]

度亡破狱的关牒式样：

伏臣千神效职，酆乃职宪之都曹，方群成户，泉曲为精之会。四山峻极，冥幽深。中凝金碧之流辉，上耸空清之耀映。孰主张存？是有帝真之神。庭式辅翼，是俨东皇之望。铁垒锁千神之峻，铜关将万仞之崇。成令禀如，条章肃吾。今有△人，请

① 末记“献酒（盖“俞益山记”印）重情”小字。

命霄极，律赦军朔。慈恩提应度之魂，高择披见囚之爽。三途五苦，期均浃于阳和；六洞十宫，冀普离于阴翳。水静波而火息焰，刀化树而剑为骞。圣力汪洋，释囚禁于三十六狱；慈光浩荡，宽执缚于十一牢。开犴室以空虚，破妆关而清净。追度△人，纶放此陛，绰耀黄坛。精爽飞游，径观骞林之境界；形神悦茂，永辞金粟之都曹。吾道逍遥，福堂游晏。亶赖威灵之由悯，度宣德泽以滂流。惭无及物之仪筵，开六甲誓馨克己之享。辞演五申激切之忱，勤渠大胜投恋之至。臣情无任，谨当下献。[①]

度亡焚牒的关文式样：

伏臣神妙无方，非人不能成功［上道］；人心有感，非信不能行道见功。外虽行迹之殊，中有贯通之理。恭惟真经妙范，宝箓灵文，一切神真，无鞅仙众，掌人之命，为天之神，应化无穷，彰灵莫测。誓助人间之教法，广扬太上之玄科。凡有意于皈投，必用伸而辅化。今△人，切念在世之日，幸因宿度，得佩灵文。兹则阳魄不免倾殊，阴府可无照证、狱牒、王牒，先当给化于冥司，箓文用存，交与亡者。更冀洗涤除秽垢（孽海/血湖）而作瑶池，接引亡者，出离幽关，而生丹界。仰希慈造，俯赐鉴观。[②]

化帛关文式样：

伏闻：帝有恩言，常照宜于道力；神无云期，翼赞于玄风。兴怀长夜之苍茫，亶籍阳之化曜。泽祈万物清声，毋违上天严摄之章，庶应下民超灵之愿。乡残翠鼎，谅云驷之将旋。灯暗朱笼，想凡舆之欲返。班旗电逐，茵葶星驰。辞炜烨之玄坛，归幽寥之黑阙。莫殚控挽，恪冀照鉴，不胜依恋之至。臣下情无任。（盖“俞益山记”印三、“胡国彪记”印二）向来阳居填经化箓孝男△人、△人投词，取今月△日，供献慈王，各还幽寥之黑关，更保阳门清吉，人口均称愿照章妙道：天尊无量不可思仪［议］功德。化帛完毕（盖符印）。

五帝大魔咒：

---

① 末记“献酒（盖“俞益山记”印）如受箓者（盖“俞益山记”印）。要献十王牒、二十四狱牒，焚化，加此书献”，可见与度亡受箓部分相同。

② 末记“至东（盖“俞益山记”印）岳前（盖“俞益山记”印）焚牒（盖“俞益山记”印）”，可见是要焚烧的牒文。

五帝大魔，方神之宗。飞行鼓促，总领鬼兵。魔童古节，游观太空。自号赫度，诸天齐功。上度天仁，严摄北酆。神功受命，普扫不祥。八威吐毒，猛马四张。登天前去，太岁长幡。掷火万里，流令八冲。敢有干试，拒遏上真。今越前戮，巨天后形。屠割鬼爽，乞火无停。千千截首，万万剪形。魔无干犯，鬼绝妖精。三官北酆，明俭鬼荣。不得容稳，金马驿程。普告无穷，三界五帝，列言上清（盖“胡国彪记”印）。[①]

敕令灵符：

图12　《道教斋刻》中敕令灵符

䨺（盖“俞益山记”印）䨻䨼（盖“俞益山记”印）䨽䨾（盖“俞益山记”印）䨿（盖“俞益山记”印）䩀（盖“俞益山记”印）尊帝急急如律令，敕［喷水一口］。上清上净天尊

奏请十王、焚牒的科仪，完整结构是上香奏请东岳大帝、冥府十王（演绎各自功能，唱事主名姓、目的，再诵七字诗偈，最后呼号“太乙救苦天尊”），焚牒结束。具体文本如下：

谨上焚香，奏请东岳天齐大生仁圣帝：德镇中华，祀尊岱岳，制四海九州之命，完主升沉，总七十五司之权，明彰罪福。今△人，兹则魂亡于阴府，候整修/而

① 按：从文末所记“念烧纸经毕（盖“俞益山记”印）”的字样可以看出这份文书也是要焚烧的。

化与，牒先给于冥司，恭依金科，皈东岳圣帝，伏愿：前蒙之惠，增福寿以康宁。荣没后而沾恩，即逍遥而快乐。辄伸善诵，仰赞神功（盖“俞益山记”印）。

权尊东岳掌幽冥，统镇山河岱岳城。

惠及亡灵无滞碍，逍遥快乐步天堂。

太乙救苦天尊。不可（盖“俞益山记”印、“胡国彪记”印）焚牒（盖“俞益山记”印）。

谨上焚香，奏启供养冥府第一殿太素妙广真君秦广大王：位重十宫，权尊九殿。辨明四恶，肺肝洞鉴于众生；分别三途，气质不逃于一见。今△人，切念△人（盖“俞益山记”印）生前佩受△箓之灵文，今则魂［亡］于阴府。候整修，而化焚牒，先给于冥司。恭依金科，皈命于第一宫主宰。伏愿：蠲除罪咎，主禄丹台。离苦趋以超升，杖仙邦而快乐。献伸善诵，仰赞神功（盖“俞益山记”印）。

妙广真君第一宫，辨明曲直沛玄恩。

亡灵诸咸集除脱，快乐逍遥脱生方。

太乙救苦天尊（盖“俞益山记”印）（盖“胡国彪记”印）。

谨上焚香，奏启供养冥府第二殿阴德定休真君初江大王：位亚冥司，权分幽狱。茫茫苦浪，难逢济阴之舟；杳杳迷途，莫睹破冥之暗。今△人，切念生前佩受△箓之灵文，兹则魂亡于阴府，似整修，而化与牒，先给于冥司。恭依金科，皈命第二宫主宰，伏愿：罪根落灭，罪彰消除；永离幽暗之局，即上仙乡之境。辄伸善诵，仰赞神功（盖“俞益山记”印）。

皈命阴德领众扉，下极亡灵畅德辉。

亿劫原愆都悉宥，秉晨陵景上丹墀（盖“俞益山记”印）。

太乙救苦天尊。不可（盖“俞益山记”印）。

谨上焚香，奏启供养冥府第三殿洞明普静真君宋帝大王：位尊三殿，掌治九幽。苦海茫茫，幽途杳杳。莫睹誏幽之暗，难逢济度之舟。今△人，念△人，皈命第三殿主宰，蠲除罪咎，解释冤愆。常居善道之乡，不堕冥途之境。辄伸善诵。

仰瞻普静焕阴权，感耸神乡德更鲜。

亡者承恩离苦趣，早生上品步红莲。

太乙救苦天尊。不可（盖“俞益山记”印）。

谨上焚香，奏启供养冥府第四殿玄德五灵真君五官大王；权真正直拷掠无，差放九地之祥光，释三途之罪类。今△人，切念△人，皈命第四宫主宰，伏愿：荡除腥躯洗秽服，永离北府度上南宫。辄伸善诵，仰赞神功（盖“俞益山记”印）。

权真玄德五真乡，推校善灵阴恶彰。

东极慈尊来接引，好随复获上天堂。

太乙救苦天尊（盖“俞益山记”印）。

谨上焚香，奏启供养冥府第五殿最胜耀明真君阎罗大王：德重丘山，察善恶之两途，判人间万罪。今△人，切念△人，竟出幽关，而生丹界，敢祈大道，曲赐更生，辄伸善讼（盖“俞益山记”印）。

皈依最胜握金章，赫赫威权化日长。

愿沛玄恩除罪垢，亡灵快乐上仙乡。[①]

谨上焚香，奏启供养冥府第六殿宝宿昭成真君卞成大王：掌判阴缘，权千罪福。普浃仁风于九地，常惠日于三天。今△人，切念△人，伏愿：六根清净，十恶荡除。身不堕于幽局，魂即超存仙境。辄伸善讼。

威灵宝宿掌阴僚，珍重元薰冠八瑶。

普浃神风更苦爽，侯看步武上云霄。

太乙救苦天尊。不可（盖“俞益山记”印）。

谨上焚香，奏启供养冥府第七殿秦变万灵真君泰山大王，伏愿：法变天机，恩施地理。步穷通而拷掠，常兹顺以提携。今△人，切念△人，惟愿千冤解给，万罪清夷。证前生之昧福，秉无上之良因。高超北府，早上南宫。辄伸善讼，仰赞神功（盖“俞益山记”印）。

阴曹神变遇天机，曲愿盛章佐玉屏。

惟愿亡灵消罪籍，承恩快乐任仙飞。

太乙救苦天尊（盖“俞益山记”印）。

谨上焚香，奏启供养冥府第八殿无上正度真君平等大王：万化威聪通灵赫，变察善恶之两途，判人间之万罪。今△人，切念△人，伏愿：罪垢悉除，尘缘顿释，记朱凌之琅，亟书紫策之愿。常保国于信心，永皈依于至道。辄伸善讼，仰赞神功（盖“俞益山记”印）。

仰瞻无上曲回罔，照赞枢机万化张。

变变玉符并宝获，永离幽壤陟仙乡。

太乙救苦天尊（盖“俞益山记”印）。

谨上焚香，奏启供养冥府第九殿飞魔演庆真君都市大王：风轮下统，圣德上彰。跸挥阴道以来游，旌拥冥途而降驾。今△人，切念△人，伏愿：鉴子职之谕诚，度死魂而受炼。九幽释罪，解释冤愆。字烈清篇，消除黑簿。辄伸善讼，仰赞

① 按：此后或漏“太乙救苦天尊。不可（盖“俞益山记”印）”这样的程式。

神功（盖“俞益山记”印）。

逍遥演庆仰真班，职掌幽冥善恶关。

惟愿恩光照黑暗，宥罪除垢得心宽。

太乙救苦天尊。不可。

谨上焚香，奏启供养冥府第十殿五化威灵真君转轮大王：职掌十宫，位尊十殿。治狱内之囚徒，部幽冥之罪咎。法不妄施，德变丘山。今△人，切念△人，惟愿魂入天界，魄归仙乡。阳君蒙庇，异日希沾。除万罪于身躬，宥千愆于本属。辄伸善讼，仰赞神功。

瞻仰威灵掌阴权，得度宥仇罪和愆。

九玄七祖咸解脱，千愆万罪尽除根。

太乙救苦天尊（盖“俞益山记”印及“胡丙临”三字红印）。①

该文本最后附略“斋科念”，只有“下界水府扶桑大帝，赐谷神王，九江水帝，八水仙宫、十州三道溪女，河汉星君，冥府慈王之子、王妃、王家眷属，王华有应官典，掌职官僚”诸字。或是程式相同减省，或是另有记载，俟考。底蓝色另纸。上书“嘉庆岁次丁巳年（1797）八月重抄”字样，全文毕。②

五、结语

以上是缙云所见“灵宝资度往生填库报本道场”科仪文书简介。对照本是清末光绪四年（1878）出生在永康县石柱镇俞溪头村的道士俞益山使用过的科仪本，以及1994年徐宏图在缙云县船埠头村考察的“度亡解厄受生道场”所使用的文书。

另外，缙云县图书馆还藏有民国十八年（1929）奉真坛下弟子胡瑞真藏抄的《圣班金科》、民国十四年（1925）郑至真藏抄的《天师阅录忏》和民国十一年（1922）施铭钟抄读注明“奉真坛圣班科”的《圣班金科》、杨裕松庚寅年秋立的《接佛科》等材

① 按：尾记“转案前忏台，念幽十二愿，回向”字样。

② 按：对照缙云船埠头这场法事十王忏所用疏文一函，开头叙信男信女年庚，与意表同。正文为“上属中天大圣北斗元星君主照：言念信士叨居大地，获居中华。切虑罪孽弥增，善功未著。更有逋欠冥钱，未经填纳。谨取是月初七日请道就家，启建正一朝斗度厄受生填还道场三日三夜功德。启请师尊焚符荡秽，生库交纳天曹案下，以酬补欠之名，用伸超升之界。作今生之福寿，布他世之津梁。俾百年限满之期，尚愿阳福增寿，阴功广大。更祈白发夫妇，合家升平。须至疏者。谨状。公元1994年甲戌古历二月初七日疏”（《民俗曲艺》第100期，第137页）。

料，这些具体文本和道士之间的师承关系，他们与徐宏图调查中所见的缙云奉真坛道士朱巧岩（道号朱成真）、杨谓松、朱根洪、郑官设、郑锡照、林标、尚建友、陈仲川、李德温、杨余金等人的关系，即可作为下一个阶段考察的重点目标。[①]

徐宏图、项铨还提到了缙云的四大道坛（奉真、广济、普通、云真），缙云县地方文史专家陈渭清也补充了部分资料，除了奉真坛，还包括缙云壶镇（东乡）的广济坛（乡坛址在坦渚村，今名丹址，王氏世袭坛主。居邑朱氏也传承了十几代，以分管县城各道务）、南乡的普通坛（坛址在郑岗头村，郑氏世袭坛主）和永安溪流域云真坛（坛址在仙居县境）的基本情况。据林如安师傅藏抄的科仪本，也可考知其师承关系承袭于广济坛。关系人之一是民国二十一年（1932）藏抄《度人忏》的“泽川施廉卿（广济施宝真）”，字梧生。据林如安师傅说，此人是爷爷的师爷，法名宝真。再上溯其传承，则当来自叶氏：如安师傅抄写的经书中有顺治时期“叶学相”及光绪时期“叶水法”（叶学相曾孙）藏抄的科仪书。叶氏家族，即陈渭清所谓东乡广济坛管坛麻园叶荣这一系的传承。

据民国《括苍麻园叶氏宗谱》记载：“尚十九公之子：行康三，一讳荣，字廷贵，秉性宽厚，状貌丰庞，少有大志。虽遭纷乱，泰然安堵。且精于星历、天文、地理，百家诸子了然皆谙。中年得异人传授太上混元道教咒水法符，役鬼驱神，呼风吸雨。值正德间天久不雨，邑大夫曹侯命之，祈祷三日，得大雨滂沱，万民鼓舞喜悦，大获曹侯赐赉。从此远近驰名，其遇疾病之家，以符水噀之，家以符水噀之即痊。四方远近无不仰德，迁居麻园。生成化丙戌四月廿五日寅时，卒嘉靖癸未四月廿五日寅时。娶方山卢氏，生成化辛卯八月初七日卯时，卒嘉靖癸卯四月十一日申时，合葬柿树平。生二子：明、星。二女长适麻园陈贯；次适岩门前郑久，转适廿三都宫前沈时昭。”[②]叶荣（1466—1523）生有二子二女，更具体的传承情况俟考。而广济坛的流传线索，与林如安师傅居住的新建西乡，一直以来流行奉真坛的情况却有参差。其间进一步的关系，也需留待后续考察。

〔作者杨海英，中国社会科学院古代史研究所。北京，100101〕

① 徐宏图：《浙江省永康县道坛青词科仪本汇编》，载王秋桂主编《中国传统科仪本汇编》第12辑，第25、28—29页。其中提到缙云奉真坛道士全班7人，班主杨渭松，法号伟真，高功，66岁，五云镇官店人，为首座；朱巧岩，法号成真，高功，71岁，五云镇走［建］设村人，出身道教世家，幼随祖修道习艺，一应科仪节目无不熟稔，凡有法事、程序安排、文榜书写，非他莫属；朱根洪，法号洪真，都讲，64岁，东渡镇兰口村人；虞献生，监斋，65岁，新碧镇黄碧街人；郑官设，侍经，84岁，五云镇周村人；郑锡照，侍香，71岁，五云镇官店人；尚建友，乐师，48岁，姓尚村人。

②〔民国〕《括苍麻园叶氏宗谱》卷二《行第》，民国二十七年（1938）重修本，第12页。

同源异见：丘濬撰王竑《神道碑铭》与《神道碑记》析读

解　扬

摘　要：文献因出处不同而呈现文字之别，反映了作者在文本形成过程中不同阶段的考量。丘濬为王竑撰写的《明故进阶荣禄大夫兵部尚书致仕王公神道碑铭》见于他的《琼台会稿》，《制修荣禄大夫兵部尚书王公神道碑记》见于（嘉靖）《河州志》。从两者的文字差别可知《神道碑记》比《神道碑铭》成文早，后者在王竑著作、后嗣情形方面，都对前者做了改写，可见作者在对传主本人信息的掌握和评价的立场上发生了微妙变化。

关键词：丘濬；王竑；《神道碑铭》；《神道碑记》

一、引言

河州人王竑（1413—1488，字公度，号休庵）是历官明代正统、景泰、天顺和成化四朝的名臣。他自正统四年（1439）中进士始，即敭历中外，历任户部给事中、右佥都御史、漕运总督、左副都御史、兵部尚书等职。王竑存世的文字不多，在丘濬（1421—1495，字琼山，景泰五年，1454年进士）为他撰写的《明故进阶荣禄大夫兵部尚书致仕王公神道碑铭》（以下简称《神道碑铭》）[①]中，提到有如今仅见其名，其书却不存的《救灾录》；（嘉靖）《河州志》卷四《文籍志下》收录丘濬为王竑所撰《制修荣禄大夫兵部尚书王公神道碑记》（以下简称《神道碑记》）[②]，还说他曾

①〔明〕丘濬：《明故进阶荣禄大夫兵部尚书致仕王公神道碑铭》，〔明〕丘濬撰，郑廷鹄刊：《琼台会稿》卷九《神道碑》，国家图书馆藏明嘉靖三十二年（1553）刊本，叶29b。

②〔明〕丘濬：《制修荣禄大夫兵部尚书王公神道碑记》，〔明〕吴祯纂修、〔明〕刘卓增订：（嘉靖）《河州志》卷四《文籍志下》，《中国地方志集成·甘肃府县志辑》第40册，南京：凤凰出版社，2008年，第94—98页。此本为嘉靖二十五年（1546）修，据嘉靖四十二年（1563）刘氏仕优堂重刻本影印。此本不精，有错字，且有错叶，如卷四叶28与叶29是不相连缀的两叶。本文所据，除此本外，另用收入《王庄毅公纪念文集》中的《制修荣禄大夫兵部尚书王公神道碑记》校勘。见王沛：《王庄毅公纪念文集》，乌鲁木齐：新疆人民出版社，2001年，第61—65页。

撰《恩济记》，此书同样不存，也不见有其他可与丘濬此说相匹配的信息。王竑的生平事迹见诸官修《明史》，明人修撰的本朝史如《国朝列卿纪》《今献备遗》《名山藏》等书中，也各有侧重不同的传记存世。其声名远播，业绩为人称颂，深获时人推重与后人表彰。

揆诸各家王竑传记，丘濬的文字最为重要。丘濬是与王竑同时代的名臣，王竑之子曾随丘濬从学，所得信息可靠，加之丘氏是“土木之变”后稳定国家局势并推行改革的重要高阶文官，其经世志业深受当时君臣关注，长篇著述也受后人推崇。丘濬所撰王竑《神道碑铭》，收录于其文集之中，如今可便检易览。此文因丘濬文集多次重刊、重刻，有了彼此略见文字差异的多种版本。例如同在《琼台会稿》嘉靖三十二年（1553）本和万历刻本中的该篇《神道碑铭》，就与《丘文庄公集》康熙四十七年（1708）刊本、丘敦编《琼台会稿诗文集》光绪五年（1879）重校汇刊本中的该文略有差异。只是这些差别尚属因应时代的避讳而来，不是作者或重刊者有意为之，本文不拟深论。

值得一提的是，这篇《神道碑铭》却不见载于如今藏于日本内阁文库的弘治五年（1492）序刊本、四十九卷的《琼台类稿》。故此可见，这篇《神道碑铭》最早是在嘉靖三十二年（1553）琼山郑廷鹄刊《琼台会稿》时，才被纳入丘濬文集之中的。这至少提示读者，虽然王竑去世是在丘濬文集编定之前，但这篇文字却没有很快被作者文集的编定者收入。

细审这篇《神道碑铭》，全文虽然与如今存于（嘉靖）《河州志》中的丘濬撰《神道碑记》大体相同，差别却明显，而且从两者的文辞差异中，可以揣摩出丘濬为了令存世的文字更为真实可靠，对笔下描述的王竑个人经历与家世，做过措辞上的调整，也改正过初稿中不实信息。本文即从两文的比勘入手，在梳理文字并作适度考辨之后，判断两文的成文顺序，进而以此为例，谈谈本该完全无异的同源文献，当收录于文集之中与镌刻在实物之上后，出现差别时该如何释读和开展研究的问题。

下文的分析，分三步展开。首先，以属于十二卷本《琼台会稿》系统的北京大学图书馆藏万历本为《神道碑铭》的底本，与（嘉靖）《河州志》中的《神道碑记》参校；在此基础上，判断两文的撰成顺序，必要时，以属于二十四卷本系统的天启元年（1621）刻《琼台诗文会稿重编》与之参校；最后，利用丘濬《祭大司马王公文》以及（嘉靖）《河州志》中的旁证，讨论丘濬撰写王竑《神道碑记》和《神道碑铭》过程中的删改情形与具体用意。

二、《明故进阶荣禄大夫兵部尚书致仕王公神道碑铭》析读

本文对《神道碑铭》的比勘，依照如下体例进行：

1. 以万历本《琼台会稿》中的《明故进阶荣禄大夫兵部尚书致仕王公神道碑铭》为底本；随文中前者以圆括号（ ）标示其行文中与《神道碑记》有区别的文字，后者以方括号【 】标示。

2. 为辅助判断《神道碑铭》与《神道碑记》各自在丘濬文集重刊、重刻中的传承情况，在两文见异之处，以《丘文庄公丛书》本和《四库全书》本《重编琼台会稿》的《神道碑铭》做辅助说明。

明故进阶荣禄大夫兵部尚书致仕王公神道碑铭

天地间有大义，因循之久，则沈郁而不明。必得（夫）【人】[①]身任天下之重者，遇事激发之，然后大【义】[②]（明）【胡】于（斯）【期】世焉。国家承平日久，道协于中，治循于轨，大义非不明也。然而因循之久，恬愉之极，驯至于己巳之变。公义郁而至于晦也甚矣。江夏王公于是时奋不顾身，以先天下。世之君子，深于公有感焉。是岁八月，英庙北征，有（蒙尘）【统幕】之变。景皇帝以亲王介弟监国，御午门左门。六部并科道官交章劾王振误国之罪。帝曰："卿等言是，朝廷自有处置。"言甫毕，百官皆趋进跪，恸哭不起，飏言曰："圣驾留虏庭，皆振专权擅政所致，若不速断，何以安慰人心。"锦衣卫指挥马顺喝逐百官。公奋臂捽顺发，啮其面曰："顺平昔倚振为恶，祸延生灵，今日至此，尚不知警，真奸党也。律有奸党之条，罪在不赦。"百官闻公言，争以手足捶死顺。众犹哭未退。帝起入宫，令太监金英问所欲言。咸曰："内官王、毛二人者，皆振党，请置诸法。"遂从门隙（出）【去】二人，众又捶死之。百官乃再拜而退。是月庚午也。公义激于衷，捐其身以为天下明大义。由是天下士大夫莫不晓然知公义所在，而皆振作其气，以兴起事功。然而矫枉者或过于直，以为讦而迄于今。然则公之斯举，其世道升降之会欤。

① 按：《神道碑铭》诸本相同。

② 按：《神道碑铭》诸本相同。

按：这段文字中，“蒙尘之变”和“统幕之变”是《神道碑铭》和《神道碑记》中的明显差别。两词所指无疑是正统十四年（1449）的“土木之变”，但相比之下，明朝人使用《神道碑铭》中“蒙尘之变”的频度，要比《神道碑记》中的“统幕之变”高，例如汪循（1496年进士）在《论裁革中官疏》中就说：“英宗皇帝英睿之主，但袭洪熙、宣德以来轻改祖宗法度，添设中官，宠信太过，以致王振售奸，吉祥不轨，圣跸蒙尘，几危社稷。”[①]何良俊《四有斋丛说》中引《今言》，也是用“十四年英宗蒙尘”之说。[②]相反，以“统幕之变”来指称“土木之变”的例子就少了。据张自烈（1564—1650）《正字通》称，“统幕”是在“土木之变”前就居住此地的部落名，后来“讹为土木”，[③]“统幕”曾经被丘濬用在其名著《大学衍义补》中，但所指为汉代史事，非用以指称“土木之变”。[④]

因此，从“蒙尘之变”和“统幕之变”的使用来看，《神道碑铭》指称“土木之变”使用了较《神道碑记》更为当时人常用的措辞。

> 公讳竑，字公度，其先江夏人。曾大父讳景，仕元，为水军翼万户。大父讳俊卿，洪武中以军功起为福州卫百户，坐事谪戍河西，遂为河州人；父讳佐，俱以公贵，赠都察院左副都御史。祖母赵氏，母周氏，俱赠淑人。公幼笃学，有大度。年二十一，补（卫庠）【儒学】生。二十五，【正统戊午】以礼经魁陕右乡荐。明年，礼部会试第五人，赐进士出身，观政户部。连遭家丧，凡八年，始授户科给事中。居官又三年，【己巳，】适国家有北狩之祸。

按：王竑21岁时入学读书的身份，《神道碑铭》用“卫庠生”，《神道碑记》用“儒学生”。“庠生”即县学生，王竑隶籍河州卫，称之庠生本无错处；但相比之下，“儒学生”是当时使用更普遍的措词。其二，《神道碑记》中“正统戊午”“己巳”这两处纪年的时间信息在《神道碑铭》中不存。若从时间信息的准确度看，用被收入《国朝献征录》中史旌贤为王竑撰写的传记参校可知，记述传主这些经历的发生时间并无误，故而纪年在《神道碑铭》中不存，可视为力求文字比《神道碑记》更为精简，令文

① 〔明〕汪循：《论裁革中官疏》，〔明〕陈九德：《皇明名臣经济录》卷五《保治》，明嘉靖二十八年（1549）刻本，叶4b。

② 〔明〕何良俊撰，李剑雄校点：《四友斋丛说》卷一〇《史六》，上海：上海古籍出版社，2012年，第66页。

③ 〔明〕张自烈编，〔清〕廖文英补：《正字通·寅集中·巾部》，北京：国际文化出版公司，1996年，第394页；参见〔明〕李贤等：《大明一统志》卷五“统幕”条，西安：三秦出版社，1990年，第101页。

④ 〔明〕丘濬著，林冠群、周济夫校点：《大学衍义补》卷一五四《治国平天下之要·驱夷狄·四方夷落之情中》，“汉高祖七年，帝自将，讨韩王信”条，北京：京华出版社，1999年，第1342页。

意更顺畅。

是时，明兴七十余年，承平日久，一旦事起仓卒，上下惘然，罔【弗】知所措。忽闻公有廷击权奸之举，莫不惊骇。（既而）【及】事定人安，公之名（遂）由（是）【此】以起。是岁十月，虏拥驾南还，直犯都城。景皇帝（命）【以公有时望，命偕太监兴安督守九门。遣】都督孙镗御（之）【虏】于高梁桥；分遣都督毛福寿、高礼、王敬、王勇、武兴五【营】军策应之。（以公有时望，命偕太监兴安等督守九门。）或言："福寿，番将也，非公不能镇（压之）【服其变】。"乃升（公）佥都御史，【给文庙所制旗牌军法，】提督各（营）军（务），（是时，王敬等军出彰义门，为虏所败。）【公出次宣武门外老营。是日，高梁桥兵溃，夜调王敬等三营军。而虏移营至彰义门。公具疏以进，随用旨留三营在彰义门防御。专用公提督毛福寿、高礼，策应孙镗。次早分兵，王敬、王勇败绩，】武兴卒于阵，内官（有）【之】报效者，（或死或伤，四散奔还。）【及军士死伤甚众。虏突入菜市口，举火烧庐舍，】京（都）【城】大震。

按：这段文字首先值得留意的是王竑因为"时望"被命偕太监兴安督守九门之事的陈述逻辑。《神道碑记》先说对王竑的安排，后说都督孙镗受命到更为靠近前线之地布防；《神道碑铭》则先说孙镗在外围的御敌布置，后说王竑偕太监督守的职责。两相权衡，虽然前者突出了传主王竑的地位，但对防守而言，先内后外，并非御敌长策。显然《神道碑铭》记载此事的顺序合乎临战布置的常理。

其次，关于王敬等出彰义门反为敌军所败情形的记载，《神道碑记》较《神道碑铭》显得太过具体，反而不利于突出传主王竑的形象，因此《神道碑铭》的记述比《神道碑记》更为清晰可读。

公（督）【将二营】余军（将往援之，遇虏于菜市口，与之战，）【迎战、扑火，】虏败去。（放火烧庐舍，公帅军士扑灭之。）擐甲胄入朝，面陈其故。因奏："高礼被创回营，毛福寿不知所在。"乃命锦衣卫指挥吕贵制二营（，不许远出）。【次日，福寿回营，】（既而）有旨听公节制，【不许远出】。【及】虏（寻）【宵】遁（去），朝命孙镗、范广统兵五万追之，命公与侍郎江渊提督其军，追至涿州，与虏战于祁沟，虏败去，（既）出境。众议（恐虏）【虏恐】复（来）【寇】，推公守备居庸等关。【公修缮城垣，增南辖口岔道小关及墩台隘口多处。婴湿疾。】景泰改元秋，【犹迎候英庙】车驾南还，公【遂】以疾乞（还）【准来京】。

按：这段文字的两个版本包含了对战事进程和指挥权详略各异的描述，提供的王竑个人信息也彼此不同。前者侧重具体战事，《神道碑记》中“迎战、扑火”之辞，虽然文字精练，但这火从何来，却交代得不清。相反，《神道碑铭》说王竑督军在菜市口迎战来敌，敌人落败，于是放火烧毁庐舍，王竑率军扑灭之——如此记述，不仅双方战事得以清晰呈现，且文辞并不因细致而冗杂。

记述高礼、毛福寿二营受节制不许远出的明令，也同此理：依《神道碑记》所说，则节制毛福寿者并非王竑，而是锦衣卫指挥吕贵；《神道碑铭》则称“有旨”，命毛福寿营听王竑节制，不许远出。比较其他诸家王竑传记，并没有如丘濬这般记录详细者，因此从战事进程的角度，没有能与之参校的版本，但上文提到王竑受命出任佥都御使，司负“提督各营军务”之责，此处节制高、毛二营，应属其分内当然之事。

至于王竑是否在修建南辖口岔道和墩台隘口时染上“湿疾”，尚需旁证来作进一步考订。

是冬，用荐总督漕运，力疾以行。明年，兼理巡抚江北诸郡。时徐、淮大祲，民死者相枕藉。公尽所（以）【有】[1]救荒之术，凡可以救一时之急者，莫不毕举。（既而）【风闻】山东、河南流民猝至，公不待奏报，大发广运仓所积京储赈之。近者（人）日饲以粥，全活男妇九万七千七百余人；远者量散以米，全活男妇一百二十九万四（千）【十】余人；流徙者【量】给（以）米，以为道食四千六百余人；被鬻者赎其人，以还其家一千二百四十四人；共用米一百六十余万石。六月，滨河有麦舟来。公以官价易麦四千余石，分给军民一万二千三百户【，待秋播种】；择医四十人，【洁】空庾六十楹，处流民之病者，凡活一千四百人；死者给以棺【木，在野者聚】为丛冢，凡葬二千三百有奇。公穷昼夜，竭精殚虑，事事躬理，有所委任，必委曲戒谕，出于至诚，人人为尽力。或述公行事，为《救灾录》【、《恩济记》】，世传焉。岁甲戌，入觐，特升左副都御史。

按：这段文字中提到的王竑撰《恩济记》的信息，尤其值得留意。《神道碑铭》提到的

① 按：（嘉靖）《河州志》中为“以”，《王庄毅公纪念文集》中为“有”；《神道碑铭》诸本相同，均为“以”。

王竑撰《救灾录》，在史旌贤《维风编》[①]、唐鹤徵《皇明辅世编》[②]中均有提及，虽然此书不存，但其成书之事，可证为无误。但《神道碑记》中还提到王竑曾撰写《恩济记》，却缺乏旁证。笔者猜测，《恩济记》可能是王竑欲撰而未成或未及刊刻的著作，旁人不得而知，故而不见于其他传记，但丘濬于王家得知此事，故此书见载于《神道碑记》；只是王竑毕竟未能将该书撰成，故而在《神道碑铭》中，丘濬最终将相关记载删除。

> 丁丑，英庙复辟，权奸用事，左迁公为浙江参政。寻除名为民，还江夏，居半年。英庙于宫中阅景泰时臣僚章疏，见公所上疏有“正伦理，笃恩义”（等）【诸】语。顾左右曰：“竑为朕也。”乃命中官传旨，遣户部官送公归河州。辛巳，虏寇庄浪，（公）以旧官【起公】参赞军务。公感激思奋，闻虏犯靖虏之（城郭）【郭城】，（公）【躬】率（十）骑先驰，会兵击败之。明年，班师。仍命提督兰县以东一带边备。寻召还，入见。英庙慰劳至再。言者谓“漕运自公后，政多废弛，今西陲无事，请命公往起其废”。从之。公奉命至徐扬，老稚迎舟罗拜，欢声载路。会旱，公斋祷于神，即日江水泛涨，公私舟楫通利，人以为忠诚所感。

按：从文意通顺的角度权衡，《神道碑铭》中所说“虏寇庄浪，公以旧官参赞军务”，比《神道碑记》中“虏寇庄浪，以旧官起公参赞军务”之说，主语要明晰，语句也顺畅得多。此外，《神道碑记》中“郭城”一词，虽然“郭”指外城，“城”指内城，由郭入城，合乎外敌进犯的步骤，但“郭城”在当时并不如“城郭”常用，故而《神道碑铭》的记载是比《神道碑记》更合乎当时语言习惯的表述。[③]

> 甲申，以科道会荐，升兵部尚书。命下，朝野欢传，天下想望其风采。公亦矢心思报，条疏时政，令天下边将，各陈战守方略。简京兵，复武学，一（毋）【切】[④]庶务，以次修举。时两广侗、徭大肆劫掠，北虏在黄河套，时出侵宁夏、延绥境，民不聊生，而四川德阳人赵铎又作乱。边报日至。公居中调度，允合机宜，

---

① 史旌贤《维风编》二卷如今不存，仅能从《国朝献征录》中获得其文字。参看〔明〕史旌贤：《兵部尚书王公竑传》，〔明〕焦竑：《国朝献征录》卷三八《兵部一》，上海：上海书店出版社，1986年，第1555—1556页。

②〔明〕唐鹤徵：《皇明辅世编》卷二《王庄毅竑》，明崇祯十五年（1642）陈睿谟刻本，叶20—24。

③ 从“中国基本古籍库”检索得知，在“明代”的时段内，“郭城”出现了157次，“城郭”出现了6642次。

④ 按：《神道碑记》与《丘文庄公丛书》本《琼台诗文会稿》同。

而两广功尤伟。盖往时广西（傜）【瑶】、（僮）【獞】惟犯广东城邑，斯（时）则越江西、湖南界矣。公因御史王朝远言，建【具疏议】[①]遣都督赵辅往征之，起都御史韩雍于浙藩为（之）[②]参赞。凡军中一切事（宜）[③]，公皆预为（规画）【经略】，诸将奉之而行，（果）【始】能成功而还。先是，京军统以五军，三千神机，三大营，有部分而无兵数，天下莫能测。景泰中用言者，分为十二团营，营军万。公疏请复三营之旧，使人不知军数多寡；因以革将多私役之弊，不报。会理军职，贴黄缺官，公荐修撰岳正、都给事中张宁，内批出二人于外。公遂以疾辞，章凡五上，始允归养病。时年仅五十有三。公抵家又二年，上章请得休致。

按：这段文字中《神道碑记》称“公因御史王朝远言，建遣都督赵辅往征之”，不好理解，核以《丘文庄公丛书》本《琼台诗文会稿》中《神道碑铭》可见，作“公因御史王朝远建言，具疏议遣……”便好读易懂了。

公归河州，绝口不及时事。惟日课童仆，耕艺田圃，以为终焉之计。躬营兆宅，自志其墓。且戒其子死后毋循众例乞祭葬。以弘治元年十二月初三日，卒于家。讣闻，有司循故事为请葬祭，皆予之。公配孙氏，封淑人，有贤行。丈夫子（八人）【九人】，曰经，【曰纶】，曰纯，曰约，曰徽，曰续，曰缨，曰絵，曰绎。经为山东按察【司】佥事。纯录用（为）太学生。续、缨、絵俱入太学。

按：这段文字中关于王竑子嗣的记录，值得留意。《神道碑记》说王竑有子九人：经、纶、纯、约、徽、续、缨、絵、绎，比《神道碑铭》多“王纶”一人，且此人依序是位列王经之后的次子。

在（嘉靖）《河州志》中，《神道碑铭》和《神道碑记》都见提及的王经、王纯、王约，均有记载。“王经”出现在（康熙）《河州志》的“举人”条下：“景泰丙子任直隶广平府同知，历升山东按察司佥事。”[④]“王纯”则记载在“恩贡”条下：“尚书竑之子，成化十一年授狄道县丞衔”[⑤]；“王纯”另在“孝义”条下，有更为详细的生平

① 按：《四库全书》本《琼台诗文会稿》为“建言”。

② 按：《丘文庄公丛书》本、《四库全书》本《琼台诗文会稿》皆如《神道碑记》，无“之”。

③ 按：《丘文庄公丛书》本、《四库全书》本《琼台诗文会稿》皆如《王庄毅公纪念文集》之《神道碑记》，无“宜”，（嘉靖）《河州志》之《神道碑记》有“宜”。

④（康熙）《河州志》卷三《乡隽》，康熙四十六年（1707）刻本，《中国西北文献丛书》第49册，兰州：甘肃古籍出版社，1990年，第567页上。

⑤（康熙）《河州志》卷三《乡隽》，第567页下。

记录："王纯，字源诚，号震果，河州卫人，庄毅公次子，好学善吟。成化甲午乞恩入监，思亲告归，授县丞职衔。父有疾，纯夜不解衣，汤药亲尝，及卒，哀毁骨立，须发尽白。母疾、母丧亦如之。事闻，特赐旌表。嘉靖癸卯，入祀乡贤。"[①]"王约"则记为"未仕"。[②]

揆诸（嘉靖）《河州志》和（康熙）《河州志》，均未见有关《神道碑记》中提到的"王纶"的记载。因此在《神道碑铭》中，丘濬删去了王纶的信息。

值得一提的是，在（康熙）《河州志》"节烈"部分，有"李氏适庄毅公次子、生员王约。年二十七，约卒，李哀毁几死，抚孤守节，六十五卒"的记载。[③]由上文可知，称王约为王竑次子，并不正确，应称其为三子。

公性刚毅，少豪儁，尚气概，义所当为，奋往直前。生长西陲，有志功名。既举进士，居言路，见事有不平者，辄为之扼腕不平。自廷击马顺后，所至令行禁止，人望而畏之曰："此捶杀马顺者。"公名自是满天下，然亦以此得谤。盖顺死于众手，公特为之倡耳。二长随之死，则以平日巡视街道，为众所恶，乘间号呼出之，非公意也。后有谮公者，率以（此）为激怒之具，故公不尽其用云。公登第时，年二十有六。又八年，始授职，甫三年，超拜都宪。用仅七年，即退。退四年，复起。又四年，致其事以去。家居者二十有三年。计公平生为朝廷所用者，首尾仅十有四年。公之用虽不久，而公之功在国家，泽在生民，名在天下。士大夫世有柄用四五十年者，稽其成功，或未能过之者也。若公者，岂非一世人豪哉。公之（而）【子】经，尝从予学，故公之行事，知之为详。尝记公归江夏时，经诣予辞。予寄声请公阅《汉书·张敞传》，意公有复起之日也。及公来（木）【本】兵柄，有事于两广，不以予迂僻，凡有规（画）【划】，亦使预知。时两广守臣以贼为讳，养成祸乱，而同事者倾（夺）【弃】其位，盖各有失也。公专（主）【正】其一，遂致中忤，所请多不遂。而又因岳、张之出，遂决于行。然二人之出，意初不在公。观公伏病上章请老，上屡遣医治疗，及章五上始得请【可】见矣。公【之】行时，予（适）【方】考士南畿。归复命，会公辞朝，以故不及一言而别。呜呼！岂（意初）【公】遂永诀哉。予因经请，既为序其事，复（系）之以（铭。）铭曰：天地生人，畀气与理。理具一心，气充百体。心有所令，体

① （康熙）《河州志》卷三《孝义》，第585页上。

② （嘉靖）《河州志》卷二《官政志》，第45页。按：（康熙）《河州志》"王约"名下并未注"未仕"，而是不书一字，见（康熙）《河州志》卷三《乡隽》，第568页下。

③ （康熙）《河州志》卷三《节烈》，第587页上。

则从之。把握运用，弗假兵威。烈烈王公，百世之士。理以养心，气以行义。目（击）【视】奸凶，心为不平。敢于公（廷）【庭】，党庇其朋。怒气勃然，（挺）【梃】刃乌有。既捽以手，复啮以口。臂指唇齿，受命于心。如发硎刀，如出冶金。雄名（不）【大】义，盖于天下。段笏周功，朱剑徒借。天为国家，生此伟人。人心（以）【一】[1]惬，士气（以）【一】伸。人人得诛，乱臣贼子。义切于衷，曷论彼此。彼何人哉？党邪害正。弗竟公用，匪公不幸。伟哉是举，足盖平生。矧有功绩，赫赫可称。（赈）【活？】畿甸（饥）【民】，殄门庭寇。坐（讨）【计】筹策，躬擐甲胄。公用不久，公功则多。人众虽胜，如天（定）【安？】何。有穹其碑，龟趺螭首，我作铭诗，昭示不朽。[2]

三、余论

由比勘可知，丘濬所撰王竑《神道碑记》，无疑比《神道碑铭》先成文，且删改的情形能十分清晰地说明后者对前者提到的王竑著作、后嗣甚至是否染疾等信息都做了改写。至少从目前留存的王竑传记来看，《神道碑铭》删去不存的信息缺乏旁证支持；相反，留存的信息则可在其他王竑传记中找到一致记载。虽然关于《恩济记》是否为王竑著作，王竑后嗣的数量以及是否有王纶其人，都需要进一步的考订才能确定其事，但《神道碑铭》和《神道碑记》的文字差别，却清晰地显示了丘濬在撰写纪念王竑文字过程中，经历了信息搜集与核实两个步骤，并非一蹴而就，毫无修改。这至少说明丘濬本人是本诸求实的态度落笔成文。至于删改本身，可能是初稿成文后，甚至已经镌刻于王竑神道碑上之后，丘濬才又获取了更新的信息，且这些信息对王竑本人来说又十分重要，不容忽视，于是作者只能在原稿基础上再行删改，以求其实。

（本文原刊于中国明史学会、甘肃省临夏回族自治州文学艺术界联合会编：《王竑文化学术研讨会论文集》，昆明：云南人民出版社，2014年，第206—213页。收入本集刊后文字略有修订。）

〔作者解扬，中国社会科学院古代史研究所、徽学研究中心研究员。北京，100101〕

① 按：《王庄毅公纪念文集》本中为“一”，（嘉靖）《河州志》本中为“以”；《神道碑铭》诸本相同，均为“以”。

②〔明〕丘濬：《制修荣禄大夫兵部尚书王公神道碑记》，（嘉靖）《河州志》卷四《文籍志下》，第94—98页。

明清时期外藩子弟就读国子监的行政流程
——从《吏文》所载的一则史料谈起

李立民

摘　要：古代朝鲜典籍《吏文》所载《贺平蜀兼请子弟入学咨》一文，可以揭示出明清时期“外藩”子弟入学国子监的行政流程问题。清代为外藩入学国子监者，设有琉球学、俄罗斯学。在琉球国官生的入学、教习等方面，国子监博士厅是主要的负责机构。而国子监档房则主要负责俄罗斯学事务。外藩子弟入学国子监的行政流程，折射了清廷处理外藩事务的一种权力运作方式。

关键词：《吏文》；国子监；琉球官学；俄罗斯学

一、《吏文·贺平蜀兼请子弟入学咨》释读

朝鲜王朝为了与明朝保持交往，令承文院编纂《吏文誊录》《中朝榜文》等古代外交文书集，并选取其中有关明朝行政文书的范例，编成《吏文》，以供朝鲜王朝官吏学习参考之用。嗣后，朝鲜学者在此基础上，对其中的用语加以诠释，撰成《吏文辑览》。《吏文》及《吏文辑览》在学术界影响甚大。20世纪40年代，日本学者还以日文的形式对《吏文》加以注释，编纂而成《训读吏文》，并附《吏文辑览》，于1962年出版发行。今《吏文》卷二之七有《贺平蜀兼请子弟入学咨》一文，是奏请朝鲜子弟入明国子监就读的行政文移。笔者即以此咨文为基础，借以考察明清时期外藩子弟入学国子监的行政流程问题。疏漏之处，敬请方家裁察。

中书省[1]准来咨：差密直司同知洪师范等，进贺平蜀表文，[2]礼部随即进奏。观其臣意专切，文理条畅，援引典故甚是得宜，上意欢欣。又表一通，为请子弟入学。钦奉圣旨：

高丽国王欲令子弟来国学读书，我曾闻唐太宗时，高丽国亦尝教子弟来入学，这的是件盛事。[3]又想这子弟每远来习学呵，在这里或住半年，或住一年，或住年半，要回去交他回去。虽然，听从其便。但为本国远处海东，比至京师水路经涉海洋、陆路不下一万余里，隔离乡土，为父母必怀其子，为人子必思其亲。此人之常情。恁中书省回文书去，交高丽国王与他臣下每好生熟议，若是那为父母的，愿令子弟入学，为子的，听受父母之命来学者，交高丽国王差人好生送将来，省家回的，文书要说的明白。钦此。

都省合行移咨，请照验，钦依施行。须至咨者。右高丽国王。洪武五年四月　日。[4]

元代虽然疆域辽阔，但尚无外藩来国子监就学的记载。明代洪武初年，“即有高丽、琉球中山王、山南遣子入学。其后来者络绎。”[5]《明史·选举志》亦载：“日本、琉球、暹罗诸国亦皆有官生入监读书，辄加厚赐，并给其从人。”[6]

明永乐时期，云南、四川的土司官也派遣其子弟入国子监读书。又永乐年间，太学前有“交趾号舍”，可能即是成祖设以处交趾（今越南）官生之所。

---

① 明初沿袭元朝之制，设立中书省，置左右丞相。由中书省统领六部。洪武十三年（1380），胡惟庸案后，罢中书省，分其权于六部。中书省的职务是综理机务。所有给皇帝的奏报，都要“先白中书省”；一切以皇帝名义发出的诏令、谕旨，也都要经中书省下达。《明太祖实录》卷二八：“凡朝廷命令、政教，皆由斯出。”

② 明朝洪武四年（1371）正月，朱元璋任命中山侯汤和为征西将军、江夏侯周德兴为左副将军、德庆侯廖永忠为右副将军，与营阳侯杨璟、都督佥事叶升率领京卫、荆襄地区舟师从瞿塘直趋重庆；颍川侯傅友德为征虏前将军、济宁侯顾时为左副将军，与都督佥事何文辉等人率河南、陕西步兵、骑兵从秦陇直趋成都，水陆并进，征讨大夏国。

③ 唐代鸿胪寺是管理各国留学生的机构。鸿胪寺根据留学生的学籍登记档案，掌握其学习年限。留学生学成期满，由鸿胪寺呈报，令其归国。唐太宗时期，崇兴文教，“是时四方儒士，多抱负典籍，云会京师。俄而高丽及百济、新罗、高昌、吐蕃等诸国酋长，亦遣子弟请入于国学之内。鼓箧而升讲筵者，八千余人，济济洋洋焉，儒学之盛，古昔未之有也。”（《旧唐书》卷一八九上《儒学列传序》）其中，以新罗的留学生最多。《唐会要》卷三六《附学读书》：“新罗差入朝宿卫王子，并准旧例，割留习业学生，并及先住学生等，共二百十六人。”

④《训读吏文》卷二之七《贺平蜀兼请子弟入学咨》，1975年铅印本。

⑤〔清〕文庆、李宗昉等纂修，郭亚南等点校：《钦定国子监志》卷一八《学志十·外藩入学》，北京：北京古籍出版社，2000年，第297页。

⑥〔清〕张廷玉等撰：《明史》卷六九《选举志一》，北京：中华书局，1974年，第6册，第1677页。

清代“外藩”入学国子监者，有琉球学、俄罗斯学。据《钦定国子监志》：“外藩就学国子监者，有琉球学，有俄罗斯学，俱不常设。或该国王奏请，奉旨俞允，乃令其所遣陪臣子弟入学读书，由监臣遴贡生为教习，又派博士、助教等官董之，学成遣归。”①

二、清代国子监博士厅与承办琉球学事务

自汉唐以来，匈奴、新罗、百济等国皆有遣子来华就学之制。清代“外藩”入学国子监者，有琉球学、俄罗斯学。先由该国国王奏请，奉旨允行后，乃令其国派遣陪臣子弟入国子监就读。

（一）入学流程

明自洪武年间，即有琉球中山王、高丽、山南遣子弟入学之事。嘉靖五年（1526），琉球国派蔡廷美等四人入学。十七年（1538）、二十九年（1550），亦派遣九人入国子监就读，然无常例，“世远事久，亦无奏疏可考”。②

康熙二十七年（1688），琉球国王派遣其子弟梁成楫、郑秉均、阮维新、蔡文溥四人入国子监读书。早在康熙二十三年（1684），礼部接到差还琉球国使臣汪楫、林麟焻的奏疏，曰：“中山王尚质亲诣馆舍云：‘下国僻处弹丸，常惭鄙陋；执经无地，向学有心。稽明洪武、永乐年间，常遣本国生徒入国子监读书，今愿令陪臣子弟四人赴京受业。’”礼部接到此奏请后，咨付国子监。国子监咨覆礼部：“查《太学志》载：‘洪武二十五年秋，琉球国王遣其子日孜等及陪臣之子入监。’自是以后，至于隆、万之际，凡十四五次来学。向慕文教，琉球于诸国为最笃，国家待之亦为最优。’臣等覆查史载：唐贞观中兴学校，新罗、百济俱遣子入学。琉球自明初始内封，《会典》载：‘大琉球国朝贡不时，王子及陪臣之子皆入太学读书，礼待甚厚。’又载：‘洪武、永乐、宣德、成化以后，琉球官生俱入监读书。’今该国王尚贞，以本国远被皇仁，倾心向学，恳祈使臣汪楫等转奏，愿令陪臣子弟四人赴京受业。应准所请，听其遣陪臣子弟

①〔清〕文庆、李宗昉等纂修，郭亚南等点校：《钦定国子监志》卷一八《学志十·外藩入学》，北京：北京古籍出版社，2000年，第294页。

②〔清〕潘相著，应国斌点校：《琉球入学见闻录》卷三《奏疏》，北京：方志出版社，2017年，第149页。

入监读书。俟命下之日，知会该国王可也。”[①]此后，礼部将国子监此咨覆再上奏，奉旨依议。可见，国子监在咨覆中查考了琉球国派子弟入学的相关史实，并以此为依据，作出了准其子弟入学的意见。

国子监的这一咨覆，还成为嗣后收取琉球官生的重要依据。如康熙五十九年（1720），差回琉球国使臣海宝、徐葆光上奏，转达了琉球国王请求派遣官学生的诉求。奉旨：由礼部议奏。礼部收到礼科抄出的《差回琉球册封正使翰林院检讨海宝、副使翰林院编修徐葆光等奏前事》一折后，即依据康熙二十七年（1688）国子监给礼部的咨覆，并圣旨“钦遵在案”，提出了“应如所请”的建议。康熙五十九年八月初三日题，本月初五日奉旨：“依议。”[②]

由此可知，凡招收琉球官生，首先由出使琉球的使臣代琉球国王转请，呈文至礼部，礼部咨覆国子监，寻求意见；国子监根据外藩入学的事例及相关史实，给出意见；再奉旨遵行，自此成为定例。国子监在招收琉球陪臣子弟入学的问题上，实质上起到了关键性的作用。

（二）设立学舍与派员董率

琉球官生准入国子监后，具体负责学务的部门是国子监的博士厅。博士厅首先为琉球官生解决了学舍问题。琉球学舍设于国子监署内敬一亭右西厢，设有公座、讲堂、居所，“下至湢浴、溷厕，莫不修备”。[③]凡正厅三间，“中一间为公座，本监堂官稽查之所，东一间董率各员住宿，西一间教习居住”。[④]正厅之后，设讲堂一间，左右凡四间，是琉球官生的住所。正厅东西厢房，为跟伴、厨役所居。每年四月初一日，博士厅还需行文内务府，“府遣官役高搭前后凉棚二座，八月底自行撤回”。[⑤]礼部将琉球官生札知国子监后，国子监博士厅便开始办理琉球官生的学务事宜。

首先，要选定董率之教职。国子监需要在在监贡生中选定教习一人，另选博士一员专门董率学务，“祭酒、司业等不时稽察，俾讲解经书，学习文艺。”[⑥]以此作为定例，若董率人员出现变动，则需国子监堂官题奏。如雍正二年（1724），礼部札送琉

①〔清〕潘相著，应国斌点校：《琉球入学见闻录》卷三《奏疏》，第149—150页。

②〔清〕潘相著，应国斌点校：《琉球入学见闻录》卷三《奏疏》，第154—155页。

③〔清〕潘相著，应国斌点校：《琉球入学见闻录》卷三《廪给》，第171页。

④《钦定国子监则例》卷一七《博士厅·琉球学》，《近代中国史料丛刊三编》第488册，台北：文海出版社，第391页。

⑤〔清〕潘相著，应国斌点校：《琉球入学见闻录》卷三《廪给》，第171页。

⑥《清朝文献通考》卷六五《学校考三·太学》，杭州：浙江古籍出版社，2000年，第5459页。

球国陪臣子弟郑秉哲、郑谦等到监后，当时国子监博士一员暂缺未补，时任国子监祭酒的伊尔登便上疏，请派学正一员暂行董率，“俟博士到任，仍照例令博士专管”。[①]奉旨依议。国子监选定博士、教习后，还须移咨礼部、吏部存案。如乾隆二十五年（1760），礼部札送到监琉球国陪臣子弟梁允治、郑孝德、蔡世昌、金型四人。国子监遵例，选贡生潘相为教习，并派国子监博士张凤书、助教林人樾管理，“俟命下后”，“移咨吏、礼二部存案”。[②]

其次，约束官生。琉球官生到国子监后，国子监官师要对官生做初步的考察。如雍正二年（1724），郑秉哲等人来监后，祭酒伊尔登等“询其声音，粗通汉语。问其欲习何业，皆欲愿学八股文字”。[③]琉球官学博士、助教以讲读经史为主，古文、诗歌也根据官生资性所近，各就指授，“所读书，时为讲解，毋得旷业”。[④]琉球官生外出，也要“务先禀请教习回明值宿之员”[⑤]，严禁其擅自出入，任意游荡。在监肄业的琉球官生也要在教习带领下，随班行礼，“凡琉球官生在监所有朔望拜庙及上堂谒见、封印开印行礼，俱与内、外班肄业生同”。[⑥]若欲参与一些特殊的典礼，官生需上呈国子监，由监奏请钦定。乾隆二十六年（1761），适逢皇太后七旬万寿，琉球国肄业官生郑孝德上呈国子监，“敬请一体行礼”。国子监臣观保等上奏，奉旨：“允琉球官生郑孝德等，随国子监肄业诸生恭进皇太后七旬万寿诗册，并随班迎驾，恩赏缎匹。”[⑦]

最后，负责发放酬恤。凡教习及肄业官生所应得银米，亦由国子监博士厅派员按程序发放。教习照八旗教习例供给银米，官生日给白米二升、纸笔墨银一两五钱，跟伴每名应日给白米一升等项，承办之员先“具稿呈堂”，再“移咨户部”后按月照例给发。[⑧]琉球官生每日给煤、炭、蜡烛等物，官生与跟伴冬季所给烤炭，均由承办人员“照例移咨内务府按月支领”。[⑨]琉球官生每名每日供给的食物，如猪肉、鸡肉、菜、豆腐、盐、茶叶、黄酒、香油、灯油、酱、花椒等，跟伴每名每日例给的猪肉、盐、菜，以及厨役一名每日例给的工食银一钱五分等项，承办之员先“具稿呈堂”，

①〔清〕潘相著，应国斌点校：《琉球入学见闻录》卷三《奏疏》，第157页。
②〔清〕潘相著，应国斌点校：《琉球入学见闻录》卷三《奏疏》，第163页。
③〔清〕潘相著，应国斌点校：《琉球入学见闻录》卷三《奏疏》，第156页。
④《钦定国子监则例》卷一七《博士厅·琉球学》，《近代中国史料丛刊三编》第488册，第392页。
⑤《钦定国子监则例》卷一七《博士厅·琉球学》，《近代中国史料丛刊三编》第488册，第393页。
⑥《钦定国子监则例》卷一七《博士厅·琉球学》，《近代中国史料丛刊三编》第488册，第392页。
⑦（光绪）《钦定大清会典事例》卷一一〇二《国子监·官学规制·琉球官学》，《续修四库全书》第813册，上海：上海古籍出版社，2002年，第298页。
⑧《钦定国子监则例》卷一七《博士厅·琉球学》，《近代中国史料丛刊三编》第488册，第394页。
⑨《钦定国子监则例》卷一七《博士厅·琉球学》，《近代中国史料丛刊三编》第488册，第394—395页。

再“移咨礼部”，最后“转行光禄寺”，于三、九两月给发。官生还遵例给发四季衣帽、被褥、鞋袜等项，以及所需的应用器物，如铜铁器、锡器、瓷器、桌椅、毡席、书柜、门帘等物，也由博士厅承办人员先“具稿呈堂”，再“移咨礼部”，由礼部转行内务府广储司领取。[①]琉球官生在京期间病故者，先由同馆之官生呈报至博士厅，再派发承办之员呈国子监堂，行咨礼部，奏请恩恤。雍正二年（1724），琉球官生蔡宏训病故，奏准：“特赐白金三百两。以二百两交贡使附归其家，以一百两交礼部，于近京地方营葬。”[②]同治十一年（1872），琉球官生葛兆庆、林世忠病故，亦奏准：“恩赏银两，照雍正二年成案办理。”[③]

（三）学成归国

在国子监肄业之琉球官生，一般以三年为期。届期，先由国子监咨呈礼部。礼部准其回国事宜后，国子监再遵照礼部咨文，将官生咨送礼部办理。若逾期未归者，则待有琉球国使臣来朝贡时，由琉球国王奏请回国，奏疏由贡使转带。其未归国以前所用之钱粮器物，“照旧由监支领”。[④]如乾隆二十八年（1763），琉球国派遣的官生郑孝德在国子监已就读四年有余，琉球国中山王尚穆便上疏：“请将官生郑孝德等赐归，下国则益广宣皇上之文教，以成雅俗矣！伏祈睿鉴，敕部施行。”[⑤]经礼部议准，应如所请。期满琉球官生得旨后，先赴礼部筵宴，祗领恩赏。乾隆二十八年奏准：“琉球官生归国，赏给官生四名大彩缎各二，里绌各二，毛青布各六；跟伴三名，毛青布各六。奉特旨：加赏官生内库缎各二，里绌各二；跟伴官缎各一。”[⑥]琉球官生与来朝贡使同日起程归国，故而其从国子监学舍搬出后，“先期送至贡使馆舍安置”。[⑦]

琉球官生远涉重洋来京师学习，实属不易。对于肄业期间遭遇家庭变故者，清廷亦允许其归国。康熙二十九年（1690），琉球官生梁成楫从来京贡使毛起龙处收到家信，

---

①《钦定国子监则例》卷一七《博士厅·琉球学》，《近代中国史料丛刊三编》第488册，第396—398页。

②（光绪）《钦定大清会典事例》卷一一〇二《国子监·官学规制·琉球官学》，《续修四库全书》第813册，第298页。

③（光绪）《钦定大清会典事例》卷一一〇二《国子监·官学规制·琉球官学》，《续修四库全书》第813册，第299页。

④ 文庆、李宗昉等纂修，郭亚南等点校：《钦定国子监志》卷一八《学志十·外藩入学》，第297页。

⑤〔清〕潘相著，应国斌点校：：《琉球入学见闻录》卷三《奏疏》，北京：方志出版社，2017年，第165页。

⑥（光绪）《钦定大清会典事例》卷一一〇二《国子监·官学规制·琉球官学》，《续修四库全书》第813册，第298页。

⑦（光绪）《钦定大清会典事例》卷一一〇二《国子监·官学规制·琉球官学》，《续修四库全书》第813册，第298页。

得知“父母衰老，倚闾望切”，梁成楫先将此情启中山王尚贞，尚贞接到梁成楫启文后，据此案查，“伊父前经节次入贡，万里梯航，罔辞劳瘁，今皆年老，奉养需人，臣贞亦当念之矣！且梁成楫等三人俱未有室，父母之愿，人皆有之。况臣国人皆愚昧，自成楫等入监之后，臣贞望其返国，与臣言忠，与子言教，以宣布皇上一道同风之化，更为不浅。”①礼部议定，应如所请，咨文至监，由博士厅办理相关回国事务。奉旨：“赏大彩缎各一，毛青布各四，里绌各一。傔从二人，赏毛蓝布各四，筵燕一次。准其驰驿，同贡使毛汝龙等归国。”②

琉球官生期满归国后，国子监博士厅还要负责对教习的成效予以考察。如果平日查核教习勤勉，实心教导，且教有成效者，于琉球官生学成回国日，“本监出具考语，照八旗教习例，带领引见叙用”。③如乾隆二十九年（1764），国子监大臣观保、富廷、陆宗楷等对曾任琉球学教习的潘相做出了如下考语：“查该教习中式乾隆二十五年举人，中式乾隆二十八年进士，实心训课，造就有方，在学四年，始终如一。相应照八旗教习之例，恭缮绿头牌，将潘相带领引见。”④嘉庆十四年（1809），又议准：“国子监琉球学教习，该监于肄业生内恩、拔、副、岁贡生，拣选充补。于该官生学成回国之日，照八旗汉教习之例，以知县、教职二项引见，请旨录用。”⑤

有清一代，琉球国共派遣二十六名官生来监就读（参见表1）。尽管就学人数难以与汉唐时期相比，但这些琉球官生在学期间多专致于问学。蔡文溥，“笃志问学，著《四本堂集》”⑥。郑孝德，“昼夜刻厉，孜孜问学不怠，手抄《四书》《五经》。儒先语，一衷于朱子，尤玩味《小学》《近思录》等书”⑦。蔡世昌，“入学时，年二十四，与孝德相劘切，不欲专为词章学”⑧。郑孝德与蔡世昌在学三年期间，“颇知文艺，所作《性理论》并骈体文俱有可观，书法亦端楷”⑨。梁允治，“以其意绘《身心性命图》，又仿朱子《或问》法，著《服制辨义》”⑩。这些官学生成为促进中、琉文化交流的桥梁。正

① 〔清〕潘相著，应国斌点校：《琉球入学见闻录》卷三《奏疏》，第151—152页。

② （光绪）《钦定大清会典事例》卷一一〇二《国子监·官学规制·琉球官学》，《续修四库全书》第813册，第298页。

③ 《钦定国子监则例》卷一七《博士厅·琉球学》，《近代中国史料丛刊三编》第488册，第393页。

④ 〔清〕潘相著，应国斌点校：《琉球入学见闻录》卷三《奏疏》，第166页。

⑤ （光绪）《钦定大清会典事例》卷四六《吏部·汉员铨选·各学教习期满》，《续修四库全书》第798册，第692页。

⑥ 〔清〕潘相著，应国斌点校：《琉球入学见闻录》卷三《师生》，第185页。

⑦ 〔清〕潘相著，应国斌点校：《琉球入学见闻录》卷三《师生》，第187页。

⑧ 〔清〕潘相著，应国斌点校：《琉球入学见闻录》卷三《师生》，第187页。

⑨ 〔清〕文庆、李宗昉等纂修，郭亚南等点校：《钦定国子监志》卷一八《学志十·外藩入学》，第296页。

⑩ 〔清〕潘相著，应国斌点校：《琉球入学见闻录》卷三《师生》，第188页。

如琉球国中山王尚穆所云："今蒙隆恩俞允，俾陪臣子弟得入学执经，俯聆圣训，不特臣穆感戴无穷，举国人民亦欢跃忭舞矣！"①

表1　清代琉球国官生入学国子监一览表

时间	入学者	史源出处
康熙二十七年（1688）	梁成楫、郑秉均、阮维新、蔡文溥	《钦定国子监志》卷一八《学志十・外藩入学》
雍正二年（1724）	郑秉哲、郑谦、蔡宏训（病故）	同上
乾隆二十五年（1760）	郑孝德、梁允治（病故）、蔡世昌、金型（病故）	同上
嘉庆十年（1805）	毛邦俊、向邦正、梁文翼、杨德昌	同上
嘉庆十六年（1811）	陈善继、马执宏、毛世辉、梁元枢	同上
道光二十一年（1841）	阮宣诏、向克秀、郑学楷、东国兴	《光绪会典事例》卷一一〇二《国子监・官学规制・琉球官学》
同治八年（1869）	葛兆庆（病故）、林世忠（病故）、林世功	同上

三、清代国子监档房与办理俄罗斯学事务

有清一代，除了琉球学，还设有俄罗斯学。清初，沙俄觊觎我国东北地区，并展开了对黑龙江流域的入侵。沙俄军队攻占了中国的雅克萨地区，清廷几经征讨，于顺治十六年（1659）收复了雅克萨，肃清了流窜于黑龙江中下游地区的沙俄侵略军。顺治十七年（1660）五月，巴依科夫使团来华探察中国情况，企图打开中俄贸易通道。但清廷意识到其带有侵略的性质，未令其朝见，并将贡物退回。

康熙年间，清廷又通过两次雅克萨之战，彻底粉碎了沙俄侵华计划。康熙二十八年（1689），中俄双方签订了《尼布楚条约》，从法律上确定了中俄两国东段的边界，并准许在边界互市，中俄关系开始转向缓和。据《清朝野史大观》载："国学内有俄罗斯学，康熙间许俄罗斯通中国，始遣其子弟入学。"②在康熙二十九年（1690），沙俄就令派往中国的主教"带上两三个善良且年轻的修士学习汉语和蒙古语"。③但此时来华学习的多是带有宗教色彩的修士，并非以"学生"身份，其或许在国子监内学习，但清廷尚

①〔清〕潘相著，应国斌点校：《琉球入学见闻录》卷三《奏疏》，第162页。
②《清朝野史大观》卷三《清朝史料》，上海：上海书店出版社，1981年，第150页。
③ 转引自肖玉秋主编：《中俄文化交流史・清代民国卷》，天津：天津人民出版社，2016年，第179页。

未专门为他们设立相关的教育制度。

18世纪，沙皇俄国忙于在欧洲和西亚的殖民扩张，无力侵略中国，中俄之间仍旧延续了和平的局面。这一时期，中俄之间在中段边界上展开了诸多贸易往来。雍正六年（1728）六月，清廷与俄国签订了《恰克图条约》，规定以恰克图、尼布楚、祖鲁海图为两国贸易地点，并允许俄国每三年派商队来京贸易。就是在《恰克图条约》中，沙俄还将派遣留学生来华写入条约内："再萨瓦所留在京学艺之学生四名，通晓俄罗斯、拉替努字话之二人，令在此处居住，给予盘费养赡。"①与此同时，雍正六年，俄罗斯遣子弟入学。国子监接到理藩院咨文后，即于本监满汉助教内，拣选文理明白者各二员带领引见，奉旨简用满汉助教各一员管理学务。自此，清廷才开始设立俄罗斯学。乾隆六年（1741），俄罗斯又遣其陪臣子弟鲁喀佛多德、宜畹喀喇西、木米海拉等来京，恳请入国子监肄业。乾隆帝下诏即于旧会同馆设学。国子监以满助教胡什图、汉助教陈宪祖等掌管教事，学成遣其回国。②俄罗斯学设在会同馆内，但一些学务事宜皆归国子监管理，具体是由国子监档房来负责相关事务的承办。理藩院来咨文至监后，国子监先拣选满、蒙、汉助教各二员，拟定正陪，带领引见。奉旨后，钦派满汉助教各一员，负责管理俄罗斯学事务。

因六堂汉助教本有专额，从中选出一员管理俄罗斯学后，六堂汉助教事务更加繁重，难于应付。雍正九年（1731），国子监祭酒鄂尔奇奏明："请将俄罗斯汉助教一缺，设为六堂额外助教，另行咨部铨补。"③这样，兼管俄罗斯学的汉助教就不再占用六堂助教员额。然而，乾隆十五年（1750），内阁学士、管监务观保等又奏请："满汉助教事同一例，俄罗斯学满助教既非专设之员，其汉助教一员似应请旨裁汰。现任汉助教方愉，暂令管该学事务，俟臣监有六堂助教、学正、学录缺出，即将方愉咨部坐补。照满洲助教之例管理俄罗斯学，以昭画一。嗣后俄罗斯学满汉助教更换时，臣等拣选八旗六堂助教文理明白者，派令管理，咨明吏部、理藩院存案。"奉旨允行。④至此，六堂额外助教被裁。俄罗斯学仍旧由临时拣选之满汉助教管理学务。但在具体执行中，满汉助教有时会悬缺甚久。一位嘉庆、道光年间来华学习的俄国学生，在道光二年（1822）九月三十日的日记中写道："政府指派的满语教师，自一月份到现在就没来过。"⑤

俄罗斯学学生在学的期限多在十年以上。据俄国来华传教团的报告称："必须为须

① 王铁崖编：《中外旧约章汇编》第1册，北京：三联书店，1957年，第11页。

②《钦定国子监则例》卷四四《档房·俄罗斯学》，《近代中国史料丛刊三编》第490册，第1015—1016页。

③《钦定国子监则例》卷四四《档房·俄罗斯学》，《近代中国史料丛刊三编》第490册，第1015页。

④《钦定国子监则例》卷四四《档房·俄罗斯学》，《近代中国史料丛刊三编》第490册，第1016页。

⑤ 转引自肖玉秋等主编：《中俄文化交流史·清代民国卷》，第133页。

派至北京学习的学生规定一个期限，他们必须在此期限内完成学业，并以优异成绩学成归国。”又称：“对派赴北京学习语文的学生，自他们到达北京之日算起，学习期限为十二年，期满后即行返回俄国。”[①]

清廷除了在国子监中设立俄罗斯学，又在内阁附设俄罗斯馆，专司翻译俄罗斯文字，选入八旗官学生二十四人，入馆肄业，五年后考试一次。这些文化层面的交流，也彰显了清廷教育权力所附带的外交政治文化内涵：“国子监之俄罗斯学，为俄罗斯来京读书子弟而设，所以柔远人也。”[②]

〔作者李立民，中国社会科学院古代史研究所。北京，100101〕

① 转引自肖玉秋等主编：《中俄文化交流史·清代民国卷》，第132页。

②〔清〕何秋涛：《朔方备乘》卷一三《俄罗斯学考叙》，国家图书馆藏清光绪间刻本。

以垧计地与不计分亩：清代山西地权交易中地积的两种表达*

王正华

摘　要：清代山西地权交易中，地积表达除了顷亩，还出现了以垧（晌、埫）计地和不计分亩的情况。二者都与地形不规则而难以对土地进行丈量和计算有关。垧（晌、埫）、亩具备可换算性，而土地不计分亩情况下以四至作为信息补充，缴纳契税、推收过割、使用官版契纸以及邀请乡约等半官方人群参与土地交易，使得交易信用得到一定保证。在“地系于户、粮额为重”的原则下，当二者不影响粮额时，表达便得到政府承认。但是，不计分亩而又四至不开等情况，造成税粮无从追缴、引发诉讼时，政府便会进行清查。

关键词：清代；山西；地权市场；地积；以垧（晌、埫）计地；不计分亩

除了官民熟荒，清代山西地色大致有（井）水、平、坡、山、园、陡、岗、沙（砂）、（退）滩、咸、塄、困等，这些都是基于对土地自然属性的认知而划分的种类。对于不同自然属性的土地，百姓用以种植适合的作物，由此便出现诸如“麦地”“苇地”“枣林地”“蒲桃（葡萄）园地”等称呼。而白地①、青苗地的标准则是基于土地的利用现状，即是否已经种植农作物。在稷山县太郝村契约中还出现了“麦根地”的说法，与青苗地相同，即“出典田地，带有麦禾者，谓之‘麦根地’”②。地色

* 本文为国家社会科学基金重大项目“明清华北核心区生态环境变迁与经济发展研究”（项目批准号：22&ZD224）、国家社会科学基金中国历史研究院重大历史问题研究专项2022年度重大招标项目“稀见徽州文书数字化整理与研究”（项目批准号：22VLS008）的阶段性成果。

① 另有特殊情形者，如文水县“白地、红地”习惯：“地内无坟，谓之‘白地’；有坟谓之‘红地’。买卖时，应于契内注明白地、红地字样。按：此项习惯系据文水县知事续思文、承审员白吉祥报告。”见前南京国民政府司法行政部编：《民事习惯调查报告录》，胡旭晟、夏新华、李交发点校，北京：中国政法大学出版社，2005年，第135页。

② 前南京国民政府司法行政部编：《民事习惯调查报告录》，第120页。

对地权交易以及与之密切相关的赋役征派的影响是多方面的，而地积的计量方式便是其中之一，且同时与地权市场和赋役制度相关。在土地交易中，一般会写明土地的段或块数、东西畛或南北畛方向以及亩数。在山西的地权交易中，除了顷亩，我们可以看到以垧（晌、埫）计地、不计分亩两种情况。以往学者或有注意到以产量或下种量计量的土俗亩、山地不计分亩等情况[①]，但对其存在逻辑缺少讨论。下文以清代山西地权交易中以垧（晌、埫）计地、不计分亩两种情况为例，对其产生缘由、存在逻辑做一分析。

一、以垧（晌、埫）计地

关于以垧（晌、埫）计地，隰州北鱼村和孝义县交子北村、刘庄以及孟家庄的地契中存在此情况。[②]从地方文献记载来看，在太原、神池、浮山、汾州、保德、宁武、岢岚等地的清代县志中可见“垧”或“晌”的用法。[③]根据《三晋石刻大全》，方山、灵石、高平、洪洞、沁源、古县、朔州、霍州、柳林、安泽等地碑刻中，可见“垧”或“晌”的用法。郭松义在中国第一历史档案馆所藏的刑科题本中，“看到山西保德州、苛岚州、陕西绥德州清涧县的几件有关田土命案的资料，发现他们都是以‘晌’来计算田地面积。”[④]需要注意，在地积计量时，“垧”比“晌”更为常见。另外，“晌”字也有用于表示工时（车牛工等）的情况。在有关民国民事习惯的文献中，亦有不少关于以垧计地的记载。介休县习惯“种地不计亩”：“山僻村庄，人民典买田地，不以亩计，均以垧计（每垧约三亩）；收租出派亦均以垧计算，并不说出亩数，故名曰‘种地不计亩’。”[⑤]石楼县习惯“田地以晌计算”：“计算田地，以晌数代亩数，每晌约四亩。”同时，该县又习惯“田地以堆计算”：“计算田地，以堆代亩，一堆约合二亩。”[⑥]河曲县习惯“小包”：“民间田地多以垧计算，一垧约三亩上下，逐年完纳，村中计户轮流

① 郭松义：《清代的亩制和流行于民间的田土计量法》，载平准学刊编辑委员会编《平准学刊——中国社会经济史研究论集》第3辑（上），北京：中国商业出版社，1986年，第263—279页；肖方平：《量词“垧”词义源流考》，载国家教师科研基金管理办公室编《国家教师科研专项基金科研成果（十）》，2017年6月，第18—21页。

② 清华大学图书馆藏契约文书。文中所用文书内容皆为笔者所录，编号为笔者所定，所有错误均由笔者负责。

③ 肖方平认为“垧”为“晌”的借字，而“晌”的量词义来源于“饷”。见肖方平：《量词“垧”词义源流考》，载国家教师科研基金管理办公室编《国家教师科研专项基金科研成果（十）》，第18页。

④ 郭松义：《清代的亩制和流行于民间的田土计量法》，载平准学刊编辑委员会编《平准学刊——中国社会经济史研究论集》第3辑（上），第272页。

⑤ 前南京国民政府司法行政部编：《民事习惯调查报告录》，第131页。

⑥ 前南京国民政府司法行政部编：《民事习惯调查报告录》，第135页。

充应户头，由户头向花户包收钱粮，转交里书代完，俗谓之‘小包’。”[①]五寨县习惯“论垧不论亩”：“民间买卖田地，均以垧计，不量亩数，每垧约三四亩不等，照原界限耕种，相沿既久，亦无大碍。”[②]

以垧计地，垧之上更高一级的计量单位并不一定是顷。如偏关县习惯“一具（犋）牛”，“关人以壤计田，每壤约二亩半多或三亩，每百壤曰一具牛，牝牡相妃曰具，以百壤而八分之，则曰一牛蹄，亦荒远之奇称也”[③]，“民间田地，以垧代亩，每垧少则二亩半，多则四亩，均以原红契上所载垧数为凭。此习惯由来已久，故又有‘一犋牛’（约计一百二十垧为一犋牛）之名称。盖一犋牛即二个牛分腿八条，又有称谓一条腿至八条腿不等，每条腿以十五垧计，此名称自有垧以来，即以此计算”[④]。

为什么以垧计地？一方面有可能是受清初圈地的影响。如河曲县：

> 邑中山坡谓之梁地。沙瘠之土，皆以垧计，俗以三亩为一垧。查国初近畿四百里内有圈地之制，户部遣官同有司于所至村庄，相度畝亩，两骑前后牵部颁绳索，以记周四围而总积之，每圈共得几百十垧，每壮丁分给五垧，垧六亩。垧者，特一绳之方广，其法捷于弓丈也。今邑人以三亩为一垧，不知始于何时，然相沿习惯，论地止以垧计。沙瘠之土，约略计之，殆不必论亩欤！[⑤]

这里尽管《河曲县志》记载以垧计地与圈地有关，但这有可能是官方制度造成的一种历史记忆建构。其中最后一句“沙瘠之土，约略计之，殆不必论亩欤”暴露出当地人对以垧计地原因的另一解释。

更重要的是，山、坡、滩等不规则土地难以用弓尺精确丈量、以亩计，因而以“垧”这一具备弹性、大约含义的度量衡作为计算标准。比如（乾隆）《孝义县志》载孝义县“平地不及十之三，余皆山坡硗埆”[⑥]。当地有永和府更名田“上地九顷零，每亩征租银六分七厘零，下坡地三十六垧，每垧征银四分七厘零。山地数亩为一垧，然书无此字，俟考”[⑦]。上地用亩，下坡地用垧，可见不同地色对地积计量单位的影响。（光绪）《解州志》卷四《田赋·差徭附》载时任知州马丕瑶等为均差徭，订立新章29条，

---

① 前南京国民政府司法行政部编：《民事习惯调查报告录》，第136页。

② 前南京国民政府司法行政部编：《民事习惯调查报告录》，第139页。

③（道光）《偏关志》卷一《地理志·风土》，民国四年（1915）铅印本，叶28b。

④ 前南京国民政府司法行政部编：《民事习惯调查报告录》，第137—138页。

⑤（同治）《河曲县志》卷八《艺文类·杂述》，同治十一年（1872）刻本，叶58a—b。

⑥（乾隆）《孝义县志》卷一《田赋积贮》，乾隆三十五年（1770）刻本，叶1b。

⑦（乾隆）《孝义县志》卷一《田赋积贮》，乾隆三十五年（1770）刻本，叶3b。

其中一条规定："山内田地多系开垦石滩，熟荒不时，每一晌地只作一亩地收钱一文，乃昭公允。"[①]"垧"有与"晌"同义者，均以牛在一定时间内（如一天或半天）的耕力来指代地积。如浮山"土人以牛日所耕者为一垧，有二亩三亩，多少不等"[②]。现存于高平野川镇常家沟村炎帝庙内的康熙十年（1671）《重修炎帝庙碑记》载各方施主布施时，除施钱、施树，还载："本社使牛施主：悦拱先牛十垧、常养性牛九垧、常国德牛六垧、常体贤牛六垧、常崇新牛五垧、常崇宗牛五垧、常育华牛五垧、常攸久牛五垧、常衍□牛五垧、悦天禄牛四垧、悦天祥牛四垧、梁洪佐牛三垧；东沟村使牛施主：孙守良牛三垧、孙文芳牛二垧、孙茂盛牛一垧、孙凤鸣牛一垧、孙英牛一垧。"[③]再如临县：

> 县治峰峦叠峙，山田居多，平地不地百分之一，故田难以顷亩计。农家但以牛力为率，自晨至午为一晌，或从土作埫，数埫之田不能当川原一亩之入。县境内山地东区多以三亩为一埫，西区四亩为一埫。民间地契，有每埫纳粮仅一升或数合不等。今志所称顷亩粮额，系按报销册旧数计算。[④]

"从土作埫"，证明埫的使用也和地色有关。现存于太原古交西曲村福祥寺的乾隆十八年（1753）《重修禅室碑序》讲述住持僧人道就在雍正七年（1729）同张志礼等人共同买地46埫。[⑤]

垧等计量单位不仅与国家赋税征收相关，还在基层社会中被广泛使用。现存于洪洞县堤村乡干河村净石宫的嘉庆十一年（1806）《建始原编夫联社碑记》记录建始原这一社建立的情况时，称"其地计三目为一垧，统十垧为半夫，二十垧当全夫，共编九十余夫，与旧上下渠之复兴滩、善利渠，三社鼎立，都自合一"[⑥]。

因地色原因，垧、晌、埫之外，地积还有其他计量单位。比如乡宁的地势为"乡邑僻，在万山中，奇峰叠嶂，或数十里，或百里，向背皆然。居民依山而处，即凿山而耕"[⑦]，由此在乡宁县的田地计算中出现了"堆"：

> 民间田地多以堆计算，每一堆约七分弱合，三堆为二亩。

① （光绪）《解州志》卷四《田赋·差徭附》，光绪七年（1881）刻本，叶19b。
② （乾隆）《浮山县志》卷一二《田赋》，乾隆十年（1745）刻本，叶10a。
③ 常书铭主编：《三晋石刻大全·晋城市高平市卷》上册，太原：三晋出版社，2011年，第253页。
④ 〔民国〕《临县志》卷一〇《财赋略第三》，民国六年（1917）铅印本，叶2b。
⑤ 李文清主编：《三晋石刻大全·太原市古交市卷》，太原：三晋出版社，2012年，第68页。
⑥ 汪学文主编：《三晋石刻大全·临汾市洪洞县卷》上册，太原：三晋出版社，2009年，第432页。
⑦ （光绪）《续修乡宁县志》卷二《山川》，光绪七年（1881）刻本，叶1a。

按：乡宁县及吉县等处，县民以山居者为多，田地多在山麓，凹凸不平，当开垦时，即以凸计田地之多寡，凸与堆为一声之转，而义又相近，故契约中恒以堆字代之。至起科后，以亩分征收钱粮，合三堆为二亩，而民间通常名称与买卖契约仍相沿不改。①

二、不计分亩

除了以垧（晌、埫）计地，清代山西土地交易中还出现了土地“不计分亩”的情况，这同样与地色有关。比如临汾县和村编号为lfhww02的嘉庆二十四年（1819）方企敏立卖死契文字：

吴生芳＋
同中人郭金元＋
方守得＋

立卖死契文字人方企敏，因为使用不便，今将自己祖遗之业，座落在南平里地上下二段，不计分亩，东至方企安，西至业主，南至吴永仁，北至吴生俊，又至业主，四至开明，上下土木石相连，出入通行，同中人说合，情愿出卖与土门北里三甲二支民人吴生岗名下为死业，时值价钱六十千文整，当日钱业相交，分文不欠，随粮银二钱，恐后难凭，故立死契永远为照用。

堂　　财＋
面同　兄方企
胞　　贤＋

嘉庆二十四年七月十八日立死契人方企敏＋②

再如乡宁县西小河庄编号为xnxxhz07的道光元年（1821）石狗见、石小狗立卖坡地契约：

狗见
立卖坡地人石　　二人因为使用不便，愿将自己村东北东涧岭地上下一连数段，

① 前南京国民政府司法行政部编：《民事习惯调查报告录》，第119页。
② 清华大学图书馆藏契约文书，编号为 lfhww02。

小狗

其地上至张继先，下至李万盛，又至石雷，南至道，北至野峪沟楞；又岭南地一连两段，上下二至张继先，西至坡，东至道；又后沟圪节下南北地一连数段，东至张继盛并石雷，西至张继让并石雷，南至张继平，北至坡；又南沟口佟南地一连段，又圪节前渠下地一连数块。其数处地四至分明，土木石水相连，出入依旧。今立卖与张继盛承业，同中面受卖价元丝银四十三两整，银业两交，恐口不凭，立卖地约存照。［花押］

狗见+

道光元年十二月卅日立卖地约人石

小狗+

后披粮银一钱一分

石郎耀

石　雷

中人

赵日顺

段　越[1]

lfhww02号文书中明确写明“不计分亩”，而xnxxhz07号文书虽未明确写明不计分亩，但确实未写土地面积。笔者曾整理清华大学图书馆馆藏的归户契约，在和村一包归户的20件清代买卖地契当中，写明“不计分亩”者共15件，3件未写土地面积信息，总计不写土地面积者共18件，占比90%，另外2件写明亩数。值得注意的是，从交易双方、土地四至和交易时间等信息来看，lfhww02与lfhww04号官契为同一个交易，但lfhww02号白契交易价格为60千文，而官契上则写为40千文，应是匿税现象。此外，lfhww01号文书嘉庆二十四年（1819）七月十七日苏企才立卖坡地死契与lfhww03号官契是同样的情形。那么不写土地面积者的比例也应当至少为：16/18≈88.89%。而在西小河庄一包归户的6件清代买卖地契当中，没有一件写明土地面积。

在地权交易中，土地“不计分亩”，不写地积，与地色问题直接相关，即不规则土地难以进行丈量和计算。在xnxxhz07号文书中，土地的情况几乎都以“一连数段/块”来进行说明，无法直接写明亩数，主要原因是土地多在沟、涧、岭处。同样，和村的土地多坐落于沟、凹、坑等中，也多用“数段”或“一连数段”来表示。和村编号为lfhww24

① 清华大学图书馆藏契约文书，编号为xnxxhz07。

的道咸时期[①]方门王氏立卖坡地文契说得更为明白：

立卖坡地文契人方门王氏因为使用不便，今将自己随置之业，坐落在井沟里，上下一连八段，沟渠歪斜，难计分亩。西至方企贤，南至吴生连，东北俱至道，四至门明，土木石相连，出入通行照依旧规。今立正契，情愿出入于土门北里三甲二支民人吴生岗名下永远为业，同中说合，时值价钱十四千五百文正，其地随粮银一钱，再无别说。当日钱业相交，并无短欠，如有争义（议）者，有收钱人一面承当，于出钱人无干，恐后无凭，立卖契存照。

寿德 +

同胞侄 方企河 +

安 +

苏永茂 +

同中人 吴学英 +

吴生珍 +

□□三□二月初五日立卖契人方门王氏 +[②]

上述契约中关于地积情况，就直接写明因“沟渠歪斜”而“难计分亩”，即因地形不规则造成丈量、计算的困难，使得地积的实际信息难以获得。

除了地契记载，山西碑刻中亦有不少“不计分亩”的相关记载，可为一证。碑刻中录有不少契文，如现存运城绛县磨里镇回马岭村歪头山半山腰庙下的万历四十五年（1617）《舍地碑记》记载一则舍契：

孙王里九甲，立舍状文契人：翟金先、翟金付、翟金官、翟金受、翟金才、翟金山等。今有歪头山西凹地一所，不计分亩，其地东至歪头山，南至焦世有，西至李东周，北至松树岭。四至分明，土木相连，今情愿舍于本山道人张守泉耕种，永远为死业。仝众（同中）言定，再无返言□词，久后不得返言耳，罚白米七石，入官使用。恐后无凭，故立舍契存照。计开地内，并无差良杂事。

户名翟歪

翟金贵 翟金正 翟金道 翟金成 翟金库 翟帅琴 翟思善 翟登弟 翟思强 翟登

① 契尾落款时间是咸丰三年（1853），契纸内容落款年号缺失，只剩一个“三”字。

② 清华大学图书馆藏契约文书，编号为 lfhww24。

云 翟思旺 翟思修 翟思东 翟思恩 翟思进 翟思名 翟陈长 翟曹长 翟登周 翟县长

□见人 孙彦光 许进□ 焦希臣 孔如夏 张朝付 任尚礼

大明万历四十五年六月二十六日立

石工孙彦真刊①

现存临汾古县岳阳镇多沟村南坡坪坪沟观音堂的弘治七年（1494）《圣佛岩新修观音堂记》碑阴载一则让地契约，内容如下：

岳阳县泽泉里住人王能、张全、闫仲宽等，今有本里移外人户宋希禄遗下田地一分，地名圣岩，坡地一段，不计分亩，东至半坡，南至圣佛岩沟，西至驼腰，北至沟。其地四至分明，土木相连，今立文约，让与本里圣佛岩僧人道兴名下用力开种，不计年限，舍施香火钱。租粟递年，无及粮草，租粟并不干种地之事，闫仲宽、张全、王能等三人一面承当。恐后无凭，故立文约为照用。弘治七年二月初六日。

立文约人张全 闫仲宽 王能

见人杨得山 张真 王安 李耀 郭法卷②

上述碑刻所录契文中舍让土地为山凹地、坡地，因而不计分亩。

另外，现存高平米山镇米西村定林寺内的金大定二年（1162）《重修大粮山定林寺碑阴》载："本寺地土数目：一处，山神庙岭西地一十五段，计九十八亩。一处，大粮山前西北坡庄，课地三十余段，计五十亩。一处，大粮山后地二十段，不计分亩。一处，寺前坡地东西峪□，共地二十段，不计分亩。"③现存长治平顺县北耽车乡实会村大云寺院内的成化十三年（1477）《潞州黎城县漳源乡石灰社双峰山大云寺重修记》载当时大云寺"所交周围赡寺香火养种之地，共计二十五亩，东至后门脚，南至崖，西至牛王脚，北至寺惱陀。师岩里地五亩共二栈，东至脚，南至崖，西至赵家坟，北至岭。寺沟口地一处，东至沟，南至河。堰底苇地一处，不计分亩，西至申翥，北至崖。寺惱陀地一处五栈，共计地二十亩，东至脚，南至岭，西至池，北至沟。并申英寺西边道下地三亩"④。现存运城绛县大交镇续鲁峪村北坂自然村的万历二十一年（1593）《姜户基业山场地亩遗后碑》载，绛县姜户与翼城霍姓为山场地而争讼，因而立碑开列山场地亩，

① 柴广胜主编：《三晋石刻大全·运城市绛县卷》，太原：三晋出版社，2014年，第105页。

② 曹廷元主编：《三晋石刻大全·临汾市古县卷》，太原：三晋出版社，2012年，第17页。

③ 常书铭主编：《三晋石刻大全·晋城市高平市卷》上册，第34页。

④ 申树森主编：《三晋石刻大全·长治市平顺县卷》，太原：三晋出版社，2013年，第51页。

在列7座山坡时，单独写明“计地不计分亩”①。现存临汾古县岳阳镇延庆观院内（原存永乐乡金家凹村定国寺旧址）的嘉靖二十七年（1548）《白马山敕建定国寺先师菩萨祖训五服宗派重修殿堂碑记》记录定国寺“地土四至：东至上下沟，南至水心，西至沟道，北至岭。不计分亩”②。以上不计分亩的土地都是山地、苇地等不规则地形。

三、以垧（晌、埫）计地和不计分亩的存在逻辑

上文所述以垧（晌、埫）计地，但在官方册籍中记顷亩粮额。二者可以并存，源于二者可换算。但是民间地权市场不计分亩，而在如上述临汾、乡宁等地的方志中记载地积仍用“顷亩”③。这两种表达方式及其背后的实践逻辑是如何共存的呢？

相关研究已经证明了清代《赋役全书》的会计意义④，而方志中的地亩和赋税数据大多直接从赋役全书抄录而来，如乡宁田赋“正杂等则，则有《赋役全书》；豁免存留，则有奏销底册，一钞胥可办也”⑤，即方志中田土顷亩数字的来源是《赋役全书》。如此便引申出两方面问题：地积的确切数字难以获得时，交易双方为何不照抄官府册籍上的数字？政府面对百姓对土地“不计分亩”，如何实现有效征税？

民间地权市场等行为中“不计分亩”并不影响其行为效力，上述地契和碑刻中所录土地交易等，尽管不计分亩，但基本都有四至，可以视为对地积信息缺失的补充，以提供交易信用。而交易双方缴纳契税、推收过割、使用官版契纸以及邀请乡约等半官方人群参与土地交易，使得交易行为在一定程度上得到法律的保障。另外，“不计分亩”的行为也在一定程度上得到了官方的认可。在和村“不计分亩”的18件清代买卖地契当中，红契16件（其中官契15件）⑥，占比88.89%。且在嘉庆末年之后的官方契约中，均有乡约人员参与土地交易。西小河庄不写地积的6件清代买卖地契，则全是红契（其中5件官契）。

① 柴广胜主编：《三晋石刻大全·运城市绛县卷》，第76页。

② 曹廷元主编：《三晋石刻大全·临汾市古县卷》，第30页。

③（乾隆）《临汾县志》卷三《田赋志·地粮》，乾隆四十四年（1779）刻本，叶1a—2a；（乾隆）《乡宁县志》卷四《田赋》，乾隆四十九年（1784）刻本，叶1a—10b。

④ 陈锋：《清代〈赋役全书〉的编撰与田赋征收原则的确立》，载冯天瑜主编《人文论丛（2009年卷）》，北京：中国社会科学出版社，2010年，第467—494页；申斌：《清初田赋科则中本色米复归的新解释——兼论明清赋役全书性质的转变》，《中国经济史研究》2019年第1期。

⑤〔民国〕《乡宁县志》卷六《考五·田赋考》，民国六年（1917）刊本，叶6a。

⑥ 此处官契意指使用官版契纸的契约。

百姓“不计分亩”，并不影响政府征税，原因是囿于“地系于户、粮额为重”的原则，土地对于政府征税并非是最重要的，重要的是粮额能够落实到人户。但是一旦“不计分亩”影响到赋税征收、引发争讼时，政府便会予以处理。比如不开四至，往往会造成弊端，民国蒲县习惯“买卖土地、山庄论份不论亩”：“买卖土地、山庄、田地，契约内只书写某庄平坡田地一份，并不显顷亩分厘，甚至有不开四至者。”这由当时蒲县知事潘致和、承审员原蔚文报告，报告中还提到“近来因此涉讼者甚夥”。[①]雍正五年至八年（1727—1730）任浮山知县的周毓正曾言：

> 浮之壤，凡五则，而输纳之籍，每户只以粮计，岁底造簿则视其转易之券而增减之。问所谓鱼鳞册者，老吏皆谢不知。余初疑其妄，及听断之余，查阅邑中旧契，自胜国来，载有亩数条段者十之五，余则皆称某山某沟地壹分，随夏秋粮若干，或称地几垧，土人以牛日所耕者为一垧，有二亩三亩，多少不等，或称尽数无遗，或称零星难以细开，无段落、无四至、无上中下名目。要其所欲，则随以重赋，急而求之，则减粮以售。又东山一带，客户皆流民，广种薄收，量入租课，业主终其身不知地在何处，以是甲乙互争，有数十年不决者。然后知册籍散失，吏缘为奸，非一朝夕之故也。彻底清查，履亩而税，使豪右羸瘠，无不均之叹，以俟夫能创非常之原者。[②]

不计分亩但仍能够追粮，故政府对以垧计地尚能包容，但是如果“无段落、无四至、无上中下名目”，便会造成税粮无所追缴，此时政府便只能进行清查，以保证额粮征收。

需要注意的是，地权变动过程中，四至尤其是以地户为名的四至也在变化。随着时间推移，人群时势迭代更替，支撑地权市场运行背后的社会结构和秩序也具有更丰富的内涵，这有待于进一步的讨论。

四、结语

清代山西地权市场中，地积表达除了顷亩，还出现了以垧（晌、埫）计地和不计分亩的情况，究其原因，都是源自不规则地形的丈量和计算困难。以垧（晌、埫）计地

① 前南京国民政府司法行政部编：《民事习惯调查报告录》，第142页。

②（乾隆）《浮山县志》卷一二《田赋》，叶10a—b。

和顷亩粮额并不矛盾，原因在于垧、晌、埫与亩具备可换算性。而地权市场中的不计分亩，在存在四至作为地积信息补充的情况下，也不影响其行为信用，缴纳契税、推收过割、使用官版契纸以及邀请乡约等半官方人群参与土地交易，加强了交易行为的有效性。在“地系于户、粮额为重”的背景下，只要政府能够将粮额落实到人户，百姓“不计分亩”便得到承认和允许。但是，比如四至不开又不计分亩，影响到赋税征收、引发争讼时，以及税粮无从追缴时，政府便会进行清查以维持原额。

〔作者王正华，中国社会科学院古代史研究所、徽学研究中心。北京，100101〕

青史留名的竞赛
——以清代、民国《良乡县志·艺文志》文本生成为例

孙聪文

摘　要：本文对康熙朝杨嗣奇本，光绪朝陈嵋、范履福本，民国时期周志中本《良乡县志·艺文志》诗文收录情况进行整理，进而探讨修志者的主观情感对方志文献形成所产生的影响。以吕植为代表的纂修人员凭借地位将自身诗文作品大量掺入〔民国〕《良乡县志》，在“青史留名的竞赛”中取得了成功。类似现象普遍存在于各地的方志编纂中，今人却往往不以为意。方志史料来源的同质化警示研究者需要重新评估各种方志的史料价值。

关键词：良乡；方志；艺文志；文本生成；史料价值

关于中国古代方志修撰的缘由，美国学者戴思哲曾归纳为两种路径：被动（命令性质）与主动（自发性质）。命令性质的修撰多源自中央或上级政府的政令，目的多在于了解地方情况，进而实现有效控制；自发性质的修撰多与地方官员的自我标榜相关，新修方志证明了教化的推行。同时，戴思哲以明代《新昌县志》为例，论证方志的编纂由几个相互勾连的家族把持，如“祥瑞”“园林”“节妇”等部分的记载实际上都源自于“共同商定的大家族史”。[①]上述研究颇具启发价值：在方志编修的历程中，掺杂着基层官员对追寻个人声誉的期待，以及地方家族对争夺自身话语权的渴望。方志绝非是地方真实状况的如实反映，修志者的个人私心必然影响方志的最终面貌，戴思哲已对该现象做出了精彩论述。然其对纂修者切入角度、影响程度的讨论尚显不足，仍有待于进一步考察。

在方志体例中，纂修者最具有发挥余地的莫过于“诗文”类：裁定古今文章之优劣，将自身诗文与古之名篇佳作相并列，无疑是历代文人的终极追求。故本文以清

① ［美］戴思哲：《中华帝国方志的书写、出版与阅读：1100—1700年》，向静译，上海：上海人民出版社，2022年。

代、民国时期3种版本的《良乡县志·艺文志》为例，分析其诗文的择选情况，归纳暗隐的收录原则，进而揭示方志修撰中的“夹带私货”现象。[①]笔者针对《良乡县志·艺文志》的个案研究，旨在提示研究者留意方志材料的择选过程，进而有助于形成对方志史料价值的合理判断。

一、《良乡县志》历代编纂情况

据1999年出版的《北京市房山区志》[②]，良乡地区史志著述共计9种（见表1）：

表1 《北京市房山区志》著录良乡地区史志纂修情况一览表

序号	书目	纂修者	纂修时间
1	《良乡县图志》（佚）	不详	不详
2	《良乡县志》（佚）	不详	不详
3	（隆庆）《良乡志》（未见）	〔明〕安守鲁修、杨守正纂	明隆庆间（1567—1572）修
4	（康熙）《良乡县志》	〔清〕李庆祖修、张璟纂	清康熙十二年（1673）
5	（康熙）《良乡县志》	〔清〕杨嗣奇修、见圣等续修	清康熙四十年（1701）
6	（光绪）《良乡县志》	〔清〕陈嵋、范履福等修，〔清〕黄儒荃等纂	清光绪七年（1881）始修，光绪十五年（1889）刻本
7	〔民国〕《良乡县志》	周志中修、吕植等纂	民国十三年（1924）
8	（河北省）《良乡县地方实际情况调查报告》	冀察政务委员会秘书处第三组调查	民国二十五年（1936）
9	（沦陷时期）《河北省良乡县事情》	卞乾孙编辑	民国二十八年（1939）

如表1所示，在9种地方史志著述中，《良乡县图志》、《良乡县志》、（隆庆）《良乡志》3种因散佚未见而无法利用。（康熙）《良乡县志》李庆祖本为康熙十二年（1673）编定，然而康熙四十年（1701）时杨嗣奇称该本已散佚颇多，“仅得写册三本，系前令李公庆祖与邑柱史张公（讳）璟者重修之书。反复披阅，但见字多鱼鲁，残缺未备”。可知康熙朝两版《良乡县志》之间并不存在明显的承继关系：李庆祖本对杨嗣奇本的影响并不显著，杨嗣奇反而将残存的县志旧稿视为负面典型。因李庆祖本不成系统，故暂不纳入本文研究范围。民国时期的《良乡县地方实际情况调查报告》《河北省良乡县事

① 需要说明的是，本文主要关注诗文作者及其身份，并不涉及对作品本身的文学艺术鉴赏。

② 北京市房山区志编纂委员会：《北京市房山区志》第22章《文化·地方著述·史志著述》，北京：北京出版社，1999年，第545页。

情》并不涉及“艺文”类内容，亦不作为本文分析重点。

由此，本文以康熙朝杨嗣奇本，光绪朝陈嵋、范履福本，民国时期周志中本3种版本为主要研究对象。[①]其中，光绪朝陈嵋、范履福本所涉及的版本问题需要加以说明。陈嵋、范履福并列署名，后人会很自然地认为二人曾共同修撰县志，但事实并非如此，光绪本系范履福修改陈嵋旧稿后刊刻而成。光绪本所载《重修良乡县志衔名姓氏》称“总理”为“蓝翎五品衔盐山县知县（前署良乡县事）陈嵋、候补知府在任尽（先前即补直隶州知州，知良乡县事）范履福”，看似光绪本乃二人通力合作的结果，然而陈嵋在《重修良乡县志序》中的落款为“光绪七年辛巳知县陈嵋”，可知陈嵋所主持的方志重修工作已于光绪七年（1881）告竣。但在今日所见之光绪本《良乡县志》卷四《官师志·宰职》中却又记载了陈嵋以降的数任知县，直至“范履福，光绪十四年二月任知府衔在任尽，先前即补直隶州知州，十四年十月保升候补知府”。由此可知，范履福曾对陈嵋旧稿加以补充，并在光绪十五年（1889）组织刊刻，今日所见之光绪本已与陈嵋在光绪七年（1881）修成的县志有所差别。限于史料，目前仍无法鉴别范履福对陈嵋旧稿的修补情况，故笔者暂且忽略两种版本间的差异，仅将其视为一个完整版本加以分析。

二、由定型走向规范：从康熙本到光绪本《良乡县志·艺文志》

从康熙朝杨嗣奇本，到光绪朝陈嵋、范履福本，《良乡县志·艺文志》在诗文收录标准上呈现出沿袭与新变两种不同的面相。通过比较不同版本的诗文择选情况，我们可以观察到《良乡县志·艺文志》修撰工作由定型走向规范的发展历程。

康熙本的修撰源于上级政府的指令，杨嗣奇《重修县志刊定成书序》开篇即交代了修志背景：“方今皇上命翰院儒臣纂修《大清一统志》。”在领受任务后，杨嗣奇却发现，明代隆庆年间（1567—1572）所修县志距今接近150年，无论存佚与否均不能利用；30年前李庆祖修撰的县志也残缺未备。因此，杨嗣奇主持修撰的（康熙）《良乡县志》需要另起炉灶，在适应良乡本地情形的基础上建构合理的叙述框架。

故而，康熙本《良乡县志·艺文志》奠定了此后光绪本、民国本的基础。其一是文体种类的初步厘清，康熙本将所有文献分为7类：碑记、传、志铭、议、书、辞、诗。光绪本进行了部分调整，修订为9类：议、记、序、书、传、碑文、志铭、墓表、

① 本文所使用的版本：（康熙）《良乡县志》，康熙四十年（1701）刻本；（光绪）《良乡县志》，光绪十五年（1889）刻本；〔民国〕《良乡县志》，民国十三年（1924）铅印本。

诗。[①]民国本则延续了光绪本的分类标准没有变动。其二是康熙本所收录的诗文绝大多数亦被光绪本、民国本收录，后两者主要在康熙本的基础上添加新材料。

下文以诗文择选标准为例，考察由康熙本奠定、光绪本沿袭的收录原则。

第一，较少收录当代文章。

本文所称之“当代”，指与方志纂修时间相近的历史时段。以“碑记”类文体为例，康熙本收录了7篇碑记，包括年代不详的《窦谏议阴德记》、明代的《良乡县新修城隍庙记》《琉璃河桥隄记》等4篇、顺治时期李昌垣的《重修良乡儒学碑记》和康熙时期李庆祖的《新建魁楼碑记》。光绪本与之相对应的“碑文”与“记”两项下共收录12篇，在康熙本7篇的基础上增加了5篇：明代王舜鼎的《护国大善弘恩寺碑》、康熙时期的《重修寿因寺碑》、乾隆时期知县张习的《曹母王孺人捐置学田碑》、道光时期知县彭世昌的《重修良乡县学宫记》和同治时期知州周绍达的《新建挟河中桥碑》。光绪本新增5篇碑记均为光绪朝以前的著述，换言之，康熙本及光绪本均罕有收录修志时期新产生的碑记，如康熙本仅收录前县令李庆祖的《新建魁楼碑记》，光绪本则完全未收录当代碑文。

第二，收录当代文章的目的在于为纂修方志有功的官员及士子提供发挥空间。

如前所述，康熙本收录了李庆祖的《新建魁楼碑记》，打破了不收当代文章的原则。但李庆祖身为康熙十年（1671）至康熙三十三年（1694）的良乡知县，本就是康熙十二年（1673）《良乡县志》修撰工作的重要主持者。与此类似，在“传”类文体中，光绪本在继承康熙本3篇传记的基础上增添了一篇《成实徵先生传》，作者为“训导郝锡畴”。据光绪本《重修良乡县志衔名姓氏》所载，“前任良乡县训导”郝锡畴正是光绪本的分纂官之一。由康熙本收录前县令李庆祖《新建魁楼碑记》，光绪本收录前训导郝锡畴《成实徵先生传》可知，康熙本及光绪本虽罕有收录现任地方官员的著述，但还是收录了为方志编修做出贡献的前任官员所撰文字。

又如在“诗”类文献中，康熙本收录了郭秉聪、苏之屏、张璟、陈璠、黄文、唐美中等人所创作的“八景诗”。“八景诗”系《燕谷长桥》《燎冈古塔》《盐沟雪浪》《城脚鸡鸣》《崇冈西拥》《巨浸东汇》《广阳遗城》《梁公芳沼》8首诗歌的组合，为明清士大夫吟咏良乡景色的母题。其中郭秉聪、张璟、陈璠、黄文、唐美中每人均收录1组8首，苏之屏收录4首。郭秉聪为明代任职良乡的地方官员，苏之屏系良乡地区所培养的官僚人才，张璟乃李庆祖在康熙十二年（1673）修撰《良乡县志》时的重要协助者，

① 文体的分合变化并不影响收录诗文的范围。如康熙本的“碑记”一项被后世拆分为“碑”与“记”；“辞”仅有《固节驿》一篇，被光绪本、民国本纳入“诗”中。

陈璠、黄文、唐美中则均为康熙本的编纂人员。可见康熙本在收录诗篇时并未遗漏与方志纂修相关的官员和士子们。在罗列了“八景诗”后，康熙本又收录了部分修志者的诗赋，如陈玘《刊志所遇春雪偶成》、唐美中《刊志所遇春雪（和圣佩元韵）》、陈璠《通州考贡冒雨还舍》、邹吉方《重修良乡县志成喜赋》等，这些诗赋的题目就已经揭示了作者与方志纂修工作的密切关系。可以说，在康熙本修撰的过程中仍不可避免地掺杂了方志纂修者的私人情感。

综上可知，康熙本奠定了《良乡县志·艺文志》的修撰基础，确立了较为明确的收录原则，但仍在一定程度上受到修志者主观情感的影响。而光绪本则在此基础上进一步调整改进，呈现出以下特征。

第一，进一步剔除私人化色彩。

相较于康熙本，光绪本新增了“序”类文体，但其择选原则颇为微妙。康熙本有7篇序言，包括明代郭秉聪《良乡县旧志序》，清代李庆祖《良乡县旧志序》、杨嗣奇《重修县志刊定成书序》、李维翰《捐藏书籍序》、张珽《重修良乡县志序》、陈玘《刊修县志序》、唐美中《刊修县志序》。光绪本将郭秉聪、李庆祖、杨嗣奇3位地方官员所撰序言单列于书前，《艺文志》则仅抄录了李维翰、张珽序言，并未提及陈玘、唐美中二人。张珽其人不详，李维翰、陈玘、唐美中俱见于康熙本《修志姓氏》之中。李维翰系良乡县教谕，任方志校□（原文漫漶不清，难以释读）；陈玘、唐美中为廪生，任方志订正。陈玘、唐美中相对而言身份低微，二人所撰《刊修县志序》均未被光绪本收录。而在“诗”类文献中，他们同样是被后世排斥的对象。

光绪本所收录的“八景诗”较康熙本有所删减。其中郭秉聪、张璟每人收录1组8首，苏之屏收录4首，并无变动；唐美中的“八景诗”完全消失；陈璠、黄文的“八景诗”也遭到大幅度删削，从康熙本中每人收录8首，到光绪本中陈璠收录2首、黄文收录1首，可见康熙时期修志人员的诗篇被后世排斥。而前文所提及的陈玘《刊志所遇春雪偶成》、唐美中《刊志所遇春雪（和圣佩元韵）》、陈璠《通州考贡冒雨还舍》、邹吉方《重修良乡县志成喜赋》等修志人员所撰之诗赋，亦均不见于光绪本。笔者认为，上述现象很难用文献散佚来进行解释，而应当是光绪本修撰者刻意为之的结果。光绪本剔除了康熙本所收录的陈玘、唐美中、陈璠、邹吉方的诗赋，保证了方志的客观公正性。4人凭借其身份，将所撰诗文收入（康熙）《良乡县志》，诗歌主题亦多与康熙本的修撰过程密切相关，后世方志自然难以沿袭采用。

第二，对康熙本的补充与完善。

在尽力摒弃主观情感的同时，光绪本充分挖掘了与良乡相关的历史文化资源，如在“诗”类中增补了袁枚、陶元藻的唱和诗等名篇。由此，追寻名家佳作，补充完善前代县志，构成了光绪本、民国本文献收录的总基调。

在对康熙本进行增补的前提下，又存在着光绪本修撰者剔除康熙本部分诗歌的现象，这证明光绪本的纂修者已经确立了“剔除私人化色彩”“不收当代文章”等颇为合理的收录准则。借助于文字背后所暗隐着的择选标准，光绪本实现了对诗文质量与数量的控制，这也标志着良乡地区《艺文志》的修撰工作逐步走向规范化。

三、修撰的失序：吕植与民国本《良乡县志·艺文志》的纂修

《良乡县志》纂修历程中，由康熙本、光绪本所奠定的较为合理的收录原则，在民国本中遭到了破坏。民国本的主持者、知良乡县事周志中称其在组织方志修撰的过程中“邀邑中各士绅从事于此”，聘任吕植、见之深负责编撰工作。正是以吕植为代表的纂修者群体操纵了《艺文志》的文献收录，他们在对光绪本进行增补的过程中借机掺入了个人私心，打破了由光绪本确立的收录原则，进而造成县志修撰的失序。

在比对光绪本与民国本“碑文”“记”类文献时，笔者注意到光绪本并未收录光绪时期碑文。如前所述，光绪本系光绪七年（1881）陈嵋始修，光绪十五年（1889）范履福组织刊刻，在刊刻时补充了光绪七年至十五年的部分内容。然而如被民国本所收录的《良乡县杨子英县尊裁革车徭德政碑记》，该文为光绪十一年（1885）作，作者长馨以内务府笔帖式的身份甚至参与了光绪本的修撰过程，但该文仍未被收入光绪本中。这完全符合光绪本择选文章的规范——避免当代文章进入县志，经典作品需要经历时间的沉淀。

但民国本显然并未遵守约定俗成之规：民国本所收录的“碑文”及“记”由康熙本7篇、光绪本12篇骤然升至31篇。其中包括对明代碑记的发现与整理，如袁中道《敕赐万寿禅院碑记》、佚名《敕谕延福寺住持碑文》（文末载“万历四十六年八月二十八日”），也有康熙至同治时期的部分碑记，如汪绎《良乡十三里如意禅林碑记》（文末载“大清康熙四十一年岁次壬午季春月榖旦”）、佚名《御制惠端亲王碑文》（惠端亲王绵愉，同治三年十二月薨）等，但更多的是光绪、民国时期人物所作的文章。为了印证这一观点，笔者对民国本所载31篇碑记的时代分布进行了统计，其中明代8篇，光绪朝7篇，民国时期6篇，康熙朝3篇，同治朝2篇，顺治、乾隆、道光、宣统朝各1篇，年代不详1篇。同时，笔者考虑到了不同碑记存在字数差异，不能单纯以篇数比对，故对31篇碑记的字数进行了粗略统计，统计方式如下：笔者以民国铅印本为基准，每一列记1，

对应32字，不足一列的视情况记为0或0.5或1。如《窦谏议阴德记》（又作《窦燕山阴德记》）计数18.5列，正文字数约为592字。计数仅为估值，目的在于反映各历史时段文献收录情况。各时代收录碑文字数情况如下：明代124.5列，光绪朝87列，民国时期59列，康熙朝35.3列，道光朝30列，同治朝21列，顺治朝21列，宣统朝17.5列，乾隆朝11.5列，年代不详18.5列。

由此可知，光绪朝与民国时期的碑记篇数与字数均占较大比重。民国本对碑记的收录不仅涉及地方官员（如知县王汝廉《重修良乡县文庙碑记》、教谕郑荣桂《补修良乡县文庙记》），还涉及与修志者有渊源的地方士人。如其中收录了左珍于光绪二十五年（1899）所作的《十三里嫠妇刘龚氏捐款记》，左珍与民国本总纂修见之深同为光绪二十三年（1897）岁贡。然而更多的碑文则直接指向了民国本的纂修者群体，如总纂修吕植的《创建琉璃河舆梁碑记》《刘孟纯县长畅园记》，总纂修见之深的《修理护城桥道暨西南二桥之碑记》，校对、采访谟尔根保的《重修天王寺碑记》，采访左观瀛的《重修关帝庙碑记》，采访王朝凯的《重修长羊村石桥碑记》[①]等碑记，均被收录进民国本中。

在“诗”类文献中，民国本亦沿袭了收录“八景诗”的传统，但仅在光绪本的基础上增添了总纂修吕植所作的“八景诗”。在剔除“八景诗”和大量帝王诗[②]后，民国本所收录的诗歌数量有了爆炸性增长，从康熙本的26首、光绪本的22首升至民国本的53首。其中固然有对名家作品的进一步发掘（如范成大、汤显祖等），但其中收录了吕植的9首、吕蕴华的4首，可见民国本《良乡县志·艺文志》已经深深打上了吕氏家族的烙印。

除了碑记与诗歌，其他文体的增补也多与吕氏家族密切相关。“墓表”增收了《吕公师臣墓表》，文末载“民国十二年七月男植谨表”，可知此文为总纂修吕植追溯其父吕清望（字师臣）事迹的文章。此外在“序”中增收两篇《吕师臣先生遗墨序》，文末载“民国九年四月姻再侄吴士傑谨识”“民国九年夏四月姻再侄吴士英谨识”，亦是与吕植家族有关的文献材料。

在《吕公师臣墓表》中仅记载了总纂官吕植之父吕清望及其三子二女的基本情况，而参考《人物志》的记载，笔者得以勾勒出吕氏家族的基本图景。《人物志》的“孝

① 本文署名“王朝凯，邑人生员”。文末载“民国四年六月”。《民国十三年续修良乡县志人名》中有采访“王朝恺”，似为同一人。

②〔民国〕《良乡县志》大量收录清代皇帝诗篇，如“清圣祖仁皇帝诗”收录《幸宏恩寺》1首；“清高宗（县志误作‘高清宗’。——笔者注）纯皇帝诗”收录《癸巳暮（县志误作“墓”。——笔者注）春上澣阅金门闸作》等5首；“清仁宗睿皇帝诗”收录《癸亥孟冬中澣过卢沟桥作》等9首；“清宣宗成皇帝诗”收录《柳色（辛巳季春黄辛庄行宫作）》等11首；“文宗显皇帝诗”收录《渡芦沟作恭依皇祖诗韵》等2首。帝王诗的收录可能反映了县志纂修者的遗民心态。

义”类为吕清望立传，称“其嘉言懿行，足为乡里矜式，迄今犹称颂弗衰云”。在“耆老”类中为吕植兄长吕樑立传，赞颂吕樑“亦一乡之善士也”。“列女”类中则记载了吕氏家族的贞节烈妇，如吕恩绶之妻吕赵氏、吕鸿绶之妻吕朱氏、吕振声之妻吕龚氏、吕鸿绶之女吕顺姑、吕栋（吕植兄长）之继室吕王氏等。由此可见，吕植掺杂私心的行动并不仅局限于《艺文志》，在纂修民国本其他部分时吕植也借机将自身的家族谱系纳入其中。

从总体上看，民国本的“诗文”类文献收录情况与总纂官吕植本人密切相关。吕植在《艺文志》中大量收录与吕氏宗族相关的诗文，同时许可参与编修方志的部分人员将自身作品纳入其中。“碑文”及“记”类文献收录情况所反映的畸形现象，正体现着以吕植为代表的方志纂修人员不合常规的择选准则。以常理度之，历代有历代之文章，很难出现如此明显的断层与割裂。光绪朝、民国时期的两个高峰，实际上象征着〔民国〕《良乡县志》修撰人员的普遍经历：清末（光绪、宣统时期）获取功名，民国时期把持县志修撰。换言之，民国十三年（1924）《良乡县志》的修撰仍然在依靠前朝的举人、贡生。

民国本“志铭”类文体的细微变动表面上与吕氏家族无关，却指向了方志纂修的深层动因：〔民国〕《良乡县志》的修撰是否真的恰逢其时？“志铭”类文献在光绪本的基础上增收了一篇《唐故开府仪同三司使持节陇州诸军事行陇州刺史上柱国南阳县开国伯张府君墓志铭（并序）》，文末的按语在暗示着某些关键信息：“按：此墓已无形迹，邑人未有知之者。民国十二年在城民人王怀于西门外地中掘土，既而发见砖块。又深掘之，棺木乌有，而得墓志上下两方。审视则唐张公道升卜葬地也。考之家礼，凡古人丧葬，皆有石志。此石行间虽间有阙文，而确为古墓无疑。由唐至今已更数代，而不先不后，适见于修志之时，岂鬼神式凭，不欲久而湮没欤？民国甲子春月识。”民国本所补充的墓志铭，其文本内容固然有史料价值，但更重要的是古代文物“不先不后，适见于修志之时”，作者始终在强调发现碑铭所代表的象征意义，也在不断强调着本次方志纂修的正统性和必要性。

这也提示我们留心方志的编纂周期：从明代隆庆年间安守鲁、杨守正纂修《良乡志》，到清代康熙年间李庆祖、杨嗣奇先后递修《良乡县志》（李庆祖所修方志仅存28年就已散佚颇多，故杨嗣奇重修县志），再到清代光绪年间陈嵋始修、范履福刊刻《良乡县志》，修志周期基本以百年为尺度。然而民国本《良乡县志》距前者不过三四十年，如何树立其合法性？一方面，周志中在《良乡县志序》中一再声明“年代变更，日新月异，迄于今又三十余年矣”，强调时移事变，但这类说法本就是方志序言的惯例，不足为凭；另一方面，就是标榜出土墓志铭“不先不后，适见于修志之时”，证明方志编修恰逢其时。实际上，〔民国〕《良乡县志》的编修很可能是官员利益与地方利益的一次整合。该县志的编修并非出于上命，而是周志中“下车伊始，即拟续而纂之”。同时，以吕植为代表的地方知识分子于光绪时期获取功名，对陈嵋、范履福时期的方志编纂及刊修活动或许存有印象，并力图通过县志的纂修使自身名垂后世。

四、青史留名：方志史料价值的再认识

所谓“国有史，郡县有志，家有谱”，方志本就是地方性文献，必然在某种程度上反映当地世家大族的意愿，也必然具备非客观性和“私属”特征。但纂修者对方志文献最终面貌的影响程度究竟如何，仍是值得深入探讨的重要问题。基于前文分析，笔者仅就《良乡县志·艺文志》探查3部方志的史料学价值：康熙本虽渗入了部分纂修者的诗文，但其具有开创之功，奠定了艺文志的总基调；光绪本更胜一筹，能够在一定程度上排除主观性，刻意不收录当代文献，力图避免作品的良莠不齐；民国本在补充大量资料的同时，掺杂了总纂官吕植家族及其他修撰者的大量文献，这一看似无可厚非的现象却严重影响了阅读者对方志的最初观感。

当代部分学者在利用方志开展学术研究时，对方志本身的纂修历程不甚了了，以偏颇的版本为基础进行论述，必然偏离历史真相。如在〔民国〕《房山县志》中，收录了“编辑员”高书官、王邦屏、常履道的大量诗歌。[①]而在学术著作《家国：房山常氏家族与近现代中国》中，作者称：“在采访、调查中，常履道将大量家族事载入县志，在保存一邑之史时，也保存大量家族之掌故。”[②]作者能够意识到方志纂修者个人私心的存在，但并未对此做出任何形式的批判，似乎这是一种无可非议的现象。

与之相对应的则是更多的研究者并不了解方志文献的生成机制，仅依靠一家之言便展开对地方史的讨论。如前文所述，民国时期《良乡县志》的纂修由吕植等把控，《房山县志》则由高书官、王邦屏、常履道等进行编纂，他们都将自身作品大量收录于县志之中。而在当代，1999年出版的《北京市房山区志》载：“民国房山县人高书官、刘青绶，及良乡县人吕植等诗文，多以吟山川风物为主，虽有辞采，但蕴含较浅。”[③]虽然新

① 〔民国〕《房山县志》卷七、卷八，《中国方志丛书·华北地方·第一三三号》，台北：成文出版社，1969年，第595—839页。

② 赵广军：《家国：房山常氏家族与近现代中国》，郑州：河南大学出版社，2015年，第195页。

③ 北京市房山区志编纂委员会：《北京市房山区志》第22章《文化·文化事业及其机构团体·文学艺术》，第527页。

版方志作者用“美中不足”评价其文学创作，但至少在“青史留名的竞赛”中，吕植、高书官等人是历史的胜利者，他们成功地受到了后人的关注，并出现在更高一级的方志文献中。吕植的策略是成功的，当代《北京市房山区志》在修撰过程中误以为其诗文创作代表了良乡地区文学艺术发展的顶峰水平。但实际上，以吕植为代表的纂修者群体，其青史留名，很大程度上是因为抓住了特定历史时期的机遇，而非文学史优胜劣汰自然选择的结果，这也将严重干扰研究者对当地文学发展情况的评估。

与之相类似的现象存在普遍性，并非仅存在于房山、良乡地区，也并非仅存在于《艺文志》之中。如由吴景果、潘其灿兄弟二人修撰的（康熙）《怀柔县新志》，《北京方志提要（修订版）》称“卷五至卷八辑录的是元、明、清时期的碑文、文章、诗歌”，“对研究明至康熙六十年（1721年）的历史、地理、经济、风土、物产、文学等多方面的情况有重要参考价值”。[①]但笔者认为仍需审慎对待上述结论，该方志未必能客观反映当地文学发展情况。

（康熙）《怀柔县新志》卷八《诗》分为“前朝诗”与“国朝诗”两部分。[②]吴景果称旧志所载之诗多“不雅驯”，故而重编“前贤佳咏及近日名流之作”。前贤有唐代苏拯，元代马祖常，明代方问孝、唐顺之、王世贞、顾炎武等，笔者不一一列举。检视“近日名流”，“国朝诗”部分60余首诗歌则完全由吴景果、潘其灿及其友人占据，无一首例外。但吴景果垄断地方诗歌却并非理直气壮。及至吴景果，清代怀柔地区已有20位知县，任何研究者均不可能天真地认为此前的19位知县都不值得列入“近日名流”之列，也不可能完全忽视其他地方士大夫的精心创作。故而（康熙）《怀柔县新志》卷八《诗》所谓“近日名流”不过是吴景果等人的自我吹嘘而已。

笔者对（康熙）《怀柔县新志》的考察旨在证明方志纂修过程中私心的普遍性，并且私心甚至可能占据方志文本的主流。此外，前文曾考察吕植在编纂〔民国〕《良乡县志·人物志》过程中将自身家族谱系纳入“孝义”“耆老”“列女”等项目内，标榜族人美德事迹，可知方志纂修者的私心也远不止于《艺文志》一项。

当代学者在开展地方史论述时，首先需要重新检讨作为基本史料的方志是否客观中立。以《良乡县志·艺文志》的3种版本为例，如果想以此书写良乡文学史，光绪本无疑是最佳的选择，而康熙本也同样值得关注。假若择选光绪本作为底本，就需要研究者充分搜罗材料，审慎评估光绪至民国时期的文学发展状况。假若直接选取民国本开展研究，就会产生如当代《北京市房山区志》的问题，误将吕植视为地方文学发展的顶峰。

① 谭烈飞：《北京方志提要（修订版）》，北京：中国书店，2015年，第34页。

②（康熙）《怀柔县新志》卷八，《中国方志丛书·华北地方·第一三二号》，第349—392页。

而在利用方志史料时，也应当核对修志人员姓名表和人物传记、艺文志之间的重合度，以便对方志的客观性开展估测。

让我们重新回顾方志纂修者的行为，无论是吕植、高书官的青史留名，还是吴景果、潘其灿的自我标榜，其本质都是借用方志为舞台，争夺地方历史文化活动的话语权。诚然，吕植、常履道等人的行为有助于今日对地域性家族的深度研究，但其私心毕竟掩盖了地方文学发展的真实情况，也动摇了研究者对方志文献史料价值的信心。在当代，研究者或许会利用不同版本的《良乡县志》分析清代以降地方文人的家族谱系或是具有地域色彩的文学书写，但以上所有分析的前提均为明晰方志文献的生成机制与史料价值，理解何为“被建构的区域历史”以及“青史留名的竞赛”。可以说，本文对3种版本《良乡县志》的考察仅仅是一个个案，但又在方法论层面上揭示着开展更多相似研究的可能。

〔作者孙聪文，中国社会科学院大学历史学院。北京，102488〕

三田渡《大清皇帝功德碑》碑文形成考

刘泽元

摘　要：前人认为，《大清皇帝功德碑》汉文碑文的初稿为李景奭所撰，由谢恩使申景禛等送交清朝，并依据范文程的要求进行修改后形成定稿。本文根据《大事编年》《白轩先生年谱》及李真望等人的记述，认为《朝鲜王朝实录》中关于碑文撰写的记载皆与李景奭家族有关。《承政院日记》记录了清朝使者与朝鲜王朝君臣围绕碑文撰写的交涉过程。李景奭的文稿交使者审阅并稍作修改之后，由内侍入送沈阳，此后申景禛所送的文稿已为修改后的版本。碑文原稿并无有关"己未之役"的文字，这部分内容系李景奭根据清朝方面所写底本增入。清、鲜双方在《大清皇帝功德碑》的起草过程中经历了反复博弈，均试图在文字中展现己方意志。

关键词：《大清皇帝功德碑》；李景奭；《承政院日记》

一、导言

"大清皇帝功德碑"是清崇德四年（1639）朝鲜王朝在汉城东南三田渡所立的石碑，又称"三田渡碑"。其碑文以满、汉、蒙三种文字，记载清朝降服朝鲜王朝的经过。[①]碑石是清朝武功的象征，一直被朝鲜王朝视作国耻，数度遭到破坏。因其独特的历史意义及多语种文献的性质，该碑自19世纪以来就得到多国学者的关注，相关研究成果蔚为丰富。不过，以往的研究主要是对碑文的满文和蒙古文部分进行注释翻译，对于汉文碑文的讨论相对有限。

谢国桢较早注意到了三田渡碑文的史料价值，在《清开国史料考》中著录了汉文

① 本文主要涉及清、鲜双方材料，朝鲜王朝奉明正朔，用崇祯年号纪年，有时也径用国王登基年数纪年。鉴于当时朝鲜王朝已尊奉清朝为宗主，本文正文部分中凡涉及清、鲜两国交涉的相关内容，均使用清崇德年号，月日则用农历。

部分，将其与《清太宗年纪》中收录的碑文进行对比，指出汉文碑文存在修改情况。[1]王崇武首先关注到了朝鲜王朝的记载，利用《朝鲜王朝实录》及《燃藜室记述》中收录的《丙子录》《辩诬疏》等史料，对碑文的生成过程进行了考察。他指出，朝鲜王朝首先命张维和李景奭撰成两份初稿送交清朝审查，范文程认为张维文章中引用的“郑伯牵羊”的典故不妥，而李景奭所作疏略，勒令修改之后才形成了碑文的正式文本。王崇武又从《明清史料·甲编》中发现了《拟朝鲜称颂皇帝功德碑文稿》[2]，进一步认为这份由清人草拟的稿件才是碑文的原本，而“景奭不过于谋篇修辞方面更加以推敲润色而已”。作者所揭示的碑文起草的过程归纳如下：清朝拟定初稿→李景奭进行润色→范文程勒令修改→碑文定稿。[3]陈捷先对比了《清实录》与《朝鲜王朝实录》收录碑文的文字差异，认为这可能是原稿和修订稿的不同或是官员抄录时的笔误。[4]韩国学者金在善逐句分析了碑文的言外含义，认为撰写者用各种方式表现了清朝的残忍与朝鲜王朝的不甘和反抗。但这些解读大都为主观立论，缺乏文献支撑。[5]王元崇关注到了清朝与朝鲜王朝《实录》之外，其他传世文献中所保存的《大清皇帝功德碑》文本，包括罗万甲《丙子录》及《朝鲜国来书簿》中收录的三田渡碑文，并对比了其与碑刻文字的差异。作者认为，前者是李景奭起草的原稿，碑文中关于1627—1637年清、朝关系的二百余字内容为初稿所无。而《朝鲜国来书簿》所收朝鲜谢恩使送交清朝的文本与最后的成文几无差别，表明范文程虽然对于碑文提出了修改的意见，但并未被朝鲜王朝所采用。因而，王元崇认为碑文主要由李景奭所写，清朝方面并未进行明显修改。而李景奭所撰碑文中的词句，大都取材自由崔明吉起草的朝鲜王朝与清朝来往的国书，不能视为李景奭个人创作的成果。[6]

围绕着三田渡碑的树立，清朝和朝鲜王朝进行了长期反复的交涉，碑文的内容则是重点，其背后蕴涵着两国不同的考量。以上研究成果中，王崇武与王元崇均发掘了清宫档案与朝鲜文献，对于三田渡碑汉文部分的起草与修改过程进行了细致梳理。不过，在朝鲜文献中，还留存许多相关记载，可以修正和补充三田渡碑文撰写和修改的过程。

① 谢国桢：《清开国史料考》，北京：北京出版社，2014年，第83—85页。

② 此文稿见载〔民国〕中央研究院历史语言研究所编：《明清史料·甲编》下册，北京：北京图书馆出版社，2008年，第79—80页。

③ 王崇武：《朝鲜三田渡清帝功德碑文考》，《东方杂志》1943年第39卷第15号，第42—44页。

④ 陈捷先：《三田渡满文清太宗功德碑研究》，载阎崇年主编《满学研究》第1辑，长春：吉林文史出版社，1992年，第139—152页。

⑤［韩］金在善：《韩国三田渡所立大清皇帝功德碑考述》，《清史研究》2001年第3期，第85—90页。

⑥ 王元崇：《三田渡“大清皇帝功德碑”满汉碑文再研究》，载邢广程主编《中国边疆学》第3辑，北京：社会科学文献出版社，2015年，第271—308页。

二、《仁祖实录》与《丙子录》所见碑文形成过程

如上所述，前人对于三田渡碑文的研究，主要以《丙子录》及《仁祖实录》作为主要史料。但是，《丙子录》成书的时间难以确定，且版本较为复杂，其对于立碑过程的叙述多有可疑之处，未可完全信从。《仁祖实录》崇德三年（1638）二月八日对撰写碑文的相关情况有所说明，其云：

> 以张维、李景奭所撰三田渡碑文入送清国，使之自择。范文程等见其文，以张维所撰引喻失当，景奭之文可用，而但中有添入之语，令我国改撰而用之，上命景奭改之，其文曰：……[①]

这段话以追述的形式，描述了范文程选用李景奭所作碑文并令其修改之事。

《丙子录》专记朝鲜君臣在丙子年（1637）被清军围困于南汉山城前后的史事，作者罗万甲，当时负责管理粮饷，[②]亲历其事，所记当为耳闻目睹，史料价值很高。关于三田渡碑文之事，云：

> 时虏使征文甚急，上初命张维、李景奭、赵希逸一并一夜撰进，入送虏中。时有中朝学士投虏者，以张维文“郑伯牵羊”等语本出诸侯相侵事，[③]又谓景奭所撰亦甚疏略，于是虏督令改撰，咆哮益甚。时维已死，王独招景奭谓曰：“彼以此文，欲验向背，此正国家存亡所判。句践臣妾会稽而终致沼吴之积，他日自强，惟在于予。今日之事，但当于文字务中其意，毋致事机转激。”景奭遂黾勉承命。[④]

---

①《仁祖实录》卷三六，仁祖十六年（1638）二月壬寅，《李朝实录》第35册，东京：日本学习院东洋文化研究所，1962年，第260页。

② 如《承政院日记》仁祖十四年（1636）十二月二十五日记曰：“管饷使罗万甲启曰……”。参见《承政院日记》第五十二本，叶129b。本文所引用的《承政院日记》，均出自韩国国史编纂委员会网站收录首尔大学奎章阁藏本，https://sjw.history.go.kr/main.do。

③ 所谓“郑伯牵羊”，引用楚庄王攻郑国的典故。《左传·宣公十二年》载：“十二年春，楚子围郑，旬有七日。郑人卜行成，不吉；卜临于大宫，吉。国人大临，守陴者皆哭。楚子退师。郑人修城。进复围之，三月，克之。入自皇门，至于达路。郑伯肉袒牵羊以逆……”见杨伯峻：《春秋左传注》，北京：中华书局，1990年，第718—719页。

④［朝鲜］罗万甲原著，仁祖时人扩著：《丙子录》，京城：朝鲜博文社，1928年，第114—115页。

据上，国王李倧命张维、李景奭、赵希逸三人撰写碑文，此后有“中朝学士投虏者”对碑文不满，命令朝鲜方面进行修改，国王劝勉李景奭按照清朝意图进行改撰，内容较《仁祖实录》丰富许多。

但是，这段记载颇有可疑之处。《丙子录》版本颇为复杂，不同版本之间在形式和内容上差异很大。据笔者目力所及，仅韩国学中央研究院藏书阁及韩国国立中央图书馆所藏刻本及抄本《丙子录》即有10种以上，大略可分为有小标题及无小标题两种。此外，还有博文书社及正音社两种标点排印本。以上所引的《丙子录》，为1928年博文社排印本，全称为《壬辰及丙子录》，系将《壬辰录》与《丙子录》合刊，用汉字及日文标点。相较于前述诸种刻本和抄本《丙子录》，这个本子在内容上有一些奇怪之处。前述两种版本系统的《丙子录》中，虽然都收录三田渡碑文的原文，但对于树碑过程则着墨不多，仅说：

> 且于三田浦（渡）请立胜捷碑，作彩阁，设层阶，立崇碑，其中围以垣墙。工役酷（浩）大且巧。大提学李景奭制其碑文，参知吴竣书之，参判吕甫征篆之，与清国及蒙古番文并书一碑。[①]

其中并没有博文社排印本中所记述的关于碑文撰述和修改的内容。这不能不使人对其出处产生疑惑：是否可能是后人所掺入的内容呢？从版本的角度看，博文社排印本时代较晚，其所据底本也未做说明。本文无法就《丙子录》的版本情况做一全面考察，仅从可见的几种本子来看，其在行款、字体、标题等方面均与排印本大相径庭。而从文本内容的角度看，考索史源，排印本中溢出的内容似乎别有所据。此外，排印本作者题为“仁祖时人　原著罗万甲”，或许表明了在罗万甲原著基础上有所扩充。《三田渡“大清皇帝功德碑”满汉碑文再研究》据此论述碑文的形成过程，稍有不妥。

如果从《仁祖实录》和《丙子录》来看，三田渡碑文的撰述过程比较简单，即由李景奭撰成之后，应范文程的要求进行过一次修改，之后就成为定稿。那么，范文程究竟修改了哪些内容？无法从这些材料中得到答案。

由于三田渡碑文“极意铺张，颂虏功德”[②]，文稿自形成之后，就不断受到士人的批评，大儒宋时烈批评最为激烈。肃宗时期，洪启迪等人再度挑起此事。李景奭之孙李厦

① 上述诸本《丙子录》中，这段内容大致相同，但在文字上稍有差异，此处择善而从。

②《肃宗实录》卷三八，肃宗二十九年（1703）五月乙丑，《李朝实录》第40册，东京：日本学习院东洋文化研究所，1964年，第503页。

成作《辩诬疏》，讲述其祖父之苦衷，其中涉及成文前后的一些情况。对此，《肃宗实录》的记载较为简略：

县令李厦成等以其祖景奭为馆儒洪启迪等所斥，上疏辨暴，侵辱先正臣宋时烈不遗余力。政院禀启以入，其疏略曰："丁丑之事，尚忍言哉！仁祖大王屈己忍辱，为宗社生灵，为不得已计。既而虏疑怒转深，乃令竖碑，征文甚急。臣祖以提学制进，而全不铺张，虏益怒，督令改撰。上面谕臣祖曰：'此正存亡所判。他日自强，惟在于予，但当于文字务中其意。'臣祖自念主辱至此，不暇顾惜一身，隐忍承命。此乃撰文事状也。"①

《大事编年·肃宗纪》"李厦成疏为祖卞诬"条更为详尽：

呜呼，丁丑之事，尚忍言哉？彼虏之疑怒转深，征文甚急。仁祖大王初命新丰府院君张维、前府使赵希逸及臣祖，并于一夜撰出。而及入送彼中，以为新丰文"郑伯牵羊"等语，本出诸侯相侵事。又谓臣祖所撰亦甚疏略，全不铺张。于是虏人督令改撰，咆哮益甚。时新丰已没，上独召臣祖，面谕之曰："彼以此文，欲验向背，此正国家存亡所判。句践臣妾会稽而终致沼吴之积，他日自强，惟在于予。今日之事，但当于文字务中其意，毋致事机转激。"臣祖亦自念主辱至此，不暇顾惜自身，黾勉承命。此乃臣祖丁丑撰文之事状也。②

将之与上引排印本《丙子录》的相关内容进行对比，可发现除去个别字词外，两者内容几乎如出一辙，说明两者文本必有因循关系。从凡例来看，《大事编年》系"略钞诸家之录，随其年月，各立标题"，是杂录众说改编为编年的形式。继续追溯史源，可知《大事编年》或许"略钞"了李景奭《白轩先生集》所附《白轩先生年谱》，其于丁丑年（1637）下记云：

承命撰进三田渡碑。时清使来，使之竖碑而征文甚急。上初命张维、赵希逸及公并于一夜制进。时文衡见阙，公独在艺苑，事势急迫，不暇推辞，不得已制进矣。虏人起怒于张公文中有"郑伯牵羊"语，又谓公文亦甚疏略，全不铺张，督令

---

①《肃宗实录》卷三八，肃宗二十九年（1703）五月乙丑，《李朝实录》第40册，第502页。

②《大事编年》第19册《肃宗纪六·李厦成疏为祖卞诬》，韩国学中央研究院藏书阁藏本，叶60a。

> 改撰，咆哮益甚。上召公面谕曰："彼以此文，欲验向背，此政存亡所判。勾践臣妾会稽，而终致沼吴之绩，则他日自强，惟在于予。今日之计，但当于文学务中其心，毋致事机转激。"公亦自念主辱之日，圣谕至此，一身利害，有不暇顾，隐忍承命。而贻书石门公，有悔学文字之语，后又有"愧负浯溪百丈崖"之句发于漫咏。公之微意，此可见矣。[①]

这段话的内容虽较《辩诬疏》及《大事编年》更为丰富，但三者的主体结构完全一致，为同源文本的可能性很大。考李厦成上书，在朝鲜王朝肃宗二十九年（1703）；而《白轩先生集》成书，则在此之前。据申琓《白轩先生集跋》末云："时庚辰中秋。门人大匡辅国崇禄大夫议政府右议政兼领经筵事监春秋馆事平川君申琓谨跋。"[②]庚辰年为公元1700年，即肃宗二十六年。申琓也在此年官拜右议政。据《肃宗实录》肃宗二十六年（1700）五月戊申条："乃以申琓新拜右议政。"[③]据此可确定《白轩先生集》的成书时间，而李厦成上《辩诬疏》则在此之后。[④]如果对比两处文字，仍有一些出入。李厦成说"时新丰已没"，但张维逝世的时间是在仁祖十六年（1638）三月十七日。[⑤]此时，碑文早已定稿（详见下文），这句话不见于《白轩先生年谱》，或是李厦成有意无意间的疏忽。

此外，与之同源的记载还有一处，肃宗三十九年（1713），李真望再次列论此事，为其祖李景奭辩诬：

> 城下之盟，万不获已。及夫还都，彼虏之疑怒益甚，动以干戈胁之，尚可以一二文字有所矜持，更挑涂炭之祸耶？虏人之征文也，亟选词臣火急撰出，至于别遣人，见属于在忧之哲匠。且于臣祖之撰进也，虏人怒其太略，督令改述，则面谕之辞，至以无致转激为教，恳恻之谕，若是丁宁。则言外微旨，复何从求？而镇圭

---

① ［朝鲜］李景奭：《年谱上》，《白轩先生集》附录卷一，载韩国民族文化推进会编《韩国文集丛刊》第96册，首尔：景仁文化社，1996年，第560页。

② ［朝鲜］申琓：《白轩先生集跋》，《白轩先生集》，载韩国民族文化推进会编《韩国文集丛刊》第96册，第551页。

③《肃宗实录》卷三四，肃宗二十六年（1700）五月戊申，云："乃以申琓新拜右议政"。载《李朝实录》第40册，第333页。

④ 需要说明的是，《白轩先生年谱》中，自"时清使来"以下，均是以小字的形式出现，据《年谱凡例》所载："诸家年谱事实则多以小字为文。而今芸阁铁字小者绝少。故年条及事实。并用大字。惟其间附见之说。乃用小字。如注脚之文。"参见《年谱凡例》，《白轩先生集》附录，韩国民族文化推进会编《韩国文集丛刊》第96册，第552页。虽说属于"附见之说"，这段文字先是载入《年谱》，又经李厦成写入奏疏之中，当具有相当的可靠性。

⑤《仁祖实录》卷三六，仁祖十六年（1638）三月庚辰，《李朝实录》第35册，第266页。

> 乃以姑应彼索为言耶？尤可笑者，镇圭谓震焕之疏，有以牵羊之句，为尊周之大证。而殊不知臣祖所撰中，首揭风卷秋萚，及炉燎鸿毛等句，俱用符坚寇晋时自夸之语。夫新丰之引楚子，固有意焉，而比诸氐羌之来寇中华，亦有间矣。方其属草也，此等文字不为不多，而唯此数句，寓旨深微，独不入于范文程一并涂抹之中。①

此处叙述的丁丑撰文的内情，与《白轩先生年谱》及《辩诬疏》多有相同之处。三种文字出处都与李景奭家族相关，可能是内部口耳相传的产物。这里对于李景奭撰文中的“微言大义”有所阐发，但对于其撰述并修改碑文的情况并没有提供更多的信息。

通过对《仁祖实录》《丙子录》《辩诬疏》《白轩先生年谱》相关记载以及李真望上疏的分析，可将其分为两个系统。《仁祖实录》的记载相对独立，而后四种记载则同出一源，应当来自于李景奭家族中的相关记载。这两方面的材料足以相互印证，使我们李景奭起草碑文的情况及其考量有所了解。大体来说，清朝使者勒令朝鲜方面起草碑文，他们以张维和李景奭所作文章入送，范文程认为张维用“郑伯牵羊”之典故不当，李景奭所作疏略，勒令修改，在国王李倧的劝说下，李景奭按照范文程的要求修订了文章，形成了最后的定稿。上述王崇武和王元崇研究所得结论大体如此。只是王崇武根据《拟朝鲜称颂皇帝功德碑文稿》，认为李景奭是根据清朝方面提供的草稿本进行撰写，并非独立创作。而王元崇则通过对比《朝鲜国来书簿》所收三田渡碑文与最终的成文，发现二者区别非常有限，进而认为李景奭实际上并未按照范文程要求改撰碑文。这一看法与史料记载颇有矛盾，根据上引材料可知，范文程“督令改撰”言辞甚厉，李景奭在国王劝说下才勉强答应进行修改，“恳恻之谕，若是丁宁”。假使如王元崇所说，“李景奭实际上并没有对底稿做什么明显改动”②，就无法解释李景奭的态度。因而，利用以上材料，并不足以还原三田渡碑文起草、修改、完成的全貌。

三、《承政院日记》所见碑文形成过程

《承政院日记》为这一问题提供了新的材料，它以日编次，汇集了朝鲜王朝政务运行的相关文献，包括国王和大臣对于大小事宜的讨论与处置意见，内容较《仁祖实录》更为生动翔实。由《承政院日记》出发，我们可以更准确地了解三田渡碑文形成前后朝

①《肃宗实录》卷五四下，肃宗三十九年（1713）八月辛巳，《李朝实录》第41册，第345页。

② 王元崇：《三田渡“大清皇帝功德碑”满汉碑文再研究》，载邢广程主编《中国边疆学》第3辑，第276页。

鲜王朝君臣的考量与行动。

根据《承政院日记》记载，最早在崇德二年（1637）三月，朝鲜王朝已经开始商讨碑文的相关事宜。当月十二日，问安使南斗瞻出使沈阳，备边司启称："三田渡碑石，已为措备。使臣入去时，求得碑文入刻，亦足以明我致疑之意。"[①]十五日，备边司再次陈说此事："当初马差既以此勤恳言之，若待更问而后为之，则近于退托，恐不如自我先发之为便。"李倧先是"姑徐"，之后指示"彼若言及，则以已为措置答之，宜矣"。[②]"马差"指的是清军将领马福塔，朝鲜王朝文献称之为马夫达。崇德二年（1637）正月三十日，皇太极班师回国，命马福塔送李倧王妃及第三子等人返回王京。[③]三月二十日，又有大臣提出："三田渡立碑事，曾有彼言，不可置之也。如此非难之事，姑为举行，以示诚款何如？"[④]但并未被采纳。由备边司的启启可知，在马福塔陪同李倧回国时，清廷已经催促朝鲜王朝速制碑文，但李倧对此兴致不大。其后半年间，清、鲜双方似乎并未就碑文进行过交涉。

崇德二年十月，皇太极派英俄尔岱、马福塔、达云3人册封李倧为国王，关于三田渡碑文的交涉，主要发生在这三名敕使在朝期间。他们于同年十一月二十四日抵达王京，首先就前往三田渡查看碑址的情况。当日，迎接都监报告："三敕使率家丁六十七名，即刻起马，向三田渡之意。"[⑤]

十一月二十五日，李倧在仁政殿接待三名使者，双方围绕联姻、侍女、碑文等问题进行交涉。《仁祖实录》于此日仅有寥寥数十字记载：

> 己丑。命张维、李庆全、赵希逸、李景奭撰三田渡碑文。维等皆上疏辞之，上不从。三臣不得已皆制进，而希逸故涩其辞，冀不中用，李庆全病不制，卒用景奭之文。上宴清使于仁政殿。[⑥]

如果仅看这些内容，当天可谓风平浪静，但对照《承政院日记》，可知"宴清使于仁政殿"时的激烈交锋。

当日辰时，李倧到达仁政殿。巳时，清朝敕使抵达。双方稍事寒暄，随即谈起了立

①《承政院日记》第五六本，仁祖十五年（1637）三月十二日，叶112b。
②《承政院日记》第五六本，仁祖十五年（1637）三月十五日，叶117b。
③《清太宗实录》卷三三，崇德二年（1637）正月庚午，北京：中华书局，1985年，第433页。
④《承政院日记》第五六本，仁祖十五年（1637）三月二十日，叶127b。
⑤《承政院日记》第五六本，仁祖十五年（1638）十一月二十四日，叶36b。
⑥《仁祖实录》卷三五，仁祖十五年（1638）十一月己丑，《李朝实录》第35册，第249页。

碑的情况。先是李倧询问陪侍的尹晖："昨日敕使往见碑阁，其意以为何如也?"之后，话题转入碑文的撰写上。[①]使者表示："且碑文，俺等未回之前撰示，如何？俺等虽不解文字，而使人解释之，则可知其文义之如何耳。"李倧推脱称："碑文则当初大国既有撰送之令，故意谓今番大人之来，必赍来矣。不意今者有此撰示之教，此非小国之所堪为也。"马福塔等人坚决要求看到碑文，表示这是皇太极的命令，不容更改："此非俺等之私意，实是皇帝之教也。惟愿贵国撰付于俺等之今行，令皇帝见之。则因循改撰，是在皇帝矣。"在这种情况下，李倧无法继续推辞，命令尹晖安排大臣进行撰文。[②]《白轩先生年谱》所载"时清使来，使之竖碑而征文甚急。上初命张维、赵希逸及公并于一夜制进"，反映的就是当日的情况。

在仁政殿上的交锋中，李倧说的"大国既有撰送之令"值得注意。前引三月十二日备边司咨文，也说到"使臣入去时，求得碑文入刻"。这两处记载都表明，至少在李倧和大臣看来，三田渡碑文应由清朝撰写，己方只需要根据清朝提供的文字在三田渡刻石立碑即可。清朝使者回答称"虽则然矣"[③]，对这一点也表示承认。但揆诸清、鲜两方史料，并未找到清朝方面撰文的相关记载。清朝有自撰碑文的考量，目的应当是把握碑文的内容，来展现自己一方的意志。但或许是因为此时清方缺乏文采之士，[④]最终仍是将撰文的任务交待给了朝鲜王朝，尽管对方并不愿意撰写这样自取其辱的文字。

仍是在十一月二十五日当天，在接待完清朝使者后，朝鲜君臣便立即开始商议三田渡碑文的事务。李倧传令金尚："三田渡碑文撰出，人极择书启，一边使之急急撰出。"又命金光煜拟定作者："目今文衡之任有阙焉，以文翰名者无多，兹以若干人拟望仰禀。其中有罢散者，而素以文翰著名，敢此并录以启。"[⑤]最终，指派了张维、赵希逸、李景奭、李庆全四人起草碑文以备挑选。[⑥]但他们均上书推辞。力劝之下，张维等三

①《承政院日记》于此处有数行阙文，据前后文推测，失载的应当是尹晖陪同使者考察三田渡立碑处的情况。

②《承政院日记》第六二本，仁祖十五年（1638）十一月二十五日，叶42a—42b。

③《承政院日记》第六二本，仁祖十五年（1638）十一月二十五日，叶42b。

④《拟朝鲜称颂皇帝功德碑文稿》的文字表述较为粗陋。王崇武认为它"反映了清人审美观念之浅陋"，文字价值远不能与李景奭的作品相比。见王崇武：《朝鲜三田渡清帝功德碑文考》，《东方杂志》1943年第39卷第15号，第44页。

⑤《承政院日记》第六二本，仁祖十五年（1638）十一月二十五日，叶46b。

⑥《仁祖实录》仁祖十五年（1638）十一月二十五日记载："己丑。命张维、李庆全、赵希逸、李景奭撰三田渡碑文。"又《李庆全神道碑》云："上命馆阁负文望者撰进，张公维、李公景奭、赵公希逸及公被选焉。公乃三上札，辞以久抛笔砚。盖尝联参斥和疏，故不欲前后异其操。上知其意，亦不强之，遂得免。"见［朝鲜］蔡济恭：《崇禄大夫行议政府左参赞兼判义禁府事知经筵事弘文馆提学韩平君李公神道碑铭》，《樊岩集》卷四八，韩国民族文化推进会编《韩国文集丛刊》第236册，首尔：景仁文化社，2001年，第389页下栏。

人勉强承命，李庆全却坚决不受。[①]

十一月二十六日，君臣集议养和堂。左议政申景禛表示，碑文当天晚上即可完成。领议政李弘胄认为："既自我立碑，而碑文又自我撰出，则文意当以我为之矣。"[②]他希望朝鲜王朝通过撰写碑文，使其内容变得有利于己方。当晚，李倧在南别宫宴请三使，使者又催促说："昨日都承旨处言送之事，惟侍女一款而已，其他则并无回报。愿闻结末，后行茶礼可也。"[③]

十一月二十七日，李景奭所撰碑文被送到国王李倧处。[④]二十八日，张维的文章也已完成。但或许因为时间匆忙，李、张两文都存在疏漏。张维所写似乎未按照规定格式，且"有误书处矣"，姓名、官职也没有写进去。李景奭的文章则被要求修改。同时，李倧仍在催促赵希逸和李庆全"急急制进"，但李庆全继续上疏推辞。[⑤]

根据计划，英俄尔岱、马福塔、达云三名敕使将于十一月三十日启程。因此在二十九日，或许是迫于使者的催促，备边司多次询问碑文的事宜。此时，赵希逸的文章也已完成。在李、赵、张三篇中，以李景奭完成最早，质量似也最高。备边司咨称："只李景奭所制送之乎，并与张维所制送之乎？"李倧最后决定舍去赵希逸文，以李、张所撰送交使者。[⑥]

值得注意的是，张维的文章因"急遽中未及致察"而"致有落字"[⑦]，这既反映出写作的仓促，或许也体现了他对于撰写碑文一事的轻慢与抵触。而在李景奭《白轩先生集》、张维《溪谷集》与赵希逸《竹阴集》中，大都保留了推辞撰文的疏奏，却并未有一人将自己撰写的文章收入文集之中，[⑧]这足以表明时人对于撰写三田渡碑文的态度。

二十九日当天，碑文就被送交到清朝敕使手中，等待他们的审核。但三名使者的汉文水平相当有限，《承政院日记》记载英俄尔岱在接受礼单"后捧之曰：不解文字，不得回帖。极口亲谢云"。[⑨]既然连内容简单的礼单都不能读懂，他们又是如何解读用语古典的碑

① ［朝鲜］李庆全：《辞撰三田渡碑文疏》《辞撰三田渡碑文再疏》，《石楼遗稿·文集卷一》，韩国民族文化推进会编《韩国文集丛刊》第73册，首尔：景仁文化社，1996年，第410页下栏。两疏时间均为"丁丑二十六日"。

②《承政院日记》第六二本，仁祖十五年（1638）十一月二十六日，叶51b。

③《承政院日记》第六二本，仁祖十五年（1638）十一月二十六日，叶53a。

④《承政院日记》第六二本，仁祖十五年（1638）十一月二十七日，叶62a。

⑤《承政院日记》第六二本，仁祖十五年（1638）十一月二十八日，叶65a—69b。

⑥《承政院日记》第六二本，仁祖十五年（1638）十一月二十九日，叶72b。

⑦《承政院日记》第六二本，仁祖十五年（1638）十一月二十九日，叶72b。

⑧ 参见［朝鲜］赵希逸：《竹阴集》，韩国民族文化推进会编《韩国文集丛刊》第83册，首尔：景仁文化社，1996年；［朝鲜］张维：《溪谷集》，韩国民族文化推进会编《韩国文集丛刊》第73册，首尔：景仁文化社，1996年。

⑨《承政院日记》第六二本，仁祖十五年（1638）十一月三十日，叶80a。

文呢？从《承政院日记》的记载看，他们与朝鲜王朝人士的沟通交际，需要靠郑明守等三名翻译。以此推测，翻译应当也是以口头的形式进行讲解。迎接都监报告可以证实这一点：

> 且碑文二度入送，则两使令汉人之知文字者，翻译而听之，至于“矜其所不能，略其所不足”，乃曰：“此语似不当也。后日使臣入去时持往定夺。使臣如不得速往，则别差一人以送无妨云。”而碑文则还为出给矣。①

使者听翻译讲解之后，认为“矜其所不能，略其所不足”二句用语不当，责令修改，这两句话不见于最终的成文之中，究竟是李景奭还是张维所作，已然不得而知。至于他们有没有提出其他的修改意见，目前未在相关史料中找到记载。

有趣的是，自十一月二十五日开始，清朝敕使咄咄逼人，迫使朝鲜国王李倧匆忙令人在短短三四日内写成了碑文。不过，在确认碑文已经完成并见到成稿之后，敕使却并不急于将其带回沈阳，只是要求在修改后尽快派人赍送。十一月三十日，使者启程离开，临行前仍然叮嘱迎接都监：“碑文则其所谓不当之语删改，送于谢恩使之行。”都监表示：“碑文则定差人赍送。”②朝鲜王朝应当按照英俄尔岱等人的要求，对张维和李景奭的碑文进行了一定的修改，这是碑文的第一次修改，也是此后第一次入送清朝的版本。

崇德二年（1637）十二月上旬，备边司反复请示碑文入送的事宜。先是当月一日，备边司转述迎接都监启曰：“碑文中有两句话当改之处。且敕使之意，欲令后日使臣入去时，持往定夺。使臣如不得速往，则别差一人以送无妨云。观其语意，欲使之入送沈阳。而所改碑文及其他一张，专差禁军，下送于远接使处，试令措辞呈纳，一以示已改之意，一以听其进退，似当。碑文中两句，付标以入之意，敢启。”根据迎接都监的分析，清朝使者要求尽快将碑文送到沈阳，为求迅速，不必由使臣携带，派出专人运送即可。李倧决定在当月望日（即十五日）前后派内官入送。③此后，备边司仍然催促此事。十二月二日，备边司称：“内官去时入送似当，付标碑文，使之改写以入之意。”④五日，备边司表示，应当由承文院“以敕使所言之意具一咨文”，交付清朝礼部。⑤

在当月十五日，李倧终于确定了入送碑文的时间：“内官今十八日当为沈阳入去，碑文等书及咨文并封付内官。”⑥十八日派出内官专程将碑文送交清朝。《同文汇考·别

---

①《承政院日记》第六二本，仁祖十五年（1638）十一月二十九日，叶75b—76a。

②《承政院日记》第六二本，仁祖十五年（1638）十一月三十日，叶79b—80a。

③《承政院日记》第六二本，仁祖十五年（1638）十二月一日，叶83b—84a。

④《承政院日记》第六二本，仁祖十五年（1638）十二月二日，叶87a。

⑤《承政院日记》第六二本，仁祖十五年（1638）十二月五日，叶100a。

⑥《承政院日记》第六二本，仁祖十五年（1638）十二月十五日，叶136a。

编》卷四收录《请择定三田渡碑文咨》，其文曰：

> 朝鲜国王为撰碑禀择事。迎接都监状启：因敕使分付撰完碑文二道，呈纳于敕使所馆处，则其中有一两句可改处，敕使分付内后日本国使臣入去时持往定夺，使行如不得速往，则另差一人以送不妨。碑文还给，合无遵依敕使分付施行等因具启。据此为照所拟碑文撰得二道，禀择于敕使，则所答如此。此系颂上国之功德，治金伐石，垂诸无极者，固非小邦所敢擅定。兹依敕使分付，赍擎前往，仰禀取舍。烦乞贵部将前项碑文二道详细看过，于内择取合用者定夺以还。使小邦速完竖立之役，毋致迟滞，不胜幸甚。为此合行移咨，请照详施行，须至咨者。右咨礼部。①

咨文的内容大体是转述此前敕使的要求，说明己方已进行修改并将其送交，请礼部审阅并选出一篇作为定稿。关于这份咨文的时间，题目下有“丁丑”二字，文末注有“崇德二年□月□日”的字样。崇德二年（1637）最后一个丁丑日为十一月十三日，远在起草碑文之前。在《同文汇考》中，多份文件的标题下都有“丁丑”二字，但考诸历日，均不能与之对应，“丁丑”所表示的应当是年份而非日期。这里依据文末的记录，将《请择定三田渡碑文咨》的时间定为崇德二年。结合此前的分析，此咨文应当就是十二月二日备边司所说应交付给清朝礼部的咨文。

王元崇认为，这份咨文是由崇德三年（1638）正月十六日出发的申景禛使团递交清朝礼部，而这一使团的目的之一是提交张维和李景奭所撰的碑文。②《请择定三田渡碑文咨》反映的就是这一情况。此说误解了咨文发出的时间。此外，《请择定三田渡碑文咨》中明确指出，送交礼部的是“碑文二道”，而申景禛等所提交的《朝鲜国王谢恩册封表》仅附有李景奭的一篇碑文。

由之产生了新的问题，崇德三年（1638）正月十八日，李倧派申景禛、李行远作为谢恩使赴沈阳，于二月二十五日抵达。根据《朝鲜国来书簿》，他们也向清朝提交了李景奭所撰碑文。③那么，朝鲜王朝为何会在一月之内两次向清朝入送碑文？这两份碑文的内容又有何区别？将《朝鲜国来书簿》所附碑文与今天所见的碑文拓本进行对比，文字

---

①《请择定三田渡碑文咨》，［朝鲜］郑昌顺：《同文汇考·别编》卷四《军务》，台北：珪庭出版社，1980年，第250—251页。

② 王元崇：《三田渡“大清皇帝功德碑”满汉碑文再研究》，载邢广程主编《中国边疆学》第3辑，第275页。

③《朝鲜国王谢恩册封表》［崇德三年（1638）正月十八日］，载《朝鲜国来书簿》，韩国国史编纂委员会藏本。排印本见张存武、叶泉宏编：《清入关前与朝鲜往来国书汇编（一六一九——一六四三）》，台北：“国史馆”，2000年，第262—271页。关于谢恩使出发和抵达的时间，《朝鲜国王谢恩册封表》称“崇德三年正月份十八日朝鲜国王差陪臣申景禛、李行远等进谢恩表，至二月二十五日到”。

上的差别极其微小。王元崇据此认为，李景奭并未根据范文程的意见修改碑文。此说之不合情理，前文已然论及。那么两者文字几无差异的现象当作何解释？

通过到两道碑文送至清朝的先后，可以做出推断，前引《朝鲜王朝实录》《辩诬疏》所载范文程“督令改撰”，针对的是十二月十八日启程的内侍所送交的文本。朝鲜王朝根据意见急作修改之后，又令谢恩使将之入送。也就是说，收录在《朝鲜国来书簿》中的三田渡碑文，已经是按照范文程的意旨进行修改之后的版本。这样，两度入送碑文以及两种文本并无显著差异都可得到解释。不过，在史料中只是记载了李景奭等人在范文程迫使下对碑文进行修改，却并未说明其具体时间。因此，这里需要为这一推论寻找文献依据。前述王崇武所揭《拟朝鲜称颂皇帝功德碑文稿》为这一问题提供了关键证据。

上文提到，《拟朝鲜称颂皇帝功德碑文稿》的末尾有一处小字注文，云“二年十二月内稿。此稿不是奉旨与他的，止写出与他陪臣看了记去”①。表明起草时间是崇德二年（1637）十二月。这篇文稿的主要内容，是追溯清朝此前与朝鲜王朝的来往情况，指责朝鲜背信弃义。其内容与三田渡碑文有较大关联。具体而言，《拟朝鲜称颂皇帝功德碑文稿》中的文句，大致可以与碑文“己未之役，都元帅姜弘立助兵明朝……故于皇帝驻跸坛场，伐石立碑以彰之”一段相对应。就文字表述而言，两者有较大差异，但主要内容具有高度的一致性。

以下将《拟朝鲜称颂皇帝功德碑文稿》分为七段，而将碑文中与之对应的内容条列其下，并以下划线标出两者的相同之处。上栏楷体字为《拟朝鲜称颂皇帝功德碑文稿》，下栏宋体字为《大清皇帝功德碑》碑文。

表1　碑文对照表

1	己未年，我朝鲜令姜弘礼等领兵协助明朝，兵将大败，被杀者有之，被擒者有之。我太祖武皇帝以和好为贵，所擒之兵将俱放回。我朝鲜仍助明朝，复得罪于大清。
	己未之役，都元帅姜弘立助兵明朝，兵败被擒，太祖武皇帝只留弘立等数人，余悉放回，恩莫大焉，而小邦迷不知悟。
2	于是丁卯年，皇帝命大兵征讨，我国君臣不能当其锋，遂遁于江华岛，求和于军前。皇帝允之，犹视为兄弟国，所得土地尽还之，姜弘礼亦令还国。
	丁卯岁，今皇帝命将东征，本国君臣避入海岛，遣使请成，皇帝允之，视为兄弟国，疆土复完，弘立亦还矣。

①〔民国〕中史研究院历史语言研究所编：《明清史料·甲编》下册，第79页。

续表

3	十年以来，皇帝不废兄弟之礼，我朝鲜国如醉如迷，仍助明朝，不以兄视大清。先自起兵端，申饬边臣，云“使忠义之士各効策略，勇敢之人自愿从征”等语。大清国来使，拾得此文，与皇帝看明，知我朝鲜坏和，犹以好生为心，明数其罪，于某年月日往征之。凡征讨是非，明明教我，如天之以灾异示人，如父教子，如兄教弟。若真有杀害我国之心，必出其不意，攻其无备，岂肯明以教我乎？国王犹不醒悟，故皇帝亲统大兵征我朝鲜，莫敢与拒。
	自兹以往，礼遇不替，冠盖交迹，不幸浮议扇动，构成乱梯。小邦申饬边臣，言涉不逊，而其文为使臣所得。皇帝犹宽贷之，不即加兵，乃先降明旨，谕以师期，丁宁反复，不翅若提耳面命，而终未免焉。则小邦君臣之罪益无所逃矣。
4	我君臣之妻子皆遁于江华岛，国王身栖于南汉山。皇帝以大兵围之，城内人如釜中鱼，东南道兵将相继崩溃，西北道绕峡一步不能进。我朝鲜国王内无粮草，外无救兵，势穷力竭。
	时我寡君栖于南汉，凛凛若履春冰而待白日者。殆五旬，东南诸道兵相继崩溃，西北帅逗挠峡内，不能进一步。城中食且尽。当此之时，以大兵薄城，如霜风之卷秋萚，炉火之燎鸿毛。
5	江华岛被克，我君臣妻子尽为皇上所得。皇帝以包容万物之心，我君臣妻子俱勿令兵将扰害。分朝鲜官，并太监看守。
	皇帝既以大兵围南汉，而又命偏师先陷江都，宫嫔王子暨卿士家小俱被俘获。皇帝戒诸将不得扰害，令从官及内侍看护。
6	皇帝降命，英娥代、马副答赍敕赦罪。我朝鲜君臣人民如大旱得雨，如陷溺得援，且喜且惧，诣皇帝军前请罪。恩赏遍及我君臣，所获妻子尽还之。都城已绝之宗祀复续，已破之朝鲜五旬中复立。因此我国君臣万民称颂皇帝功德恩泽，愿顶戴之。
	既而大霈恩典，小邦君臣及其被获眷属复归于旧，霜雪变为阳春，枯旱转为时雨。区宇既亡而复存，宗社已绝而还续。环东土数千里，咸囿于生成之泽，此实古昔简策所稀觏也，於戏盛哉！
7	皇帝功德与天地同久，我国得享太平，皆皇帝到此地定之故也。故于皇帝驻跸坛场，伐石立碑以彰之。
	汉水上游三田渡之南，即皇帝驻跸之所也，坛场在焉。我寡君爰命水部，就坛所增而高大之，又伐石以碑之，垂诸永久，以彰夫皇帝之功之德，直与造化而同流也。

由表1可以看出，尽管两者在具体的文字表述上差异很大，但就主要内容看，其区别微乎其微。在文辞上，《拟朝鲜称颂皇帝功德碑文稿》措辞极卑，如说朝鲜王朝“兵将大败，被杀者有之，被擒者有之”“遁于江华岛”“如醉如迷”，文字亦欠雅驯。而三田渡碑文用语显得更为平和，以上表述分别被替换为“兵败被擒”“避入海岛”“浮议扇动”，文字更为精炼。王崇武根据这种文字的差异，认为《大清皇帝功德碑》中的对应段落，是李景奭在《拟朝鲜称颂皇帝功德碑文稿》的基础上修改而成。从时间来看，李倧所派内侍于十二月十八日出发，月内足以到达沈阳，与《拟朝鲜称颂皇帝功德碑文

稿》所说的“崇德二年十二月内”也可对应。

这篇拟稿，虽仅见于《明清档案》之中，但在传世文献中也有线索可寻。《同文汇考》收录清朝礼部回复《请择定三田渡碑文咨》之文，称：

> 礼部为撰碑禀择事。准朝鲜国王咨前事内称，烦将所撰碑文二道详细看过，于内择取合用者定夺以还，使小邦速完竖立之役等因。备咨到部。准此为照。前行碑文合用者，已经面谕来使外，今准前因拟合回复。为此合咨贵国，烦为查照施行云云。[①]

这一公文的时间为崇德三年（1638）正月二十六日，当时申景禛等谢恩使尚未抵达沈阳，所以《礼部回咨》仍是针对内侍送交碑文的回复。所说“前行碑文合用者，已经面谕来使外”，当可与前引《拟朝鲜称颂皇帝功德碑文稿》“写出与他陪臣看了记去”相对应。此外，无论《请择定三田渡碑文咨》还是清朝的《礼部回咨》，都明确记载朝鲜王朝入送的是“碑文二道”，而前引《白轩先生年谱》说“虏人起怒于张公文中有‘郑伯牵羊’语，又谓公文亦甚疏略，全不铺张，督令改撰，咆哮益甚”，明确指出范文程看到了张维和李景奭的两篇碑文。这些同样表明，范文程所看到并“督令改撰”的，并非是谢恩使入送的那一份碑文，而是此前内侍送交的张维、李景奭两篇碑文。

根据这一推断，李景奭所起草的碑文中，应当不包括《拟朝鲜称颂皇帝功德碑文稿》中涉及的关于“己未之役”的部分。这样一种文本是否存在呢？在《丙子录》中，确实可以看到一份面目不同的《大清皇帝功德碑》。相较于最终的成文，主要区别在于“只写了1637年的战事，没有追溯1627年的战事以及兄弟之盟之事，即没有后来碑文中‘小邦之获罪上国久矣’之后到‘小邦君臣及其被获眷属复归于旧’之间的大约214字”。[②]如上文所说，《丙子录》的版本极为复杂，但其中三田渡碑文的内容大致相同。王元崇认为，《丙子录》所载即是李景奭起草的碑文底稿。《丙子录》的作者罗万甲一直在南汉山城活动，确有机会了解碑文撰述的前因后果，将初稿收录在书内，是完全有可能的。《拟朝鲜称颂皇帝功德碑文稿》的实质，乃是指责朝鲜王朝不顾努尔哈赤、皇太极的大恩，将战争的责任完全归咎于朝鲜，意在确立清方兴师攻打的正当性。这自然是李景奭不愿提及，而皇太极必欲添入的。如果将《丙子录》所收的三田渡碑文视作李景奭起草的碑文初稿，以上问题即可迎刃而解。

因此，本文认为，李景奭于崇德二年（1637）十一月末起草的碑文，也就是英俄尔岱

---

①《礼部回咨》，［朝鲜］郑昌顺：《同文汇考·别编》卷四《军务》，第251—252页。

② 王元崇：《三田渡“大清皇帝功德碑”满汉碑文再研究》，载邢广程主编《中国边疆学》第3辑，第274页。

等三名敕使看到的以及十二月内侍入送清朝的文本，都不包含《拟朝鲜称颂皇帝功德碑文稿》所提到的“己未之役”的内容。范文程在李景奭的初稿之内，增入了这部分内容。此后李景奭按要求进行修改，并在崇德三年（1638）正月由谢恩使送入沈阳，最终形成了碑文的定本。也就是说，碑文实际上经过了两次修改。崇德元年（1636）十二月派内侍送交碑文一事仅见于《承政院日记》，因而，三田渡碑文形成过程中的重要一环为前人所忽略。

四、结语

至此，关于《大清皇帝功德碑》汉文碑文的形成过程，大体已经明晰。碑文的撰写，始于崇德二年（1637）十一月清朝敕使英俄尔岱等三人的催促，李景奭、赵希逸、张维等人应朝鲜国王的命令撰文，最后李、张二篇被入送敕使处。敕使听翻译讲解文意之后，对部分内容不甚满意，责令修改后派专人送交文稿。十二月，李倧派内侍携带修改后的碑文送交沈阳。清朝礼部收到之后，起草了《拟朝鲜称颂皇帝功德碑文稿》作为补充，李景奭将之增补入碑文。崇德三年（1638）正月，谢恩使申景禛等前往沈阳，并在二月递交了碑文的定稿。

前人大都注意到了《仁祖实录》等文献中所记载的李景奭根据范文程的意见对碑文进行的修改，却忽略了在此之前根据清朝敕使意见进行修改的过程。此外，内侍入送碑文之事，也没有得到关注。因此，三田渡碑碑文的撰述与修改这一事涉及两国，历经一年之久的交涉过程的细节，被遮蔽在《仁祖实录》平淡的叙事之下。

王元崇认为，尽管碑文由朝鲜王朝自撰，但实际上李景奭“利用了经过崔鸣吉执笔或者点窜过的朝鲜国王在投降前后致清方的若干文书……对之进行引用、归纳或概括，最后形成了他自己十分不愿意写的碑文”[①]。经由前文的考察可知，清方实则从始至终主导着碑文的创制，甚至直接操刀了部分文字，因而《大清皇帝功德碑》完全是清朝意志的体现。朝鲜王朝对于撰文百般抵触，在最终的文字中也留有“微言大义”作为抵抗。明晰碑文的创制过程，对于了解汉、满、蒙三种碑文的差异以及朝鲜王朝在明清鼎革之际的心态具有相当价值。

〔作者刘泽元，中国社会科学院大学历史学院。北京，102488〕

① 王元崇：《三田渡“大清皇帝功德碑”满汉碑文再研究》，载邢广程主编《中国边疆学》第3辑，第292—293页。

三田渡《大清皇帝功德碑》蒙古文、满文、汉文碑文对比研究*

小　胖　包乌日尼文　包苏日娜
孙聪文　梁雪蕎　叶一然
刘泽元　刘　惠　陈雪榕

摘　要： 崇德四年（1639）于朝鲜三田渡地方所立之"大清皇帝功德碑"，是清朝所立第一个蒙古文、满文、汉文三体石碑，又称"三田渡碑"。以往研究主要集中于对此碑一至两种文字碑文的释读与翻译。对此，本文以京都大学所藏《大清皇帝功德碑》拓本为底本，对该碑蒙古文、满文、汉文碑文进行整理与翻译，这也是该碑3种文字碑文首次同时被全面系统地整理、翻译。此碑立于1639年，距离达海1632年对满文进行改革仅隔7年，故此碑所载满文碑文可体现出满文在从无圈点时期过渡至有圈点时期的使用、发展情况。同时，此碑满文、汉文碑文与蒙古文碑文颇有不同，对比研究3种文字的异同是本文的主要内容，由此得以丰富学界对于《大清皇帝功德碑》的讨论。此外，本文综合利用《清太宗实录》《李朝实录》《清入关前与朝鲜往来国书汇编》《朝鲜国来书簿》等史料，对汉文碑文进行文字校勘和注释，敬请方家指正。

关键词：《大清皇帝功德碑》；蒙古文；满文；汉文；碑文；转写；翻译

一、导言

崇德元年（1636）四月，皇太极改元称帝，改国号为"大清"。同年十二月清军出

* 本文作者小胖为清华大学历史系博士研究生，包乌日尼文为东北师范大学历史文化学院博士研究生，包苏日娜为清华大学中文系博士研究生，孙聪文、梁雪蕎、陈雪榕为中国社会科学院大学历史学院硕士研究生，叶一然为清华大学电机系博士研究生，刘泽元为中国社会科学院大学历史学院博士研究生，刘惠为天津理工大学马克思主义学院副教授。本文特别感谢中国社会科学院古代史研究所邱源媛、乌云高娃二位研究员的批评与建议。

征朝鲜，此役史称“丙子之役”，朝鲜称“丙子虏乱”。不到两个月，朝鲜归附清朝，清朝与朝鲜成为“父子之国”。为对皇太极此次出征“歌功颂德”，崇德四年（1639）朝鲜国于汉城（今韩国首尔）三田渡地方立“大清皇帝功德碑”，又称“三田渡碑”。此碑高5.7米，长3.95米，宽1.4米，碑身正面为满文、蒙古文，满文在左，蒙古文在右，自左而右、自上而下勒文，正文各20行。碑身反面为汉文，自右而左、自上而下勒文，正文24行。

石碑原件尚在，保存情况大体良好，因此研究此碑碑文的不乏其人。早在19世纪末，W・R・Carles即探讨过此碑满文碑文。①其后有M・Forbes A・Fraser 于1924年发表专文，翻译满文碑文。②1928年日本学者鸳渊一对三田渡碑蒙古文、满文碑文进行转写翻译，并利用此碑碑文对清初与朝鲜关系作了研究。③韩国学者金芳汉于1965年发表专文，文中指出鸳渊一对蒙古文碑文进行拉丁转写时出现讹误，并在文后附有蒙古文碑文的拉丁转写。④1970年韩国学者崔鹤跟与成百仁分别发表《三田渡碑》《三田渡碑满洲文》二文，对三田渡碑满文碑文进行了拉丁转写、韩文译注以及韩文意译。⑤在此基础上，韩国学者朴相圭对三田渡碑满文部分进行手写临摹，并对其进行韩文音译与意译。⑥除此之外，陈捷先利用中国第一历史档案馆藏内国史院档册所载三田渡碑满文部分与三田渡碑满文碑文进行对照，发现两者可取长补短，并对满文碑文进行了拉丁转写。⑦王元崇对三田渡碑满文、汉文碑文进行了研究，文末附有满文碑文的拉丁转写与总汉译。⑧值得注意的是中央民族大学高娃的研究，其于2014年发表《三田渡汉文满文蒙古文碑文对比研究》一文，文中指出了汉文、满文、蒙古文碑文的不同之处。⑨在此基础上，高娃于2019

① ［美］W・R・Carles, “A Corean Monament of Manchu clemency,” *Journaol of the China Branch of Royal Asiafic Soaety*, Vol. 23, New Series No.1, 1888, pp.1−8.

② ［美］M·Forbes A·Fraser, F·R·G·S, “The Manchu Prat of a Monumental Inscription in Korea in Chinese, Manchu and Mongol,” *Tanggu Meyen and other Manchu reading lessons: Romanised text and English translation side by side,* London, 1924, pp.174−183.

③ ［日］鸳渊一：《清初に於けろ清鮮關係と三田渡の碑文》,《史林》1928年第13卷第1—4号。

④ ［韩］김방한 : “삼전도비몽문에 관하여” . 동아문화 , (4), 1965. 59−96.

⑤ ［韩］최학근 : “소위（所爲）「삼전도비（三田渡碑）」의 만문（滿文）비문（碑文）주역（註譯）” . 국어국문학 , 49·50,1970.325−354; 성백인 : “삼전도비 만주문” . 동아문화 , (9), 1970. 117−148.

⑥ ［韩］박상규 : “대청황제공덕비문의 만주어에 대한 연구” . 비교한국학 , 4(0),1998. 157−175.

⑦ 陈捷先：《三田渡满文清太宗功德碑研究》，载阎崇年主编《满学研究》第1辑，长春：吉林文史出版社，1992年，第139—151页。

⑧ 王元崇：《三田渡“大清皇帝功德碑”满汉碑文再研究》，载邢广程主编《中国边疆学》第3辑，北京：社会科学文献出版社，2015年，第271—308页。

⑨ 高娃：《三田渡汉文满文蒙古文碑文对比研究》，载张公瑾主编《民族古籍研究》第2辑，北京：中国社会科学出版社，2014年，第202—210页。

年发表《三田渡蒙古碑文语言研究》一文，对韩国学者金芳汉转写的蒙古文碑文进行了统计并订正，文末附有抄录的三田渡碑蒙古文碑文。[①]

纵观上述关于三田渡碑碑文的研究，学者们基本对此碑一或两种文字的碑文进行释读和翻译。高娃教授虽对三田渡碑汉文、满文、蒙古文3种文字进行了对比研究，但可惜的是未有满文、蒙古文碑文的拉丁转写与翻译。换言之，当前学界缺乏三田渡碑蒙古文、满文、汉文3种文字碑文的拉丁转写、翻译，并以此为基础对3种文字碑文不同之处予以解释说明。

2021年，中国社会科学院古代史研究所古代社会史研究室成立“满文读书班”。此读书班设立之初，主要由清华大学历史系小胖博士教授孙聪文、梁雪蕾、金世光3位硕士满文，中国社会科学院古代史研究所邱源媛、乌云高娃两位研究员指导。时至今日，读书班成员由当初的5人扩大至20余人，每两周举办1次。自2022年9月起由小胖博士担任主持人带领“满文读书班”全体成员对《大清皇帝功德碑》蒙古文、满文、汉文碑文进行释读、翻译，并分成蒙古文、满文、汉文3个小组整理碑文，历时半载。具体分工如下：小胖负责撰写稿件导言，整合全文；蒙古文碑文由小胖、包乌日尼文、包苏日娜负责翻译、整理；满文碑文由孙聪文、梁雪蕾、叶一然负责翻译、整理；汉文碑文由刘泽元、刘惠、陈雪榕负责整理、校勘和注释。

本文第一部分为导言。第二部分为汉文、满文、蒙古文3种文字对译，满文、蒙古文采取转写、旁译、总译，详细对比汉文、满文、蒙古文碑文的不同之处。蒙古文转写使用栗林均转写规则，其中下划线“_”表示词尾分写形式，“-”表示后加的为名词的格。由于刊物体例，汉文碑文采用简体字。第三部分为汉文碑文校勘与注释，为反映碑文原貌，故录为繁体且保留异体字、俗体字等。

二、《大清皇帝功德碑》蒙古文、满文、汉文碑文对比研究

汉文：大清皇帝功德碑

满文：

转写：daicing gurun i enduringge han i gung erdemui bei

旁译：大清　国 之　圣　　汗 之 功　德　　碑

① 高娃：《三田渡蒙古碑文语言研究》，载张铁山主编《中国少数民族碑铭研究》，北京：民族出版社，2019年，第110—122页。

总译：大清皇帝功德碑

蒙古文：

转写：daičing ulus-un boγda qaγan-u erdem bilig-i daγurisγaγsan bei

旁译： 大清 国 之 圣 汗 之 功德 智慧把 传扬 碑

总译：宣扬大清国皇帝功德碑

对比研究：蒙古文碑文中动词“daγurisγaγsan”（传扬）一词，满文、汉文碑文中未体现。

汉文：大清崇德元年冬十有二月，

满文：

转写：daicing gurun i wesihun erdemunggei sucungga aniya tuweri jorhon biya de

旁译：大清 国 之 崇 德 元 年 冬 十二 月 于

总译：大清崇德元年冬十二月，

蒙古文：

转写：daičing ulus–un degedü erdem–tü–yin terigün on ebul-ün segül sara-dur

旁译：大清 国 之 崇 德 之 元 年 冬 之 末 月 于

总译：大清崇德元年冬末月，

对比研究：此段中满文“jorgon”，满文原碑文写为“jorhon”，显示出当时处于从无圈点满文过渡至有圈点满文的特殊时期，表现为“g”“h”不分。

汉文：宽温仁圣皇帝，以坏和自我始，

满文：

转写：gosin onco hūwaliyasun enduringge han.acaha be efulehengge

旁译：仁 宽 温和 圣 汗 和好 将 败坏

转写：menci deribuhe seme.

旁译：我们从 起始 因

总译：宽温仁圣汗因败坏和好自我们始，

蒙古文：

转写：aγuda örüšiyegči nayiramdaγu boγda qaγan, solungγ_a ulus -i elsegsen törü -yi

旁译： 宽 温 仁 圣 汗 朝鲜 国 把 招安了 政 把

转写：ebdebe kemen

旁译：破坏了 云云

总译：宽温仁圣汗因朝鲜国破坏和政，

对比研究：蒙古文“solungγ_a ulus”（朝鲜国）在满文、汉文碑文中未体现。

汉文：赫然怒，以武临之，直捣而东，莫敢有抗者。

满文：

转写：ambula jili banjifi coohai horon enggelenjifi dergi baru cing seme①

旁译：　大　怒　生　兵　威　　降临　　东　向　骤然

转写：jici yaya geleme alihakū.

旁译：来 所有 畏惧 不能抵御

总译：盛怒，兵威降临，向东骤然而来，所有（人）均畏惧不能抵御。

蒙古文：

转写：yekede kilingleǰü bür-ün, qamuγ čerig-üd -iyen abun, solungγ_a ulus -dur, čingda

旁译：　大　　怒　　有　　全　　军们 自己的拿　　朝鲜　　国　于　极坚

转写：ǰoriγlan iregsen čaγ-dur, dorudus irgen bügüdeger ayuγad, ken-ber esergülčen

旁译：奔着　　来的　时 于　　下　　民　　全部　　怕　谁　也　反对

转写：es_e čidaluγa.

旁译：未　　能

总译：盛怒，带全军奔来朝鲜国时，属民均畏惧未能反抗。

对比研究：此处蒙古文碑文“solungγ_a ulus”（朝鲜国）在满文碑文中记载为“dergi baru”（向东），汉文碑文亦记载为“东”；蒙古文碑文“dorudus irgen”（下民），满文、汉文碑文中未体现。

汉文：时我寡君栖于南汉，凛凛若履春冰而待白日者。

满文：

转写：tere fonde meni sitahūn ejen nan han de tomofi geleme olhome②

旁译：那个时候 我们的 寡　君　南　汉　于　栖身　　畏惧

转写：niyengniyeri juhe de fehufi gerendere be aliyara gese

旁译：　　春季　　冰　于　踩踏　天明　　将　等候　如同

总译：那时我们寡君栖身于南汉，如同踩着春冰等待天明一样畏惧。

① cing seme，固定搭配，意为“火旺盛的样子”。此处翻译为“骤然”。

② geleme olhome，固定搭配，意为“畏惧”。

蒙古文：

转写：tere čaγ-dur, öčügüken ulus-un eǰen manu, nan qan qota-dur -iyan qorγudaǰu

旁译：那 时 于 微小 国 之 主 我们的 南 汉 城 于 自己的 避难

转写：toququi-dur, qabur-un mülsün-i gičgigsen metü, ayun emiyen küliyen atala

旁译：备马 时 春 之 冰 把 踩了 像 怕 畏惧 等待 尚且

总译：那时，我们小国之主避难于南汉城，如踩踏春冰般恐慌等候之时。

对比研究：蒙古文碑文“öčügüken ulus-un eǰen”（小国之主）分别对应满文、汉文碑文中的“sitahūn ejen”（寡君）与“寡君”。

汉文：殆五旬，东南诸道兵相继崩溃，

满文：

转写：susai ci inenggi dergi julergi geren jugūn i cooha siran siran i[①] gidabuha.

旁译：五十 第 日 东 南 诸 道 之 兵 陆续地 溃败

总译：第五十日，东南诸路兵接连溃败，

蒙古文：

转写：tabin qonuγ-un ǰaγur_a dorun_a emün_e -deki ayimaγ büri-yin čerig-üd manu

旁译：五十 宿 之内 东 南 在 部落 每 之 军 们 我们的

转写：ded ded -iyer daruγdaba.

旁译：陆续的 被压了

总译：五十日内东南部军队被连续压制，

对比研究：蒙古文碑文“tabin qonuγ-un ǰaγur_a”为“五十宿之内”之意，满文碑文为“susai ci inenggi”（第五十日），汉文碑文“殆五旬”为“近五十宿”之意，三者间稍微有差异；蒙古文碑文“ayimaγ büri”（各部）对应满文碑文中的“geren jugūn”（诸道），汉文碑文亦作“诸道”。

汉文：西北帅逗挠峡内，不能进一步，城中食且尽。

满文：

转写：wargi amargi jiyangjiyūn se alin holo de jailafi bederecere □□[②]

---

① siran siran i，固定搭配，意为“陆续地”。

② 此处碑文漫漶不清。陈捷先认为是“gojime julesi emgeri”，王元崇在校勘后认为是“goroki amasi emgeri”。详见陈捷先：《三田渡满文清太宗功德碑研究》，载阎崇年主编《满学研究》第1辑，第139—151页；王元崇：《三田渡“大清皇帝功德碑”满汉碑文再研究》，载邢广程主编《中国边疆学》第3辑，第271—308页。

旁译：西 北 将军 等山 谷 于躲避 退缩

转写：emgeri oksome mutehekū.hecen i dorgi jeku geli wajiha.

旁译：已经 前行 不能 城 之 内 粮食又 完

总译：西北将军等于山谷内躲避，已不能前行，城内粮食又尽。

蒙古文：

转写：baraγun qoyidu eteged-deki čerig-ün tüšimed aγula qada-dur γarču, nigeken-ber

旁译： 西 北 边 在 军 之 使臣们 山 岩 于 上 一个 也

转写：uruγšida alqun es_e čidabai. qotan-u dotur_a-ki ideši -ben daγusču

旁译：往前 走 未 能 城 之 内 粮食 自己的 结束

总译：西北军臣上山之后，一人也未能前行，城内粮食又尽。

对比研究：蒙古文碑文“čerig-ün tüšimed”为“君臣”之意，满文碑文作“jiyangji yūn se”（将军们），汉文碑文作“帅”。

汉文：当此之时，以大兵薄城，如霜风之卷秋箨，炉火之燎鸿毛。

满文：

转写：tere fonde amba cooha hecen be gaijarangge šahūrun edun bolori erin i

旁译：那 时 大 兵 城 将 取 冷 风 秋 时之

转写：mooi abdaha be sihabure.tuwai gūrgin de gashai funggala be dejire[①] gese bihe

旁译：木之 叶 将 凋零 火 之 火焰 中 鸟 之 羽 将 焚烧 如同 有

总译：那时大兵取城，如冷风凋落秋季的树叶、火焰焚烧鸟的羽毛一样。

蒙古文：

转写：mengdegürekü̈i čaγ -dur, degedü čerig -ün auγ_a küčün inu, türgen salqin -dur

旁译：不安 时 于 上 军 之 伟大 力量 是 快速 风 于

转写：namur-un čaγ-dur modun-u nabčis unaqui metü, γal-un ilči-dür šibaγun-u örbelge

旁译：秋 之 时 于 木 之 叶们 掉落 像 火 之 焰 于 鸟 之 羽毛

转写：tülekü̈i metü bülüge.

旁译： 烧 像 矣

总译：不安之时，上军威力如同秋叶落于快风中，鸟毛烧在火焰中。

对比研究：蒙古文碑文“mengdegürekü̈i čaγ”可理解为“不安/焦躁之时”，满文、汉文碑文中未体现“不安”，满文碑文作“tere fonde”（那时），汉文碑文作“当此

① 满文碑文作“dejire”，疑为“deijire”（焚烧）之误。

之时”；蒙古文碑文“türgen salqin”意为“快风”，满文碑文作“šahūrun edun”（冷风），汉文碑文作“霜风”。

汉文：而皇帝以不杀为武，惟布德是先。

满文：

转写：enduringge han warakū be dele erdemu selgiyere be oyonggo obufi

旁译：　圣　　汗　不杀　将　上　　德　　　谕令　将　　紧要　　成为

总译：圣汗以不杀为上德，以传谕德行为紧要。

蒙古文：

转写：boγda qaγan erdem bilig-iyen aldaršiγul_un nigüleskü̈i sedkil-iyen uqatuγai

旁译：　圣　　汗　　功德　智慧　自己的　使扬名　　　慈悲　　　心　自己的　觉悟

转写：kemen

旁译：云云

总译：圣汗为功德远扬，晓谕慈悲之心。

对比研究：蒙古文碑文“nigüleskü̈i sedkil-iyen uqatuγai”意为“晓谕慈悲心”，对应满文碑文“warakū”（不杀），汉文碑文作“不杀为武”。蒙古文碑文中未直接体现“杀”之意，下文亦有类似情况。

汉文：乃降敕谕之曰：“来，朕全尔；否，屠之。”

满文：

转写：hese wasimbufi ulhibume.jihede simbe yooni obure

旁译：旨　　降下　　使知晓　　来　　将你　全都　成为

转写：jiderakū ohode suntebumbi sehe.

旁译：　不来　　假如　　杀绝　　已说

总译：降旨，使知晓：来，则保全你；不来，则杀绝。

蒙古文：

转写：ǰarlaγ[1] bolur-un, oruǰu ögbesü čimadur qoor kikü ügei, es_e oruǰu ögbesü

旁译：　命令　　成为　　　若归附　　　对你　　毒　　做　不　　　　若不归附

转写：bügüde -yi činü ečüs bolγamui kemen

旁译：　全部　把　你的　结尾　使成为　云云

① ǰarlaγ，意为“命令”，现代蒙古文中写作ǰarliγ。

总译：降旨：若归附，对你不会有害；若不归附，则结束你全部。

对比研究：蒙古文碑文“oruǰu ögbesü čimadur qoor kikü ügei, es_e oruǰu ögbesü bügüde-yi činü ečüs bolγamui”直译为“若归附，对你不会有害；若不归附，则结束你全部”，满文碑文作“jihede simbe yooni obure, jiderakū ohode suntebumbi”（若来，使保全；若不来，则杀绝），汉文碑文作“来，朕全尔；否，屠之”。此处蒙古文碑文未直接记载为“屠杀”，而是委婉地表达为“ečüs bolγamui”（使结束）。

汉文：有若英、马诸大将，承皇命相属于道。

满文：

转写：tereci inggūldai mafuta geren jiyangjiyūn se enduringge han i

旁译：因而 英俄尔岱 马福塔 诸 将军 等 圣 汗 之

转写：hese be alifi amasi julesi gisureme yabure jakade.

旁译：旨 将 承受 后 前 说 走 因

总译：因而英俄尔岱、马福塔诸将领受圣汗之旨，来回议定行走的时候，

蒙古文：

转写：ǰarlaγ boluγsan-u qoyin_a, ingγuldai mawuta olan tüšimed boγda qaγan-u

旁译：命令 成为 之 后 英俄尔岱 马福塔 众 使臣们 圣 汗 之

转写：ǰarlaγ-iyar inaγši činaγši elčilen yabuqui-dur,

旁译：命令 以 往这边 往那边 出使 走 时

总译：降旨之后，英俄尔岱、马福塔等使臣照圣汗之令出使时，

对比研究：蒙古文碑文“tüšimed”多译作“使臣”，但此处对应的满文碑文为“jiyangjiyūn se”（将军们），汉文碑文为“诸大将”；蒙古文碑文“elčilen yabuqui”为“出使”之意，满文碑文为“gisureme yabure”（议定行走），汉文碑文表达为“相属于道”。

汉文：于是我寡君集文武诸臣谓曰：

满文：

转写：meni sitahūn ejen bithe coohai geren ambasa be isabufi hendume.

旁译：我们的 寡 君 文 武之 诸 大臣们 将 会 讲

总译：因此我寡君汇集文武诸臣，宣讲：

蒙古文：

转写：öčügüken eǰen manu, bičig-ün sayid, čerig-ün tüšimed-iyen čuγlaγulǰu ögülerün,

旁译：　微小　　主 我们的文书 之 大臣　军　之 使臣们自己的 使聚集　　说

总译：我们小国之主召集文臣、军臣说道：

汉文：予托和好于大邦，十年于兹矣。

满文：

转写：bi amba gurun i baru acafi juwan aniya oho.

旁译：我 大　国 之 向 和好 十　年 已然

总译：我与大国已和好十年。

蒙古文：

转写：bide yeke ulus-luγa elsegseger arban ǰil boluγsan bülüge.

旁译：我们　大　国 同　一直招安　十　年 成为了　　矣

总译：我们同大国招安已数十年。

对比研究：蒙古文碑文“bide”为复数“我们”，满文碑文作“bi”（我），汉文碑文作“予”；蒙古文碑文“elsegseger”为“招安”之意，表示朝鲜归附于清朝，但满文碑文中的“acafi”（和好）和汉文碑文中的“和好”更多表示二者相约为好，并无归附之意。

汉文：由予惛惑，自速天讨，万姓鱼肉，罪在予一人。

满文：

转写：mini farhūn liyeliyehun de abkai dailara be hūdulabufi

旁译：我的 昏聩　　昏庸　　因 天之　征讨 将　　迅速

转写：tumen halai irgen jobolon tušaha.ere weile mini emhun beye[①] de bi

旁译：　万　姓 之 民　灾祸　　遭遇　这　罪　我的　　独自　　　于 在

总译：因为我昏聩无能，加速了天的征讨，使万民遭受灾祸，这罪是我一个人的。

蒙古文：

转写：minu qarangγui mongqaγ-dur, tengri dayisun-i edügülǰü, tümen obuγ-tu irgen

旁译：我的　　黑暗　　　混沌　于　　天　　敌　把 使起事　　万　　姓者　民

转写：ǰobalang-dur učiraba, edeger gem-üd γaγča nada-ača bolbai.

---

① emhun beye，固定搭配，意为“独自”。

旁译：苦难　于　遇到了　这些　弊们　唯独　我　从成为了

总译：我混沌之时，惹怒天敌让万姓百姓遇难，这些罪全在我一人。

汉文：皇帝犹不忍屠戮之，谕之如此，

满文：

转写：enduringge han nememe wame jenderakū uttu ulhibure bade .

旁译：　圣　汗　愈发　杀　不忍心　如此　谕　之处

总译：圣汗愈发不忍杀戮，如此谕之。

蒙古文：

转写：boγda qaγan ǰiči　örüšiyeǰü　soyun soyurqaγad,

旁译：　圣　汗　也　宽宥　赐　惠赐

总译：圣汗便饶恕惠赐，

对比研究：蒙古文碑文“örüšiyeǰü soyun soyurqaγad”（宽宥惠赐）对应满文碑文中的“nememe wame jenderakū”（不忍杀戮），汉文碑文亦作“不忍屠戮”。

汉文：予曷敢不钦承，以上全我宗社，下保我生灵乎？

满文：

转写：bi ai gelhun akū[①] mini dergi mafari doro be yooni obume.

旁译：我　岂敢不　我的 上　祖宗　道　将　全　成

转写：mini fejergi irgen be karmame

旁译：我的　下　民　将　保护

总译：我岂敢不向上成全祖宗之道，向下保全我国民众。

蒙古文：

转写：uridus-un törü-ber yabuγulǰu, ulus irgen-i manu mön kü nadur ǰongγilaγul_un

旁译：先人　之　道　以　使行使　国　民之　我们的　是　对我　分配

转写：bügütele,　bi　ayuqu　metü　kündü　ǰarlaγ -ača inu　yakin dabamu

旁译：　况且　我　害怕　像　沉重　命令　从　是　怎能　超越

总译：况且例行先道仍把民众分给我，我怎能越界如此沉重之令呢。

对比研究：蒙古文碑文“kündü ǰarlaγ”可直译为“沉重命令”，对应满文碑文作“hese”（旨），汉文碑文作“谕”。

① ai gelhun akū，固定搭配，意为“敢不”。

汉文：（此处汉文碑文无对应，亦可参照前文）

满文：

转写：hese be alime gaijarakū[①] sehe manggi.

旁译：旨 将 领受 已说 以后

总译：领受旨意后，

蒙古文：

转写：kemen ögülegsen-dür,

旁译：云云 说了 于

总译：如是说后，

汉文：大臣协赞之，遂从数十骑，

满文：

转写：geren ambasa saišame dahafi uthai emu udu[②] juwan moringga be gaifi.

旁译：众 大臣们 嘉奖 遵从 即刻 一二 十 骑马的 将 率领

总译：众臣们嘉奖遵从，即刻率领几十骑，

蒙古文：

转写：olan tüšimed ǰübšiyeldüǰü el_e, darui deger_e sayid-iyan daγaγul_un

旁译：众 使臣们 赞成 更 即 上 大臣自己的 率领

总译：众臣均赞成，即刻率领上臣，

对比研究：蒙古文碑文“ǰübšiyeldüǰü”（协赞）和汉文碑文“协赞”与满文碑文“saišame dahafi”（嘉奖/赞赏遵从）相对应；汉文碑文“遂从数十骑”和满文碑文“emu udu juwan moringga be gaifi”（率领几十骑）相对应，但蒙古文碑文中为“deger_e sayid-iyan daγaγul_un”，意作“率领上臣”，差异较大。

汉文：诣军前请罪。

满文：

转写：coohai juleri jifi weile be alire jakade

旁译：军之 前 来 罪 将 承认 处

总译：来军前请罪。

① alime gaijarakū，原型“alime gaimbi”为固定搭配，意为“领受”。

② emu udu，固定搭配，意为“一二”。

蒙古文：

转写：yeke čerig-ün emün_e irejü öber -ün gem-üd -iyen medeged,

旁译：大 军 之 前 来 自己 之 弊们 自己的知道了

转写：mörgün ǰalbariγsan-dur

旁译：叩拜 祈祷 时

总译：来到大军面前，承认己罪祈祷时，

对比研究：蒙古文碑文“mörgün ǰalbariγsan-dur”（叩拜之时）在满文、汉文碑文中未体现。

汉文：皇帝乃优之以礼，拊之以恩，一见而推心腹，锡赉之恩，遍及从臣。

满文：

转写：enduringge han dorolome gosime kesi i bilume acame jakade mujilen niyaman①

旁译： 圣 汗 礼遇 仁爱 恩典以安抚 会见 因为 心腹

转写：be tucibume gisurehe šangname buhe kesi dahara ambasa de bireme isinaha

旁译：将 拿出 说 赏赐 给予 恩 随从 大臣们 于 一概 得到

总译：圣汗以礼遇仁爱的恩典安抚，因此会见（君臣），说了心里话，给予恩赏，使随从大臣们一概得到。

蒙古文：

转写：boγda qaγan örüšiyen ǰolγaγuluγad seče gegeken-deki ünen üges-iyen ǰarlaγ

旁译： 圣 汗 宽宥 使延续 聪慧 明亮 在 真 话自己的政令

转写：bolo γ ad,

旁译：使成为

转写：wang kiged daγaγsan tüšimed bügüde-dür öglige baling②-iyan soyurqaǰu el_e,

旁译： 王 与 跟随 臣 全部 于 福泽 巴灵 自己的 赐予 更

总译：圣汗延续宽宥，将明亮之语变为政令，赐予王与从臣福泽巴灵。

对比研究：第一，蒙古文碑文中“seče gegeken-deki ünen üges-iyen ǰarlaγ boloγad”，“将明亮之语变为政令”这一表述与满文、汉文碑文不同。满文碑文为“mujilen niyaman be tucibume”，意为“推心腹”，与汉文碑文“推心腹”表达一致。第二，蒙古文碑文中“wang kiged daγaγsan tüšimed”，意为“王与从臣”。满文、汉文碑文中无“王”之

① mujilen niyaman，固定搭配，意为“心腹”。

② baling，意为“巴灵”，用米、面等做的贡品。

表达，只有“从臣”。故蒙古文碑文中皇太极赐予福泽巴灵的对象为王与从臣。

汉文：礼罢，即还我寡君于都城，立召兵之南下者，振旅而西。

满文：

转写：dorolome wajiha manggi uthai meni sitahūn wang be amasi du hecen

旁译：行礼 完毕 后 立即 我们的 寡 王 将 返回 都 城

转写：de bederebufi ilihai andan de julesi genehe cooha be bargiyafi wasihūn bedereme

旁译：于 归还 立即 顷刻 于 向南 行 兵 将 收 向西 返回

总译：行完礼后，立即将我们的寡王送还都城，即刻收回南进之兵，向西返回。

蒙古文：

转写：qoyinaγšida-tu qota-dur qariγuluγad qamuγ čerig-üd-iyen quriyan altan ǰiluγ_a-

旁译：之后 城 于 使返回 大 军 诸自己的收回 金 缰绳

转写：ban egeǰü

旁译：自己的返回

总译：之后将（王与从臣）还于都城，（皇太极）将大军撤回，班师回朝。

对比研究：此段中，蒙古文碑文中有3处与满文、汉文不同的地方。第一，满文、汉文碑文中“dorolome”与“礼”相一致，“sitahūn wang”与“寡君”相一致，而在蒙古文碑文中均未体现。第二，满文、汉文碑文中“sitahūn wang be amasi du hecen de bederebufi”及“还我寡君于都城”相一致，蒙古文碑文中返回的对象包括王与从臣，与满文、汉文碑文不同。第三，满文、汉文碑文中“cooha be bargiyafi wasihūn bedereme”与“振旅而西”相一致，蒙古文碑文中表达为“altan ǰiluγ_a-ban egeǰü”，直译为“转返金绳”，意为“班师回朝”，是地道的蒙古文表达。

汉文：抚民劝农，远近之雉鸟散者，咸复厥居，讵非大幸欤？

满文：

转写：irgen be bilure usin i weile be huwekiyebure jakade . goroki hanciki samsiha

旁译：百姓 将 安抚 田地 之 事业 将 鼓励 因此 远方 近处 溃散

转写：irgen gemu dasame jifi tehengge amba kesi wakao

旁译：百姓 俱 复 来 居住 大 恩 岂非

总译：安抚百姓，鼓励田耕，远近溃散百姓俱复来居住，岂非大恩？

蒙古文：

转写：ulus irgen-i örüšiyen tariyan-u üyile-yi kičiyelgegsen-dür, qola ba oyir_a daqin

旁译：国　民 把　宽宥　　农　之租 把　减轻　　　于　远　和 近　在

转写：botaraγsan irgen orqon[1] manu sinečilen irejü saγuγsan inu yeke ibegel buyu y_a

旁译：溃散　　民　　民　　我们的 重新　　来　　坐　　是　　大　福　　也

总译：宽宥国民，减轻农租，远近溃散民众重新居住，为大幸也。

对比研究：此段中满文、汉文碑文中“irgen”与“民”的表达，蒙古文碑文中表达为“ulus irgen”，意为“国民”。

汉文：小邦之获罪上国久矣。己未之役，都元帅姜弘立助兵明朝，兵败被擒。

满文：

转写：ajige gurun dergi gurun de weile bahafi goidaha.

旁译：小　国　　上　　国　于 罪　　得　　长久

转写：sohon honin aniya du yuwanšuwai jiyang hūng li be takūrafi

旁译：己　　未　　年　都　　元帅　　　姜弘立　　将　差遣

转写：ming gurun de cooha aisilame genehengge gidabufi jafabuha manggi.

旁译：明　　国 给予 兵　　援助　　　赴　　　　溃败　　被俘　　后

总译：小国得罪上国已久，己未年派遣都元帅姜弘立助兵明国，兵败被俘后，

蒙古文：

转写：öčügüken ulus degedü ulus-dur buruγu üiledügsen

旁译：微小　　国　　上　　国　于　　错　　　做

转写：gem-iyen anu širaγčin qonin ǰil_e dü yuwanšuwai ǰiyangqungli-yi

旁译：病症自己的在　己　　　　未　年　都　元帅　　　　姜弘立　把

转写：ilegeǰü ming ulus-i ömülen čerig oruγad daruγdaǰu bariγdaγsan-u qoyin_a,

旁译：派遣　　明　国 把　协助　　军　　进　　　压　　　　　擒　　　　后

总译：小国获罪上国，己未年派遣都元帅姜弘立协助明国进军被擒压之后，

汉文：太祖武皇帝只留弘立等数人，余悉放回，恩莫大焉。

满文：

转写：taidzu horonggo han damu jiyang hūng li jergi udu niyalma be bibufi

---

① irgen orqon，固定搭配，意为“民众”。

旁译：太祖　武　汗 只　姜弘立　等　数　人　将留下

转写：gūwa be gemu amasi bederebuhe kesi ereci amban ningge akū.

旁译：其余将　俱　返回　归还　恩　除此　大　的　无

总译：太祖武皇帝只将姜弘立等数人留下，将其余人全部放还，恩莫大焉。

蒙古文：

转写：tayisü suu-tu boγda ǰiyangqungli-yin ǰerge-yin nige kedün kümün-i saγulγaγad,

旁译：太祖　英　圣　姜弘立　之　等　之 一　几　人　把　使留下

转写：busu bügüde-yi inu qariγululuγ_a egün-eče ölemǰi örüšiyel yaγun aǰuγu teyin

旁译：其他　全部　把　是　使返回　此　自　永　福　什么　大　此

转写：bügetele

旁译：　既

总译：太祖武皇帝只留姜弘立等数人，余悉放回，自此永恩何其大耶？

对比研究：蒙古文碑文中“ölemǰi örüšiyel”，意为“永恩”，满文、汉文碑文中体现为“恩”。

汉文：而小邦迷不知悟。丁卯岁，今皇帝命将东征，本国君臣避入海岛，遣使请成。

满文：

转写：uttu ocibe[①] ajige gurun geli liyeliyefi ulhirakū ojoro jakade[②]

旁译：　然则　小　国　又　昏聩　不能醒悟　因为

转写：fulahūn gūlmahūn aniya enduringge han jiyangjiyūn be takūrafi

旁译：　丁　卯　年　圣　汗　将军　将　派遣

转写：dergi babe dailanjiha manggi.

旁译：　东　方　征伐　后

转写：meni gurun i ejen amban gemu mederi tun[③] de jailame dosifi

旁译：我们的 国 之　君　臣　俱　海岛　于 躲避　进入

转写：elcin takūrafi acaki seme baiha.

旁译：使者　派遣　好　等语　请求

总译：然则，小国又因昏聩不能醒悟。丁卯年，圣汗派遣将领东征后，我国君臣俱

① uttu ocibe，原型“uttu oci”为固定搭配，意为“然则”。

② ojoro jakade，固定搭配，意为“因为”。

③ mederi tun，固定搭配，意为“海岛”。

进入海岛于此躲避，派遣使者（传达）请求和好等语。

蒙古文：

转写：öčügüken ulus basa mongqaγuraǰu es_e medegsen-dür, ulaγčin taulai ǰil_e,

旁译：　微小　国　又　　蠢　　未　知道　　于　丁　　卯　年

转写：boγda qaγan mani-yi dayila geǰü, čerig-üd-iyen ilegegsen-dür ulus-un eǰen

旁译：　圣　汗　我们把 讨伐　谓　　军　诸自己的　派　　于国 之主

转写：kiged tüšimed manu buruqaγulǰu dalai-yin qui-dur oruγad elči ilegeǰü elsey_e

旁译：　和　　臣　　我们的　转向　　海 之 岛于　进　使臣 派　交涉

转写：kemen ayiladqaγsan-dur

旁译：云云　　说　　　于

总译：小国亦昏惑不知，丁卯年圣汗命令征伐我们，派遣大军时国主与臣转向遁入海岛，遣使请成。

对比研究：此段中，蒙古文碑文与满文、汉文碑文有几处不同。第一，满文碑文中“enduringge han jiyangjiyūn be takūrafi”（圣汗命将军）与汉文碑文中“皇帝命将”，蒙古文碑文中表达为“boγda qaγan mani-yi dayila geǰü”，意为“圣汗命令征伐我们”，与满文、汉文碑文较为不同。第二，满文碑文“jailame”与汉文碑文“避”，蒙古文碑文中却是“oruγad”，即“进入”之意。

汉文：皇帝允之，视为兄弟国。疆土复完，弘立亦还矣。

满文：

转写：enduringge han gisun be gaifi. ahūn deo i gurun obufi.

旁译：　　圣　　汗 言语将　取　兄 弟之　国　成为

转写：ba na[1] be yooni obuha. jiyang hūng li be nememe amasi bederebuhe.

旁译：土地　将 全部 成为　　姜弘立　　将　　更　　返回　归还

总译：圣汗允诺，成为兄弟之国，恢复全部疆土，归还姜弘立，

蒙古文：

转写：boγda qaγan ǰübšiyen soyurqaǰu degü ulus bolγan nutuγ usun-dur manu

旁译：　圣　汗　　同意　　给予　　弟 国　成为　　家　水　于我们的

转写：saγulγaγad ǰiyangqungli-yi qariγulǰu öggülüge.

旁译：　使居住　　姜弘立　把 使返回　　给

① ba na，固定搭配，意为“土地”。

总译：皇帝嘉允，将其成为弟国，使其居住在故土，返还姜弘立。

对比研究：此段中，蒙古文碑文与满文、汉文碑文有几处不同。第一，满文、汉文碑文中“ahūn deo i gurun”与“兄弟国”，蒙古文碑文中是“degü ulus”，意为“弟国”。第二，满文、汉文碑文中没有“nutuγ usun-dur manu saγulγaγad”（使其居住在故土）这种表达，只有“ba na be yooni obuha”和“疆土复完”的表达。

汉文：自兹以往，礼遇不替，冠盖交迹。不幸浮议扇动，构成乱梯。小邦申饬边臣，言涉不逊，而其文为使臣所得。

满文：

转写：ereci amasi dorolohongge ebereke akū. elcin takūrahangge lakcaha akū bihe.

旁译：自此 大的 礼遇 衰落 没有 使者 派遣 断绝 没有存在

转写：kesi akū oilori hebe dekdefi facuhūn i tangkan baninafi[①]

旁译：幸 不 浮动 议论 上升 混乱 之 阶梯 以生

转写：ajige gurun jecen i ambasa de gocishūn akū gisun i bithe arafi unggihe.

旁译：小 国 边疆之 臣等 于 谦逊 无 言 之书 写了 送来

转写：tere bithe be elcin jihe ambasa bahafi gamaha

旁译：那 书信 将 使者 来的大臣们 获得 拿去

总译：自此礼遇不衰，遣使不断。不幸浮议升腾，乱阶生也。[②]小国将边臣所写不谦之文送来，其文被使臣获得之后拿去。

蒙古文：

转写：tegün-eče inaγsita törü-yi saqiǰu elči-ben tasural ügei yabuγul_un atala irügel

旁译：此 自 之后 国政把 守 使臣自己的中断不 走 尚且 福

转写：ügekü öčügüken ulus bide alǰiyas sedkil-iyer ǰaq_a-yin

旁译：没有 微小 国 我们 疲倦 心 以 边 之

转写：tüšimed-dür-iyen ǰoqis ügei üges-i bičiǰü ilegegsen bičig-i manu elči iregsen

旁译：臣 于自己的 妥 不 语 把 写 派 书 把我们的使臣 来

转写：tüšimed abčirabai abču oloγad ayiladγaγsan-dur

① baninafi，“banjimbi”的异体字。

② “浮议”指没有根据的议论。“乱阶”也作“乱梯”，指乱事之阶梯，也可理解为祸端、祸根。出自《国语·越语下》，见（旧题）左丘明撰，徐元诰集解：《国语集解》，王树民、沈长云点校，北京：中华书局，2002年，第578页。满文碑文将汉文碑文中的“浮议”翻译成“oilori hebe”（浮动的议论），将“乱梯”翻译成“facuh ū n i tangkan”（混乱的阶梯）。

旁译：　臣　　拿　　获　　得　　上言　　于

总译：自此以后守政，不断地派遣使臣。不幸小国怠慢，对边臣谓不妥之语，其文被使臣所获并上言

对比研究：此段中，蒙古文碑文与满文、汉文碑文有几处不同。第一，满文、汉文碑文中“dorolohongge ebereke akū”与“礼遇不替”，在蒙古文碑文中的表达是“törü-yi saqiǰu”，意为“守政”。第二，蒙古文碑文中缺了一大段满文、汉文碑文中的“kesi akū oilori hebe dekdefi facuhūn i tangkan baninafi”与“不幸浮议扇动，构成乱梯”的表达。第三，满文碑文中“bahafi gamaha”（获得之后拿去），蒙古文碑文中表达为“abču oloγad ayiladγaγsan-dur”（所获并上言）。

汉文：皇帝犹宽贷之，不即加兵，乃先降明旨，谕以师期，丁宁反覆，不翅若提耳面命而终未免焉。

满文：

转写：eduringge han hono oncoi gamame uthai cooha jihekū neneme

旁译：　圣　汗 尚且 宽宏　领去　即刻　兵　　不来　先前

转写：genggiyen hese be wasimbume

旁译：　明　　旨　将　　降下

转写：coohalara erin be boljome dahūn dahūn i[①] ulhibuhengge

旁译：出兵　时刻 将　约定　　反复　　　使晓得之事

转写：šan be jafafi tacihiyara ci hono dabali kai

旁译：耳 将　执　教诲　从 尚且 超过 矣

总译：圣汗尚且宽容，没有立即派兵，先将圣明的旨意降下，将出兵的时间一再地告知我们，比拽着耳朵教诲还要有过之而无不及。

蒙古文：

转写：boγda qaγan bas_a aγuda sedkiǰü darui deger_e čerig es_e irelüge. gegeken-degen

旁译：　圣　　汗　又　宽　　　想　立即　上　　　军　未　来　　　明亮

转写：sedkigsen-iyen olatan uqatuγai kemen čeriglekü čaγ-iyan daqin dabtan

旁译：　想　　　自己的全部 觉悟　　云　　出军 时间自己的再　反复

转写：uqaγuluγsan inu čikin-eče bariǰu surγaγsan-ača ölemǰi buyu.

旁译：　　确定　　是　耳朵 自　拿　　　教育　　从 永　　也

① dahūn dahūni，固定搭配，意为“反复”。

总译：圣汗又心存宽宥，不即加兵，愿众人皆觉悟（圣汗）心之所想，将出师之期反复叮咛，比抓着耳朵教育还要过之。

对比研究：此段中，满文、汉文碑文分别为“genggiyen hese be wasimbume”“乃先降明旨”，蒙古文碑文中却为“gegeken-degen sedkigsen-iyen olatan uqatuγai kemen”，意为“愿众人皆觉悟（圣汗）心之所想”。

汉文：则小邦群臣之罪，益无所逃矣。

满文：

转写：uttu ocibe geli urgunjeme dahahakūngge ajige gurun i geren ambasai weile

旁译：如此 虽然 又 喜悦 不能投降 小 国 之 众 大臣们 之 罪

转写：ele guweci ojorakū oho

旁译：越发 脱逃 不能 矣

总译：虽然如此，又不能心悦诚服地投降，小国众臣之罪更不能逃脱。

蒙古文：

转写：teyimü ǰarlaγ-dur es_e oruγsan olan tüšimed-ün

旁译：如此 政令 于 不 进 多 臣 之

转写：gem-üd minu aburaǰu ölö bolqu bülüge.

旁译：弊 诸 我们的 救 不 能 矣

总译：如此政令诸臣未听，其罪无所遁。

对比研究：此段中，汉文碑文与满文、蒙古文碑文较不同。满文、蒙古文碑文中无“君”的表达，只有“诸臣”，汉文碑文中有“君臣”的表达。此外，满文碑文中有“geli urgunjeme dahahakūngge”（不能心悦诚服地投降）一句，汉文、蒙古文碑文中则无。

汉文：皇帝既以大兵围南汉，而又命偏师先陷江都，宫嫔王子暨卿士家小俱被俘获。

满文：

转写：enduringge han i amba cooha nan han be kafi geli hese wasimbufi neneme

旁译：圣 汗 之 大 兵 南 汉 将 围困 又 旨 降 先

转写：emu garhan i cooha unggifi giyang du be gaifi wang ni juse sargan

旁译：一 支 之 兵 派遣 江 都 将 取 王 之 孩子 妻子

转写：ambasai hehe juse gemu jafabuha manggi

旁译：大臣等之女人孩子 俱 被俘 后

总译：圣汗的大兵将南汉围困，（圣汗）又降旨先派遣一支兵取江都，将王的嫔妃[1]子女与大臣的妻儿全部俘获后，

蒙古文：

转写：boγda qaγan yeke čerig-iyer-iyen nan qan qota-yi qaγaǰu, bas_a

旁译：圣 汗 大 军 以自己的 南 汉 城 把 围困 又

转写：nigen ayimaγ čerig-iyen ilegeǰü, dalai-yin qui-deki qota-yi abuγad

旁译：一 部 军 自己的 派 海之岛 在 城 把 拿下

转写：wang-un qatud köbegüd kiged sayid-un em_e köbegüd bügüde-yi bariγsan-u

旁译：王 之 妻子们 儿子们 和 大臣之 妻子 子们 全部 把 擒

转写：qoyin_a,

旁译：后

总译：圣汗大军围南汉城，又派遣一部兵拿下海岛之城，获王之妻、子与诸臣妻、子之后，

对比研究：此段中尤其值得注意的是，蒙古文、满文、汉文碑文中“妻”与“子”的表达。与汉文碑文“宫嫔、王子”对应的满文碑文为“juse sargan”（子妻），对应的蒙古文碑文为“qatud köbegüd”（妻子们，儿子们）。与汉文碑文“家小”对应的满文碑文为“hehe juse”（妻儿），对应的蒙古文碑文为“em_e köbegüd”（妻子，儿子们）。此外，满文“gargan”，满文原碑文写为“garhan”，显示出满文从无圈点时期过渡至有圈点时期存在“g”“h”不分的现象。

汉文：皇帝戒诸将不得扰害，令从官及内侍看护。

满文：

转写：enduringge han geren jiyangjiyūn be ume necire nungnere seme

旁译：圣 汗 诸 将军 将 勿 侵害 侵犯 等语

转写：fafulafi meni hafasa taigiyasa be tuwakiyabuha

旁译：令 我们的 大臣们 太监们 将 看护

总译：皇帝令诸将军不要侵害，让我们的大臣们和太监们将其看护。

[1] 满文中“sargan”一词本身有“妻子”之意，但此时朝鲜国王仁祖李倧正室仁烈王后韩氏去世，新后尚未择立，只有侧室。因此，总译中斟酌译为“王的嫔妃”。参见《五体清文鉴》上册，北京：民族出版社，1957年，第1198页；《仁祖实录》卷三一，仁祖十三年（1635）十二月乙酉，《李朝实录》第35册，东京：日本学习院东洋文化研究所，1962年，第154页。

蒙古文：

转写：boγda qaγan olan tüšimed-dür-iyen büü

旁译：　圣　汗　多　臣　于自己的不

转写：kündüdgün kemen ǰarlaγ bolǰu, minu tüšimed taiγiyan nar-iyar saqiγulbai.

旁译：　尊重　谓　政令 成为我们的　臣　太监 诸　以　守

总译：圣汗命令大臣不得懈怠，令大臣、太监看护。

汉文：既而大霈恩典，小邦君臣及其被获眷属复归于旧。

满文：

转写：tuttu amba kesi be isibure jakade

旁译：如此　大　恩　将　施予　之后

转写：ajige gurun i ejen amban jafabuha juse sargan gemu fe an i ofi

旁译：　小　国 之 君　臣　被俘　孩子　妻子　俱 旧 常 之 为

总译：施予如此大的恩典后，小国君臣的被俘妻儿全都恢复如常。

蒙古文：

转写：teyimü yeke öüšiyel kürtegsen-dür, öčügüken ulus-un eǰen tüšimed bariγdaγsan

旁译：　如此　大　饶恕　给予　于　微小　国 之　主　臣　被擒

转写：kergei köbegüd-dur-iyen neyileldüged iǰaγur-un yosoγar boloγsan inu,

旁译：　妻子儿子们　于 自己的　一起　根本 之　按照　成为　是

总译：给予如此大的恩典，小国国主、大臣与被获之妻、子团聚，复归本原。

对比研究：接上文，汉文碑文“眷属”对应的满文碑文为“juse sargan”；对应的蒙古文碑文为“kergei köbegüd”，为“妻儿”的另一种蒙古文表达。

汉文：霜雪变为阳春，枯旱转为时雨。

满文：

转写：gecen nimanggi kūbulifi niyengniyeri oho

旁译：　霜　雪　变化　春天　矣

转写：olhon hiya forgošofi erin i aga oho gese

旁译：　干　旱　转化为　时 之 雨 矣 如同

总译：如同霜雪变为春天，干旱转为时雨。

蒙古文：

转写：ebül-ün časun, qabur-un čaγ-tur geskü i metü,γangtaγsan γaǰar-a qur_a oruγsan

旁译：冬 之 雪 春 之 时 于 融化 似 干旱 地方 时雨 下

转写：metü,

旁译：似

总译：似冬雪在春时融化，如时雨落在干旱的地方。

对比研究：此段比喻中满文、汉文碑文与蒙古文碑文有很大不同，单看满文碑文完全是汉文碑文的翻译。但是蒙古文碑文表达完全不同。详见上文翻译。

汉文：区宇既亡而复存，宗祀已绝而还续。

满文：

转写：ajige gurun i gukuhe ba[①] dasame bibuhe mafari doro lakcaha be dahūme siraha.

旁译：小 国 之 灭亡 地 又 存留 祖宗 道 断绝 将 恢复 接续

总译：小国已经灭亡的疆土又得以存续，已经断绝的祖宗之道又得以恢复接续。

蒙古文：

转写：öčügüken ulus-un ečüs bolqui-yi inu ǰiči bayiγulba

旁译：微小 国 之 结束 变成 把 是 复 建立

转写：ebüged-ün törü tasuraγsan-i daqiǰu ǰalγamǰilaγulba.

旁译：祖 之 政权 断开 把 重新 继承

总译：小国既亡而复存，祖政已绝而还续。

汉文：环东土数千里，咸囿于生成之泽。此实古昔简策所稀覯也。於戏盛哉！

满文：

转写：dergi bai šurdeme ududu minggan bai niyalma gemu

旁译：东 土 之 环绕 数 千 地之 人 俱

转写：banjibuha hūwašabuha kesi de horibuha

旁译：生长 养育 恩 于 围

转写：ere yargiyan i julgei kooli de sabuhakūngge kai

旁译：这 实 之 古 之 例 于 未见 也

总译：环东土数千里之人皆生活在圣汗的恩泽里，实乃旧例未见。

① 一作“be”，此处碑文漫漶不清。

蒙古文：

转写：ǰegün eteged-ün kedün kedün mingγan bar_a-yin γaǰar-deki ulus irgen-i

旁译：东 人们之 几 几 千 地 之 地 在 国 民 把

转写：toγtaγaγsan inu ölemǰi örüšiyel buyu.

旁译：安定 是 极 宽宥 也

转写： eyimü örüšiyel erten-eče edüged-dür kürtele es_e sonustaluγ_a.

旁译： 如此 福 早 自 今 于 到 未 听

总译：安定环东数千里国民为大福也，如此恩泽从古至今未听到。

对比研究：此段中，蒙古文碑文与满文、汉文碑文有几处不同。第一，满文碑文中“niyalma”（民），在蒙古文碑文中为“ulus irgen”，意为“国、民”。第二，汉文碑文中“古昔简策”，满文碑文为“julgei kooli”（古法），蒙古文碑文为“erten-eče edüged-dür kürtele”（从古至今）。第三，满文、汉文碑文中分别为“sabuhakūngge”及“稀觏”，而在蒙古文碑文中则为“es_e sonustaluγ_a”，意为“未听”。第四，汉文碑文中“於戏盛哉”，在满文、蒙古文碑文中未体现。

汉文：汉水上游三田渡之南， 即皇帝驻跸之所也，坛场在焉。我寡君爰命水部，就坛所增而高大之，又伐石以碑之，垂诸永久，以彰夫皇帝之功之德，直与造化而同流也。

满文：

转写：han sui mukei wesihun san tiyan du bai julergi uthai

旁译：汉 水 水之 上方 三 田 渡 地之 南 即

转写：enduringge han i isinjiha ba tan soorin bi

旁译： 圣 汗 之 到来 处 坛 宝位 有

转写：meni sitahūn ejen jurgan i niyalma de hendufi tan soorin be nonggime

旁译：我们的 寡 君 部之 人 于 言 坛 宝位 将 增添

转写：den amban badarabufi geli wehe be gaifi bei ilibufi enteheme bibume

旁译： 高 大 扩展 又 石 将 取 碑 立 永久 存留

转写：enduringge han i gung erdemu be abka na i sasa okini seme[①] temgetulehe

旁译： 圣 汗之 功 德 将 天 地之 齐 成为 使之 记

总译：汉水上游三田渡之南即圣汗到来的地方，坛和宝座在焉。我们的寡君让部员

① okini seme 中的“-kini sembi”表使动。

将坛和宝座增高增大，又取石立碑永久留存，以铭记圣汗之功德与天地相齐。

蒙古文：

转写：qansüi müren-ü ögede santiyan dü γaǰar-un emün_e

旁译： 汉水 江 之 对面 三田 渡 地 之 前

转写：boγda qaγan-u ögede bolǰu saγuγsan saγurin-i ǰasaqu-yin tulata, öčügüken eǰen

旁译：圣 汗 之 对面 成为 坐 座位 把 治 之 因为 微小 主

转写：manu üiletčin-dür tusiyalγaǰu, tabčang saγurin-i nemeǰü,

旁译：我们的 工 于 靠 台子 座位把 增加

转写： öndür yeke bayiγuluγad bs_a čilaγun-iyar

旁译： 高 大 建立 又 石 以

转写：möngke-ber bosγaǰu bür-ün, boγda qaγan-u sayin aldar-i inu tngri γaǰar-luγa

旁译：永久 以 成立 全部 圣 汗 之 好 声誉把是 天 地 等

转写：sačaγu boltuγai kemen temtegtey_e bayiγulbai.

旁译：相等 成为 谓 记 建立

总译：为修圣汗汉水上游三田渡之南所驻跸之地，寡君命工人将台子座位建得高大，又以石垂永久之碑，以铭记圣汗之名誉与天地同等也。

对比研究：此段中，蒙古文碑文与满文、汉文碑文有几处不同。第一，满文碑文中“jurgan i niyalma”（部员），汉文碑文中为“水部”之表达，在蒙古文碑文中表达为“üiletčin”，意为“工人”或“工部之员”。第二，满文、汉文碑文中“gung erdemu”“功德”，在蒙古文碑文中为“sayin aldar”，意为“好声誉”。第三，汉文碑文称颂皇帝的功德“与造化而同流”，但满文碑文为“abka na i sasa okini seme”（与天地相齐），“造化”与“天地”略有差异。

汉文：岂特我小邦世世而永赖，抑亦大朝之仁声武谊，无远不服者，未始不基于兹也。

满文：

转写：ere meni ajige gurun i teile jalan halame enteheme akdafi banjire

旁译：这 我们的 小 国 之 独 世代 更替 永久 信赖 生存

转写：anggala amba gurun i gosin algin horon i yabun de goroki ci aname[1]

旁译： 与其 大 国 之 仁德 声望 武力之 行为 于 远方的 以 至于

① ci aname，固定搭配，意为“以至于”。

转写：gemu daharangge inu ereci deribumbi kai

旁译：俱　投降　是 从此　起始　也

总译：大国如此的德行武力，不但使我们小国世世代代永赖生存，也使得远方来者尽皆臣服，自此始也。

蒙古文：

转写：öčügüken ulus bide üy_e-yin üy_e-dür

旁译：微小　国 我们 代 之 代 于

转写：kürtele itegen sitüǰü amui. yeke ulus-un aγui yeke aldar auγ_a

旁译：到　相信　拜 也　大　国 之 伟 大 声誉 伟

转写：küčün-dür inu, qola ba oyir_a daqin bügüdeger oruǰu ögküi inu yaγun ögületele

旁译：力　于 是　远 和 近　在　全部　归附　是　何　言

总译：我们小国世世信奉。在大国名声、伟力下远和近之全部人皆归附，何须言语？

对比研究：此段中蒙古文、满文、汉文碑文有几处不同。第一，满文、汉文碑文分别为“enteheme akdafi banjire”（永赖生存）、“永赖”。蒙古文碑文中为“itegen sitüǰü”，意为“信奉”。第二，满文碑文“goroki ci aname”（以至于远方），并不包括近方，蒙古文碑文为“qola ba oyir_a daqin”（远和近之），包括了远和近，与满文、汉文碑文表述不同。第三，满文、汉文碑文中“ereci deribumbi kai”（自此始也）、“未始不基于兹也”，蒙古文碑文中表达为“yaγun ögületele”（何须言语）。

汉文：顾摹天地之大，画日月之明，不足以仿佛其万一。

满文：

转写：udu abka na i amban be araha šun biya i genggiyen be niruha seme

旁译：多少 天 地 之 大　把　写　日　月 之　明亮　将 绘画（表结束）

转写：tere i tumen de emken inu duibuleci ojorakū

旁译：那 之 万中 之 一　亦　比较　不能

总译：摹写天地的大、绘画日月的明，更不能比得上它的万分之一。

蒙古文：

转写：kedüi-ber tngri γaǰar-un ürgen-i inu üligerlen, naran saran-u gerel-dür adalidγan

旁译：虽然　天　地　广 把 是　比方　日　月 之 光 于　比拟

转写：ǰirubasu-bar adali bolqu qamiγ_a bui.

旁译：　画　　同　成为　哪里　有

总译：虽较天地之广、日月之明描画，怎能相同?

对比研究：此处满文碑文为“tumen de emken inu duibuleci ojorakū”，翻译与汉文碑文“不足以仿佛其万一”完全对应，而蒙古文碑文为“adali bolqu qamiγ_a bui”，为反问句，可译为“怎能相同”。

汉文：谨载其大略，铭曰：

满文：

转写：heni muwašame folome temgetulerengge

旁译：仅　大略　　刻　　记

总译：仅载其大略，铭曰：

蒙古文：

转写：čidaqu činegeber čuγulγaǰu temdeg bolγabai.

旁译：能　　尽力　使镂刻　标志　使成为

总译：只能尽力镂刻，以作标记。

对比研究：此处满文碑文为“muwašame”（大略、大致），汉文碑文亦为“大略”，而蒙古文碑文却用“čidaqu činegeber”，可译为“尽力”。此外，汉文碑文中“谨”，此处为“恭敬”之意；满文碑文“heni”意为“仅仅，一点儿”，意义稍有不同。

汉文：天降霜露，载肃载育，

满文：

转写：abka gecen silenggi be wasimbufi fundehun obumbi banjibumbi

旁译：天　霜　露　将　降下　　萧索　　致使　　生长

总译：上天降下霜露，既导致了萧索，又带来了生长。

蒙古文：

转写：ǰun-u urγuγsan čečeg tngri-yin küiten qiraγun-a qobiraγad ǰüna[①] dulaγan-a

旁译：夏天之　成长　花　天　之　冷　　霜　　变　夏之　温暖

转写：urγuqui metü,

旁译：成长　如同

---

① 此处“ǰüna”（夏之）与前面出现的“ǰun-u”（夏之）书写形式不同，前者写法较少见。

总译：如夏花天寒化霜，夏暖成长，

对比研究：此处汉文碑文为“天降霜露，载肃载育”，是形容皇帝征讨朝鲜又许其讲和的行为。满文碑文为“abka gecen silenggi be wasimbufi fundehun obumbi banjibumbi”，与汉文碑文完全对应。而蒙古文碑文可译为“如夏花天寒化霜，夏暖成长”，与汉文、满文碑文完全不同。

汉文：惟帝则之，并布威德。

满文：

转写：enduringge han ede acabume horon erdemu be sasa selgiyembi

旁译：　　圣　　汗 对此　相应　　威　　德　将一同　传谕

总译：与此相应，圣汗威、德同谕。

蒙古文：

转写：tegün-dür adali,boγda qaγan auγ_a küčün kiged erdem bilig-iyen neyite

旁译：它　于　同　圣　汗　　伟　力　和　德　才能 自己的一并

转写：aldarsiγulumui.

旁译：　使宣扬

总译：与此相同，圣汗并宣伟力、德才，

汉文：皇帝东征，十万其师，

满文：

转写：enduringge han dergi babe dailaha juwan tumen cooha

旁译：　　圣　　汗　东　边　征讨　十　　万　士兵

总译：圣汗（派出）十万大军向东征讨，

蒙古文：

转写：boγda qaγan arban tümen čerig-iyer-iyen solungγ_a ulus-i dayilaγsan inu,

旁译：圣　　汗　十　　万　　兵　以自己的　朝鲜　国把　　征讨　是

总译：圣汗用兵十万征讨朝鲜国，

对比研究：此处满文碑文为“dergi babe dailaha”，与汉文碑文的“东征”对应。而蒙古文碑文却直接指出“征讨朝鲜国”。

汉文：殷殷轰轰，如虎如貔。

满文：

转写：kunggur seme[1] geren tasha pi gurgu i gese

旁译：　　轰然　　　众　　虎　貔　野兽　之如同

总译：轰然之众，如同野兽之虎、貔。

蒙古文：

转写：bars kiged pi gürügesün metü qotala-dur daγurisbai.

旁译：虎　和　貔　　兽　　如同　全　于　　响彻

总译：如虎如貔，响彻四方。

汉文：西蕃穷发，暨夫北落，执殳前驱，厥灵赫赫。

满文：

转写：wargi amargi gurun gemu agūra be jafafi

旁译：　西　　北　　国　　俱　武器　将　执

转写：juleri ojoro be temšerengge horon ambula gelecuke kai

旁译：前　　成为 将　　　争　　　威　　　甚　　可怕　也

总译：西北国俱执武器，冲在前头，威风极可怖。

蒙古文：

转写：yeke čerig-üd inu ǰer ǰebes-iyen bariǰu, mital ügei ǰoriγlaγsan sür ǰibqulang-ača

旁译：大　军　等　是　兵　器　自己的　持　　动摇 不　　立志　　威严　　　由

转写：inu maši ayuqu metü bülüge.

旁译：是　很　　惧怕　如同　矣

总译：大军持兵器，矢志不移，威严甚可惧矣。

对比研究：此处蒙文碑文的主语为“yeke čerig-üd”，即大军。而满文碑文为“wargi amargi gurun”，可译为“西北之国”或“西北部族”。汉文碑文对应的是“西蕃穷发”，不知具体所指。

汉文：皇帝孔仁，诞降恩言，十行昭回，既严且温。

满文：

转写：enduringge han umesi gosin ofi gosime wasimbuha hese

① kunggur seme，固定搭配，意为“轰然”。

旁译：　圣　汗　极　仁爱　因　仁爱　降下　旨

转写：gisun juwan jurgan i wasimbuha bithe horonggo bime hūwaliyasun

旁译：　言　十　行　之　降下　书　威严的　并且　温和

总译：圣汗极为仁慈，降下恩言，十行文书威严且温和。

蒙古文：

转写：boγda qaγan aγui gegeken sedkil-iyer-iyen örüšiyeǰü baγulγaγsan ǰarlaγ kiged

旁译：　圣　汗　巨大的　明　心　以　自己的　宽宥　降　旨　和

转写：arban mür-iyer bičigsen bičig inü čoγ ǰibqulang yeke büged maši nayiramdaγu buyu.

旁译：　十　行　以　写　文　是　气势　大　且　很　和善　哉

总译：圣汗以至明之心宽宥（我等），降下圣旨及以十行文字写成的文书，气势宏大且甚为和善哉。

对比研究：汉文碑文“十行”，指皇帝诏书。《后汉书》卷七六《循吏传》载光武帝刘秀“其以手迹赐方国者，皆一札十行，细书成文”。满文碑文中“gosime wasimbuha hese gisun”（恩言）与“juwan jurgan i wasimbuha bithe”（十行文书）关系的表述并不明确。笔者认为满文碑文有可能生硬地理解了汉文典故，将“十行”直接译为“juwan jurgan”。而蒙古文碑文中“baγulγaγsan ǰarlaγ kiged arban mür-iyer bičigsen bičig”（所降圣旨与以十行文字写成的文书），其中圣旨与以十行文字写成的文书具有并列关系。

汉文：始迷不知，自贻伊戚，

满文：

转写：dade liyeliyefi sarkū ofi beye jobolon be baiha

旁译：　起初　昏聩　不知　因　自己　灾祸　将　求取

总译：起初因昏聩不知，自寻苦难，

蒙古文：

转写：urida mongqaγuraǰu es_e medegsen-ü tulata öbesüben eribei bide ǰobalang-ud-i.

旁译：　先前　昏聩　未　知　之　为　自己　找　我等　苦难　等　把

总译：先前因昏聩无知，自寻苦难，

汉文：帝有明命，如寐之觉。

满文：

转写：enduringge han i genggiyen hese isinjire jakade amhafi teni getehe gese

旁译：　圣　汗之　明　旨　到达　之时　睡眠 方才　醒来 如同

总译：圣汗圣明的旨意到达时，方才如同从睡眠中醒来。

蒙古文：

转写：boγda qaγan-u gegeken ǰarlaγ kürčü iregsen-dür noyir-ačaγan sai serigsen metü,

旁译：圣　汗之　明　旨　到　来　时　睡眠　由　才　醒　如同

总译：圣汗明旨到来时，如梦初醒。

汉文：我后祗服，相率而归，匪惟怛威，惟德之依。

满文：

转写：meni wang gaifi dahahangge horon de gelere teile waka

旁译：我们的王　率领　投降　威　因　畏惧　唯独　非

转写：erdemu de dahahangge kai

旁译：　德　因　投降　也

总译：我们的王率领大家投降，不仅畏惧武力，还因悦服德行。

蒙古文：

转写：wang manu oruǰu öggügsen① šiltaγan anu auγ_a küčün-eče ayun bügetele erdem

旁译：　王　我等的　归附　原因　是　伟　力　由　惧怕　既然　德

转写：bilig-i inü küsen oruǰu öggügsen bui y_a.

旁译：才　能把是希望　归　附　也

总译：我王既惧伟力，亦向往德才，（因此）归附也。

汉文：皇帝嘉之，泽洽礼优，

满文：

转写：enduringge han gosifi kesi isibume dorolome sain

旁译：　圣　汗　仁爱　恩典　施予　礼待　好

总译：圣汗施予仁爱之恩典，以礼相待。

蒙古文：

转写：boγda qaγan örüšiyen kesig öglige②-ben soyurqaǰu el_e

旁译：圣　汗　宽宥　恩　典　把　赐　更

① oruǰu öggügsen，固定搭配，意为“归附”。

② kesig öglige，固定搭配，意为“恩典”。

总译：圣汗宽恕后降下恩典，

汉文：载色载笑，爰束戈矛。

满文：

转写：cira injere arbun i agūra be bargiyafi

旁译：神态 笑 面容 之 武器 将 收起

总译：神色温和面带笑容地收起武器。

蒙古文：

转写：gegeken čirai kiged müšiyeküi aγali-bar aburaǰu bür-ün,

旁译： 明 面容 和 笑 神态 以 拯救 有

总译：神色温和，面带笑容，拯救（我等）。

对比研究：此处满文碑文为“agūra be bargiyafi”，可译为“收起武器”，与汉文碑文“爰束戈矛”对应。而蒙古文碑文为“aburaǰu bür-ün”，意为拯救。

汉文：何以锡之，骏马轻裘，都人士女，乃歌乃讴。我后言旋，皇帝之赐。

满文：

转写：sain morin weihuken dahū šangnara jakade

旁译： 好 马 轻 裘 赏 因

转写：hecen i haha hehe uculeme maktarangge

旁译： 城 之 男 女 歌颂 称赞

转写：meni wang ni bahafi bederehengge enduringge han i buhengge kai

旁译：我们的 王 之 得以 归还 圣 汗 之 给予之物 也

总译：赏了好马轻裘，城中的男男女女歌颂称赞。我王之归，乃圣汗的赏赐也。

蒙古文：

转写：sayin mori kiged sayin daqu soyurqaγad,

旁译： 好 马 和 好 裘 赐

转写：wang-i maγu ǰobalang-ača γarγaǰu ilegegsen inü boγda qaγan-u örüšiyel bui y_a

旁译： 王 把 坏 苦难 由 使出 遣 是 圣 汗 之 仁慈 也

转写：kemen ulus manu bügüdeger bayasulčan daγulaldumui::

旁译：等因 国 我等 全部 喜悦 歌唱

总译：赐骏马、佳裘，将我王脱离苦难后遣还，乃圣皇帝之仁也。我等举国欢唱。

对比研究：此处对应的满文碑文是“hecen i haha hehe uculeme maktarangge”，可译为“城中男女歌颂称赞”，汉文碑文为“都人士女，乃歌乃讴”，而蒙古文碑文可译为“我等举国欢唱”。

汉文：皇帝班师，活我赤子。

满文：

转写：enduringge han meni irgen be banjikini seme cooha be bederebuhe

旁译：圣 汗 我们的 民众 将 生存 等语 兵 将 撤退

总译：圣汗撤兵，让我们的民众得以生存。

蒙古文：

转写：boγda qaγan čerig-iyen abun ögede boluγsan[①] šiltaγan anu butaraγsan ulus

旁译：圣 汗 军 自己的 率 返回 原因 是 离散 国

转写：irgen-i manu amutuγai kemen örüšiyeged

旁译：民 把 我等 希望安乐 等因 宽宥

总译：圣汗班师，希望安乐我等离散国民，

对比研究：此处满文、汉文碑文“meni irgen be banjikini”（让民众得以生存）、“活我赤子”与蒙古文碑文表达不同，蒙古文碑文为“butaraγsan ulus irgen-i manu amutuγai”（希望安乐我等离散国民）。

汉文：哀我荡析，劝我穑事。

满文：

转写：meni facuhūn oho samsiha be gosime meni usin i weile be huwekiyebuhe

旁译：我们的 骚乱 成为 驱散 将 怜惜 我们的 田 之 事业 将 劝勉

总译：怜惜我们动荡离散，劝我们务事稼穑。

蒙古文：

转写：tariyan-u üile-yi kičiyelgeǰü el_e,

旁译：农 之 务 把 作 更

总译：使其农作。

对比研究：蒙古文碑文中并无满文、汉文碑文内“meni facuhūn oho samsiha be gosime”（怜惜我们的动乱）、“哀我荡析”的表达。

---

① ögede boluγsan，应为“返回”之敬语表达。

汉文：金瓯依旧，翠坛维新。

满文：

转写：efujehe gurun da an i ohongge . ere ice tan i turgun kai

旁译：毁坏的 国家 旧 常之 如此了 这 新 坛 之 缘故 也

总译：毁坏的国家又恢复如旧，为新坛（得以建成）的缘故也。

蒙古文：

转写：ebderegsen ulus-i edüge ijaγur-un yosuγar bolγuγsan inu,

旁译： 毁坏 国 把 今 本原 之 按照 使成为 是

总译：今将毁坏之国恢复如初，

对比研究：与满文、汉文碑文相比，此处蒙古文碑文并无“ere ice tan i turgun kai”［为新坛（得以建成）的缘故也］、“翠坛维新”的表达。

汉文：枯骨再肉，

满文：

转写：olhoho giranggi de dasame yali banjibuha

旁译： 枯 骨 于 再次 肉 生长

总译：（与）枯骨再肉，

蒙古文：

转写：qobaqai yasun-dur miq_a bütügsen metü,

旁译： 枯 骨 于 肉 生 如同

总译：如枯骨再肉，

汉文：寒荄复春。

满文：

转写：tuweri orho i fulehe geli niyengniyeri erin be ucaraha gese oho

旁译：冬季 草 之 根 又 春天 时候 将 遇到 如同 矣

总译：如冬季草根再度逢春。

蒙古文：

转写：ebül-ün ündüsün qabur-un čaγ-luγa učiralduγsan metü bolγabai.

旁译： 冬 之 根 春 之 时 和 相逢 如同 使成为

总译：如寒荄逢春。

汉文：有石巍然，大江之头。

满文：

转写：amba giyang ni da jakade den amba wehe ilibufi

旁译：大　江 之源 之处 高　大　石　立

总译：大江源头之处，立下高大石头。

蒙古文：

转写：yeke müren-ü ǰaq_a-dur öndör yeke čilaγun bayiγulǰu

旁译：大　江 之　源 于　高　大　石　建造

总译：于大江源头，建高大之石，

汉文：万载三韩，皇帝之休。

满文：

转写：san han i ba tumen aniya ojorongge enduringge han i sain de kai

旁译：三　韩之 地　万　年　成为　圣　汗之 善 所在 也

总译：三韩之地可至万年，因圣汗之善也。

蒙古文：

转写：san qan-u γaǰar tümen on engkeǰikü inü boγda qaγan-u suu buyan-u küčün

旁译：三　韩 之 处　万　年　平安　是　圣　汗 之神采 福　之 力

转写：bui y_a

旁译：　也

总译：三韩之地，平安万载，赖圣汗神采、福分之力也。

对比研究：汉文碑文中的"皇帝之休"，对应蒙古文碑文"boγda qaγan-u suu buyan-u küčün bui y_a"（赖圣汗神采、福分之力也），对应的满文碑文为"enduringge han i sain de kai"（因圣汗之善也）。

汉文：嘉善大夫礼曹参判兼同知义禁府事臣吕尔征奉教篆

资宪大夫汉城府判尹臣吴竣奉教书

资宪大夫吏曹判书兼弘文馆大提学艺文馆大提学知成均馆事臣李景奭奉教撰

满文：

（无对应内容）

蒙古文：

（无对应内容）

对比研究：此处汉文碑文包括撰写者姓名，满文、蒙古文碑文无。

汉文：崇德四年十二月初八日立

满文：

转写：wesihun erdemunggei duici aniya jorhon biyai ice jakūn de ilibuha

旁译：　崇　　德之　第四　年　十二　月　初　八　日　立

总译：崇德四年十二月初八日立

蒙古文：

转写：degedü erdem-tü-yin dörbedüger on ebül-ün segül sara-yin šin_e-yin nayiman-a

旁译：　崇　　德　之　　四　　年　冬　之　末　月　之　初　之　八

转写：bayiγulba::

旁译：建造

总译：崇德四年十二月初八日建。

三、《大清皇帝功德碑》汉文碑文校勘

“大清皇帝功德碑”落成于崇德四年（1639）十二月，而立碑的动议始于清军撤走之后。该碑碑文系朝鲜君臣在清朝逼迫下所作，意在表明朝鲜背叛清朝，自取其祸，以此树立清朝武力征服朝鲜的正当性。朝鲜方面极为抵触，百般推诿。直到崇德二年（1637）十月，清朝派英俄尔岱等3人出使朝鲜，才迫使朝鲜国王李倧答应起草碑文。在此前后，清、鲜双方围绕着碑文进行了反复交涉，均意图在碑文内展现己方意志。这使得文稿历经反复修改，形成了多个不同版本。而双方在往来文书中，也保留了多份碑文的稿件。以时间顺序排列，计有《丙子录》《朝鲜国来书簿》《仁祖实录》《清太宗实录》。不同文本间存在着一些文字差异，这或许表明了文章修改过程中清、鲜两方的不同态度。

罗万甲所著《丙子录》，记载了朝鲜君臣避难南汉山城前后史事。作者时任管饷使，亲历其事，《丙子录》中收录的《大清皇帝功德碑》，内容与最终的成文有较大差异，这可能反映了碑文最初时期的面貌。但《丙子录》流传范围广，存世版本多，不同

版本间的细节差异较多，其所载碑文与定本间的关系也并不明确。

《朝鲜国来书簿》汇编了天聪、崇德年间朝鲜与清朝来往的文书，收录了崇德三年（1638）正月朝鲜国王致清朝皇帝的谢恩表，并附有“碑文一纸”，即《大清皇帝功德碑》。此书藏于盛京崇谟阁。1906年，内藤湖南等四人发现此书并制作了一批晒蓝本，该文档从此得到学界关注。[①]韩国国史编纂委员会网站收录有《朝鲜国来书簿》，考诸来源，此书于1923年入藏朝鲜总督府中枢院，1925年改藏朝鲜总督府朝鲜史编修会，韩国独立后归于国史编纂委员会，可能源自内藤晒蓝本的一个抄本。2005年，张存武、叶泉宏以韩国奎章阁藏《朝鲜国来书簿》为底本，将之标点整理，收入《清入关前与朝鲜往来国书汇编（一六一九——一六四三）》（以下简称“《国书汇编》”）。《国书汇编》同时参校了国史编纂委员会藏本，并对照内藤氏晒蓝本“大略翻校”。[②]《朝鲜国来书簿》本身应当是清朝书吏抄录而成，且目前能够参照的两个本子都经辗转传抄，鲁鱼亥豕之处甚多，殊不足以反映碑文原貌。但《朝鲜国来书簿》所录是目前可见最早的完整的文本，也具有一定的参考价值。《国书汇编》参照了最为接近原本的内藤晒蓝本，同样可以提供一些信息。

《仁祖实录》于仁祖十六年（1638）二月八日下记载向清廷入送三田渡碑碑文之事，并收录了文章内容。[③]崇德四年十二月二十八日，清朝使者查布海返回盛京，报告三田渡碑落成之事，并“录其碑文进呈”。[④]

关于《大清皇帝功德碑》的汉文碑文，本文以京都大学藏拓片图片为底本进行录文，并参照加州大学伯克利分校东亚图书馆藏拓片图片，对底本难以辨识之处进行补充。两处图版均漫漶不清之处，则参考其他参校本补足。为了反映不同版本间文字的区别，本文选用《朝鲜国来书簿》本、《仁祖实录》本、《太宗实录》本作为参校本，凡有不同之处，均予注出。由于《大清皇帝功德碑》记载了皇太极收抚朝鲜的武功，清代官书如《皇清开国方略》《大清一统志》在记述相关史事时都会收录碑文内容，私人著

---

① 关于内藤湖南发现并复制《朝鲜国来书簿》的情况，可见［日］神田信夫：《关于〈朝鲜国来书簿〉》，载柏桦主编《庆祝王钟翰教授八十五暨韦庆远教授七十华诞学术论文合集》，合肥：黄山书社，1999年，第191—194页；［日］内藤湖南：《奉天宫殿所见图书》，载内藤湖南等著《中国访书记》，钱婉约译，北京：九州出版社，2018年，第87—98页。

② 张存武、叶泉宏编：《清入关前与朝鲜往来国书汇编（一六一九——一六四三）》，台北：“国史馆”，2000年，第262—271页。以下简称“《朝鲜国来书簿》本”。关于整理说明，见本书《编序》。

③《仁祖实录》卷三六，仁祖十六年（1638）二月壬寅，《李朝实录》第35册，东京：日本学习院东洋文化研究所，1962年，第260—261页。以下简称“《仁祖实录》本”。

④《清太宗文皇帝实录》卷四九，崇德四年（1640）十二月庚戌，北京：中华书局，1985年，第656—658页。以下简称“《太宗实录》本”。

作如魏源《圣武记》中也有记载。这些著述距离立碑时间较远，不足以反映碑文的本来样貌，因而不予收录。

李景奭在撰文时使用了大量的典故，其中颇有“微言大义”，表明对清朝的不满。如“霜风之卷秋箨”，看似是夸耀清军的强大，其实却是引用了苻坚自夸之语，褒贬之意殆可见矣。而在满文、蒙古文文本中，这些内容大多直译。因而，本文对文中所用典故及部分人物事件加以注解，以展现朝鲜方面对于这一历史事件的态度与看法。

1.大清皇帝功德碑[①]

2.大清崇德元年冬十有二月，[②]

3.寛温仁聖皇帝，[③]以壊和自我始，[④] 赫然怒，以武臨之，直擣而東，[⑤]莫敢有抗者。時我寘君棲于南漢，[⑥]凛凛若履春氷而待白日者。[⑦]殆五旬，[⑧]東南諸道兵相繼崩潰，[⑨]西

①《朝鲜国来书簿》本、《仁祖实录》本、《太宗实录》本均无标题。

② 大清崇德元年冬十有二月：《太宗实录》本作“大清崇德元年冬十有二月”。

③ 寛温仁聖皇帝：《朝鲜国来书簿》本作“寛温仁聖皇帝”，《仁祖实录》本无“寛温仁聖”四字，《太宗实录》本作“寛温仁聖皇帝”。即清太宗皇太极。按《清太宗文皇帝实录》载，“（天聪十年）上以受尊号祭告天地，受宽温仁圣皇帝尊号，建国号曰大清，改元为崇德元年”，见《清太宗文皇帝实录》卷二八，天聪十年（1636）四月乙酉，第360—361页。

④ 以壊和自我始：《太宗实录》本作“以败和自我始”。按《清太宗文皇帝实录》载：“朕今兴师来讨，非以尔国微弱易取，徒欲残民以逞也。尔国王近臣欺诳天地，违弃盟誓，断绝旧好，移文与平安道洪观察使云：‘丁卯年权许讲和，今已永绝为难，当集智谋之士，励勇敢之人，以图报复等语。’其书为朕使臣所得，来献于朕，此天实使之也。朕观是书，始知尔国败盟，有明证矣。”见《清太宗文皇帝实录》卷三二，崇德元年（1636）十二月丙戌，北京：中华书局，1985年，第411页。由此可知，此处指丁卯之役朝鲜与后金订立盟约后，朝鲜并未断绝与明朝的宗藩关系之事。

⑤ 直擣而東：《朝鲜国来书簿》本、《太宗实录》本作“直擣而東”。

⑥ 時我寘君棲于南漢：《朝鲜国来书簿》本、《仁祖实录》本作“時我寡君棲于南漢”，《太宗实录》本作“時我寡君棲於南漢”。寡君：即朝鲜仁祖李倧（1595—1649），天启三年（1625）发动政变推翻光海君，成为朝鲜王朝第十六任君主。南汉：指南汉山城，为百济时代为拱卫都城在汉江流域而修建的重要山城，后经历代加固，在光海君年间建成。

⑦ 凛凛若履春氷而待白日者：《太宗实录》本作“凛凛若履春冰而待白日者”。

⑧ 殆五旬：《承政院日记》载，仁祖十四年十二月十四日，“贼兵数百余骑，阵于弘济院，故到南汉山城”（《承政院日记》第54本，崇祯九年丙子十二月十四日甲申），仁祖十五年正月三十日“上自南汉山城还都，御昌庆宫”（《承政院日记》第55本，崇祯十年丁丑正月三十日庚午）。由此推算，朝鲜仁祖李倧被困南汉山城约40余天。因此，“殆五旬”应当指的是被困在南汉山城的时间。而满文、蒙古文碑文则将之与“东南诸道兵相继崩溃”合为一句，“五旬”就是指东南、西北等地军队相继崩溃的时间，与汉文碑文意义有所区别。关于这句话的标点和理解，姑且存疑。

⑨ 東南諸道兵相繼崩潰：《朝鲜国来书簿》本作“東南兵諸道兵相継崩潰”，《太宗实录》本作“東南諸道兵相繼奔潰”。

北帥逗撓峡内，[①]不能進一步。[②]城中食且盡，[③]當此之時，[④]以大兵薄城，[⑤]如霜風之卷秋籜，[⑥]

4. 爐火之燎鴻毛。[⑦]而

5.皇帝以不殺為武，惟布德是先，[⑧]乃降勑諭之曰：[⑨]“来，朕全爾；否，屠之。”[⑩]有若英、馬諸大将，[⑪]承皇命相属抡道。[⑫]抡是我寡君集文武諸臣謂曰：[⑬]“予托和好于大邦，[⑭]十年于兹矣。[⑮]由予惽惑，[⑯]自速天討，萬姓魚肉，罪在予一人。

6.皇帝猶不忍屠剹之，[⑰]諭之如此，予曷敢不欽承，[⑱]以上全我宗社，下保我生靈

① 西北帥逗撓峡内：《朝鲜国来书簿》本作“西北師逗撓峡内”，《太宗实录》本作“西北帥逗撓峡内”。

② 不能進一步：《朝鲜国来书簿》本作“不䏻進一步”，《太宗实录》本作“不能進一步”。

③ 城中食且盡：《朝鲜国来书簿》本作“城中食旦盡”，《仁祖实录》本、《太宗实录》本作“城中食且盡”。

④ 當此之時：《朝鲜国来书簿》本、《仁祖实录》本、《太宗实录》本作“當此之時”。

⑤ 以大兵薄城：《朝鲜国来书簿》本作“大兵薄城”。

⑥ 如霜風之卷秋籜：《仁祖实录》本作“如霜風之卷秋蘀”。秋籜：秋天的笋壳，比喻脆弱易掉落之物。《晋书》卷一一四《苻坚载记下》载苻坚攻打东晋之前，夸耀自己“今有劲卒百万，文武如林，鼓行而催遗晋，若商风之陨秋箨”（北京：中华书局，1996年，第2915页）。此处盖以皇太极与苻坚相比。

⑦ 爐火之燎鴻毛：《太宗实录》本作“爐火之燎鴻毛”。

⑧ 惟布德是先：《朝鲜国来书簿》本、《太宗实录》本作“惟布德是先”。

⑨ 乃降勑諭之曰：《太宗实录》本作“乃降敕諭之曰”。《清太宗文皇帝实录》载：“（崇德二年正月）遣户部承政英俄尔岱、马福塔赍敕往南汉城”，可知此敕谕为清征朝鲜，围李倧于南汉山城后下达。见《清太宗文皇帝实录》卷三三“崇德二年正月丁丑”，第416页。

⑩ 来，朕全爾；否，屠之：《太宗实录》本作“來，朕全爾；否，屠之”。

⑪ 英：英俄尔岱（又作“英古尔岱”“英古尔代”），满洲正白旗人，他塔喇氏，历萨尔浒、辽阳、遵化诸战，授副都统、都统、户部承政、户部尚书等职，爵封二等功，曾于天聪七年、崇德元年、崇德七年等多次使朝，其中崇德二年同马福塔赉送敕谕，《八旗通志》有传。马：马福塔（又作“马富塔”），满洲正黄旗人，纳喇氏，满达尔汗弟，历任户部参政、户部承政、户部左参政，曾于天聪八年、天聪九年、崇德元年、崇德四年等多次使朝，崇德元年随皇太极亲征朝鲜，二年同英俄尔岱赉送敕谕，四年以朝鲜三田渡碑立，与户部参政超哈尔等同往验视，《八旗通志》有传。

⑫ 承皇命相属抡道：《仁祖实录》本作“承皇帝命相屬抡道”；《朝鲜国来书簿》本、《太宗实录》本作“承皇命相屬抡道”。

⑬ 抡是我寡君集文武諸臣謂曰：《朝鲜国来书簿》本、《仁祖实录》本作“抡是我寡君集文武諸臣謂曰”，《太宗实录》本作“於是我寡君集文武諸臣謂曰”。

⑭ 予托和好于大邦：《太宗实录》本作“予托和好於大邦”，《朝鲜国来书簿》本作“予托和好亍大邦”。

⑮ 十年于兹矣：《朝鲜国来书簿》本、《仁祖实录》本作“十年于玆矣”，《太宗实录》本作“十年於玆矣”。指从明天启三年（1627）丁卯之役后结盟至崇德元年（1636）丙子之役10年间。

⑯ 由予惽惑：《仁祖实录》本作“由予昏惑”。

⑰ 皇帝猶不忍屠剹之：《朝鲜国来书簿》本作“皇帝猶不忍屠戮之”，《太宗实录》本作“皇帝猶不忍屠戮”。

⑱ 予曷敢不欽承：《太宗实录》本作“予何敢不欽承”。

乎？”[①]大臣協賛之，[②]遂従數十騎，[③]詣軍前請罪。

7.皇帝乃優之以禮，[④]拊之以恴，[⑤]一見而推心腹，錫賚之恩，[⑥]遍及従臣。[⑦]禮罷，[⑧]即還我寡君于都城，[⑨]立召兵之南下者，[⑩]振旅而西。撫民勸農，遠近之雉鳥散者，[⑪]咸復厥居，[⑫]詎非大幸歟？[⑬]小邦之獲罪上國久矣。己未之役，[⑭]都

8.元帥姜弘立助兵明朝，[⑮]兵敗被擒。

9.太祖武皇帝只留弘立等數人，[⑯]餘悉放囬，恴莫大焉。[⑰]而小邦迷不知悟。丁卯歳，[⑱]今

10.皇帝命將東征，本國君臣避入海島，遣使請成。[⑲]

11.皇帝夂之[⑳]，視為兄弟國。疆土復完，[㉑]弘立亦還矣。自茲以往，[㉒]禮遇不朁，[㉓]冠

① 下保我生靈乎：《仁祖实录》本、《太宗实录》本作“下保我生靈乎”。

② 大臣協賛之：《朝鲜国来书簿》本作“大臣恊賛之”，《太宗实录》本作“大臣恊賛之”。

③ 遂従數十騎：《朝鲜国来书簿》本、《仁祖实录》本、《太宗实录》本作“遂從數十騎”。

④ 皇帝乃優之以禮：《朝鲜国来书簿》本、《仁祖实录》本、《太宗实录》本作“皇帝乃優之以禮”。

⑤ 拊之以恴：《朝鲜国来书簿》本、《仁祖实录》本、《太宗实录》本作“拊之以恩”。

⑥ 錫賚之恩：“賚”字原图模糊，据美国加州大学伯克利分校东亚图书馆藏拓片补。

⑦ 遍及従臣：《朝鲜国来书簿》本、《仁祖实录》本、《太宗实录》本作“遍及從臣”。

⑧ 禮罷：《朝鲜国来书簿》本、《太宗实录》本作“禮罷”。

⑨ 即還我寡君于都城：《朝鲜国来书簿》本作“即還我寡君于都城”，《仁祖实录》本作“即還我寡君於都城”，《太宗实录》本作“即還我寡君於都城”。

⑩ 立召兵之南下者：《太宗实录》本作“立招兵之南下者”。

⑪ 遠近之雉鳥散者：《太宗实录》本作“遠近之雉舉鳥散者”。雉鸟：即野鸡，这里代指流散的百姓。

⑫ 咸復厥居：《朝鲜国来书簿》本作“咸複厥居”。厥居：居住的地方。

⑬ 詎非大幸歟：《朝鲜国来书簿》本、《仁祖实录》本、《太宗实录》本作“詎非大幸歟”。

⑭ 己未之役：即萨尔浒之战。万历四十七年（1619），朝鲜令姜弘立等领兵协助明朝攻金，最终大败，姜弘立亦被擒获。

⑮ 都元帥姜弘立助兵明朝：《朝鲜国来书簿》本、《太宗实录》本作“都元帥姜弘立助兵明朝”。姜弘立（1560—1627），朝鲜武将，曾任赴明陈奏使的书状官、汉城府右尹，封晋宁君，萨尔浒之战兵败降金，丁卯之役后被金军放回。

⑯ 太祖武皇帝只留弘立等數人：《朝鲜国来书簿》本作“太祖武皇帝只留弘立等数人”，《仁祖实录》本作“太祖武皇帝只留弘立等數人”，《太宗实录》本作“太祖武皇帝止留弘立等數人”。

⑰ 恴莫大焉：《朝鲜国来书簿》本、《仁祖实录》本、《太宗实录》本作“恩莫大焉”。

⑱ 丁卯歳：《太宗实录》本作“丁卯歲”。

⑲ 遣使請成：请成，意为请和。《左传·隐公六年》：“郑伯侵陈，大获。往岁，郑伯请成于陈，陈侯不许。”见杨伯峻：《春秋左传注》，北京：中华书局，1990年，第49页。

⑳ 皇帝夂之：《朝鲜国来书簿》本、《太宗实录》本作“皇帝允之”。

㉑ 疆土復完：《仁祖实录》本作“疆土復完”。

㉒ 自茲以往：《朝鲜国来书簿》本、《仁祖实录》本、《太宗实录》本作“自玆以往”。

㉓ 禮遇不朁：《朝鲜国来书簿》本、《仁祖实录》本、《太宗实录》本作“禮遇不替”。

盖交跡。[①]不幸浮議扇動，[②]構成亂梯。[③]小邦申飭邊臣，言涉不遜，而其文為使臣所得。[④]

12.皇帝猶寬貸之，[⑤]不即加兵，乃先降明旨，諭以師期，[⑥]丁寧反覆，不翅若提耳面命，[⑦]而終未免焉。[⑧]則小邦羣臣之罪，[⑨]益無所逃矣。[⑩]

13.皇帝既以大兵圍南漢，[⑪]而又命偏師先陷江都，[⑫]宫嬪王子暨卿士家小俱被俘獲。[⑬]

14.皇帝戒諸將不得擾害，令從官及内侍看護。[⑭]既而大霈恩典，[⑮]小邦君臣及其被獲眷属復歸於舊。[⑯]霜雪變為陽春，枯旱轉為時雨。區宇既亡而復存，宗祀已絶而還續。環東土數千里，[⑰]咸囿於生成之澤。[⑱]此實古昔簡策所稀覯也。[⑲]

15.於戲盛哉！漢水上游三田渡之南，即

---

① 冠盖交跡：《太宗实录》本作“冠葢交跡”。

② 不幸浮議扇動：《朝鲜国来书簿》本作“不幸浮議扇動”，《太宗实录》本作“不幸浮議煽動”。浮议，指没有根据的议论。

③ 構成亂梯：《朝鲜国来书簿》本、《仁祖实录》本、《太宗实录》本作“搆成亂梯”。乱梯：也作“乱阶”，意为祸根。《诗经·小雅·巧言》：“彼何人斯？居河之麋。无拳无勇，职为乱阶。”郑玄笺曰：“言无力勇者，谓易诛除也。职，主也。此人主为乱作阶，言乱由之来也。”见〔清〕阮元校刻：《十三经注疏》，北京：中华书局，1980年，第454页。《国语·越语下》：“无旷其众，以为乱梯。”韦昭注曰：“旷，空也。梯，阶也。无令空日废业，使人困乏，以生怨乱，为祸阶也。”见（旧题）左丘明撰，徐元诰集解：《国语集解》，第578页。

④ 而其文為使臣所得：“使”字两处图片均模糊，此据《朝鲜国来书簿》本、《仁祖实录》本、《太宗实录》本补。“所”，其余诸本均作“所”。

⑤ 皇帝猶寬貸之：《太宗实录》本作“皇帝猶寛貸之”。

⑥ 諭以師期：《朝鲜国来书簿》本、《仁祖实录》本、《太宗实录》本作“諭以師期”。

⑦ 不翅若提耳面命：《仁祖实录》本作“不啻若提耳面命”，《太宗实录》本作“不翅耳提面命”。

⑧ 而終未免焉：《仁祖实录》本作“而終不免焉”。

⑨ 則小邦羣臣之罪：《朝鲜国来书簿》本作“則小邦群臣之罪”，《仁祖实录》本作“則小邦君臣之罪”。

⑩ 益無所逃矣：《朝鲜国来书簿》本作“益無所逊矣”，《太宗实录》本作“益無所逃矣”。

⑪ 皇帝既以大兵圍南漢：“既以”二字难以辨识，据美国加州大学伯克利分校东亚图书馆藏拓片补。

⑫ 而又命偏師先陷江都：“江”字原图模糊，据美国加州大学伯克利分校东亚图书馆藏拓片补。《朝鲜国来书簿》本作“而又命偏師先陷江都”，《太宗实录》本作“而又命偏師先陷江都”。

⑬ 宫嬪王子暨卿士家小俱被俘獲：“子暨”原图模糊，据美国加州大学伯克利分校东亚图书馆藏拓片补。《太宗实录》本作“宫嬪王子暨卿士眷屬俱被俘獲”。

⑭ 令從官及内侍看護：《朝鲜国来书簿》本、《仁祖实录》本、《太宗实录》本作“令從官及内侍看護”。

⑮ 既而大霈恩典：《朝鲜国来书簿》本、《仁祖实录》本作“既而大霈恩典”，《太宗实录》本作“既而大沛恩典”。

⑯ 小邦君臣及其被獲眷属復歸於舊：《朝鲜国来书簿》本作“小邦君臣及其被獲眷属復歸于舊”，《仁祖实录》本作“小邦君臣及其被獲眷屬復歸於舊”，《太宗实录》本作“小邦君臣及被獲眷屬復歸於舊”。

⑰ 環東土數千里：《仁祖实录》本作“環東數千里”。

⑱ 咸囿於生成之澤：《朝鲜国来书簿》本作“咸囿于生成之澤”，《仁祖实录》本、《太宗实录》本作“咸囿於生成之澤”。

⑲ 此實古昔簡策所稀覯也：《朝鲜国来书簿》本作“此實古昔簡策所稀覯也”，《仁祖实录》本作“此古昔簡策所稀覯也”，《太宗实录》本作“此實古昔簡策所希覯也”。

16.皇帝駐蹕之厉也，[①]壇塲在焉。我寘君爰命水部，[②]就壇厉增而高大之，[③]又伐石以碑之，垂諸永久，以彰夫

17.皇帝之切之德，[④]直與造化而同流也。豈特我小邦世世而永頼，[⑤]抑亦大朝之仁聲武誼，[⑥]無遠不服者，[⑦]未始不基于兹也。[⑧]顧摹天地之大，晝日月之明，[⑨]不足以彷佛其萬一。[⑩]謹載其大略，[⑪]銘曰：

18.天降霜露，載肅載育，[⑫]惟帝則之，[⑬]並布威德。[⑭]

19.皇帝東征，十萬其師，[⑮]殷殷轟轟，如虎如貔。[⑯]西蕃窮髪，[⑰]暨夫北落，[⑱]執殳前

---

① 即皇帝駐蹕之厉也：《朝鲜国来书簿》本作“即皇帝駐蹕之㕓也”，《太宗实录》本作“即皇帝駐蹕之所也”。

② 我寘君爰命水部：《朝鲜国来书簿》本作“我寡臣爰命水部”，《仁祖实录》本、《太宗实录》本作“我寡君爰命水部”。

③ 就壇厉增而高大之：《朝鲜国来书簿》本作“就壇所增而高大之”，《太宗实录》本作“就其所增而高大之”。

④ 以彰夫皇帝之切之德：《朝鲜国来书簿》本、《太宗实录》本作“以彰夫皇帝之功之德”，《仁祖实录》本作“以彰夫皇帝之功之德”。

⑤ 豈特我小邦世世而永頼：《仁祖实录》本作“豈特我小邦世世而永賴”，《太宗实录》本作“豈特我小邦世世永賴”。

⑥ 仁聲武誼：《太宗实录》本作“仁聲武誼”。典出杨雄《羽猎赋》：“仁声惠于北狄，武义动于南邻。”见《汉书》卷八七《杨雄传》，北京：中华书局，1962年，第3552页。

⑦ 無遠不服者：出自《逸周书·芮良夫解》：“子惟民父母，致厥道，无远不服；无道，左右臣妾乃违。”见黄怀信：《逸周书校补注译·芮良夫解第六十三》，西安：三秦出版社，2006年，第363页。

⑧ 未始不基于兹也：《朝鲜国来书簿》本、《仁祖实录》本作“未始不基于兹也”，《太宗实录》本作“未始不基於兹也”。

⑨ 晝日月之明：《清入关前与朝鲜往来国书汇编》作“晝日月之明”。《太宗实录》本作“日月之明”。

⑩ 不足以彷佛其萬一：《太宗实录》本作“不足以彷彿於萬一”。

⑪ 謹載其大略：《朝鲜国来书簿》本、《太宗实录》本作“謹載其大畧”。

⑫ 載肅載育：典出《诗经·大雅·生民》：“载震载夙，载生载育，时惟后稷。”郑玄笺曰：“夙之言肃也。”见〔清〕阮元校刻：《十三经注疏》，第528页。

⑬ 惟帝则之：或出自《论语·泰伯》：“大哉尧之为君也，巍巍乎。唯天为大，唯尧则之。”见〔清〕阮元校刻：《十三经注疏》，第2487页。

⑭ 並布威德：《朝鲜国来书簿》本作“並布感德”，《太宗实录》本作“并布威德”。

⑮ 十萬其師：《朝鲜国来书簿》本及《清入关前与朝鲜往来国书汇编》作“千萬其師”。

⑯ 如虎如貔：《太宗实录》本作“如虎如貔”。典出《尚书·牧誓》：“尚桓桓如虎、如貔、如熊、如罴。”见〔清〕阮元校刻：《十三经注疏》，第183页。

⑰ 西蕃窮髪：《朝鲜国来书簿》本作“西蕃窮髮”，《太宗实录》本作“西番窮髮”。穷发，典出《庄子·逍遥游》：“穷发之北，有冥海者，天池也。”见〔清〕王先谦：《庄子集解》卷一，北京：中华书局，1987年，第3页。

⑱ 暨夫北落：暨夫，到了。北落，星名。《史记》卷二七《天官书》记载：“（北宫玄武）旁有一大星为北落。北落若微亡，军星动角益希，及五星犯北落，入军，军起。火、金、水尤甚：火，军忧；水，〔水〕患；木、土，军吉。”张守节《正义》云：“北落师门一星，在羽林西南。天军之门也。长安城北落门，以象此也。主非常，以候兵。占：明，则军安；微弱，则兵起；金、火守，有兵，为虏犯塞；土、木则吉。”（北京：中华书局，1982年，第1309页）此处当以“北落”表兵事。

驅，[①]厥霻赫赫。[②]

20.皇帝孔仁，誕降恩言，[③]十行昭囬，[④]既嚴且温。始迷不知，自貽伊慼，[⑤]帝有明命，如寐之覺。[⑥]我后祗服，[⑦]相率而歸，[⑧]匪惟怛威，惟德之依。[⑨]

21.皇帝嘉之，澤洽禮優，[⑩]載色載笑，[⑪]爰束戈矛。[⑫]何以錫之，駿馬輕裘，都人士女，乃歌乃謳。我后言旋，

22.皇帝之賜。

23.皇帝班師，[⑬]活我赤子。哀我蕩析，[⑭]勸我穡事，金甌依舊，翠壇維新。[⑮]枯骨再肉，[⑯]寒荄復春。[⑰]有石巍然，大江之頭。萬載三韓，

---

① 執殳前驅：执殳，指效力王室。《诗经·卫风·伯兮》："伯也执殳，为王前驱。"见〔清〕阮元校刻：《十三经注疏》，第327页。

② 厥霻赫赫：《朝鲜国来书簿》本"霻"作"灵"，第二个"赫"字用重文符号代替。《太宗实录》本作"厥霻赫濯"。此句典出《诗经·商颂·殷武》："赫赫厥声，濯濯厥灵。"见〔清〕阮元校刻：《十三经注疏》，第628页。

③ 誕降恩言：《朝鲜国来书簿》本、《太宗实录》本作"誕降恩言"。

④ 十行昭囬：《仁祖实录》本、《太宗实录》本作"十行昭回"。"十行"，指皇帝诏书。《后汉书》卷七六《循吏传》载光武帝刘秀"其以手迹赐方国者，皆一札十行，细书成文。"（北京：中华书局，2000年，第2457页。）昭囬：指星辰光耀回转。典出《诗经·大雅·云汉》："倬彼云汉，昭回于天。"见〔清〕阮元校刻：《十三经注疏》，第561页。此处是将皇帝诏书比作日月星辰。

⑤ 自貽伊慼：《太宗实录》本作"伊慼自貽"。意为自寻烦恼。出自《诗经·小雅·小明》："心之忧矣，自诒伊戚。"郑玄笺曰："我冒乱世而仕，自遗此忧。悔仕之辞。"见〔清〕阮元校刻：《十三经注疏》，第464页。

⑥ 如寐之覺：《仁祖实录》本作"如寐之覺"，《太宗实录》本作"如寐覺之"。

⑦ 我后祗服：《朝鲜国来书簿》本、《仁祖实录》本作"我后祗服"。

⑧ 相率而歸：《仁祖实录》本作"相率以歸"。

⑨ 惟德之依：《朝鲜国来书簿》本、《仁祖实录》本作"惟德之依"。

⑩ 澤洽禮優：《朝鲜国来书簿》本、《仁祖实录》本、《太宗实录》本作"澤洽禮優"。

⑪ 載色載笑：典出《诗经·鲁颂·泮水》："載色載笑，匪怒伊教。"见〔清〕阮元校刻：《十三经注疏》，第611页。

⑫ 爰束戈矛：《太宗实录》本作"爰束干矛"。

⑬ 皇帝班師：《朝鲜国来书簿》本作"皇帝班師"。

⑭ 哀我蕩析：蕩析，动荡流离，典出《尚书·盘庚下》："今我民用荡析离居，罔有定极。"见〔清〕阮元校刻：《十三经注疏》，第172页。

⑮ 翠壇維新：翠坛，或即青坛，帝王春日祭祀用的土台。潘岳《籍田赋》："青坛蔚其岳立兮，翠幕黕以云布。"吕延济注云："春上青，故用青坛翠幕也。"见〔梁〕萧统编：《六臣注文选》卷七，北京：中华书局，1987年，第147页。江淹《萧太傅东耕咒文》云："呈典缁耦，献礼翠坛。宜民宜稼，克降祈年。"见〔梁〕江淹著，〔明〕胡之骥注：《江文通集汇注》卷一〇，李长路、赵威点校，北京：中华书局，2006年，第376页。

⑯ 枯骨再肉：语出《旧唐书》卷一二一《仆固怀恩传》，仆固怀恩"上书自叙功伐"，内云："诚谓游魂返骸，枯骨再肉，使臣得竭驽蹇之力，效锥刀之功，上答陛下再造之恩，下展微臣犬马之志。"（北京：中华书局，1975年，第3484页）

⑰ 寒荄復春：寒荄，枯草的根。沈约《愍衰草赋》："憔悴荒径中，寒荄不可识。"见〔唐〕欧阳询撰：《艺文类聚》卷八一《药香草部·上》，汪绍楹校，上海：上海古籍出版社，1982年，第1389页。

24.皇帝之休。[1]

嘉善大夫禮曺叅判兼同知義禁府事臣呂爾徵奉教篆

資憲大夫漢城府判尹臣吳竣奉教書

資憲大夫吏曺判書兼弘文館大提學藝文館大提學知成均館事臣李景奭奉教撰

崇德四年十二月初八日立

① 皇帝之休:《太宗实录》本作“皇帝之庥”。“皇帝之休”以下4行,《朝鲜国来书簿》本、《仁祖实录》本、《太宗实录》本均不载。

《中国古文书学研究》征稿启事

本集刊作为中国社会科学院古代史研究所古代社会史研究室和隋唐五代十国史研究室合办的专业性学术刊物，以刊登中国古文书学研究的相关论文与书评为主，内容包括新见古文书的刊布，中国古文书学研究的理论与方法，从古文书学视角出发的以甲骨文、战国秦汉魏晋简牍、敦煌吐鲁番文书、黑水城文书、徽州文书、明清档案、民间文献等各类中国古文书为中心的学术研究、学术评论等。本集刊以促进中国古文书学研究为宗旨，提倡“重视史料，不尚空言”的学风，希冀为“中国古文书学”进一步发展贡献力量。

热诚欢迎各位学者不吝赐稿！

一、本集刊每年一期，截稿日期为发刊年的2月28日，出版日期为年底。

二、篇幅不限，既可发表五六千字的短文，也欢迎三五万字的鸿篇。除了论文和书评，也接受研究综述、文书校读札记等。

三、本集刊实行同行专家审稿制度，来稿处理期为3个月。稿件一经采用，作者可得到当期本集刊一册。逾期未接到通知，作者有权对自己的稿件另行安排。来稿恕不退还，请作者自留底稿。

四、投稿请提供电子版。稿件须为原创，除特殊情况外行文请使用通用规范汉字，注释采用脚注形式。详细文章格式见后附《稿件体例》。

五、来稿请写明作者真实姓名（发表时笔名听便）、工作单位、职称或职务、通讯地址、邮编、电话号码和电子邮箱，以便联系。

来函请寄：北京市朝阳区国家体育场北路1号院2号楼

中国社会科学院古代史研究所

王正华　赵洋　收

邮编：100101

电子邮件：lsswangzh@cass.org.cn

6458505@163.com

附：稿件体例

一、除特殊情况外，行文使用通用规范汉字。引用史料时，可适当保留俗字、异体字。

正文用5号字，宋体；注释用小5号字，宋体。正文大标题用4号字，黑体；小标题用小4号字，黑体。

二、文内各层级标题的层级顺序依次是：一、二、三、四……，（一）、（二）、（三）、（四）……，1. 、2. 、3. 、4. ……，（1）、（2）、（3）、（4）……。文内一级标题汉字数字后加“、”，三级标题阿拉伯数字后加“. ”，二、四级标题后紧接标题名。

三、一律使用新式标点符号，除破折号、省略号各占两个字位置外，其他标点均占一个字位置。书刊及论文均用书名号《 》。

四、第一次提及历史纪年，须在括号内加公元纪年，但不加“年”字，如：贞观十四年（640）；第一次提及外国人名，须附原名。历史纪年、古籍卷数等用汉字数字，如贞观十四年、《新唐书》卷五八。其他情况，诸如公历，期刊或杂志卷、期、号、页码，排印本古籍页码及近人论著章节、页码等，均用阿拉伯数字。引用敦煌文书，用S.、P.、Ф.、Дx.、千字文、大谷等缩略语加阿拉伯数字形式。

五、单独引文，首行缩4字，次行以下缩2字。

六、注释一律采用脚注格式（另页起重新编号）。注释号码用阿拉伯圆圈数字，作①、②、③……，其位置放在注释文字最后的右上角。不采用合并注号的方式。

特别提醒：注释时，（一）一定要注页码。（二）尽量不用“同注某”形式。（三）注号是每页单独编号。（四）朝代统一用“〔 〕”，国籍统一用“［ ］”。

七、除《旧唐书》《宋史》《册府元龟》《资治通鉴》等常见古籍外，引用古籍，应标明朝代、著者、卷数、篇名、版本、页码；引用专书及新印古籍，应标明著者、章卷数、章卷名、出版地、出版者及出版年代、页码；档案类史料，应标明编撰者、题名、时间、类型、档案号、收藏单位；未出版的民间文献等史料，应标明题名、收藏地、收藏号／收藏人。例如：

〔宋〕张齐贤：《洛阳缙绅旧闻记》卷五《白中令知人》，文渊阁《四库全书》本，上海：上海人民出版社，1986年，第231册，第45页。

《旧唐书》卷二《太宗本纪》，北京：中华书局，1975年，第31页。

〔清〕讬庸：《题为遵议直隶前玉田县知县张镇等员滥准庄头之子更名冒入民籍混行收考分别处罚事》，乾隆三十四年（1769）八月十四日，内阁吏科题本，档号：02-01-03-06414-001，中国第一历史档案馆藏。

《万历三十五年山西太平县上鲁村郭王氏立卖地契》，清华大学图书馆藏，收藏号：T3275。

引用期刊论文，应标明作者、期刊名、年代卷次、页码。例如：

吴丽娱：《论九宫祭祀与道教崇拜》，《唐研究》第9卷，北京：北京大学出版社，2003年，第283—314页。

黄正建：《中国古文书学的历史与现状》，《史学理论研究》2015年第3期，第135—139页。

引用西文论著，依西文惯例，书刊名用斜体，论文加引号。例如：

P. Demieville, *Le concile de Lhasa*, Paris, 1952, pp.50-100.

八、提交题目的英文译文。